P.-J. PROUDHON

— SA VIE ET SA CORRESPONDANCE —

1838 - 1848

PAR

C.-A. SAINTE-BEUVE

DE L'ACADÉMIE FRANÇAISE

CINQUIÈME ÉDITION

PARIS

MICHEL LÉVY FRÈRES, ÉDITEURS

RUE AUBER, 3, PLACE DE L'OPÉRA

LIBRAIRIE NOUVELLE

BOULEVARD DES ITALIENS, 15, AU COIN DE LA RUE DE GRAMMONT

1875

P.-J. PROUDHON

MICHEL LÉVY FRÈRES, ÉDITEURS

OUVRAGES

DE

C.-A. SAINTE-BEUVE

DE L'ACADÉMIE FRANÇAISE

Format grand in-18

PREMIERS LUNDIS.	2 vol.
NOUVEAUX LUNDIS, deuxième édition.	13 —
PORTRAITS CONTEMPORAINS, nouvelle édition, très-augmentée.	5 —
CHATEAUBRIAND ET SON GROUPE LITTÉRAIRE SOUS L'EMPIRE, nouvelle édition, augmentée de notes de l'auteur.	2 —
ÉTUDE SUR VIRGILE, suivie d'une étude sur Quintus de Smyrne, nouvelle édition.	1 —
P.-J. PROUDHON, SA VIE ET SA CORRESPONDANCE,	1 —
cinquième édition.	1 —
SOUVENIRS ET INDISCRÉTIONS. — Le dîner du vendredi-saint, deuxième édition, troisième édition. . .	1 —
LETTRES A LA PRINCESSE.	1 —
MADAME DESBORDES-VALMORE.	1 —
LE GÉNÉRAL JOMINI, deuxième édition.	1 —
MONSIEUR DE TALLEYRAND, deuxième édition. . .	1 —
A PROPOS DES BIBLIOTHÈQUES POPULAIRES. . .	Broch.
DE LA LIBERTÉ DE L'ENSEIGNEMENT SUPÉRIEUR.	—
DE LA LOI SUR LA PRESSE.	—

POÉSIES COMPLÈTES

Nouvelle édition revue et très-augmentée

DEUX BEAUX VOLUMES IN-8°

D. THIÉRY ET Cie. — Imprimerie de LAGNY

A M. BERGMANN

DOYEN DE LA FACULTÉ DES LETTRES DE STRASBOURG

J'ai eu deux fois le regret, à quelques mois de distance, de ne pouvoir rendre en personne les devoirs funèbres à deux hommes à qui je portais haute estime et grand respect. L'un d'eux, Enfantin. que j'avais connu aux jours de ma jeunesse et dont j'avais apprécié la largeur de cœur, les belles facultés affectives et généreuses; l'autre, Proudhon, que je n'avais rencontré que tard, mais dont j'avais pu reconnaître directement la ferme intelligence et la droiture morale : tous deux furent enterrés un vendredi, à une heure où ma tâche hebdomadaire non terminée me retenait encore impérieusement. Je souffris beaucoup de ne pouvoir rendre à ces deux honnêtes gens, de nature extraordinaire, si divisés d'ailleurs de ligne d'opinion et de doctrine, ce suprême témoignage d'estime. Je viens du moins ici m'acquitter autant que je le puis envers la mémoire de l'un d'eux.

Je n'ai jamais connu Proudhon qu'après la politique et en dehors de la politique. Nous avions les mêmes éditeurs, MM. Garnier; j'avais lu de ses livres; je faisais cas de son talent; il m'arriva de lui de ces témoignages d'indulgence qui, venant d'une nature sévère, ont d'autant plus de prix. On nous ménagea l'occasion de nous rencontrer : la conversation fut toute philosophique, plus socialiste que politique : sur ces questions d'amélioration et d'avenir, de souffrances actuelles profondes, de réparation et de justice pour le grand nombre et pour la masse travailleuse, nous tombâmes aisément d'accord; lui avec poids, conviction et autorité, moi-même par un penchant naturel et par le désir. La littérature et son influence sur la société entrèrent aussi pour quelque chose dans ce premier entretien. J'étais un peu étonné, en sortant, d'avoir trouvé si conciliant et si ouvert un homme et un lutteur de renommée si rude : Proudhon alla lui-même au-devant de ma pensée en me disant : « J'ai laissé ma passion à la porte. » C'est comme s'il avait voulu me dire : « Je ne suis pas tous les jours ni avec tout le monde ainsi. »

J'eus, en ces années (1856-1857), quelques occasions de le revoir; j'y mettais de la discrétion. Lorsqu'il préparait son livre de *la Justice dans la Révolution et dans l'Église,* il témoigna le désir de me retrouver pour causer ensemble de quelques littérateurs du jour qu'il ne croyait pas connaître assez bien. Il avait donné d'abord à la littérature dans ce livre une part plus détaillée et plus ample que celle qui est restée. Il avait lu plusieurs des auteurs modernes les plus en renom, entre autres Alfred de Musset; il a supprimé depuis tout un placard déjà composé où il avait développé ses appréciations et jugements, qui eussent certainement fait crier les artistes et les délicats. Il désirait surtout causer avec moi de George Sand. Je fis tout mon possible pour l'amener à un sentiment moins sévère, et pour cela je n'eus qu'à raconter le passé tel que je le savais pour y avoir assisté; à redescendre naturellement le cours de ces années 1832, 33 et les suivantes; à montrer combien la *passion* alors, avec ses émotions cherchées ou non cherchées et ses orages, était la seule loi de nous tous et l'inspiratrice d'une littérature, d'une poésie qui, sans pouvoir être dite morale, avait eu pourtant jusque dans ses plus grands écarts son élévation, sa recherche inquiète, tempêtueuse, sa soif de l'infini, plus de fièvre et d'entraînement en tout cas que de malice : on avait obéi à son temps et aux courants qui soufflaient dans l'air et sur les âmes. J'avais bien de la peine, je le sentais, à faire accepter mes explications et mes raisons atténuantes à cet esprit rigoureux, qui, dans la pratique littéraire, se retrouvait de l'école du pur bon sens et de la religion de Boileau. Il tint compte, je le crois, de quelques-unes de mes remarques; il m'assura même, en me quittant, que je l'avais ramené et adouci; mais lorsque, quelque temps après, son volume parut avec un chapitre bien dur sur nos amis les gens de lettres, je m'aperçus que j'avais bien peu gagné. Le rencontrant un matin au Luxembourg vers ce moment, je ne pus m'empêcher de le lui dire, surtout en ce qui était de George Sand, et je vois encore son geste d'homme convaincu et sincère, lorsque, frappant la terre de sa canne et laissant tomber son bras, il me dit : « Mais je vous le demande à vous-même, monsieur Sainte-Beuve, pouvais-je en dire moins ? » Évidemment la morale sociale appliquée à la littérature s'imposait à cet esprit rigoureux, comme une règle, une loi de conscience [1].

1. C'est ainsi que, dans une lettre de lui, écrite de Bruxelles le 16 janvier 1859, je lis : « M. Michelet m'a envoyé son livre sur *l'Amour*... J'ai reçu aussi le livre de Mme Juliette L..., toujours sur *l'Amour;* je ne possède point encore celui de M. Louis J... Il faudra que je revienne à la charge sur ce sujet qui me répugne; mais il y a nécessité. Tout tourne à la fornication ; il n'y a plus que cela. Si personne ne se charge de nettoyer cette pourriture, je suis décidé à prendre sur moi la chose. » Et dans une autre lettre du 29 janvier 1862, adressée à MM. Garnier, éditeurs : « Je n'ai pas oublié le travail que je vous ai promis en réponse à *ces dames* : c'est chose très-sérieuse et qui ne doit pas être traitée à la légère, si nous voulons produire un effet durable. J'ai lu et annoté les volumes des classiques latins que vous avez bien voulu m'adresser, Pétrone et Ovide... C'est en lisant Ovide que j'ai pensé que la lecture des trois autres poëtes érotiques latins me serait indispensable : *Catulle, Tibulle* et *Properce*... Il faut que j'en finisse avec cette question des *amours*, sur laquelle notre génération se traîne et pourrit comme firent autrefois les Grecs et les Latins. » Et enfin (15 février 1862) : « J'ai reçu le volume de Catulle et vous en remercie. Toute cette littérature érotique se supporte encore en latin; mais je ne comprends pas pourquoi on la

Il quitta la France peu de temps après, et je ne le revis plus. Mais je lui envoyai en Belgique mon ouvrage complet de *Port-Royal* dès que je l'eus terminé; il était un des juges les plus compétents que je pusse désirer pour ce tableau d'un christianisme austère, où j'ai cherché à faire entrer le plus de vues philosophiques possible sous le couvert historique et en les distribuant de telle sorte qu'elles ne se découvrent dans leur suite qu'à celui qui sait les chercher. Proudhon me répondit par une lettre qui est pour moi un témoignage précieux et que je considère comme un titre d'honneur. Je la donnerai ici tout entière. Ayant principalement dessein de faire connaître l'homme en Proudhon, c'est avec des citations que je compte surtout procéder: il se peindra ainsi à nous dans toute sa vérité et dans son habitude même ;

« Ixelles-les-Bruxelles, rue du Conseil, 8, 25 avril 1860.

« Cher monsieur,

« J'ai reçu votre cadeau, bien précieux pour moi, et dès le soir même je me suis mis à la lecture. J'ai achevé la discussion de l'*Augustinus*, le livre de la *Fréquente Communion*, et j'ai assisté à la mort de l'abbé de Saint-Cyran. Je ne connaissais que bien en gros l'histoire de Port-Royal; je savais mieux à quoi m'en tenir sur le Jansénisme. Je vous devrai de connaître à fond tout ce monde, tout un monde, tout un côté du XVIIe siècle et du règne de Louis XIV. Ce qui m'a fait surtout plaisir a été de voir

traduit en français, où elle n'a plus ni fraîcheur ni saveur. » Sur ce point de littérature et de morale, Proudhon et M. de Bonald sont exactement d'accord.

que nos jugements sur les hommes et sur les idées coïncident généralement, si toutefois je ne me méprends pas sur le sens de votre narration toujours réservée, quoique, selon moi, assez transparente.

« Dans mon opinion, les Jansénistes se trompaient, autant au point de vue philosophique qu'au point de vue chrétien, et leur condamnation, de quelque côté qu'on l'envisage, me paraît juste.

« Mais les Jésuites, leurs adversaires, n'en valent pas mieux pour cela; — mais il n'en est pas moins vrai que les cinq Propositions sont de saint Augustin, et que si saint Augustin, après lui Bossuet, l'Église de Rome, etc., affirmant par une heureuse contradiction la liberté en même temps que la grâce, sont plus dans le vrai, les Jansénistes ont du moins le mérite de la logique et de la franchise; — mais on ne saurait leur refuser, enfin, que si leur morale n'est pas d'une *sanité* parfaite, elle a coulé bas les turpitudes jésuitiques, et opéré une révolution dans la direction spirituelle des âmes, qui, grâce à la Société[1], tournait alors au Lamaïsme. Du Jansénisme, on n'a guère écarté que l'idée pure, la métaphysique; la pratique est demeurée, et l'on peut dire que le Christianisme en a prolongé son existence. Que serait-il arrivé, je vous le demande, si, au lieu de Pascal, ç'avait été Voltaire qui eût écrit les *Provinciales?*...

« Je pourrais, je crois, si c'était le lieu dans une lettre, tirer au clair cette fameuse question de la Grâce et de la Concupiscence, question qui, jusqu'à notre siècle, devait rester un mystère, mais qui se résout comme toutes les antinomies de notre nature et de notre raison. J'aime mieux vous faire mon compliment sur le courage qu'il vous a fallu pour écrire ces cinq énormes volumes, si consciencieux, si modérés, si pleins de faits et de choses. Peu de gens, je le crains, vous suivront dans ce dédale

1. Il entend la Société de Jésus.

théologique ; quelques fanatiques, — il y en a encore, — trouveront, les uns que vous êtes trop janséniste, les autres que vous ne l'êtes pas assez, et qu'il ne vous appartient pas, à vous littérateur profane, de sonder ces mystères. C'est comme si l'on venait me dire que je n'ai pas le droit d'assister à une représentation de *Don Juan*, ou du *Barbier de Séville*, attendu que je ne sais pas la musique.

« Au surplus, comme vous le dites quelque part dans une note, ces prétendues profondeurs ne sont souvent que dans le langage; *tirez le rideau*, et vous vous retrouvez avec Hobbes, Jean-Jacques et Mandeville.

« Recevez donc, cher monsieur, mes félicitations bien sincères, et croyez-moi, sous les réserves que vous savez, tout à fait de votre communion en Saint-Cyran, Jansénius, Lancelot, Pascal, Nicole, le grand Arnauld : — la famille Arnauld un cran plus bas. Ils ont erré par excès de vertu, au moment même où ils se défiaient le plus de la vertu humaine; nous tombons par notre lâcheté, en nous croyant supérieurs à nos pères et à tous les hommes.

« Je vous serre la main.

« P.-J. PROUDHON. »

Pendant son exil à Bruxelles, l'idée vint naturellement à ses amis d'ici de lui demander de travailler sur quelque sujet qui ne fût point suspect de politique flagrante et qui, roulant sur un passé plutôt littéraire et philosophique, pût se vendre et circuler librement. En même temps qu'un libraire le sollicitait d'écrire un livre qui eût pour titre : *Voltaire et Diderot*, et comprenant toute leur époque[1], je suggérai à MM. Garnier de lui de-

1. « M. Boussard me propose d'écrire, pour être édité par lui ou

mander une série d'études sur les célébrités de notre XIXe siècle. Une liste provisoire de noms, Chateaubriand, Bonald, de Maistre, Mme de Staël... avec tout un programme de questions, lui avait été envoyée et soumise. C'étaient proprement des études critiques : « Je vous dirai, répondit-il à ceux qui les lui proposaient, que cette idée m'était déjà venue. Toutefois je ne m'y livrais qu'avec hésitation, me regardant comme peu compétent en littérature et craignant de m'aventurer dans une carrière qui, en définitive, n'est pas la mienne. » Il mettait à ce travail deux conditions, l'une toute modeste, qu'on l'aiderait et le *piloterait* sur certains sujets qu'il ignorait ou qui lui étaient peu familiers ; la seconde, qu'on lui permettrait d'entremêler les études littéraires et de les *relever* de fragments philosophiques, historiques, etc., pour rappeler à ses lecteurs son ancienne manière et prouver que chez lui « tant vaut le révolutionnaire, disait-il, tant vaut l'aris-

par son associé, un volume de cinq à six cents pages in-octavo, sous le titre de *Voltaire et Diderot*. C'est un ouvrage purement *littéraire* sur le mouvement des esprits au XVIIIe siècle, comparé au mouvement des XVIIe et XIXe ; — un livre qui, fait au point de vue de la philosophie la plus avancée et à ma manière, pourrait obtenir un succès analogue à celui de mon dernier ouvrage (*De la Justice*), se vendre sans obstacle et trouver place dans toutes les bibliothèques... — M. Chaudey attache une extrême importance à un livre de littérature signé de moi et qui aurait pour titre : VOLTAIRE... Je crois aussi, de mon côté, qu'il y a encore quelque chose de bon à faire sur Voltaire ; et je m'imagine que je ne serais peut-être pas au-dessous de la tâche. » (Lettre à MM. Garnier, datée de Bruxelles, 5 juin 1859.)

tarque. » Le projet, malheureusement, n'eut point de suite. Cette nature forte et adhérente se fût laissée difficilement distraire et dériver à volonté. Il en revint bientôt à ses sujets familiers, et médita le livre *de la Guerre et de la Paix*. La littérature pour lui n'était qu'un hors-d'œuvre et un luxe ; les questions de droit pur l'avaient ressaisi [1].

Ayant dit comment j'avais connu Proudhon, comment cet homme de pensée, de lutte et d'audace

1. « Vous me demandez si je n'ai pas autre chose en portefeuille, et si j'ai oublié le projet que m'avait soumis M. Sainte-Beuve. Certes, oui, j'ai d'autres travaux, et je me souviens des conseils de notre aimable et savant académicien. Mais, je vous l'ai dit, je suis obligé de mettre une certaine suite dans mes publications ; je rattache l'une à l'autre, et je ne puis rien donner au public tant que le *Droit des gens* n'aura pas vu le jour. — Mes études critiques et littéraires ont besoin de cette publication préalable. — J'ai de la politique, de la philosophie, de l'économie politique, de la *littérature* . tout cela fait suite et corps, et je ne peux pas indifféremment commencer par A ou par Z. — J'étudie en ce moment notre jeune littérature ; j'ai lu toutes les œuvres de *M. About*, par exemple. Vous pensez bien que je n'entends pas avoir perdu mon temps ; mais je ne puis pas ainsi sauter d'un ordre d'idées à un autre sans *transition*, et les transitions pour moi sont dans les idées mêmes. · Je puis cependant, si cela vous accommode, vous envoyer un opuscule de quatre vingts à cent pages. C'est une réponse à Mmes Jenny d'H... et Juliette L... sur *l'amour libre*. Cette réponse paraîtra à la suite de la onzième livraison de mon livre de la *Justice*, qui, comme vous savez, se réimprime chez Lebègue. Si ce sujet du *libre amour* vous tente, vous n'aurez qu'à parler : d'ici à quinze jours je pourrai, je présume, vous envoyer d'ici les *épreuves*, avec quelques notes manuscrites que j'y ajouterais. Mais tout cela est de la bagatelle : il faut revenir aux choses sérieuses, hors desquelles point de salut... » (Lettre à MM. Garnier, du 12 décembre 1860.)

s'était montré à moi par des côtés tout pacifiques et comment aussi je me trouvais lié par une sorte de sentiment non-seulement d'estime, mais de reconnaissance, envers lui [1], j'arrive à le raconter tel que de bons témoins me l'ont représenté dès son enfance et dans ses tout premiers commencements. Mon but dans cette Étude n'est pas, comme bien l'on pense, de venir plaider pour Proudhon, ni même d'exposer et de discuter très à fond ses doctrines; mais je désirerais faire acte de littérature jusqu'au sein de ce grand révolutionnaire, aujourd'hui couché dans la tombe, et j'appelle faire acte de littérature montrer l'homme au vrai, dégager ses qualités morales, son fonds sincère, sa forme de talent, sa personnalité enfin, comme elle a su se faire respecter et même aimer par ceux qui ont approché de lui. Il est bon aussi et utile de faire tomber les barrières

1. J'insiste sur ce mot de reconnaissance : je lui en dois pour ce qu'on vient de lire sur *Port-Royal,* et pour cet autre jugement tout indulgent que je trouve exprimé à mon sujet dans une lettre écrite de Bruxelles, le 1er juillet 1859, à nos communs éditeurs : « J'ai reçu les *Causeries du Lundi...* J'ai déjà parcouru sept de ces volumes. Il y a des articles dont je suis on ne peut plus content; d'autres qui me plaisent moins. En général, je remarque que M. Sainte-Beuve est plus heureux avec les écrivains de premier ordre qu'avec les autres. Au total, on doit savoir gré à cet aimable critique de la peine qu'il se donne de faire connaître au public une foule d'écrits et de personnages qui, sans lui, resteraient enterrés. Ses jugements sont justes, bien motivés; sa critique toujours bienveillante, quoique ferme et libre. Je ne lui reproche guère que de s'être trop souvenu par moments qu'il écrivait sous l'impression des événements de 1848, sur lesquels l'histoire n'a pas dit son dernier mot. »

entre les esprits et les intelligences, de détruire le plus possible les préventions d'homme à homme quand ces hommes ont une valeur et qu'ils mériteraient de s'entendre et de s'apprécier, même en se combattant; de diminuer les haines, les mépris injurieux qui naissent si aisément de l'orgueil isolé et de la connaissance incomplète, de l'ignorance mutuelle où l'on vit les uns des autres : la littérature ainsi comprise et s'appliquant à désarmer les offenses, à réduire, ne fût-ce qu'après coup, tout ce qui est guerre, hostilité, obstacle, étroitesse, à lever les exclusions, les condamnations absolues, et à rapprocher les sphères, est une des formes supérieures, un des résultats et des instruments de la civilisation. J'imagine un large Institut international élevé à toute sa hauteur d'impartialité; je me figure Proudhon, s'il avait vécu quelques années encore, reçu au sein de cet Institut idéal, et je l'apprécie comme lui-même épuré, apaisé par la retraite et par l'âge, dépouillé de bien des scories, « ayant laissé à la porte ses vieilles colères, » entier d'idées toutefois et plus que jamais fidèle à son principe, il eût aimé à être présenté ce jour-là, jour de réconciliation et de justice, où la bienveillance opérant son lent effet inévitable, tout ce qui n'était que provocation cesse et où le meilleur de l'être humain s'épanouit. C'est de la sorte que je me plais à l'évoquer sur son tombeau.

P.-J. PROUDHON

I

Origines. — Études. — Apprentissage : imprimerie. — *Essai de Grammaire générale*. — Mémoire pour le prix Volney. — La pension Suard. — Profession de foi et symbole.

Pierre-Joseph Proudhon naquit le 15 janvier (et non juillet) 1809, dans un faubourg de Besançon, à la Mouillère. Ses père et mère y étaient occupés à la grande brasserie de M. Renaud. Le père, bien que cousin de M. le professeur Proudhon, jurisconsulte de Dijon, et d'une branche cadette de la même famille, était garçon brasseur; la mère, belle et forte fille de la campagne, y était servante pour les gros ouvrages. A l'époque du blocus de Besançon, en 1814, le quartier de la Mouillère, bâti sous les murs de la ville, dut être détruit pour la défense de la place : la brasserie disparut avec les autres habitations. Le père de Proudhon s'établit dans le faubourg de Battant, quartier des Vignerons. Il y avait acquis une maison. Il y fit de la tonnellerie pour son compte. C'était un homme très-honnête, mais d'une intelligence commune et, ajoute-t-on, d'assez peu de conduite. Son fils l'a appelé homme simple, qui savait peu calculer[1]. La mère, au contraire, était une personne d'ordre, de bon sens, et mieux que cela, disent ceux qui l'ont connue, une femme supérieure, douée d'un caractère *héroïque*, selon l'expression du respectable M. Weiss. C'est d'elle surtout que tenait Proudhon et de ce grand-père Tournési, le soldat paysan dont sa mère lui parlait et dont il a raconté les rudes prouesses. Nommant plus tard du nom de *Catherine* sa fille aînée, il disait : « Je l'appelai *Catherine*, du nom de ma mère, à qui je dois tout; cela a fait beaucoup rire; le nom de *Catherine* n'est pas à la mode; j'ai voulu faire honneur à la paysanne que le monde n'a pas connue et qui en valait bien une autre. » Il eut de tout temps pour sa mère un dévouement, un culte dont il ne trahissait que l'essentiel, mais qui, comme tous les vrais cultes, avait ses délicatesses et ses pudeurs. Un jour et déjà célèbre, un ami le surprit près de la chaise de sa mère endormie et veillant avec sollicitude à ce que rien ne troublât ce sommeil du milieu de la journée. Il

1. Proudhon, bien que se rattachant surtout à sa mère, n'a jamais parlé de son père qu'avec respect et affection. Dans une lettre à M. Bergmann, datée de Lyon (22 octobre 1840), il dit: « T'ai-je informé de la mort de mon père, arrivée le 30 mars dernier? Cet événement a été pour moi singulièrement triste; je m'étais promis que ma situation changerait avant la mort de mon père, de telle sorte que le pauvre vieillard emporterait en mourant la satisfaction de voir son fils parvenu à une position convenable. Le Ciel en a disposé autrement; et j'en ai ressenti une vive mortification. »

était l'aîné de cinq enfants. Ses premières années se passèrent un peu au hasard. Il était utile à la maison ou gardait les vaches au-dehors. On sait cette belle et riche page sur ses ébats en pleine nature, tandis qu'il était bouvier[1]. Cette vie des champs ne dura pas; il n'avait pas douze ans qu'il était garçon de cave au logis. Cela n'empêcha pas qu'on ne le fît étudier. Sa mère y fut aidée par M. Renaud, l'ancien maître de la brasserie, alors retiré et qui s'occupait lui-même de l'éducation de ses enfants. Proudhon entra au collége, en sixième, comme externe. Il était forcément assez irrégulier; les gênes domestiques et les assujettissements du dedans lui faisaient quelquefois manquer ses classes. Il réussit pourtant dans ses études; il y mettait une grande opiniâtreté. Sa famille était si pauvre qu'on ne pouvait lui acheter les livres; il était obligé de les emprunter à ses camarades et de copier le texte des leçons. Vers la fin des études,

1. Il habita dans sa première enfance le village de Burgille-les-Marnay, sur l'Ognon, le pays, je crois, où sa mère était née et où elle retourna pour mourir. Il écrivait de Sainte-Pélagie, le 30 octobre 1849, à son ami le docteur Maguet : « Nous avons eu, vous et moi, le malheur de perdre successivement père et mère, sans pouvoir leur fermer les yeux. Il m'en reste toujours un chagrin qui fait que je n'aurai de repos que quand je pourrai m'établir sur les bords de l'Ognon, et finir ma vie là où elle a commencé. Aussi je m'arrange pour ce bienheureux temps. » Il y était retourné plus d'une fois et il y conduisit sa famille au mois d'août 1852 : « Je flâne à Burgille; je reçois quelques visites; j'écoute les paysans; je me renseigne de tout, en pêchant aux écrevisses, cueillant des noisettes, etc... » (Lettre au docteur Maguet.)

un jour, après la distribution de prix d'où il revenait chargé de couronnes, il ne trouva pas en rentrant chez lui de quoi dîner.

Ce dut être un écolier sombre, farouche et un peu boudeur que Proudhon. Dans son ardeur au travail et sa soif d'apprendre, il ne se contentait point de l'enseignement de ses maîtres. Dès l'âge de douze à quatorze ans, il fréquentait assidûment la bibliothèque de la ville. Une curiosité le menait à l'autre et il demandait livre sur livre, quelquefois huit ou dix dans la même séance. Le savant bibliothécaire, l'ami et presque le frère de Charles Nodier, M. Weiss, s'approcha un jour de lui et lui dit en souriant : « Mais, mon petit ami, qu'est-ce que vous voulez faire de tous ces livres? » L'enfant leva la tête, toisa l'interlocuteur, et pour toute réponse : « Qu'est-ce que ça vous fait? » Et le bon M. Weiss se le tint pour dit ce jour-là [1].

1. Je dois infiniment, pour tous ces premiers détails de la vie de Proudhon, à M. Weiss lui-même, particulièrement à M. Oudet, avocat distingué de Besançon, qui a bien voulu répondre à toutes mes questions, interroger pour cela autour de lui ou se souvenir lui-même, et m'envoyer des notes précieuses, des extraits de correspondance. M. Beauquier, auteur d'un article sur Proudhon publié dans un journal étranger, a bien voulu également mettre à ma disposition tous les matériaux qu'il avait réunis sur son célèbre compatriote bisontin. Je ne saurais assez dire combien j'ai trouvé obligeance et prévenance chez tous, à la seule annonce que je m'occupais d'un travail sur Proudhon. J'ai pu apprécier, par là même, combien cet homme de lutte et de combat, qui avait suscité dans le public tant de rumeurs contradictoires et de colères, avait laissé au cœur de tous ceux qui l'avaient personnellement connu, et quelles que fussent d'ailleurs leurs opinions, de pro-

Il ne put terminer entièrement ses études, et, obligé de gagner sa vie à dix-neuf ans, il passa des bancs du collége dans l'atelier; il entra dans la maison Gauthier et Cie, qui exploitait à Besançon une imprimerie considérable. Devenu ouvrier typographe, il fit, en cette qualité, son tour de France et fut élevé à la dignité de *prote*. Il a toujours gardé son livret d'ouvrier, tout chargé de bonnes notes[1].

fondes racines d'estime, de respect et d'amitié. Il avait dit un jour : « Je me flatte de ne pouvoir être connu et rester indifférent; il faut m'aimer ou me haïr. » Et moi, je puis dire que je n'ai vu personne, de ceux qui l'ont approché et connu, qui n'eût pour lui le contraire de la haine.

1. J'ai eu sous les yeux le livret, contenant seize feuillets cotés et paraphés, délivré à Proudhon, âgé de vingt et un ans et demi, à la mairie de Besançon, le 21 septembre 1830, en qualité de *compos teur*. On y lit, pour l'année 1831 et 1832, les attestations des patrons chez qui il a été successivement employé, tant à Besançon qu'à Neufchâtel (Suisse), à Marseille et à Draguignan. On n'y voit que des marques de satisfaction. — Il avait commencé par être correcteur avant d'apprendre le métier de compositeur, ainsi que l'indiquent les dates. M. Milliet (aujourd'hui rédacteur du *Journal de l'Ain*), qui était, en 1829, prote d'imprimerie à Besançon, dans la maison où Proudhon était correcteur, veut bien me donner à ce sujet des renseignements précis : « Lorsque Proudhon, me dit-il, fut amené en 1829 au bureau des correcteurs (nous étions cinq ou six), on lui donna, je crois, tout d'abord, les épreuves d'un livre latin de Droit, *Voët* et *Vinnius*, puis l'*Histoire du Peuple de Dieu*, par Berruyer. — Alors aussi on imprimait le *Nouveau Monde industriel* de Fourier qui venait lui-même prendre ses épreuves et supputer les lettres d'un volume. — Alors, à propos d'une observation quelconque, Proudhon *sabrait* déjà toute la doctrine et nous plaisait par ses boutades. — Excellent garçon, passant la main dans ses cheveux (il conserva toujours cette habitude), allant de temps à autre vers les bureaux des correcteurs, demandant comment ils se trouvaient de leur métier de glaneurs

Il corrigeait pour la maison Gauthier les épreuves d'auteurs ecclésiastiques, de Pères de l'Église. Comme on imprimait une Bible, une *Vulgate*, il fut conduit à faire des comparaisons avec les traductions interlinéaires d'après l'hébreu. C'est ainsi qu'il apprit l'hébreu seul; et comme tout s'enchaînait dans son esprit, il fut amené de la sorte à des études de linguistique comparée. Comme la maison Gauthier publiait quantité d'ouvrages de patristique et de théologie, il en vint également, par ce besoin de tout approfondir, à se former des connaissances théologiques fort étendues, ce qui a fait croire ensuite à des gens mal informés qu'il avait été au séminaire.

Le premier écrit de Proudhon fut un travail de linguistique; on réimprimait à Besançon *les Éléments primitifs des Langues, découverts par la comparaison des racines de l'hébreu avec celles du grec, du latin et du français*, par Bergier, le savant prêtre des montagnes du Doubs. Proudhon augmenta l'édition d'un *Essai de grammaire générale* (1837). Il a déployé dans ce travail une grande force d'analyse et donné des preuves de sagacité. Mais il ne pouvait triompher de la nature des choses et du cercle étroit où il s'enfermait. Il en était à Condillac, à Court de Gébelin et à Bergier. Il ne sortait pas du latin, du grec et de l'hébreu, ni

de fautes, puis soulevant des questions d'histoire ou d'appréciation sur les événements d'alors... »

de la méthode rationnelle appliquée aux langues. Il entrevoyait bien un certaine parenté des langues, une filiation à l'aide de laquelle le philologue « comme le naturaliste, à l'inspection d'un os, d'une fleur, d'une feuille ou d'une racine, » saurait reconnaître et assigner la famille première; mais, peu au fait des grands travaux qui dataient de l'origine du siècle, il continuait de placer le centre et le foyer central de notre Babel dans les plaines du Sennaar ou dans la Chaldée. Il ne connaissait alors que les branches grecque et latine et le tronc sémitique, et se fatiguait vainement à vouloir les rattacher l'un à l'autre : il ignorait complétement le véritable point de départ et tout le cours supérieur de dérivation indo-germanique. Que ne s'adressait-il à Eugène Burnouf, déjà maître chez nous? Mais on est voisin, on est contemporain; les Bopp, les Grimm, les Guillaume de Humboldt ont déjà produit leurs beaux travaux, leurs pénétrantes découvertes, et l'on en est séparé par les difficultés de la vie, par l'insuffisance des informations, par le manque d'instruments, par le pain quotidien à gagner, comme par une muraille de la Chine. On s'use à vouloir trouver dans le désert une route qui est déjà ouverte par les hauts plateaux et par les montagnes.

Quelques années plus tard, Proudhon suivait le cours d'Eugène Burnouf; intimement lié avec M. Bergmann, le profond philologue de Strasbourg, il était à la source pour être des mieux avertis et informés;

ce premier travail né arriéré ne comptait plus à ses yeux. Sans avoir à le désavouer, il l'oublait. Continuant sa marche, il ne s'en inquiétait pas plus « que le voyageur arrivé le soir ne s'inquiète du gîte qu'il a quitté le matin. »

Le croirait-on? douze ou quinze ans après et quand il fut devenu célèbre, on essaya de lui en faire un crime, un sujet de reproches et d'insinuations perfides. On alla rechercher et déterrer, dans une arrière-boutique d'épicier, le reste de l'édition qui y dormait. Un libraire du lieu la remit en vente (1850) avec l'affiche et l'attrait du nom de Proudhon[1]. Il y eut procès, et un procès que l'auteur perdit. On aurait bien voulu le faire passer pour renégat, pour quelqu'un qui a chanté la palinodie. Proudhon, dans ce premier *Essai*, qui continuait et complétait l'abbé Bergier, s'était nécessairement placé au même point de vue, le point de vue de Moïse et de la tradition biblique. Un biographe pamphlétaire, artisan d'infamie, ayant à parler de ce premier écrit de Proudhon, qu'il était incapable de comprendre, y a vu et dénoncé toute une tactique : « Cette œuvre, ose-t-il dire, contenait, chose bizarre! d'éloquentes manifestations religieuses, destinées sans doute à rendre l'Académie favorable à l'auteur. » Rien de plus faux. Proudhon,

1. L'édition de 1837 ne portait pas le nom de Proudhon ; on y lisait au titre : *Les Éléments primitifs des Langues... par Bergier... Nouvelle édition augmentée d'un Essai de Grammaire générale, par l'imprimeur-éditeur.*

à cette date de 1837, ne pensait pas encore à l'Académie de Besançon et n'écrivait pas pour elle. Il faisait, avec sa science improvisée et à grand effort d'analyse, une œuvre de librairie. Il ne s'y est livré, d'ailleurs, à aucune manifestation; il cherchait, scrutait et creusait en tout sens. Il semblait croire, en effet, à l'unité de la race humaine en la rattachant à l'unité d'une langue primitive : un point de vue étroit, voilà tout. Dès ce premier *Essai* et dans une conclusion qui ne manquait pas d'éloquence, il y avait déjà des accents et comme des cris étouffés du vrai Proudhon. Pressentant qu'on tenait dans l'étude approfondie des langues, et en serrant de près leurs racines, un moyen d'arriver à des vues d'origine et à certaines vérités primitives bien supérieures aux résultats même de la grammaire, devinant un peu vaguement la vertu de ces travaux à la Pictet, il s'exprime en ces termes :

« J'ose le dire : c'est la science de la parole qui nous conduira à une découverte si longtemps pressentie, et à bon droit espérée. Peut-être entrait-il dans l'ordre éternel de la Providence que la première des révélations ne fût retrouvée qu'à son jour et à son heure ; mais, quand nous ne devrions jamais assister à une seconde aurore de l'indéfectible vérité, quand le Hasard et la Nécessité seraient les seuls dieux que dût reconnaître notre intelligence, il serait beau de témoigner que nous avons conscience de notre nuit, et par le cri de notre pensée de protester contre le destin. »

Ceci suffirait à prouver qu'un Prométhée intellectuel grondait déjà dans la poitrine du disciple de l'abbé Bergier.

Nous avons, au reste, l'opinion de Proudhon sur cette production première, avant que personne eût songé à la lui opposer; et cette opinion exacte, sincère, modeste autant qu'élevée, elle est dans une lettre intime à M. Bergmann. Celui-ci, voulant reconnaître le témoignage public d'affection et d'estime que Proudhon lui avait rendu en lui dédiant une des branches de son traité de la *Création de l'Ordre dans l'Humanité,* avait exprimé le désir de lui dédier en retour quelqu'une de ses productions fortes et fécondes, trop peu connues ici et trop peu appréciées, dans lesquelles il développe ou condense des vues originales et neuves de linguistique et d'histoire. Proudhon lui répondait, à la date du 19 janvier 1845 :

« Tu dois penser que je me trouverais singulièrement flatté du projet dont tu me fais part ; mais je crains bien que cette espèce de *revanche* que tu me proposes de prendre avec moi n'aboutisse à me rendre ridicule. Tu n'aurais guère pour prétexte que l'idée que j'ai émise autrefois dans cet *Essai de Grammaire* sur la possibilité de prouver l'unité du genre humain par l'unité d'origine des langues; idée dont je suis bien revenu, l'identité ne tenant pas, selon mon opinion présente, à l'exacte uniformité du type, non plus qu'à la communauté de la souche, ainsi qu'au décalquement, si je puis ainsi dire, d'une prétendue langue primitive[1]. A part cette petite *hérésie,*

1. Il écrivait également à M. Tissot, de Dijon, (31 juillet 1842),

qui fut mienne quelques mois durant, et que personne ne m'a reprochée, parce que personne, hormis toi, parmi ceux qui en ont eu connaissance, n'était en état de la réfuter, je ne trouve en moi aucun motif plausible pour accepter ta dédicace. Je suis encore à l'index du pouvoir, et toujours signalé parmi les hommes dangereux; — d'un autre côté, mon métier de batelier[1] fait une assez triste figure à côté du nom d'un professeur de faculté. Je conçois cette correspondance entre nous, mais secrète : dès qu'il s'agit d'impression, il me semble que c'est aux Burnouf et autres de cette force qu'il faut t'adresser. »

Proudhon eut l'idée d'utiliser son premier travail grammatical et il en tira sujet, en le remaniant et le présentant sous une autre forme, d'adresser à l'Institut, pour le concours du prix Volney, un mémoire intitulé : *Recherches sur les Catégories grammaticales et sur quelques Origines de la Langue française.* Ce nouveau travail qui avait pour épigraphe ces mots grecs : Τάξις ἀταξίαν διώκει (l'ordre poursuit le désordre), se terminait par la même pensée d'espérance et d'audace que nous avons relevée dans l'*Essai* imprimé à Besançon, mais ici le ton est plus net, il est plus dégagé encore;

au sujet de ce même *Essai*, et dans le même sens : « Je vous aurais déjà envoyé mon Bergier, si je n'étais dans l'intention de refaire et rééditer prochainement le petit *Essai* grammatica qui le termine. Je regarde cet *Essai*, qui est de ma première façon, comme apocryphe, et je le désavoue. Permettez-moi de ne vous donner que ce que je signe et que ma maturité reconnaît. »

1. Proudhon était alors attaché à l'entreprise des bateaux du Rhône.

on sent l'homme qui a déjà serré sa ceinture et qui est en marche :

« Interrogeons les langues, dit-il, et elles nous répondront; faisons parler le langage, et il nous instruira : car c'est là qu'est renfermé le Testament donné à l'homme dès le commencement du monde, c'est là que nous trouverons la révélation primitive. Et, dussions-nous n'assister jamais à une nouvelle aurore de l'indéfectible vérité, il serait beau de témoigner que nous sentons nos ténèbres, et par le cri de notre pensée de protester contre le destin. »

Le mémoire fut déposé le 29 février 1839 et inscrit sous le n° 4. Il n'y eut que quatre mémoires envoyés. On ne donna pas le prix ; mais deux mentions honorables furent accordées, l'une à M. Charles Mourain de Sourdeval, juge à Tours, auteur d'un ouvrage manuscrit intitulé *Études gothiques;* l'autre au manuscrit n° 4, c'est-à-dire à M. P.-J. Proudhon, imprimeur à Besançon. Les juges étaient MM. Amédée Jaubert, Reinaud et Burnouf : « La Commission, disait le Rapport lu dans la séance annuelle des cinq Académies du jeudi 2 mai 1839, — la Commission a particulièrement remarqué le manuscrit n° 1 et le manuscrit n° 4 ; toutefois, elle n'a cru pouvoir accorder le prix ni à l'un ni à l'autre de ces ouvrages, parce qu'ils ne lui ont point paru suffisamment élaborés. La Commission, qui a distingué dans le n° 4 des analyses fort ingénieuses, particulièrement en ce qui concerne le mécanisme de la langue hébraïque, a regretté que l'auteur se soit abandonné à des conjectures hasardées, et qu'il ait quelquefois oublié la méthode expérimentale et comparative que la Commission avait spécialement recommandée[1]. »

A cette date, Proudhon était déjà titulaire de ce qu'on appelle la *pension Suard*. Cette pension consiste en une rente de 1,500 fr. léguée à l'Académie de Besançon par Mme Suard, veuve de l'académicien, pour être donnée tous les trois ans à celui des jeunes gens du département du Doubs, bachelier ès-lettres ou ès-sciences, et dépourvu de fortune, *qui aura été,* au jugement de l'Académie de Besançon, *reconnu pour montrer les plus heureuses dispositions soit pour la carrière des lettres ou des sciences, soit pour l'étude du droit ou de la médecine.* Proudhon fut le troisième pensionnaire élu par l'Académie : les deux premiers qui avaient joui de la pension étaient Gustave Fallot et Mauvais : — Gustave Fallot, le premier chez nous qui ait su, dans l'étude de notre vieux langage, allier une conception philosophique à des connaissances positives, et qui mourut prématuré-

1. J'ai sous les yeux le mémoire manuscrit qui appartient aux Archives de l'Institut. Il n'a été publié qu'en partie dans le *Journal de la Langue Française*, qu'éditait M. Terzuolo, bon imprimeur et louable grammairien. Le journal cessa de paraître (1840), avant l'insertion complète du mémoire que Proudhon avait compté rassembler et donner ensuite dans un tirage à part. L'interruption survenant, il n'y songea plus.

ment; c'était un des meilleurs amis de Proudhon, son conseil, la plus forte tête synthétique qu'il ait d'abord connue, et qu'il ne remplaça que par Bergmann[1]; — Mauvais, astronome distingué de l'Académie des sciences et qui périt par un suicide à la suite de chagrins et d'amères mortifications qui l'atteignirent dans l'exercice et la culture de sa science chérie.

Proudhon n'était point arrivé sans difficulté et sans lutte à la possession de cette pension Suard,

1. Gustave Fallot mourut à Paris, le 6 juillet 1836; né à Montbéliard, d'une famille protestante, le 17 novembre 1807, il n'était âgé que de vingt-neuf ans. Après de brillantes études faites dans sa ville natale, son père l'obligea à entrer dans le commerce; mais une vocation irrésistible entraînait le jeune homme vers l'étude. Il s'adressa à M. Weiss, si paternel pour ses jeunes compatriotes, et qui trouva moyen de lui procurer des occupations littéraires. Venu à Paris après la révolution de juillet 1830, Fallot y éprouva de premières difficultés et des mécomptes. Il a jugé très-sévèrement la littérature d'alors, bien qu'il eût l occasion de rencontrer chez Nodier les principaux d'entre les plus jeunes écrivains et poëtes, et qu'il n'eût à se plaindre d'aucun. Il avait, comme Proudhon, la triste conviction que « la littérature française est frappée de plaies incurables » et que « sa décadence est complète. » Il faut faire, dans ces jugements pessimistes, la part de la première misanthropie austère et de l'intolérance assez naturelle aux vertueuses jeunesses. La situation personnelle avec ses ombres déteignait aussi dans le tableau. Gustave Fallot n'eut pourtant pas trop à se plaindre des hommes. Ayant obtenu de l'Académie de Besançon, en 1832, la pension Suard, il arriva, peu d'années après, à être sous-bibliothécaire à l'Institut; il était aussi secrétaire de la Commission fondée par M. Guizot pour la publication des documents relatifs à l'histoire de France. Ce fut sa santé qui le trahit. Il mourut sans pouvoir jouir longtemps d'une position qui le mettait aux sources du savoir, et qu'il avait le plus désirée. Son seul

qui devait lui assurer pendant trois années le bienfait de l'étude et, véritablement, émanciper son intelligence en l'allégeant quelque peu du lourd fardeau quotidien qui roulait sur elle. Il va nous tenir au courant lui-même de toutes les vicissitudes de cette grande affaire qui fut décisive dans sa destinée. Il dut songer d'abord à liquider son imprimerie, pour laquelle il avait eu un associé qui avait tristement fini[1], et il n'y parvint pas

ouvrage, *Recherches sur les Formes grammaticales de la Langue française et de ses Dialectes au* XIIIe *siècle,* a été publié en 1839, par les soins de son ami Ackermann. — Voici à quelle occasion Fallot et Proudhon se lièrent. Vers 1829, Fallot était à Besançon et y travaillait pour vivre. Il s'était chargé, tout protestant qu'il était, de revoir une Vie des Saints, je crois, qui s'y publiait en latin; il y ajoutait des notes, en latin aussi : mais il lui arrivait quelquefois de laisser échapper des fautes que Proudhon, alors correcteur à l'imprimerie, ne manquait jamais de lui signaler. Surpris de trouver dans un atelier un si bon latiniste, il voulut faire sa connaissance : de là bientôt la plus sérieuse et la plus étroite amitié, une amitié de l'entendement et du cœur.

1. Voici une lettre désolée et navrante qu'il écrivait à M. Milliet dans les premiers jours qui suivirent la disparition de son associé :

« (Besançon, 18 avril 1838.) Mon cher et ancien collègue, la note que je vous adresse ci-incluse pour votre journal (le *Journal de l'Ain*) vous apprendra quel événement funeste m'oblige à vous écrire. . . . .

. . . . Nous sommes dans la consternation. Toutes les perquisitions que j'ai pu faire ne m'apprennent rien sur le motif véritable d'une résolution si désespérée. Je crois mon malheureux associé mort et suicide : mais ni les affaires de l'imprimerie, ni aucun chagrin domestique ne me paraît donner la clé de cette énigme, qui demeure ici pour tous inexplicable. En partant, il laissa une lettre sans signature et sans date, écrite avec assez de suite et de

aussi vite ni aussi aisément qu'il l'espérait. Il dut aussi, pour être dans les conditions voulues, se faire recevoir bachelier. Il était d'usage d'adresser une lettre ou pétition à l'Académie ; c'était une démarche assez délicate de la part d'un candidat tel que Proudhon : il ne fallait pas être trop altier ni trop brusque en commençant. Il trouva des académiciens bienveillants qui le guidèrent. Proudhon écrivait le 3 juin 1838 à son ami Paul Ackermann, grammai-

raison, mais d'un style si prodigieusement exalté et mélodramatique, qu'il est visible que son auteur était sous l'influence d'une hypocondrie atrabilaire profonde. Il y attribue son malheur au manque d'argent, à l'abandon de l'un de ses associés, à la fatalité qui le poursuit dès son enfance : il dit adieu à sa femme et à ses enfants, qu'il n'espère plus revoir; invoque la mort, mais sans annoncer le dessein fixe, formel et bien arrêté du suicide, et s'excuse du parti qu'il prend, en disant que son absence sera plus utile à sa famille que tous les efforts d'un père si malheureux. Cette lettre est déchirante par la peinture des souffrances morales qu'il a dû éprouver : mais il faut convenir que toutes ses allégations, pesées dans la balance de la froide raison, sont bien faibles et légères.

« Exténué de veilles, de fatigues, épuisé de force physique et morale, il s'est arrêté dans sa course, et il est sûrement mort, mort malheureux! Je ne puis venir à bout de consoler sa femme, inconsolable moi-même. J'étais à Paris, quand je reçus cette nouvelle désastreuse, et je suis revenu en toute diligence le remplacer sur son banc de quart. Qui sait si, à mon tour, je ne dois point avoir pour toute oraison funèbre celle que je viens de rédiger pour mon ami?

« Vivez et soyez heureux, mon cher monsieur Milliet, et gardez le souvenir de l'honnête homme et du bon citoyen.

« Tout à vous,

« P.-J. PROUDHON. »

rien et littérateur distingué, qui a laissé une noble veuve, docte et poëte :

« Je suis dans la liquidation et dans le déblayage de nos affaires; j'espère en être débarrassé pour le mois de septembre. Mon associé Lambert a été retrouvé au bout de trente-trois jours, mort dans un bois, à deux lieues de Besançon.

« J'ai passé le pont aux ânes, je suis bachelier. J'ai déjà rédigé un mémoire pour l'Académie, le plus bref que j'ai pu, et en style de pétition. M. Pérennès (secrétaire perpétuel), qui tient à mon élection, m'a rendu ma pièce après en avoir pris lecture, pour me faire changer cette phrase :

« Né et élevé dans la classe ouvrière, lui appartenant « encore, aujourd'hui et à toujours, par le cœur, le génie, « les habitudes, et surtout par la communauté des inté- « rêts et des vœux, la plus grande joie du candidat, s'il « réunissait vos suffrages, serait, n'en doutez pas, mes- « sieurs, d'avoir attiré, dans sa personne, votre juste « sollicitude sur cette intéressante portion de la société, « si bien décorée du nom d'*ouvrière;* d'avoir été jugé « digne d'en être le premier représentant auprès de vous; « et de pouvoir désormais travailler sans relâche, par la « philosophie et la science, avec toute l'énergie de sa « volonté et toutes les puissances de son esprit, à l'affran- « chissement complet de ses frères et compagnons. »

« Il ne m'a rien reproché sur le reste; seulement il désire que je raconte les détails de ma vie, ce qui me répugne fort : mais quant au passage que je vous ai rapporté, tout lui en paraît mauvais. Je lui rendrai l'équivalent, mais en termes qui ne le choqueront plus. »

Proudhon, en sollicitant les suffrages de l'Académie, ne la prenait pas du moins en traître ; il ne se donnait pas pour autre qu'il n'était. Les lettres suivantes nous initient aux mystères du conclave académique : on s'explique très-bien toutefois que l'Académie de Besançon y regardât à deux fois avant de couver un tel œuf ou d'adopter un tel filleul ; elle avait comme des pressentiments de terreur :

« (Besançon, 20 août 1838.) Mon cher Ackermann, je diffère chaque jour de vous répondre, parce que je voudrais vous annoncer quelque chose de positif sur ma position vis-à-vis de l'Académie. Il y a une Commission composée de six membres; à l'unanimité, elle a proposé ma nomination à l'Académie. Jeudi prochain, 23, M. Pérennès lira son rapport. Il y a sept candidats qui se remuent et s'agitent; on conte des choses incroyables. Comme je parais le plus redoutable, c'est contre moi que les efforts de l'opposition académique se réunissent. L'un dit que je suis trop vieux, l'autre que j'ai un établissement industriel, partant que je suis assez savant comme cela. Celui-ci prétend que je suis protestant. — Protestant, vous êtes honnête, réplique un quatrième; c'est un homme sans religion. — On a voulu insinuer que je n'étais pas l'auteur de l'*Essai de Grammaire générale*, que quelqu'un me l'avait fait pour m'obliger. Cela m'a donné un mouvement de vanité, en me faisant penser que ma brochure valait donc quelque chose, puisqu'on s'avisait de m'en disputer la paternité. Le seul qui, à travers toutes les objections élevées contre ma candidature, se soit un peu approché de la vérité, est un gros et grand médecin, à face de fermier..., c... à 36 carats, qui a assuré que j'étais dénué de toute instruction et de tous moyens, et que je n'offrais aucune valeur morale. Quant à la science, c'est vrai, puisque je prie qu'on m'accorde les moyens d'en acquérir ; quant à la morale, c'est vrai aussi, puisque je n'ai pas le sou. En somme, je compte pour moi ce qu'il y a de plus distingué et de plus influent; les *croûtons* seuls sont contre... »

Je supprime des noms burlesques; l'amertume, la satire se mêlent à la gaieté, à ce moment où la force se voit obligée de se faire humble et presque suppliante. Et à deux jours de là, le 22 août :

« Tout ce qu'il y a de dévots, de têtes bigotes et de prêtres dans l'Académie, est opposé à mon élection. — Véritablement, ce jeune homme a de l'esprit; mais c'est une tête chaude. — C'est un esprit fort, dit un autre. — Le vieux père C....., après avoir pleuré à la lecture de mon mémoire, a fini par dire : *Ce gaillard-là doit faire un fort mauvais coucheur*. Et j'ai perdu sa voix et celle de son fils Édouard. Si j'étais aussi suspect de républicanisme que je le suis d'indépendance religieuse, je ne réunirais pas trois suffrages. Mes concurrents se flattent hautement d'obtenir la pension. Pour moi, j'ai déjà un avantage qu'on ne saurait m'enlever : si je suis éconduit par la majorité, je serai victime de ma profession de foi politique et religieuse, et martyr de mes opinions; si je suis élu, il sera beau de l'avoir été malgré ces mêmes opinions. Dans l'un et l'autre cas, je serai digne de vous.

« J'apprends aussi qu'on exigerait mon départ pour Paris : ce que l'on veut du pensionnaire, ce n'est pas seulement qu'il devienne un savant, mais qu'il acquière une *belle position* dans le monde. Il y a loin de ces idées à celles d'un *égalitaire*. »

Enfin, il est élu; il écrit au même ami, Ackermann, dans la joie du premier moment, et l'on remarquera cette espèce de serment de ne point se laisser amollir ou corrompre par la prospérité. Il paraît qu'Ackermann et quelques autres amis de Proudhon faisaient partie d'une association, ou du moins d'une espèce de cénacle maçonnique et philanthropique :

« (23 août.) Je reçois trois visites en même temps à mon atelier. J'ai obtenu, au premier tour de scrutin, dix-neuf voix contre quatorze. Je compte assez sur l'amitié et l'estime des frères p. d. p. (*philadelphes?*), pour oser espérer qu'ils regarderont ma nomination comme un triomphe à Philadelphie[1]. Faites des vœux pour que ma fragilité humaine reste fidèle à ses serments et à ses convictions, et ne se laisse point offusquer par un vain succès d'amour-propre. Je vous écris sous le coup de la *bonne nouvelle*, et cependant toujours préoccupé de nos affaires ; *Hoc opus, hic labor est.*

« Aidez-moi, de vos conseils, de vos lumières, de votre estime; échauffez, excitez mon ardeur; montrez-vous incorruptibles et inébranlables, et mourons ou triomphons ensemble. »

La conviction, la religion première de Proudhon se découvre à nous dans ces lettres intimes. Elle pourra paraître bien jeune, bien naïve, bien dispro-

1. Charles Nodier a fort parlé des *Philadelphes*, société secrète dont le chef était le brave colonel Oudet, qui fut fait général de brigade à la veille de Wagram et qui périt après la bataille. Il y eut des doutes sur la vraie cause et sur les circonstances de sa mort. Il n'est pas étonnant que le souvenir et peut-être la tradition de cette association première ait laissé des traces parmi la jeunesse de Franche-Comté.

portionnée. Pour une pension de quinze cents francs qui lui arrive, dira-t-on, voilà bien du bruit, de bien grands mots mis en avant : corruption, incorruptibilité, fidélité au serment! il parle comme s'il s'agissait des trésors de Xercès, des présents d'Artaxercès. Prenez garde : ce n'est pas le chiffre, c'est le sentiment ici qui importe. Nous touchons le tuf, le sol primitif, la sincérité profonde qui fait la base de toute l'œuvre de Proudhon, et je tiens à la bien établir dès le principe par ces témoignages et ces aveux irrécusables. Il y aura dans cette œuvre des parties accessoires et en quelque sorte des superfétations qui feront prendre le change et qui trop souvent viendront là de propos délibéré pour la montre, pour la vogue ou même pour un certain scandale. On criera au sophiste! et pour la forme il y prêtera. Mais le fond de sa doctrine reposera toujours sur la couche invariable de sentiments qu'il expose ici et qu'il professera jusqu'à la fin. Tel, à cet égard, il était à vingt-neuf ans, tel il sera toute sa vie. Écoutons-le encore dans l'exaltation de ce premier succès, qu'il n'accepte, on le dirait, qu'à son corps défendant, et qu'il se plaît à saturer d'amertume :

« (Besançon, 16 septembre 1838.) Mon cher Ackermann, vos lettres me rafraîchissent le sang et me raniment à la vérité et à la foi républicaine. De tous ceux que je connais, vous êtes jusqu'à présent le seul que je voie se passionner pour la justice et la vertu, et s'enflammer du zèle de l'humanité. Combien je suis plus à plaindre que vous! Il y a encore, dites-vous, de l'esprit, des lumières, dans cette capitale (Paris); et moi, je vis parmi un troupeau de moutons. J'ai reçu les compliments de plus de deux cents personnes : de quoi pensez-vous qu'on me félicite surtout? de la presque certitude que j'ai maintenant, si je le veux, de faire fortune, et de participer à la curée des places et des gros appointements; d'arriver aux honneurs, aux postes brillants; d'égaler, sinon peut-être de *surpasser*, les Jouffroy, Pouillet, etc., etc. Personne ne vient me dire : « Proudhon, tu te dois avant « tout à la cause des pauvres, à l'affranchissement des « petits, à l'instruction du peuple; tu seras peut-être en « abomination aux riches et aux puissants; ceux qui « tiennent les clefs de la science et de Plutus te maudiront: poursuis ta route de réformateur à travers les « persécutions, la calomnie, la douleur et la mort même. « Crois aux destinées qui te sont promises : mais ne va « pas préférer au martyre glorieux d'un apôtre les jouissances et les chaînes dorées des esclaves. Serais-tu « vaincu par les flatteries, les séductions du plaisir et de « la fortune? Toi, enfant du peuple, *filius fabri,* comme « on le disait autrefois de Jésus-Christ; tu abdiquerais ta « conscience, tu apostasierais ta foi pour être heureux à « la manière de ceux-ci et de ceux-là! Tes frères ont les « yeux ouverts sur toi : ils attendent avec anxiété s'ils « doivent bientôt déplorer la chute et la trahison de « celui qui avait tant juré d'être leur défenseur : ils « n'auront jamais, pour te récompenser, que leurs bénédictions : elles valent mieux que les écus comptants du « pouvoir. Souffre et meurs s'il le faut; mais dis la vérité, « et prends la cause de l'orphelin. »

« Je suis oppressé des honteuses exhortations de tous ceux qui m'environnent : quelle fureur du bien-être matériel! Quel abject épicuréisme je vois partout! Je ne m'avise plus de laisser échapper un seul mot de mes pensées : j'ai acquis la certitude que ma profession de foi me fait considérer comme un cerveau frappé ou tout au moins exalté. Je fais rire par ici, mais je ne convaincs personne. Le matérialisme est implanté dans les âmes, le matérialisme pratique, dis-je, car on n'a déjà plus assez d'esprit pour professer l'autre...

« La volonté et la foi ont été proclamées de tout temps les plus grandes puissances de la nature et de l'humanité: nous avons foi en la justice de notre cause, en la vérité de nos principes, en l'éternité de nos dogmes; manquerons-nous de volonté? Ne donnerons-nous pas un jour le spectacle nouveau d'hommes convaincus et inexpugnables dans leur croyance, en même temps que résolus et constants dans leur entreprise. Prouvons que nous sommes sincères, que notre foi est ardente; et notre exemple changera la face du monde. La foi est contagieuse; or, on n'attend plus aujourd'hui qu'un symbole, avec un homme qui le prêche et le croie... »

C'est beau, c'est bien, c'est honnête et généreux, et celui qui s'épanchait dans l'intimité avec cette ferveur d'apôtre s'est montré fidèle jusqu'au bout à la foi de sa jeunesse. Mais je dirai toute ma pensée : il y aurait, à mon sens, quelque chose de plus élevé encore; c'est de se moins ressentir de ses origines, de savoir s'en dégager à un moment, de n'en pas tant dépendre. Le propre de la plus haute intelligence est dans un équilibre supérieur. Vous êtes fils d'artisan, c'est bien, ou plutôt ce n'est ni bien ni mal; souvenez-vous-en toujours, n'en rougissez jamais, mais ne vous en vantez pas. Profitez-en pour une expérience première et précise qu'on n'acquiert que par la pauvreté et pour avoir passé par là; retenez-en une sympathie vivace et vraie pour des misères connues. Mais que, dans vos considérations politiques ou philosophiques, quand vous vous y livrerez, on ne vous voie pas toujours occupé et préoccupé de vos origines dans un intérêt unique, exclusif, comme s'il n'y avait qu'un seul côté de la question, le vôtre, et que tout le reste fût faux. Considérez le monde, la société, l'histoire dans leur ensemble et tels qu'ils sont, tels qu'ils se sont développés à travers la longue série des âges. Les sociétés humaines, cette belle chose artificielle, ont commencé dans les conditions les plus étroites, mais qui, pour tous ceux qui y entraient, étaient encore un grand bienfait au prix de la vie sauvage, précaire, éparse et misérable des premiers hommes, des premières peuplades. Ce qui de loin nous semble avoir été oppression, esclavage, était sans doute, à son premier moment, sécurité, bien-être relatif et une manière de salut. La justice et la religion, nées ensemble et inséparables alors, qui ont présidé à l'institution première des cités, sont devenues avec le temps incomplètes, écrasantes, opprimantes, presque odieuses par les exclusions et les priviléges, par les superstitions et les formules. Un sentiment de justice plus large est né et s'est développé par degrés à l'abri même et bientôt à l'encontre de ces cadres premiers, devenus des lits de Procuste et des gênes. A mesure que la société s'étend et s'élargit, cette exigence des intérêts du grand nombre au nom de la justice, — d'une justice (ne l'oublions pas) qui n'a presque jamais existé dans le passé et qui n'est qu'une vue présente ou d'avenir, — cette exigence s'accroît, s'affirme comme légitime et oblige qu'on en tienne compte. Mais il est bien que les philosophes politiques qui envisagent l'ensemble de la société, qui traitent de l'esprit des lois et des réformes à introduire, ne soient nullement enchaînés à des sentiments, même honorables, de caste, de classe, d'opprimés ni d'oppresseurs, qu'ils arrivent à être impartiaux, ce qui ne veut pas dire indifférents.

Selon moi, le philosophe social n'est véritablement formé et complet que lorsque, dans son évolution intérieure, il s'est successivement détaché de toutes les choses de la chair et du sang, de toutes les données du destin et du hasard, — que lorsqu'il a rompu ou délié un à un tous les anneaux qui rivent une intelligence à une secte, à un pays, à une famille, à une condition, à un parti, à un canton, pour tout dire, et à une glèbe ; et lorsqu'après avoir déplacé maintes fois en tous sens ses horizons, avoir visité et comparé les institutions, les mœurs variées des cités et des peuples, avoir fait plus d'une fois le tour des idées et du monde en s'éclairant toujours sans se blaser ni se corrompre, il revient sur chacun des objets qui sont le culte ou l'exécration des autres, avec une impartialité clairvoyante et suprême, animée d'un souffle de sympathie universelle. Ce philosophe complet a-t-il jamais existé? Je l'ignore. On doit essayer du moins d'en approcher et d'en reproduire la moins imparfaite image ; car autrement, si l'on entre dans le jeu, dans le débat social avec une veine trop âpre de sentiments passionnés, intéressés, irrésistibles, on n'est plus un philosophe, on est un combattant. C'est surtout ce que fut Proudhon. Le philosophe qu'il était par le cerveau ou qu'il aurait voulu être était à tout moment dérangé, troublé, surexcité par le cri des entrailles. Il tenait trop de ses pères et de sa souche première par la séve, par la bile et par le sang. Il était trop voisin de sa terre nourrice, trop voisin, pour ainsi dire, des aveugles éléments naturels qui étaient entrés dans son tempérament puissant et dans sa complexion même. Il aurait fallu, pour y échapper, qu'il en fût séparé par une ou deux générations encore. Les coups du marteau paternel résonnaient de trop près à son oreille. Philosophe sans cesse interrompu par les bruits du dehors ou du dedans, penseur et surtout logicien rigoureux et intraitable, s'armant et s'aiguisant en toute rencontre de passion et de colère, avec de fortes parties de science, mais de fréquents sursauts d'indignation, il ne fut à sa manière qu'un grand tribun, un grand révolutionnaire comme il s'appelait ; en un mot, il fut lui, Proudhon, et pas un autre.

II

Discours sur la *Célébration du Dimanche;* germes de la fameuse théorie. — Premier désaccord avec l'Académie de Besançon. — Voyage à Paris; gêne, souffrance. — Premier mémoire : *Qu'est-ce que la Propriété?* — Anxiété, trouble et confiance.

En possession de la pension Suard, Proudhon pensa aussitôt à la justifier par un double travail, par le mémoire qu'il présenta à l'Institut pour le prix Volney, en février 1839, et qui obtint, comme je l'ai dit, une mention honorable au mois de mai de cette même année, et par un Discours *de l'Utilité de la Célébration du Dimanche,* dont le sujet avait été mis au concours par l'Académie de Besançon. Ce Discours de Proudhon obtint également une mention honorable, avec une médaille qui lui fut décernée dans la séance publique du 24 août 1839. Le rapporteur du concours (l'abbé Doney) signalait la supériorité incontestable de son travail au point de vue du talent ; mais il lui reprochait de s'être jeté dans des théories hasardées, d'avoir abordé des questions de politique pratique et d'organisation sociale, où la droiture des intentions et le zèle du bien public ne pouvaient justifier la témérité des solutions.

Ce Discours sur le *Dimanche* ne fut guère, en effet, qu'un prétexte pour lui d'introduire son système d'idées encore obscur et à demi couvert, et de lui faire prendre position à l'abri de l'abbé Fleury et de Moïse. Ce Discours est gros de choses. J'en tirerai volontiers l'épigraphe de tout Proudhon, lorsque, s'adressant en idée au lecteur effarouché que scandalisent ses paradoxes, il s'écrie : « Infortuné, comment me comprendriez-vous si vous ne me devinez pas? » On pourrait, avec un peu d'art et de complaisance, et sans rien ajouter, composer, à l'aide de passages réunis, une suite de pages sur le Dimanche qui seraient tout à fait telles qu'une Académie les pouvait désirer et qui mériteraient d'être admises dans tous les cours de littérature à l'usage de la jeunesse[1]; mais ce serait donner une

1. Par exemple : « Dans les campagnes, où le peuple cède plus facilement au sentiment religieux, le dimanche conserve encore quelque chose de son influence sociale. L'aspect d'une population rustique réunie comme une seule famille à la voix du pasteur, et prosternée dans le silence et le recueillement devant la majesté invisible de Dieu, est touchant et sublime. Le charme opère sur le cœur du paysan : le dimanche, il est plus bienveillant, plus aimant, plus affable; il est sensible à l'honneur de son village, il en est fier; il s'identifie davantage avec l'intérêt de sa commune... Le dimanche est le jour de triomphe des filles et des mères. Brillante de santé et de jeunesse, belle du témoignage de sa conscience, reconnue à la messe paroissiale entre toutes ses compagnes, quelle villageoise, une fois dans sa vie, ne s'est crue la plus aimable, la plus diligente ou la plus sage? Quelle femme, au jour du dimanche, ne donne à son ménage un certain air de fête et même de luxe, et

fausse idée du Discours ; les armes y sont à chaque pas sous les fleurs, et même elles se montrent très à nu déjà sans trop de fleurs. L'imagination puritaine de Proudhon s'empare des lois de Moïse, les interprète en son sens et s'en fait une sorte de

ne reçoit plus volontiers et d'une humeur plus caressante les amis de son époux?... La joie du dimanche se répand sur tout; les douleurs, plus solennelles, sont moins poignantes; les regrets moins amers; le cœur malade trouve une douceur inconnue à ses cuisantes peines. Les sentiments se relèvent et s'épurent : les époux ont retrouvé une tendresse vive et respectueuse, l'amour maternel ses enchantements; la piété des fils s'incline avec plus de docilité sous la tendre sollicitude des mères. Le domestique, ce meuble à figure humaine, ennemi né de celui qui le paye, se sent plus dévoué et plus fidèle; le maître plus bienveillant et moins dur : le paysan et l'ouvrier que tourmente un vague soupçon d'égalité sont plus contents de leur sort. Dans toutes les conditions, l'homme ressaisit sa dignité, et, dans l'infini de ses affections, il reconnaît que sa noblesse est trop haute pour que la distinction des rangs puisse la dégrader et l'avilir..... C'est le dimanche que le caractère du prêtre, dans ce qu'il a de conciliant et d'apostolique, brille de tout son éclat. La visite du curé est la joie d'une famille champêtre. Que de malades soulagés, de pauvres secourus, d'infortunes adoucies, de haines éteintes, d'ennemis réconciliés, d'époux réunis, par l'intermédiaire du curé!.... Or, le prêtre, dans les campagnes surtout, ne dispose pas des instants; il faut qu'il les saisisse au passage, et c'est le dimanche qu'il voit ses devoirs se multiplier, ses œuvres porter leurs plus beaux fruits; c'est le dimanche qu'il découvre tout le bien qu'il peut faire. » Et encore une belle page, mais toute continue, qui commence ainsi : « La dernière nuit de la semaine est écoulée, etc. » Ce sont de vrais morceaux de bonne rhétorique. — C'est mieux que de la rhétorique, c'est de la satire à la Proudhon, à la Tertullien ou à la Bridaine que le passage où il est dit : « Dans les classes élevées, on ne connaît plus le dimanche; les jours de la semaine se ressemblent tous..... Le peuple renvoie quelquefois ses passions à huitaine; les vices des grands ne s'ajournent pas. »

code, de charte sacrée égalitaire dans le passé ; il va chercher la démocratie jusque sous la théocratie de Moïse : il en retrouve les titres qu'il ne s'agit, selon lui, que de découvrir sans avoir besoin de les inventer. J'y trouve le germe de sa théorie de la propriété et de cette fameuse définition : *C'est le vol.* Il n'est pas arrivé à cette formule abrupte du premier coup. L'égalité des conditions, qui lui paraît conforme à la raison et irréfragable en droit, se trouvait être, selon lui, réalisée en fait par la législation de Moïse. Josué ne fit que l'appliquer dans la distribution des terres entre les tribus et dans l'espèce de cadastre général qu'il fit exécuter : mais l'égalité des conditions et des fortunes était bien réellement dans la pensée du législateur sublime descendu du Sinaï. Quand il est dit dans le Décalogue : *Tu ne voleras pas,* cela signifie, selon l'énergie du terme hébreu original cité par Proudhon : *Tu ne détourneras rien, tu ne mettras rien de côté pour toi.*

« L'expression, nous dit Proudhon, est générique comme l'idée même : elle proscrit non seulement le vol commis avec violence et par la ruse, l'escroquerie et le brigandage, mais encore toute espèce de gain obtenu sur les autres sans leur plein acquiescement. Elle implique, en un mot, que toute infraction à l'égalité de partage, toute prime arbitrairement demandée et tyranniquement perçue, soit dans l'échange, soit sur le travail d'autrui, est une violation de la justice commutative, est une concussion. »

Ainsi nous tenons la filiation : dans son prochain mémoire sur la *Propriété*, il ne fera que dégager le précepte du Décalogue, reprendre, comme il l'entend, la pensée de Moïse et la traduire en maxime. Il parle ici de la propriété comme étant « le dernier des faux dieux. »

On remarquera sur la fin du Discours le portrait idéal du *réformateur*, du *démagogue*, conducteur ou précepteur du peuple : c'est son propre rôle qu'il se trace à l'avance et qu'il élève à la hauteur d'une mission. Je crois aussi reconnaître à plus d'un endroit, dans la forme et dans le ton, comme un écho des *Paroles d'un croyant*, mais un écho qui certes n'affaiblit rien et qui a ses éclats imprévus et son tonnerre. En un mot, dans cet écrit, le premier de lui qui compte véritablement dans son œuvre, on retrouve le résidu de ses premières études, et en même temps on voit un esprit qui a hâte de se débrouiller : le lion s'y montre, déjà plus qu'à demi sorti du limon.

Nous donnerons par lui, selon notre usage, l'état de son moral à ce moment, et nous entrerons dans le secret de ses pensées, de ses jugements sur ses juges, de son redoublement de confiance en raison même de ce succès disputé. Il écrivait de Besançon, le 9 septembre 1839, à son ami Ackermann, qui venait, lui aussi, de remporter une médaille académique sur un autre sujet (l'*Éloge de D'Olivet*) :

« Ce qui me concerne exigera un peu plus de détails.

S'il faut en croire le rapporteur, l'abbé Doney[1], mon mémoire aurait été le plus remarquable par le style, la profondeur et l'érudition : faites-moi le plaisir de me dire ce qui reste d'un discours quand on en a retranché les paroles, les idées et les faits. Mon mémoire réunit donc aussi, comme le vôtre, *les qualités du genre;* il a tout, ce me semble, excepté la médaille. On y a trouvé des digressions, c'était la partie confirmative; des propositions mal sonnantes, audacieuses, téméraires, inadmissibles, au moins pour le moment; des théories de politique et de philosophie spéculatives, des systèmes d'égalité, etc., etc., dangereux : cependant on en a déclaré l'orthodoxie irréprochable. Ce qui veut dire que, chez mes juges, la conscience du chrétien ne pouvait s'empêcher d'admettre ce que la prudence des fonctionnaires publics et des membres d'un corps constitué défendait de sanctionner. C'est mon Discours enfin qui a fait le plus jaser, qui embarrassait le plus l'Académie, heureuse à la fin d'en avoir trouvé deux possibles qu'elle a couronnés *ex æquo :* ce sont ceux de MM. Pérennès et Tissot, professeur de philosophie à Dijon[2]. M. Pérennès

1. L'abbé Doney, Franc-Comtois, né à Epeugney, village du département du Doubs, aujourd'hui évêque de Montauban.

2. M. Tissot, aujourd'hui doyen de la Faculté des Lettres de Dijon. Il était déjà arrivé à une célébrité provinciale quand il concourait ainsi, en 1839, sur le sujet proposé par l'Académie de Besançon : « le *fameux* Tissot, » comme l'appelait Proudhon. Il est l'un des premiers qui ait fait passer chez nous quelque chose des philosophes allemands. C'est lui dont Jouffroy disait d'un ton légèrement impertinent : « Tissot sera un homme distingué, s'il parvient jamais à être clair. » Proudhon le tenait en estime et resta toujours dans de bons rapports avec cet ancien rival et concurrent préféré. Dans une lettre d'intimité à M. Bergmann, il le définit ainsi : « M. Tissot est un honnête homme, travailleur, savant, kantiste dévot et dévoué, trop tenace dans ses opinions; par conséquent, trop lent à saisir les idées d'autrui. J'ai eu le plaisir de faire ré-

aîné m'a affirmé que lui n'aurait pas craint de me couronner, ou au moins de me joindre aux autres. J'aime beaucoup mieux la médaille de bronze que l'on m'a décernée : mon mémoire a été classé à part et hors ligne; cela vaut mieux, vous en conviendrez, qu'un *ex æquo*...»

cemment sa connaissance (août 1840). » Depuis la mort de Proudhon, M. Tissot a rendu hommage à sa mémoire dans la *Revue littéraire de la Franche-Comté* du 1er mars 1865. Cet article, qu'on regrette de ne pas trouver plus développé, renferme des traits fins, une juste esquisse et quelques détails intimes qui ont leur prix. — M. Tissot a eu, depuis, l'extrême obligeance de me confier une copie exacte de toute la correspondance de Proudhon qu'il a entre ses mains. Cette correspondance se distingue par un caractère philosophique et rationaliste très-marqué. Comme M. Tissot tenait ferme dans ses principes et lui écrivait qu'il n'acceptait qu'une partie de ses assertions, Proudhon l'invitait à formuler d'une manière plus précise ses critiques, car lui aussi; dit-il, il a des prétentions à la philosophie : « Cela fera rire un savant, un érudit (car je distingue ces deux qualités), un praticien aussi consommé que vous. Soit : je me borne à vous dire que je suis apprenti pour le moment, et *tuus tyro;* j'étudie la philosophie; je serai philosophe quand il plaira à Dieu, — probablement jamais. Quand je serai mort, je prie mes amis de faire mettre sur ma tombe : *Studebat philosophiæ.* » M. Tissot ne laissa pas de satisfaire Proudhon à son gré et, soit par lettres, soit par des articles imprimés, il le combattit sur la métaphysique. Ils n'en restèrent pas moins bons amis. Cela cependant ennuyait Proudhon de voir M. Tissot s'opiniâtrer dans un système opposé au sien, et il le lui disait avec assez de bonne humeur : « J'enrage de vous voir si obstiné, et il faut que je vous enlève à Kant. Les propriétaires ne me sont rien; les académiciens encore moins; les cafards si peu, que je ne daigne pas m'en occuper : mais vous! que vous restiez kantiste de mon vivant, c'est ce qui me tourmente et me fait faire les plus grands efforts d'imagination et de dialectique. Quand je dis *kantiste*, je veux dire engoué des principes de droit de Kant, de son rationalisme sophistique, de sa théorie de la raison pure et de sa psychologie. Voilà ma déclaration de guerre : *il faut que vous me terrassiez ou que je vous*

Il y avait dans le Discours toute une théorie déjà explicite et formidable sur le fondement légitime de l'ordre dans la société : c'est ce qui explique le passage suivant de la même lettre :

« Je vais m'occuper de l'impression de mon mémoire après revue et correction, et je l'enverrai à M. Tissot ainsi qu'à M. Pérennès. Je m'attacherai de plus en plus à la forme purement scientifique : c'est le moyen de me placer hors des atteintes du parquet. Je serai peut-être craint, mais je défie qu'on me poursuive pour les *effroyables* choses que j'ai à dire. On prétend que toute vérité ne doit pas être manifestée avant le temps (c'est au fond le seul reproche qu'on m'ait fait) ; cet adage n'a pas de sens : tant qu'une vérité ne doit pas être manifestée, elle reste inaperçue : *la voir, c'est être obligé de la dire.* »

C'est l'inverse de la théorie de Fontenelle : c'est qu'aussi la nature comme la situation de Proudhon étaient les plus opposées et les plus contraires à l'humeur et à la condition d'un Fontenelle. Il avait l'impatience et une dévorante ardeur; il bouillonnait et n'avait pas le temps d'attendre. Industriel, son imprimerie lui restait sur les bras sans qu'il pût ni s'en débarrasser ni en vivre; il sentait le poids de la dette et cette lèpre incessante de l'usure qui le rongeait. Il allait venir et résider quelque

absorbe. » C'est le mot d'Ajax à Ulysse quand ils luttent ensemble dans l'*Iliade :* « Enlève-moi ou je t'enlève; ἤ ἔμ' ἀνάειρε, ἤ ἐγὼ σέ. » — Cette correspondance philosophique s'égaie aussi, à la rencontre, de plus d'une anecdote franc-comtoise et de certaines particularités dont nous ferons notre profit.

temps à Paris, mais rappelé et tiraillé sans cesse vers Besançon, pensionnaire d'une Académie qui prétendait surveiller ses faits et gestes intellectuels : son tuteur (car le titulaire de la pension Suard avait un tuteur) était l'excellent Droz, philosophe honnête, optimiste à la fois et larmoyant, à qui il devait compte de tous ses actes. Se figure-t-on bien Proudhon à la lisière, Proudhon tenu en laisse, et par qui ? Je crois le voir d'ici, le sage et prudent moraliste Droz, celui que M. Cousin appelait *Anaxagoras*, cette espèce de mentor à la Fénelon, avec sa mine plus longue encore que d'habitude, essayant de morigéner et de calmer ce terrible pupille qui, lui, avait hâte de déclarer dès le premier jour une guerre à mort à la civilisation telle qu'on l'entend vulgairement. Je le vois d'ici lever les mains au ciel, pousser des *hélas !* et commencer une de ces homélies désespérantes que la lenteur phénoménale de son organe ne lui permettait jamais d'achever. Proudhon vint à Paris au commencement de novembre 1839. Il avait auparavant imprimé chez lui, à Besançon, son Discours du *Dimanche* en le revoyant de très-près pour le style [1], mais en se gardant bien de l'affaiblir pour

1. On verra bien, par la lettre qui suit, son sentiment en matière de style. Proudhon avait la composition pénible ou du moins la gestation rude. Son œuf pondu ou éclos, il cessait de s'y complaire; il avait hâte de passer à d'autres ébats, à d'autres combats. Le soin curieux, cher aux stylistes, n'était point son fait. Ackermann cherchait à lui inoculer de ses scrupules ; il multipliait les remarques, il lui envoyait de Paris critiques sur critiques pen-

le fond des choses et en l'aiguisant plutôt dans le sens agressif : « L'escarmouche, écrivait-il à la

dant l'impression du Discours. Proudhon lui répondait (4 novembre 1839) :

« Mon cher Ackermann, toutes vos remarques sont excellentes; mais il est trop tard, j'ai fait *tirer* sans vous attendre, afin d'être plus tôt près de vous. Cependant, le mal n'est pas sans remède; l'édition est à deux cents exemplaires, qui seront emportés par les amis de l'auteur et les béotiens du pays, après quoi nous aviserons au moyen de faire mieux et d'imprimer pour des Français.

« Je n'ai que deux choses à vous représenter : 1° Vous me reprochez de ne point égaler le style de Rousseau. Auriez-vous eu le droit de dire au Père Rapin, à la publication de sa première pièce de vers : « C'est passable, mais vous n'égalez pas Virgile?... » 2° Vous insistez trop sur le latin et les termes de scolastique ; mon Discours n'est point encore destiné exclusivement au peuple. Je mettrai *postulé* au lieu de *postulatum,* etc.

« Je ne manquerai pas, je vous assure, de consulter M. Droz : je vois d'ici ses froncements de sourcils ; mais il faut qu'il y passe...

« Du reste, vous avez bien raison et je l'ai senti, il y a longtemps, pour la première fois : j'ai besoin de travailler mon style. Cela me coûtera plus que toutes mes autres études. J'ai des idées capables d'alimenter deux ou trois Chateaubriand, et je ne puis venir à bout de les rendre. *Ce que l'on conçoit bien s'exprime clairement!* c'est aussi faux qu'un proverbe. Je suis bien sûr de bien concevoir ce que j'ai à dire, et j'ai mille peines à l'exprimer. Je n'en voudrais pour preuves que les passages mêmes que vous m'avez signalés et que j'aurais pu corriger à l'instant. Mes faiblesses de style me viennent toujours du défaut d'oreille, de mon inadvertance ou de mon ignorance, jamais de l'inertie de ma conception...

« J'aurai à m'entretenir avec vous sur plusieurs locutions que j'ai hasardées et qui me viennent du peu de philologie comparée que j'ai faite : ce sont des imitations latines, grecques ou hébraïques. Il faudrait savoir ce qu'il est permis de faire pour l'enrichissement d'une langue et pour le transport des locutions étrangères...

« Je vous assure que j'ai une démangeaison terrible d'envoyer

veille de la publication, sera vive et directe : aussi, ce premier pas une fois fait, il n'y aura plus à revenir, et je suis engagé pour jamais. C'est ce que je veux. » Il écrivait cela à son ami Ackermann, qui de son côté venait de prendre une brusque résolution et qui, malgré ses prix d'Académie, quittait la France pour aller tenter la fortune à Berlin et y travailler à l'édition des œuvres du grand Frédéric : « Je suis comme vous, lui disait-il encore, je n'attends rien de personne ; je rentrerai dans ma boutique l'année prochaine, armé contre la civilisation jusqu'aux dents, et je vais commencer dès maintenant une guerre qui ne finira qu'avec ma vie. » Pour s'expliquer ces bouillonnements d'humeur et cette révolte sombre, il faut savoir, encore une fois, dans quelles circonstances pénibles il se trouvait ! Très-peu prophète dans son pays, il

la littérature au diable : cela m'ennuie et m'excède. Je n'ai pas cette patience dont parle Béranger, et que je vous souhaite. Je voudrais pouvoir parler par formules, mettre tout ce que je pense en une feuille; j'en tirerais tous les ans deux mille exemplaires, que j'enverrais *gratis* et *franco* partout, et puis je composerais des lignes de plomb...

« Vous, vous irez loin; vous avez la manie de l'art. Vous sentez le beau littéraire qui me fait bâiller; vous êtes homme à souffrir dix ans pour un succès. Votre vocation se montre bien plus dans vos remarques que dans vos œuvres, et la raison en est simple : dans la critique, la raison et le goût se montrent, tandis que la composition les déguise !... » — On aura remarqué dans la lettre ce mot jeté en passant : *C'est aussi faux qu'un proverbe.* Cela nous indique le coin paradoxal chez Proudhon, un trait essentiel de son esprit et qui allait à un travers.

n'avait de ressources et de subsistance que de ce côté, une subsistance dépendante et précaire. Seul ou à peu près seul à Paris, sous l'impression première que fait cette Babylone à tout nouvel arrivant qui n'est pas né pour y vivre, dans une misanthropie qui s'irritait par la solitude même et par la continence des pensées, il était en proie à une véritable angoisse intellectuelle; il n'avait plus de confidents ni de vrais conseils. Ackermann venait, disons-nous, de partir pour Berlin; Bergmann, un autre ami essentiel, le plus essentiel de tous, un de ceux avec lesquels « il aurait voulu vivre et mourir[1], » était à Strasbourg. C'est par les lettres qu'il leur écrit, — lettres trop rares et qu'il était forcé de ménager à cause du *port* (ô misère!)[2] — c'est par là qu'il nous est donné de lire à nu dans son âme. A M. Bergmann, il écrivait de Paris le 22 décembre 1839 :

« Je n'ai pas encore osé présenter mon Discours (du

1. Parlant à Ackermann de Bergmann (lettre du 15 octobre 1839), il disait : « C'est un homme avec qui je voudrais vivre et mourir. Je ne lui sais pas d'égal ni à Paris ni ailleurs. Philosophe et philologue, il réunit à un plus haut degré que personne aujourd'hui les deux facultés les plus précieuses de l'esprit humain. Fallot pouvait être tout cela, et, de plus, érudit et bibliographe; une tête si vaste ne pouvait subsister. Bornons-nous donc à bien tracer notre sillon, et ne cherchons point à égaler notre intelligence à l'infini de la science. »

2. « Je vous prie de ne m'écrire, comme je fais pour vous, que par occasion. Un port de deux francs me gêne; quand je serai riche, je vous en préviendrai par une lettre *franco.* » (A Ackermann, 12 février 1840.)

Dimanche) à M. Droz ni à M. Jouffroy : je n'attends que de la colère et de l'indignation de l'un, et de l'autre du mépris. Ma philosophie et ma politique ne sauraient leur plaire [1]. J'apprends de Besançon que le Clergé a arrêté la vente de ma brochure, qu'on y prépare des réfutations sévères de mes principes; qu'en général, si on ne me refuse pas quelque talent, on me trouve beaucoup de paradoxe dans les idées. Les dévots sonnent l'alarme, et les soi-disant républicains se réjouissent d'un nouveau champion. Personne ne veut me prendre comme j'ai voulu être pris. Les plus sages, mes amis même, doutent, me font dès recommandations, et désirent que je laisse la politique de côté. Faites-nous de la métaphysique et de la morale, me dit-on, et laissez la république, la monarchie et les prêtres. On veut, comme tu vois, que je sois philosophe, sans qu'il me soit permis de parler de *Dieu*, de la *société* et de la *religion;* que je fasse de la science, à condition que je n'en toucherai pas les matériaux. — Pauthier [2] a été très-content de mon travail, quelques autres encore; mais du reste, nul ne sait que me dire. Les hommes du *National* se sont moqués du titre de l'ouvrage ainsi que de l'auteur, qu'ils ont presque pris pour un jésuite. D... m'exhorte à laisser là mes idées de religion

1. Et encore à Bergmann, deux mois après : « Tu me demandes ce qu'ont pensé les Jouffroy et les Droz de mon Discours : ils ne l'ont vu ni l'un ni l'autre. Je ne vais plus chez M. Jouffroy, et je voudrais me dispenser d'aller chez M. Droz. L'air de ces maisons-là ne me convient pas. Je n'ai personne avec qui je puisse m'entretenir de mes études, personne. »

2. Le sinologue; il était compatriote franc-comtois de Proudhon, et il est souvent nommé avec estime dans ses lettres. — M. Pauthier vient de couronner son utile et laborieuse carrière par son édition du *Livre de Marco Polo*, qu'il a publié dans sa rédaction française originale, revue par l'auteur lui-même, avec éclaircissements et commentaires. (Deux grands in-8°, librairie de Firmin Didot.)

et de divinité, qui ne sont plus à l'ordre du jour : cet excellent D...! Que veux-tu? Je suis hors de toutes les conditions de succès ; je ne plais à personne. Ma chance est belle! mais patience! »

On sent le défi. C'est dans ces conditions irritantes et comme sous cette inspiration vengeresse, qu'il conçut et composa son premier mémoire sur la Propriété. Il en faisait sa grosse affaire :

« Ce ne sera pas l'œuvre d'un jeune homme qui n'a qu'une demi-conscience de la nouveauté et de la certitude de ses idées. Je t'en parlerai plus au long une autre fois. Il faut que dans trois mois ce soit fini ; c'est le terme que je me donne pour quitter Paris, où je ne saurais vivre. — Je suis seul, je n'ai plus que D... dont le cœur est parfait, et l'esprit trop peu éclairé. Mon imprimerie va doucement : je soupire après le jour où j'irai reprendre mon bonnet de papier. »

Une fois à ce nouveau travail, il en est possédé tout entier. Le précédent Discours est déjà dépassé et oublié ; et comme Ackermann de loin y revenait et lui en reparlait encore, en amateur qu'il était du style et d'une certaine pureté classique poussée jusqu'au purisme, Proudhon répondait non sans un grain d'impatience (12 février 1840) :

« Depuis votre départ, il en a été pour moi de cette brochure comme de mon mémoire pour le prix Volney : je n'y pense plus. Ce sera jusqu'au bout mon habitude de laisser mourir de leur belle mort mes rapsodies, qui finissent toujours par m'ennuyer autant que personne. Je vous remercie sincèrement de vos bons conseils, et vous dis une fois pour toutes que je n'ai pas si bonne opinion de moi que vous-même : je n'ai pas le loisir de travailler mon style; je suis trop pauvre et trop mal dans mes affaires pour m'amuser à être *gent de lettres :* et je crois d'ailleurs que l'âge d'or de ce qu'on appelle purement littérature est passé pour jamais. Tant que l'homme sait peu, il parle nécessairement beaucoup : moins il raisonne, plus il chante; et quand il ne sait rien à dire, il amuse l'oreille par son joli babil. Je suis peu propre à telle besogne, quoique je regrette pourtant de ne pouvoir m'exprimer avec plus de facilité ; car j'aurais encore bien des choses à dire. Mais quand elles seraient aussi excellentes que je les suppose, ces choses; quand je les dirais aussi bien que Bossuet ou Voltaire, il me manquerait encore le talent de les faire valoir ; car aujourd'hui les portes du Parnasse sont gardées, non par des chérubins, mais par des loups-cerviers. Laissons là la littérature et les littérateurs : je suis fait pour l'atelier, d'où j'aurais dû ne jamais sortir, et où je rentrerai aussitôt que je le pourrai. Je suis épuisé, découragé, prosterné. J'ai été pauvre l'année dernière, je suis celle-ci indigent. Mon budget tout réglé, il me restera, à dater du premier avril prochain, deux cents francs pour vivre six mois à Paris, au bout desquels ma condition sera telle que je désirerai de *vivre et rester berger*. Je suis comme un lion ; si un homme avait le malheur de me nuire, je le plaindrais de tomber sous ma main. N'ayant point d'ennemi, je regarde quelquefois la Seine d'un œil sombre, et je me dis : Passons encore aujourd'hui. L'excès du chagrin m'ôte la vigueur de tête et paralyse mes facultés : je ne puis travailler, et pourtant je travaille toujours pour ne pas mourir d'ennui [1].

1. Je retrouve la même disposition morale, cette sorte d'agonie décrite dans une autre lettre du même temps à un autre ami, et

« Mon travail sur la Propriété est commencé : je vous en enverrai le titre et le sommaire dans ma prochaine lettre. J'ai achevé aujourd'hui le premier chapitre, qui forme la dixième partie de l'ouvrage. Je compte l'imprimer dans le courant de mai prochain, *par souscription*, n'espérant pas trouver de libraire et ne pouvant en faire la dépense. J'ai déjà une cinquantaine de souscripteurs...

« Le style en sera rude et âpre : l'ironie et la colère s'y feront trop sentir : c'est un mal irrémédiable. Quand le lion a faim, il rugit... »

Ne craignons pas d'aller jusqu'à la fin du rugissement. Mais quelle autopsie d'âme toute vivante

avec des accents non moins saisissants; ne craignons pas de donner ces variantes de la douleur : « Mon cher Bergmann, je t'écris dans l'amertume de mon âme. Tu me demandes si je suis content : écoute. Tu m'as vu pauvre l'année dernière; cette année, si tu viens à Paris, tu me verras indigent. Je n'ai pour vivre qu'une pension de 1,500 fr.; elle est toujours mangée d'avance pour un cinquième, et du reste les deux tiers sont emportés par mes créanciers et ma famille. J'aurai 250 fr. pour vivre du 20 mars prochain au 20 septembre. J'ai beau lire, écrire, étudier; je suis opprimé, consterné, flétri. Tantôt je regarde la Seine en passant sur les ponts, d'autres fois je songe à me faire voleur. Le sentiment de ma misère est tel, que si demain j'arrivais à la fortune, le cauchemar qui me poursuit ne me quitterait de deux ans. Je ne travaille que pour recueillir des mépris et des malédictions; mon malheur veut qu'au lieu d'apprendre aux autres des choses qui les amusent et leur plaisent, je n'aurai que de tristes vérités à leur dire, qui me feront haïr et bafouer. Je ne sais rien autre chose pourtant. Faut-il que je me taise ? Je ne le puis; je suis entraîné à boire ce calice qui me fait horreur, et que toutes les délices ne m'empêcheraient pas d'avaler. » Il est bon de ne rien supprimer de ces cris et de ne jamais oublier, au sein de l'optimisme d'une société satisfaite, qu'il y a de ces fortes âmes étouffées et explosibles.

cela fait, et qu'en dites-vous? Une âme de prolétaire ardent, ulcéré, outré, éloquent, et qui pourtant veut être rigoureusement raisonneur et s'armer d'une logique implacable :

« Au reste, j'évite le plus que je peux de tomber dans l'éloquence et le beau style; je raisonne, je conclus, je distingue, je réfute : je n'ai pas besoin des secours de la rhétorique, le sujet par lui-même devant intéresser, bon gré mal gré, les plus ladres. Sous le rapport philosophique, il n'existe rien de semblable à mon livre. Malheur à la propriété! malédiction! »

Deux points ressortent de cet exposé avec une égale évidence : la *révolte* d'âme de Proudhon et sa sincérité, sa *conviction* qu'il va produire une œuvre sans pareille et sans précédent, qui apportera une terrible vérité au monde. Nos extraits précédents ont suffisamment prouvé le premier point, l'indignation et la révolte. Les témoignages qu'il se rend à lui-même dans l'intimité, et en pleine fièvre d'enfantement, ne laisseront aucun doute sur ce que j'appellerai la naïveté de sa conviction et de sa confiance dans l'exactitude rigoureuse de la solution obtenue :

« Il faut que je tue, dans un duel à outrance, l'inégalité et la propriété. Ou je m'aveugle, ou elle ne se relèvera jamais du coup qui lui sera bientôt porté.

« J'aurai, à la fin de mars (1840), un tiers de mon travail d'achevé. J'espère que tu en seras content. Je suis un peu pressé d'en finir, ce qui ne s'accorde guère avec mon désir de faire bien : mais il est bon toutefois que je me talonne moi-même et que je me presse de l'aiguillon. Depuis que je n'ai plus Fallot, je n'ai plus que toi qui puisse me juger, me comprendre, me conseiller, me redresser. Le peu d'expérience en philosophie de tout ce qui m'entoure me laisse sans conversation et sans contrôle. Comment irais-je m'adresser à un Jouffroy, qui n'a pas foi lui-même à la science qu'il enseigne, qui dit avec une impertinence indigne que *la philosophie est chose bien creuse*[1] *!*... Comment comprendrait-il que je cherche, pour les problèmes de la morale, de la société, de la métaphysique, des méthodes de solution infaillibles, analogues aux méthodes des géomètres? Comment croirait-il à cette vérité, pourtant bien simple, que les lois de l'arithmétique et de l'algèbre président au mouvement des sociétés comme aux combinaisons chimiques des atomes; que rien, dans le monde moral comme dans le monde mécanique, ne se fait *sine pondere et numero et mensura?* Comment irait-il concevoir que les *propriétés des nombres* sont le lien qui unit la philosophie pratique à la philosophie organique?... »

1. Proudhon n'était pas juste pour Jouffroy. S'il l'avait mieux connu, plus pratiqué, et s'il était allé au delà d'une première écorce, il aurait trouvé une intelligence, certes, capable de l'accueillir et digne de lui adresser quelques-unes des vraies objections. Proudhon n'a pas assez cultivé la connaissance de Jouffroy, lequel, à cette date, il est vrai, était déjà bien découragé et bien las. Jouffroy était plus juste pour le jeune pensionnaire, son compatriote, dont il n'avait eu qu'une ou deux fois la visite; à l'occasion du concours sur le *Dimanche*, il rendait bon témoignage de lui à l'Académie; et comme, dans les vacances de 1840, M. le docteur Delacroix (de Besançon) lui demandait des nouvelles du jeune homme, Jouffroy lui fit le plus grand éloge de son intelligence, de ses aptitudes, « et en des termes tels, nous dit le docteur, que j'hésite à les reproduire. » — Pourquoi donc hésiter, cher docteur? cela ne pourrait que faire honneur aujourd'hui à Jouffroy.

C'était sa prétention; de même qu'il y a une science des quantités qui force l'assentiment et exclut l'arbitraire, une science des phénomènes physiques qui ne repose que sur l'observation des faits, de même il doit exister, pensait-il, « une science de la société absolue, rigoureuse, basée sur la nature de l'homme et de ses facultés, et sur leurs rapports; science qu'il ne faut pas *inventer*, mais *découvrir.* » Il croyait à l'économie politique comme science, et même il se la représentait comme une science exacte et mathématique, pouvant déterminer, par une simple règle de société, la part revenant à chacun selon la justice. Il se flattait d'en donner la démonstration. Mais aussi, comme l'économie politique n'est pas seulement pour lui une science de calcul, mais une science morale, il recherchait préalablement le droit, la loi morale, juste et nécessaire; il la trouvait dans l'égalité; il prétendait prouver par l'analyse que toutes les théories imaginées par les philosophes et les légistes supposent implicitement cette égalité tant méconnue; il se complaisait, une fois retrouvée et reconquise, à la mettre en contradiction flagrante, en incompatibilité absolue avec la propriété telle qu'elle existe en fait... Il exposait tout ce sujet de son prochain livre dans une lettre adressée à l'ami le plus capable de le conseiller sur la partie morale et, son plan indiqué, il ajoutait dans la pleine sincérité de sa confidence :

« Pour la première fois, une vraie méthode aura été

employée en philosophie, et aura véritablement *démontré*, par une analyse propre, ce qui, par voie d'intuition et de tâtonnement, resterait à jamais caché, parce que l'intuition et le tâtonnement ne prouvent rien...

« Je ne mets dans tout cela rien du mien : je cherche, et pour mieux chercher, je me fais un instrument, je me fabrique un guide, j'attache un fil à la porte du labyrinthe où je m'enfonce. Puis je ne conteste jamais; je ne réfute personne, j'admets toutes les opinions, et je me contente de chercher ce qu'elles contiennent. Or, ce qu'elles contiennent nécessairement toutes est pour moi un principe vrai, un axiome, dont je cherche définitivement la raison dans un fait physiologique ou naturel, et duquel je pars ensuite avec la même rigueur de déduction, pour fonder ma science, que j'en ai d'abord apporté dans mes inductions pour déterminer le principe.

« Je ne puis aujourd'hui t'en dire davantage : réponds-moi sur cet exposé, s'il suffit déjà à me faire entendre de toi, et présente-moi tes scrupules et tes difficultés. Songe qu'il s'agit ici de vérité rigoureusement démontrée, et non d'un roman d'imagination.

« Quant à la forme, bien que je raisonne de toutes choses absolument *in abstracto*, le style et le développement ne manqueront ni de verdeur ni d'originalité, je l'espère. Tout cela, sur une matière brûlante, doit faire un ouvrage singulier... »

Il eût été, certes, curieux d'assister à la conception des *Paroles d'un croyant* et d'habiter dans l'âme d'un Lamennais au moment où il se décida à ce grand acte de déchirement et de révolte : ici, nous habitons véritablement avec Proudhon ; nous le voyons tel qu'il était, avec sa confiance, avec son audace, avec sa bonne foi, avec son orgueil, avec ses accès aussi de découragement, avec ses souleurs et ses soudaines défaillances, avec ses graves tendresses et son apaisement au sein de l'amitié. Nous allons continuer de faire comme toucher du doigt au lecteur chacune des notes de cette organisation puissante, orageuse, sensible :

« (A M. Bergmann, 22 février 1840.) Le sujet de mon livre est le développement des propositions qui m'ont fait perdre le prix de l'Académie de Besançon [1]. Cette fois, je ne chanterai pas dès *Gloria Patri ;* ce sera un véritable tocsin.

« Pourtant je m'interdis toute rhétorique, toute hyperbole, tout lieu commun : je compte, je suppute, je raisonne, j'examine, voilà tout. Et, ce qui ne s'est jamais vu en philosophie, je crée une méthode d'investigation pour les problèmes sociaux et psychologiques comme les géomètres en créent pour les problèmes des mathématiques. Je ne dis rien de trop en annonçant que rien de pareil n'a été fait jusqu'à ce jour, pour la forme et pour le fond. Malheureusement, ce qui m'aura coûté bien du travail et bien des efforts de tête n'est guère à la portée du vulgaire des lecteurs, qui aime mieux les diatribes de Lamennais et compagnie. On ne comprend plus en France que l'invective, la personnalité, l'injure; on s'abreuve de calomnie, de fiel et de satire : ce sont les formes de la pensée. Pour les gens qu'on appelle lettrés, le cercle où ils se meuvent est si étroit, et leur arrogance si haute, qu'il n'y a pas moyen de s'entendre avec eux.

« Je serai bien aise de recevoir quelque lettre de toi; si tu trouves une occasion, tâche d'en profiter, je te prie : car je t'avoue qu'un port de lettre m'incommode. Dis-moi si tu t'habitues au professorat... J'ai cru voir dans ta

1. Dans le Discours de la *Célébration du Dimanche.*

dernière lettre une teinte de tristesse et de mécontentement. Je serais peiné que tu eusses des chagrins; car je pense souvent que tu peux faire beaucoup pour la science, et je sais combien les peines de l'âme tuent la pensée, quand elles ne l'empêchent pas de naître. Parle-moi de toi et de tes espérances : je serai bien aise de savoir ce qui se passe dans ton esprit, et où te porte le flot de la science. Si j'avais des confidences à faire, elles seraient pour toi plus que pour tout autre; si tu étais ici, je te lirais chaque soir ce que j'ai fait dans le jour : sois un peu comme je voudrais être avec toi. Au feu de l'épreuve, mon âme s'épure, et je me détache de tout esprit de propriété scientifique et littéraire, aussi bien qu'industrielle : savoir avec certitude, le dire avec force, clarté et précision, c'est le seul bien où j'aspire, la dernière grâce que je demande à Dieu, puisqu'il me refuse tous les autres avantages. »

Admirable sentiment! aspiration élevée, où il était digne d'atteindre, mais à laquelle il ne lui était pas donné de se tenir! En parlant ainsi, il se faisait illusion à lui-même; il ne se détachait pas autant qu'il le croyait; il n'aspirait pas seulement à dire avec *force, clarté* et *précision* ce qu'il pensait, il entendait bien le dire avec éclat, avec menace; il avait à exercer ses représailles contre l'inégalité qui l'écrasait; il n'allait pas se contenter de discuter la propriété, de la réfuter et de la nier par tous les arguments de la dialectique, il voulait encore la frapper au visage, pour ainsi dire, et la déshonorer. Dans la même lettre du 22 février, il disait :

« Voici quel sera le titre de mon nouvel ouvrage, sur

lequel je désire que tu me gardes le secret : *Qu'est-ce que la Propriété? C'est le vol :* ou *Théorie de l'Égalité politique, civile et industrielle.* Je le dédierai à l'Académie de Besançon. Ce titre est effrayant; mais il n'y aura pas moyen de mordre sur moi; je suis un démonstrateur, j'expose des faits : on ne punit plus aujourd'hui pour dire, sans blesser personne, des réalités même fâcheuses. Mais si le titre est alarmant, ce sera bien pis de l'ouvrage : si j'ai un éditeur habile et remuant, tu verras bientôt le public dans la consternation. Prends la proposition qui me sert de frontispice à la lettre, et attends-toi à la voir prouver par *raison mathématique,* ce qui est autrement concluant pour les hommes d'à présent que des preuves morales et métaphysiques. Nous verrons si ce qu'on a dit est vrai : que les vérités de l'arithmétique deviendraient douteuses si les hommes avaient intérêt à les nier.

« Prie Dieu que j'aie un libraire : c'est peut-être le salut de la nation. »

A ce dernier mot, vous souriez; je souris aussi. Mais du moins qu'on ne dise plus que Proudhon n'était pas convaincu, au fond, de la vertu et de l'efficacité de sa doctrine.

Il cherchait un libraire, mais il le cherchait à sa manière et sans faire fléchir l'orgueil et l'honneur de la pensée :

« J'ai déjà écrit à un libraire, qui n'a pas daigné me répondre. Les libraires en vogue sont des grands seigneurs qui méprisent singulièrement les auteurs inconnus. Je vais m'adresser à un autre qui, sans doute, ne me répondra pas davantage. Au reste, le ton que je prends avec ces messieurs est peu engageant; mais j'aime mieux leur laisser des témoignages de fierté que de soumission. » (3 mai 1840.)

L'ami auquel il s'ouvrait ainsi, tout en marquant qu'il le comprenait, s'effrayait pour lui et lui adressait quelques observations; il lui représentait que, dans la voie où il s'engageait, il allait soulever contre lui toutes les puissances, déchaîner toutes les tempêtes, et que, dès le premier pas, il serait victime et martyr. Proudhon répondait :

« Je n'accepte pas la prophétie de martyre que tu me fais : tu juges trop mal de la rouerie du pouvoir, de l'ignorance du public et de la tyrannie exercée par les meneurs de l'opinion. Le premier a intérêt à laisser mourir la vérité; le second entend sans comprendre, et regarde sans voir; les autres ne se soucient guère que leur charlatanisme soit dévoilé. Non, non, je ne serai ni martyrisé, ni inquiété, ni même lu : l'Académie de Besançon continuera à penser que j'ai de l'originalité et de l'audace, mais que je suis homme à paradoxes; les plus sages me plaindront sincèrement de perdre si follement mes peines, et tout le monde à la fin me dira : « Te voilà bien avancé, beau réformateur! »

« Que dis-je? je ne souffrirai pas le martyre! En est-il un plus douloureux que l'oppression des fourbes et des sots? Ah! si mon cœur saigne quelquefois, c'est de voir mon zèle inutile, et tous les efforts de ma raison vainement dépensés. Ma consolation est grande, j'en conviens : le suffrage de quelques hommes de cœur et d'intelligence tels que toi suffit pour me dédommager de tout. Mais n'est-il pas pénible de voir le malade refuser le remède, l'aveugle se refuser à l'oculiste, et l'art ainsi que la vérité devenir inutiles? »

Il y a plus d'un martyre, plus d'une agonie morale célèbre et qui nous est très-présente : — il y a l'agonie de Pascal; — il y a l'agonie de Chateaubriand à Londres, malheureux, pauvre, avant l'idée du *Génie du Christianisme*, au lendemain de l'*Essai sur les Révolutions*; — il y avait eu auparavant l'agonie de Bernardin de Saint-Pierre, rue Neuve-Saint-Étienne, à la veille des *Études de la Nature*, et ne sachant, dans sa vie précaire, s'il les pourrait mettre au jour; — il y a l'agonie ou la crise de Jouffroy à l'École normale, laquelle a produit une belle page et qu'il ne faut pas s'exagérer. Si vous en savez d'autres, rappelez-vous-les, marquez-vous-en les caractères et les différences : mais ici vous avez l'agonie non plus d'un chrétien, non plus d'un gentilhomme, non plus d'un artiste et d'un peintre, non plus d'un universitaire, non plus d'un fils de la bourgeoisie, mais d'un enfant du peuple (plus du peuple encore que Jean-Jacques), puissant par le cerveau, sentant sa force, croyant à son idée, à demi étouffé, brisé par les choses, révolté contre elles, et avide de se revancher à coups d'intelligence.

Il a rendu ce mélange de conviction et de souffrance en quelques lignes, que j'arrache d'une autre de ses correspondances du même temps :

« Voir et savoir est la vie des êtres pensants : mais que cette vie est dure! Depuis le jour où J.-J. Roussea écrivit la profession de foi du *Vicaire Savoyard*, aucun homme, peut-être, n'a eu une conscience plus forte de la vérité de ses écrits; aucun n'a été livré à une tristesse plus profonde qu'est la mienne. »

Puis la joie venait, l'orgueil du novateur, le sentiment qu'il avait trouvé sa veine, qu'il avait dénoué le nœud :

« Laissons cela : mon ouvrage est fini, et j'avoue que j'en suis content. Je ne puis y penser sans un frémissement de terreur. Quand je songe à l'effet qu'il produirait infailliblement, publié par un Arago, j'éprouve les mêmes palpitations qu'un Fieschi à la veille de faire partir une machine infernale. Jusqu'au moment où j'entrepris de connaître à fond la pierre angulaire de la politique, je n'en avais réellement aucune idée; j'étais à cet égard dans les mêmes ténèbres où sont plongés tous mes semblables, depuis le chiffonnier jusqu'aux Merlin et aux Portalis. Depuis plusieurs années, des doutes, des lueurs incertaines, de fugitives clartés agitaient mon esprit : je me suis mis à l'étude, et j'ai vu mes efforts couronnés du succès. La vérité se montre à qui la cherche : mais il faut savoir la chercher. Elle exige des efforts, des soins, de l'opiniâtreté, de la bonne foi, et une grande défiance de notre raison : combien de fois j'ai dû me corriger moi-même! Grâce au ciel, je crois désormais que, hors le style et quelques points relatifs à l'érudition, aucune proposition avancée par moi ne peut être reprise. Nous avons un principe pour la science sociale : reste à la faire maintenant...

« Tu dois rire en me voyant cette extraordinaire confiance : c'est, mon ami, que je ne connais rien dans les sciences dont la découverte ait jamais produit un effet pareil à celui que la lecture de mon ouvrage est capable de produire. Je ne dis pas : *qu'il soit compris;* je dis seulement : *qu'il soit lu*, et c'est fait de la vieille société. Il ne se peut rien de plus clair, de plus simple, de plus démonstratif, de mieux enchaîné que les cinq chapitres dont se compose mon *premier* mémoire, car j'ai résolu de partager mes publications : et cela tient autant à la méthode qu'à l'arithmétique dont j'ai fait usage.

« J'ai honte de me donner tant d'éloges : mais un ami les pardonne. D'ailleurs, pour dire toute ma pensée, — la vérité une fois connue, comprise et pratiquée, mon livre devient à jamais inutile, et même trivial et sot. C'est le sentiment qu'il me fait éprouver à moi-même : je songe que ce n'est point là réellement de la science, mais une démonstration digne d'Arlequin; en sorte que je regarde mon travail, non comme une *étude*, mais comme un *sacrifice*. Il faut bien que quelqu'un se dévoue, pour que les autres étudient : eh bien! étudie pour moi, tandis que je fais la guerre, etc. »

Il s'imagine très-sincèrement qu'avec cette brochure : *Qu'est-ce que la Propriété?* il va inaugurer une ère nouvelle, comme Sieyès avec sa brochure : *Qu'est-ce que le Tiers-État?* en a inauguré une en politique. Ici, c'est une révolution en économie politique qui doit en sortir; c'est la réduction de la question politique à une question économique. Le signal une fois donné et le premier coup de canon parti, le centre du combat sera déplacé.

Mais j'entends d'ici plus d'un lecteur qui m'arrête et qui, ne jugeant Proudhon que sur sa vieille réputation vulgaire, me dit : « Très-bien! vous m'exposez les pensées intérieures, les bouffées d'ambition, les fluctuations et les orages, les tortures de cet homme; vous voulez m'y intéresser; mais le mérite-t-il? et ce livre dont vous me montrez la conception et le douloureux enfantement, vaut-il toute cette peine qu'il a donnée à son auteur? n'est-ce pas un livre fatal, funeste, faux, sans valeur philosophique, réfuté depuis par les économistes et les vrais savants? N'est-ce pas un pur brandon de guerre, et détestable dès lors, nullement digne qu'on y apporte après coup ce soin, cette attention, et qu'on fasse tant d'honneur à son auteur? » — Si tel était mon avis sur ce premier mémoire : *Qu'est-ce que la Propriété?* qui parut en juin 1840, je me serais bien gardé d'y tant insister. Je dirai tout à l'heure, ou plutôt Proudhon lui-même vous dira ce qui est à blâmer dans le livre et par où il pèche; dès qu'il sera de sang-froid, il en sentira les défauts aussi bien que personne. Lorsqu'il écrivait ce qu'on vient de lire et qu'il se félicitait si hardiment avec des amis dans le feu et la fumée de son travail, il s'en exagérait sans doute la valeur, mais pas absolument; il était loin d'avoir abattu les murailles et d'avoir pris la place d'assaut; mais il y avait pratiqué à coups de bélier de larges brèches, difficilement réparables. Toute sa réfutation des jurisconsultes plus ou moins philosophes qui ont traité du droit de propriété, Toullier, Dutens, Charles Comte, etc. est vigoureuse, victorieuse, selon moi, et décisive; car je suis de ceux qui pensent avec

Pascal que le titre par lequel on possède n'est pas un titre de nature, mais d'établissement humain, et que la propriété telle qu'elle est et qu'elle se présente dans nos sociétés n'a d'autre fondement que la loi civile et les conventions. Ce qu'on peut dire, c'est qu'il est périlleux de remuer ce fondement, et que cette recherche à fond ne mène qu'à ébranler et à démolir. Cela devient une autre question. Il n'en est pas moins vrai que philosophiquement, dans toute sa partie rationnelle et sévère, le livre de Proudhon subsiste et que, s'il s'était borné à pousser, l'épée dans les reins, les philosophes et à serrer le bouton aux économistes, que s'il n'était pas sorti du cercle de la discussion et de la science, il y aurait peu à lui répondre, sinon au point de vue de l'histoire, de la politique et du fait. Après cela, son tort grave, — non pas dès le titre, comme il y avait songé d'abord (car il renonça à son premier titre), — mais dès son premier paragraphe, c'est d'avoir allumé la mèche et mis le feu aux poudres. *La propriété, c'est le vol !* Une telle affiche, il a beau dire (et il le sentait bien tout le premier), est un coup de toscin et ressemble à un violent appel à tous les déshérités qui peuvent s'y méprendre; et c'est aussi à ce cri imprudent que tout ce qu'il y a de sage et de sensé le conjure et l'arrête. Mais il avait, dira-t-il, à se faire écouter avant tout, à se faire jour, à soulever comme Encelade son Etna. Le jurassien Proudhon avait naturellement en lui et il tenait peut-être de son pays natal une veine de crânerie provocante; il aimait à étonner, à faire dresser l'oreille à l'interlocuteur[1] ou au lecteur. Fort de son honnêteté profonde et de sa probité inattaquable, il avait de ces manières de sentir et de dire qui faisaient trembler et qui, sous quelque régime qu'on vécût (monarchie, république ou empire), semblaient des attentats contre l'ordre établi. Quant au fond, on dira tout ce qu'on voudra de son système : oui, c'est un système extrême et forcé, mais un système qui a cette vertu, qu'il opère puissamment sur ceux même qui le repoussent, et qu'il les oblige à faire du chemin et à en venir bientôt aux dernières limites des concessions. Par ce qu'ils appellent ses paradoxes et ses sophismes et qui n'est que de la logique à outrance, Proudhon fait suer sang et eau à ses adversaires; il les contraint à s'ingénier, à se mettre en quatre, à faire un chemin du diable pour le joindre et lui répondre, c'est-

1. Dans une lettre de lui à Ackermann, datée de Paris, 12 février 1840, je lis : « L'autre jour, je fus chez M. Cuvier (sans doute M. le pasteur Cuvier, oncle de Fallot); quelqu'un s'avisa de dire que *quiconque ne travaille pas devrait perdre ses rentes.* — Je lui dis : Monsieur, où irions-nous avec ce principe? — Et qu'y trouvez-vous à reprendre? me dit M. Cuvier. — Moi, rien; mais si l'on supprime les rentes aux rentiers oisifs, il faut les supprimer encore aux rentiers qui travaillent, car s'ils sont payés pour leur travail, ils sont toujours oisifs par rapport à leurs rentes. — Ce fut un ébahissement universel; votre ami Bourette me regarda du coin de l'œil, et la conversation finit là. » Proudhon avait la logique embarrassante et coercitive.

à-dire qu'il les oblige bon gré mal gré, et bien qu'à grande distance encore, à se rapprocher de lui. J'entends d'ici son rire éclatant et sarcastique. C'est peut-être en définitive tout ce qu'il a voulu.

III

Lendemain de la publication. — Effet sur l'Académie de Besançon. — Citation; défense; acquittement. — Situation pénible; délaissement moral. — Goût prononcé pour la science. — Second Mémoire ou *Lettre à M. Blanqui*.

Le Mémoire : *Qu'est-ce que la Propriété?* grand in-18, de deux cent cinquante pages, parut donc en juin 1840. L'auteur s'était engagé à placer, pour son compte, deux cent trente exemplaires, c'est-à-dire à couvrir les frais d'impression. L'éditeur se refusa à faire la plus petite annonce ou réclame dans les journaux. Les deux cents premiers exemplaires furent pourtant enlevés en quinze jours, sans publicité, sans recommandation, et par le seul effet des premières lectures.

« L'effet de ce volume, qui aurait pu être gros s'il était moins compacte, écrivait Proudhon à Bergmann, est d'étonner et d'effrayer le lecteur, de le forcer à réfléchir, ce qui est encore mieux. Cependant, comme je te l'avais prédit, bien que des envois aient été faits à différents journalistes et feuilletonistes, aucune annonce, aucun article n'a encore paru et ne paraîtra. »

Dans ce premier silence qui suivit la publication, Proudhon, calmé, se livrait à des réflexions qui lui permettaient de se juger lui-même avec un sang-froid de critique; il s'était fait une détente en lui. Sa conviction demeurant, l'enthousiasme s'était dissipé. Il n'attendait ni profit ni agrément de son ouvrage, point d'éloges et pas même de discussion. Son premier soin, le livre publié et abandonné à son sort, fut de quitter Paris et de faire un temps de retraite à Besançon, pour rentrer dans son imprimerie et aviser au moyen de vivre et de *philosopher* encore :

« Je partirai d'ici (de Paris) dans les premiers jours de juillet avec notre ami Elmerich [1], qui va à Strasbourg et passera par la Franche-Comté. J'attendrai à Besançon, rue des Chambrettes, 10, ta réponse à celle-ci, et ton jugement, ou plutôt tes consolations sur mon livre. Perdre six mois à prouver des choses plus claires que le jour, et dont l'ignorance fait pourtant seule tous les maux du genre humain, cela est bien fait pour dépiter un esprit curieux d'apprendre et pour humilier notre orgueil. Encore si l'on tenait compte d'un pareil sacrifice! Mais qu'espérer d'un public étourdi par un millier de meneurs, et qui en est toujours à admirer celui qui parle le plus? Qu'attendre de journalistes dont les intérêts ne sont pas ceux de la vérité, de politiques et de philosophes sans cœur et sans génie? Je rentre à Besançon, je vais mettre ordre à mes affaires, m'occuper des moyens de vivre, et me préparer lentement à d'autres travaux : car désormais je veux philosopher, étudier et

1. Un peintre de ses amis intimes.

imprimer pour moi et pour mes amis, n'attendant rien de personne. Je recevrai avec plaisir tes observations et tes conseils; j'en sens tout le besoin : j'ai travaillé cette année sans conversation, sans être jamais échauffé par une intelligence. J'ai vécu dans le vide : je crains bien que tu ne t'en aperçoives. Pour fuir l'inanité, je rechercherai désormais la solitude...

« L'ouvrage que je viens de terminer m'a fait naître quelques idées sur le style et l'art d'écrire, que j'ai dessein de mettre une autre fois en pratique : je commence à sentir que je pourrais être quelque chose comme écrivain. Désormais je travaillerai plus lentement, et je me déferai de la sotte présomption de croire que mes idées ne peuvent être retardées dans leur publication par des soins de forme et d'exposition, sans que la vérité et le bien public soient compromis... »

Si l'opinion, à Paris, y mit du temps, et si les journaux y pensèrent à deux fois avant de se prononcer, l'Académie de Besançon, à qui le Mémoire était dédié par une sorte de lettre-préface passablement ironique, et qui se voyait mise en cause par l'audace de son pensionnaire, prit l'affaire à cœur et l'évoqua avec toute la vivacité qu'on peut imaginer. Soyons justes, il faut convenir qu'une Académie avait quelque raison de s'émouvoir lorsqu'elle était publiquement interpellée par des paroles comme celles-ci :

« Pourquoi ne l'avouerais-je pas, messieurs? j'ai ambitionné vos suffrages et recherché le titre de votre pensionnaire, en haine de tout ce qui existe et avec des projets de destruction ; j'achèverai ce cours d'étude dans un esprit de philosophie calme et résignée. L'intelligence de la vérité m'a rendu plus de sang-froid que le sentiment de l'oppression ne m'avait donné de colère...

« Puissiez-vous, messieurs, vouloir l'égalité comme je la veux moi-même; puissiez-vous, pour l'éternel bonheur de notre patrie, en devenir les propagateurs et les hérauts; puissé-je être le dernier de vos pensionnaires! C'est, de tous les vœux que je puis former, le plus digne de vous, messieurs, et le plus honorable pour moi. »

Maintenant nous allons suivre, d'après le récit de Proudhon lui-même, toutes les phases de son procès académique. On en rabattra ce qui convient, et on fera, dans sa relation, la part de l'accusé qui s'étonne et qui s'irrite d'être, à son tour, mis en cause. Arrivé dans le pays, il écrivait, le 22 juillet 1840) :

« L'effet de mon livre sur l'Académie a été terrible pour moi : on a crié au scandale, à l'ingratitude; le père Droz, qui se trouvait à Besançon dans le temps de la réception de l'ouvrage, a fait une larmoyante homélie qui a indigné (contre moi) tout le monde [1]. Je suis un

1. On ne doit pas prendre à la lettre quelques expressions de colère qui se rencontrent sous la plume de Proudhon au sujet du respectable Droz; le vrai de leurs relations, le fin mot, c'est qu'ils étaient, je l'ai dit, des esprits antipathiques; et Proudhon, dans une autre lettre, antérieure seulement de trois semaines à celle-ci, le reconnaissait parfaitement quand il disait : « Le père Droz est parti depuis le 7 juin et ne rentrera à Paris qu'après mon départ; ne le reverrai plus. Cet homme est bon, honnête et plein de bienveillance pour moi; mais c'est bien l'esprit le plus antiphilosophique, le génie le moins scientifique qui fut jamais. Nous ne pouvons nous entendre. D'ailleurs, il désespère de moi; je le vois, je le sais; il me le fait entendre assez clairement; il m'est trop

ogre, un loup, un serpent; tous mes amis et bienfaiteurs s'éloignent de moi, et m'abandonnent à mon sens réprouvé : désormais tout est fini; j'ai rompu mes liens; je suis sans espérance. On voudrait presque m'obliger à une espèce de rétractation : on ne me lit pas, on me condamne. Jamais je n'ai vu tant d'animosité contre un auteur... [1] »

Et à la date du 19 août :

« La rage académique n'a fait que s'accroître contre moi; deux séances très-orageuses ont déjà eu lieu à mon sujet; diverses motions ont été faites, ou de me retirer la pension, ou de la donner à mon père, ou, simplement, de me blâmer publiquement; enfin, l'on a résolu de ne prendre aucun parti avant de m'avoir entendu, et je suis assigné à comparaître par-devant notre Sénat académique, dans le courant de novembre prochain, pour faire valoir mes moyens justificatifs, et m'entendre reprocher d'avoir écrit un livre *antisocial, contraire à toutes les convenances*

pénible de vivre avec des gens qui ne me rendront jamais justice, parce qu'ils ne comprendront jamais mes idées. »

1. Un autre passage d'une lettre adressée dans le même temps non plus à Bergmann, mais à M. Tissot, donne bien la mesure de son irritation à ce moment (10 août 1840) :

« Pour moi, je n'ai pas lieu de me louer : je suis vu de mauvais œil ici : l'irritation a été portée au comble, on pense à me retirer la pension; on n'espère plus rien de moi, dans le temps même où j'ose dire que l'on devrait espérer le plus; on m'abandonnera au moment de ma force et de ma fécondité. La colère s'accumule et s'empile dans mon âme : si jamais le fils se révolte contre sa mère, s'il ose une fois révéler la turpitude de celle qui lui donna le jour, malheur, malheur à elle! Jusqu'ici je n'ai fait que mes exercices; je regarde ce que j'ai publié comme des *juvenilia;* mais le conscrit deviendra vétéran, et encore une fois malheur aux *crânes!* »

pour la forme comme pour le fond. — On a exigé de moi que je ne publierais rien d'ici à la fin de l'année scolaire 1840-1841; j'ai donné ma parole par écrit, signée de moi. A peine mon second Mémoire[1] sera-t-il prêt pour ce temps-là. D'ailleurs, si l'Académie me traitait dans sa fureur, je serais, par là même, délié de mon serment.

« Parmi les académiciens, ceux qui avaient été mes plus dévoués m'ont tourné le dos; d'autres, qui ne me connaissaient pas, me sont favorables. Le préfet du département est du nombre de ces derniers. En général les dévots, les avocats et les littérateurs purs m'en veulent; les commerçants, banquiers, usuriers, gens de négoce et de commerce, m'applaudissent : l'aurais-tu deviné? Déjà, au temps de Jésus-Christ, les publicains se trouvaient plus près du royaume de Dieu que les pharisiens et les docteurs.

« Notre Congrès scientifique durera huit jours : on ne m'a pas fait l'honneur de m'y inviter... »

Il était retourné à Paris en octobre pour y travailler à son second Mémoire sur la Propriété, et il croyait l'affaire académique assoupie, tellement qu'il venait de refuser un labeur lucratif afin de profiter des six mois de loisir et d'étude qui lui restaient encore à titre de pensionnaire :

« Je venais, écrit-il à son ami, de faire cet héroïque sacrifice à la science, quand je reçus une lettre du secrétaire de l'Académie de Besançon, qui me prévient en substance que je suis attendu le 15 janvier prochain (1841), pour répondre aux questions qui me seront adressées sur mon livre, et, si je ne puis comparaître en personne, que j'aie à faire connaître au plus tôt mes moyens

1. Le second Mémoire qu'il préparait sur la Propriété.

de défense. Le secrétaire ajoute que l'indignation est au comble, que mes amis n'osent plus me défendre, de peur de tomber en suspicion, que tout le monde est ou plein d'horreur ou consterné de ma *détestable brochure*, de mes *déclamations enragées*, etc., etc. La lettre est officielle et confidentielle tout à la fois. On m'exhorte à me rétracter, seul parti raisonnable et digne ; on m'avertit qu'il n'y a plus qu'une espérance de salut pour moi, c'est qu'il faut les deux tiers des voix pour ma condamnation ; enfin les injures, les menaces, les flatteries, les conjurations, rien n'est oublié pour me remettre dans le bon chemin et me rappeler à la raison.

« Juge si ma surprise a été grande en lisant cette missive académique, moi qui croyais cette affaire terminée. — Je vais répondre à l'Académie; mais, quoique je ne sois pas le moins du monde ému, je n'attends aucun succès de ma lettre. Je ne puis ni m'excuser ni demander grâce; protester de la droiture de mes intentions ne peut suffire à des hommes qui me lisent sans m'entendre, et qui trouveront toujours des armes contre moi dans la franchise de mes explications. Que faire? J'écris pour l'acquit de ma conscience, pour obéir au désir de l'Académie; mais j'écris de manière aussi à pouvoir rendre ma lettre publique : car je ne suis pas d'humeur à me laisser déshonorer sans rien dire. Or, si je publiais un factum après coup, ce serait un libelle qui manquerait son effet; tandis qu'en publiant textuellement une défense destinée d'abord à rester secrète, elle sera d'une immense autorité aux yeux du public. Dans trois semaines je connaîtrai tout le mystère et le dénoûment de cette intrigue, et je t'en avertirai. »

Il se faisait les hommes et même les académiciens plus noirs qu'ils ne le sont en réalité; et le 31 janvier, il pouvait annoncer une conclusion favorable :

« Mon affaire avec l'Académie s'est terminée heureusement pour moi; il s'agit maintenant de n'en avoir pas une troisième. M. le préfet du département, M. Brocard, le supérieur du séminaire, MM. Weiss, bibliothécaire, et Pérennès, secrétaire perpétuel, m'ont soutenu contre la cabale. Mais on me mande que ma défense a fait plus de scandale encore que mon livre : cela signifie simplement que j'ai jeté la division entre les membres, et fait rire les uns aux dépens des autres, en trouvant moyen de désigner mes adversaires d'une manière qui les a rendus pleinement ridicules. Tu conçois que ceux qui n'étaient point blessés ont dû feindre de prendre à cœur l'injure de leurs confrères ; mais le coup est porté, j'ai maintenant des amis et des ennemis [1]. »

1. Et dans une lettre de date postérieure, à son autre ami Ackermann (16 mai 1841), il résumait l'affaire non moins vivement et avec une sorte de bonne humeur : « L'Académie de Besançon, de plus en plus animée contre moi, m'avait ajourné à comparoir devant elle au 15 janvier 1841, terme de rigueur et définitif, ou à faire valoir mes défenses : il s'agissait de me voir supprimer ma pension et déshonoré publiquement. Si ce malheur me fût arrivé, j'étais ruiné de fond en comble et perdu sans ressource. Je n'avais plus qu'à partir pour la Russie ou pour l'Amérique. La détresse me donna des forces; j'avais épuisé toutes les explications, j'eus recours à la menace. J'écrivis un factum, de manière à ce qu'il pût être imprimé; je me proposais de porter le débat devant le public bisontin et de le rendre juge de la conduite des académiciens et de la mienne. Dans cet écrit, j'insistais plus fort que jamais sur ma doctrine, je la montrais existante et professée partout, de sorte que je ne m'en trouvais plus que l'expositeur et, pour ainsi dire, le chef. Plusieurs membres de l'Académie étaient nominalement désignés comme mes ennemis et fort maltraités; en un mot, je montrai les dents, et je fis entendre à l'Académie que si elle cherchait le scandale, il y en aurait. — Il paraît que cela fut compris; une moitié de l'Académie se mit à rire de l'autre; le préfet vint à mon aide : on commença à dire que j'étais un garçon de talent, et qui pouvait aller loin; bref, je fus *acquit-*

Je ne sais rien de tel pour l'explication des idées et des doctrines que la réalité des faits et la détermination précise des circonstances au sein desquelles elles ont été conçues. L'être pensant est doué, dit-on, d'une faculté libre ou du moins singulièrement mobile pour la direction de ses vues et de ses applications d'esprit ; mais cette direction dépend d'autre chose encore que d'un pur mouvement intellectuel : elle se ressent de l'état des fibres et de mille ressorts secrets dont la plupart nous échappent. Que du moins, si nous en saisissons quelques-uns, il nous soit permis de les indiquer et de les faire toucher au doigt. J'ai dit que Proudhon était retourné de Besançon à Paris en octobre ; il désirait y arriver à temps pour voir et embrasser son ami Bergmann, qui était à la fin de ses vacances et qui devait lui-même repartir pour Strasbourg. Or savez-vous comment il voyageait? C'est par hasard et tout à fait incidemment que je l'apprends, dans une lettre de lui du 30 septembre :

« Mon cher Bergmann, je partirai dimanche, 11 octobre, sans faute, et. *quoique à pied,* je ferai toute la diligence pour arriver à Paris samedi 17 au plus tard. Tâche donc de prolonger ton séjour du 15 au 20, afin que je puisse te voir. Il ne m'est pas possible de faire mieux... »

Il sentait le besoin d'une conversation à fond

té, je crois, à l'unanimité. A présent, on dit du bien de moi partout, bien qu'on me blâme en beaucoup de choses. »

avec une intelligence parente de la sienne; on ne s'explique jamais complétement que de vive voix :

« Je profiterai de tes observations, tu peux y compter, quoique je ne promette pas encore d'en user de la manière que tu m'indiques; mais quand un homme doué de raison critique une chose, il lui échappe toujours des pensées, des expressions qui sont des traits de lumière pour un auteur attentif. C'est surtout par là que toutes tes remarques me sont précieuses; c'est ce qui fait que je voudrais t'entendre. D... me mande que tout est prêt pour une seconde édition. Avant de rien faire, je voudrais donc une conversation avec toi. »

Et à la fin de cette même lettre :

« Je compte donc te voir : c'est pour toi que je pars un mois plus tôt que je n'eusse voulu; c'est pour toi que je vais me briser les jambes. »

Ainsi cet homme d'intelligence et de cœur, pour aller voir un ami, de l'entretien de qui il est privé depuis une année, pour aller écouter ses conseils, pour s'épancher avec lui et se procurer une de ces bonnes et saines causeries qui sont le besoin de l'âme, et où la pensée se corrige ou se mûrit dans une concorde ou dans une contradiction féconde, est obligé de faire à pied une route de plus de quatre-vingts lieues, et, en arrivant trop tard d'un jour ou deux, il manque la rencontre. Le devoir qui commande a obligé l'ami de repartir. Vous qui voyagiez alors en chaise de poste, vous tous qui observez à l'aise; qui, étendus tout du long, n'avez qu'à vous laisser faire aux spectacles variés qui se déroulent devant vos yeux ; qui, en descendant de voiture, n'avez en tout lieu qu'à visiter les galeries de tableaux, à courir les théâtres ; qui assistez commodément au jeu de la vie, et voyez en quelque sorte venir au-devant de vous l'étude facile confondue avec le plaisir ; soyez moins sévères pour un âpre contradicteur ; admettez que la philosophie d'un homme, d'une tête, si ferme qu'elle soit, a droit de se ressentir de cet état de labeur et de peine qui est celui de l'immense majorité de nos semblables : les voyages pédestres de Jean-Jacques furent sans doute pour beaucoup dans sa façon de voir et de sentir ; mais ici, ce sont plus que de longues excursions où l'on va à l'aventure et tout en rêvant, ce sont des marches nécessaires et forcées. Le lendemain d'un tel voyage, si l'on se met à écrire, les jambes doivent vous remonter, ce me semble, dans le cerveau. Cela, me dit quelqu'un, ne laisse pas de changer un peu les points de vue, même en économie politique.

Proudhon, qui avait la noble pudeur virile et qui, de tous les hommes, était le moins disposé à étaler sa souffrance ; qui se contentait de dire aux pires moments : « Je sais ce que c'est que la misère, j'y ai vécu ; » Proudhon se rendait pourtant compte de l'effet inévitable que de pareilles circonstances produisaient sur sa manière, sinon de penser, au moins d'écrire. Ackermann, vers ce temps, lui ayant adressé de Berlin des critiques détaillées sur son Mémoire, et particulièrement sur le ton dont il l'avait pris avec le public, il répondait de Paris (15 novembre 1840) :

« Vos critiques sont judicieuses; tout le monde me les a faites, et je ne puis avoir raison contre tout le monde. J'ai d'autant plus tort dans la forme de mon argumentation que ma dialectique est invincible, et que deux éléments, omis jusqu'à ce jour par les économistes dans leurs spéculations politiques et industrielles, et rétablis par moi, renversent de fond en comble toute notre jurisprudence et notre police administrative. Je n'ai qu'une excuse : quand un homme, à près de trente-deux ans, est dans un état voisin de l'indigence sans qu'il y ait de sa faute; quand il vient à découvrir tout à coup, par ses méditations, que la cause de tant de crimes et de misères est tout entière dans une *erreur de compte,* dans une mauvaise comptabilité; quand, en même temps, il croit remarquer chez les avocats du privilége plus d'impudence et de mauvaise foi que d'incapacité et de bêtise, il est bien difficile que sa bile ne s'allume et que son style ne se sente des fureurs de son âme [1]. Vous en parlez à votre aise, vous, artiste, pour qui tout ce qui s'écrit ne semble être que matière d'exercice et sujet de rhétorique; tandis que je souffre, que je bouillonne, que je tempête, vous mesurez mes phrases, vous passez à l'étamine quelques expressions un peu dures; vous vous étonnez de me trouver moins poli qu'un Voltaire, un Hamilton, un Suard, etc. Hé! laissez un peu vos littérateurs courtisans et millionnaires, et regardez au-dessous de vous; regardez-vous vous-même, et dites-moi si votre propre condition ne m'est pas une suffisante excuse [2]? »

1. La même idée se trouve reproduite presque textuellement dans le deuxième Mémoire sur la Propriété ou *Lettre à M. Blanqui.*

2. Je retrouve encore dans la même lettre une de ces notes dou-

Il promettait toutefois de se corriger et se flattait de prendre assez sur lui et sur ses ressentiments pour dorer la pilule, comme on dit, et pour faire passer sous une forme plus ménagée et plus douce des vérités qui avaient révolté une première fois dans leur entière crudité :

« Quoi qu'il en soit, je vais changer de batterie ; désormais, au lieu de tremper mes flèches dans le vinaigre, je les tremperai dans l'huile : la blessure sera moins cuisante, mais plus sûrement mortelle. Le père Weiss me disait comme vous : « Mon cher ami, vous faites tort à votre cause par votre manière de la défendre ; avez-vous oublié le mot de Henri IV : on prend plus de mouches avec une cuillerée de miel qu'avec cent tonneaux de vinaigre? » — « Il ne s'agit pas de prendre des mouches, lui dis-je, il s'agit de les tuer. » Cette boutade fit rire notre excellent bibliothécaire, qui vaut à lui seul dix fois son Académie. Enfin, cela est dit, je vais me réformer. »

Proudhon ne comptait pas assez avec son tempérament, ou plutôt il se sentait partagé et l'on voit très-nettement, ce me semble, à recueillir ses confidences, combien il eût été possible qu'à un certain moment, sous l'empire d'autres circonstances, il se décidât autrement qu'il ne fit et que,

loureuses que nous avons entendues déjà sur son isolement moral : « Je suis maintenant presque sans société : n'allant plus chez M. Droz, craignant d'aller chez M. Cuvier, de peur d'y rencontrer des habitués de mon ex-tuteur académique, à cent lieues de Bergmann, à quatre cents de vous, veuf de Fallot, dont le souvenir ne me fut jamais plus cuisant, je tombe par moments dans un délaissement inexprimable. »

le but restant le même, il prît un chemin différent :

« Pour les inélégances et les brutalités de détail, disait-il, je ne m'en effraye pas : avant d'être forgeron, il faut qu'un apprenti brûle bien des kilogrammes de fer. Il est des choses dont je ne me corrigerai que par l'habitude du métier : seulement il est malheureux que je débute par des questions si importantes. »

Il sentait ce qui lui manquait au fond ; il était avide d'étudier et d'approfondir. Son ami Bergmann lui avait fait remarquer que, dans son premier Mémoire, la philosophie, la recherche psychologique de l'idée de juste et d'injuste était rejetée et comme reléguée à la suite, dans le dernier chapitre, au lieu d'être en tête et de précéder, comme cela aurait dû être naturellement. En pareille matière sociale, il semble que la raison morale doive primer le calcul arithmétique, même le plus exact. En un mot, l'économie politique est-elle une science de calcul ou une science morale? Proudhon averti ne se le fit pas dire deux fois : il comprit parfaitement que c'est à la morale à établir les principes de la justice et que, ces principes une fois acceptés, le calcul ensuite en fait simplement l'application et, en quelque sorte, la répartition entre les divers membres de la société. « Oui, écrivait-il à son ami, je donne les mains à tes critiques... Oui, les idées présentées dans ce chapitre V demandent d'autres développements;

elles ne veulent point être traitées par-dessous la jambe. » Mais, au lieu de refondre son premier travail, il songeait plutôt à en entreprendre un plus fondamental, et où les questions seraient strictement et amplement discutées. Dans sa recherche des premiers principes, il était amené à désirer étudier et tirer à clair les systèmes de métaphysique allemande dont il entendait parler et qui passionnaient les esprits au delà du Rhin. Il n'en fut guère jamais informé que de raccroc et secondairement. Il lisait Kant alors : « Je le trouve, disait-il, d'une sublimité qui m'effraye, j'ai peine à le suivre. » Il pressentait pourtant qu'il y avait de ce côté et dans les tendances des trois fameux continuateurs de Kant des rapports d'affinité avec son propre esprit, et dont il aurait pu profiter. Il se rencontra notamment plus tard avec Hégel, mais d'instinct et sans l'avoir lu. Des conversations y aidèrent. Ayant l'ambition de refaire à son tour une psychologie, une logique et, qui plus est, une métaphysique nouvelle, et, sentant qu'il y serait tout à fait « excentrique, » il éprouvait le besoin de se fortifier et de s'encourager des opinions hardies de quelques grands penseurs contemporains. Son esprit absolu et rigoureux, s'il n'avait pas eu alors à s'occuper des intérêts matériels et du positif journalier de la vie, était violemment tenté dans le sens de la science et de ses poursuites élevées, ardues, pleines d'attrait dans leur profondeur :

« Je commence à m'ennuyer de mes querelles politiques : l'amour de la science, d'un côté, me séduit et me commande de passer à autre chose, me faisant croire que j'ai fait assez sur la matière de la propriété ; de l'autre, le sentiment de l'injustice et l'ardeur du tempérament m'entraînent à une guerre nouvelle. Que veux-tu? je voudrais travailler à une métaphysique nouvelle ; et la question sociale m'offre une si riche matière à traiter que je ne puis renoncer à un sujet où je vois l'occasion de déployer toutes les richesses du style et toutes les forces de l'éloquence. La raison pure est ma divinité ; mais je voudrais m'essayer encore une fois dans l'art... »

L'*art*, le mot peut sembler étrangement choisi ; il a pourtant sa justesse. Il y avait, en Proudhon, l'étoffe de deux hommes qui se firent continuellement concurrence, le *savant* et l'*écrivain*. Le savant en lui est contesté. Sa Correspondance montrera un jour qu'il l'était beaucoup plus foncièrement qu'on ne le suppose, et qu'il y a dans toute son œuvre, si irrégulière et si brusquée qu'elle semble, un dessein d'unité. Cette unité consiste en ce que l'auteur, pendant vingt-cinq ans, n'a cessé de chercher à déterminer scientifiquement la justice sociale, universelle, qui devra profiter à toutes les classes de la société sans exception, et ensuite à introduire la morale dans l'économie politique en soumettant la liberté de chacun ou les forces égoïstes de la société à la règle dictée par le sens moral[1]. Que cette tentative soit en partie

1. « Kepler travailla dix-sept ans pour arriver à la formule de

excessive ou même chimérique ; elle n'est pas moins grande en soi et digne par tout un côté d'occuper une intelligence élevée et sévère. Voilà pour le savant.

Quant à l'écrivain, il est assez généralement reconnu dans Proudhon ; il se forma par degrés, mais assez vite. C'est dans la polémique surtout qu'il éclate et se manifeste : son talent s'y plaisait. Il aimait la guerre et la guerre l'aimait. Proudhon a de lui-même une bonne langue, forte et saine, puisée aux meilleures sources ; il sait bien le latin ; il écrit avec analogie et propriété dans le sens direct de l'étymologie et de la racine. Toutes ses acceptions des mots sont exactes et justes. Il est peu original quand il veut faire de l'éloquence proprement dite et des apostrophes ou allocutions à la Jean-Jacques ; mais dans le corps à corps de

ses trois fameuses lois, et Dieu sait la masse énorme de calculs et de chiffres qu'il lui fallut faire pour cette fameuse découverte. Eh bien, pour comprendre quelque chose au mouvement social, il faut pareillement passer par une série d'opérations, non algébriques, mais métaphysiques. Ce que j'ai fait me convainc que tout est à faire encore dans cette science si décriée sous le nom de métaphysique, et me persuade aussi que je suis dans la bonne voie ; mais le public, où est-il ? » Il faut savoir qu'il donne un sens particulier à ce mot de *métaphysique*, de laquelle il fait comme le faisceau des lois les plus générales et une méthode supérieure de vérification : « Selon moi, les matériaux de la métaphysique lui sont donnés par les autres sciences, en sorte que, pour être métaphysicien, il faut commencer par savoir quelque chose, et que celui qui prétend faire de la métaphysique en dehors de toute science est un homme, comme dit saint Paul, *sicut æs sonans aut cymbalum tinniens.* » (Lettre à Bergmann, du 10 novembre 1840.)

la lutte et de la polémique, il a des expressions trouvées et de la plus neuve vigueur. Quand il s'attaque aux hommes, il les démolit encore plus sûrement que les doctrines. Sa familiarité première avec la Bible, qui a été son principal livre classique, lui suggère, plus qu'à aucun écrivain laïque de notre pays, où on lit si peu la Bible, des allusions, des images fréquentes qu'il applique à notre temps en toute énergie et franchise. Il s'abusait un peu lorsqu'il se croyait capable d'une éloquence douce et persuasive, et que, préparant son second Mémoire, il disait :

« Dans ce second Mémoire, je parlerai plus souvent au sentiment et à l'imagination : je revêtirai de couleur, de chair et de sang cette dialectique décharnée qui fatigue, et que peu d'esprits peuvent supporter. Je ferai ressortir cette pensée fondamentale de mon premier Mémoire, que tous les maux de l'humanité viennent primitivement d'une simple *erreur de compte* (soit de l'inégalité de répartition des biens, d'après l'inégalité des facultés, soit surtout de l'*appropriation du produit collectif par un seul individu*); je m'efforcerai de répandre plus de charme et d'éloquence dans ma diction; en un mot, je tâcherai de prendre les hommes par la persuasion après les avoir ébranlés par le raisonnement. »

On sourit involontairement de l'entendre parler ainsi à l'avance de ce second écrit, qui ne tranchera sur le premier que par une guerre plus vive aux noms propres, et se promettre d'y faire preuve d'un complet changement de manière :

« Je désire donner à mon second Mémoire autant d'aménité, de politesse, de grâces insinuantes, qu'il y a de colère et de rudesse dans le premier. Je sens aujourd'hui que je me suis fait tort par ma violence, et je veux tâcher de le réparer. Je déplore ce malheur d'autant plus qu'en vérité je me trouve, après lecture, trop fort pour avoir besoin de gros mots [1]. »

La plupart de ces belles résolutions devaient s'évanouir dans le combat. En présence des adversaires, Proudhon ne se tenait pas, et l'amour de l'*art*, comme il disait (entendez l'art de la guerre), l'emportait bientôt en pleine mêlée.

Les conditions matérielles où il vivait étaient trop pénibles aussi pour laisser jour aux qualités séduisantes, quand même la nature s'y serait prêtée. Il avait à s'imposer pour vivre de lourdes besognes et des corvées. Quand il s'était vu à la veille d'être

1. Lettre à Bergmann, du 10 novembre 1840. — Il redisait la même chose à Ackermann, dans une lettre du 15 novembre; ces concordances prouvent une fois de plus sa pleine sincérité : « Je viens, après trois mois, de me relire pour la première fois, et voici ce que j'ai remarqué dans mon ouvrage (le premier Mémoire sur la Propriété). Il est beaucoup plus savant que je ne croyais le faire lorsque j'y travaillais; c'est proprement un traité d'*algèbre métaphysique*, comme il n'en a peut-être pas encore paru. Il y a là une si grande masse d'idées faisant corps, et si bien enchaînées, qu'il ne faut pas peu d'attention pour en suivre le fil et en saisir l'unité. Par-ci par-là des morceaux assez bien écrits, quelquefois de l'éloquence, en général une grande précision métaphysique et une méthode invulnérable. Je trouve, avec Bergmann, le cinquième chapitre moins travaillé, quoique renfermant plus de faits nouveaux que les autres. Enfin, l'auteur me semble assez fort pour pouvoir se passer désormais de l'ironie, du sarcasme, de l'invective, et en général de toute la mitraille déclamatoire. »

privé du dernier semestre de sa pension académique, il avait dû songer à se procurer d'autres ressources. Il en avait trouvé dans une occupation assez singulière. « Récemment, écrivait-il à un ami (1er janvier 1841), on m'a proposé d'entrer chez un juge-auteur en qualité de secrétaire : dix-huit cents à deux mille francs, six heures de travail par jour. » Il hésita d'abord et finit par accepter. Il est plaisant de l'entendre définir sa position nouvelle :

« D'économiste que j'étais, me voilà devenu criminaliste. Je vais travailler de chambrée avec un magistrat de Paris, qui a envie d'être député, et qui désire se recommander par un bon ouvrage : la philosophie va encore agir sur les esprits d'une manière nouvelle. J'ai affaire à un brave homme, qui a pleine confiance en moi, et qui, sauf quelques misères auxquelles il attache beaucoup d'importance, me laissera exposer une partie de mes idées. J'apprendrai donc ici des choses nouvelles, un peu de pratique; je me frotterai un peu plus au monde, et je gagnerai quelque argent. A dater du 8 février, je serai installé chez mon patron, rue Saint-Benoît (derrière la rue Saint-Germain-des-Prés), n° 18 [1]. »

Le livre du magistrat n'a point paru ; c'est presque à regretter, on y aurait trouvé le germe de plus d'une proposition proudhonienne, que l'auteur réel y a déposée et dont l'auteur putatif ne soupçonnait pas à première vue les conséquences. La méfiance ne vint que plus tard. Proudhon, qui

1. Proudhon habitait auparavant rue Jacob, 16.

n'avait d'ailleurs nullement à se plaindre de cet amateur-acquéreur de science, s'était réservé, tout en lui en donnant pour son argent, d'y mettre sa marque en plus d'un coin et même de jouir plus tard de ses malices. Que voulez-vous? la servitude et l'oppression enseignent la ruse[1].

1. Je puis donner quelques-uns des jugements de Proudhon sur le patron en l'honneur duquel il travaillait : c'est la revanche de l'exploité sur celui qu'à tort ou à raison il considérait comme l'exploiteur. Le pauvre homme ne se doutait pas à quel observateur il s'était livré : pendant le temps que dura cette sorte de servage intellectuel, Proudhon revient plus d'une fois sur son compte, et il parle de lui dans ses lettres d'un ton de vérité et de gaieté mordante; sans avoir vu le modèle, on sent que c'est vivant et ressemblant : « J'ai affaire à un assez brave homme, totalement dépourvu de génie, mais qui se pique d'esprit..... Il s'est mis en tête de devenir auteur, afin de parvenir soit à la présidence dans un tribunal, soit à la députation. Mais il est incapable de quoi que ce soit; il lui fallait un aide qui prêtât la science et les idées, tandis que lui fournirait son nom. Tu te rappelles en quelle circonstance j'ai accepté cette singulière corvée. Mon particulier veut faire le libéral, l'homme à idées *larges* et *généreuses*; mais il n'aime ni l'égalité ni la souveraineté du peuple; il se déclare aristocrate et traite volontiers les radicaux de charlatans et d'escrocs.....

« Voici comment nous travaillons : je fournis sur chaque chapitre *ma philosophie, mes idées*, etc., etc., et lui brode quelques fadeurs de pratique ou quelques billevesées, qui lui passent par le cerveau et qu'il croit des choses nouvelles et descendues du Ciel. Il n'a rien lu, et, avec une heureuse mémoire, ne sait que du droit romain ou gallican et des vers.

« Généralement, *ma philosophie* et *mes idées* lui paraissent fort ingénieuses, belles, intéressantes, neuves; ce ne sont pourtant que des transformations des diverses propositions de mon livre sur la Propriété. Pou faire accepter à cet homme les doctrines les plus opposées à ses instincts, il suffit de lui présenter sous un aspect particulier ce que, l'année prochaine, tu me verras généra-

Si les amis ne ménagèrent pas à Proudhon les avis et les conseils sur son premier Mémoire, la

liser avec une effroyable rigueur. Je suis donc ici comme Satan auprès de notre première mère..... »

Dans une lettre à un autre ami, Ackermann, il explique encore mieux en quoi consiste son rôle de diable, et il fait un nouveau croquis de l'original :

« Mon patron est, de sa nature, assez aristocrate ; mais il voudrait être député, et, pour cela, il veut se montrer libéral, progressif, ami de la liberté et de la justice, surtout neuf en quelque chose. D'un autre côté, ce n'est pas un de ces esprits généralisateurs qui, sur une face qui leur est présentée, découvrent de suite un système. Comme la plupart des hommes, même des savants, mon patron ne va jamais, par induction, du particulier au général. C'est sur cela que je bâtis mon petit projet. Je lui façonne le mieux du monde un système complet de réforme judiciaire et d'organisation pour la magistrature, système qu'il ne comprend qu'en partie, mais qu'il trouve parfois si juste qu'il s'imagine l'avoir découvert et me dit à moi-même : « *N'est-ce pas que je vous ai donné là une bonne idée?* » Or il faut vous dire que ce système n'est qu'une application particulière d'une critique générale de la Charte et de nos institutions politiques que je publierai l'année prochaine. Je fais un véritable *Sic vos non vobis,* que moi seul je puis achever ; et il sera curieux, quand vingt journalistes auront vanté le livre de mon *bourgeois,* quand on en aura admiré la méthode, l'économie, la philosophie, de me voir sommer l'auteur d'aller jusqu'au bout de ses principes, et de réaliser les promesses que je lui fais faire de temps en temps. » Il convient de bien entendre ce mot de *sommer;* Proudhon l'explique aussitôt : « Mon plan, j'espère que vous le comprenez, dit-il, n'est pas de mystifier un homme qui, au fond, est honnête, *qui a beaucoup d'esprit, mais point d'intelligence,* chose que je n'aurais pas crue possible auparavant. » Ce que Proudhon compte faire, c'est, dans quelque sienne publication, de parler du livre, de louer l'auteur, le soi-disant auteur, de prendre acte de ses paroles, de ses principes, d'en montrer les conséquences rigoureuses, et de se faire, au besoin, une autorité d'un magistrat estimé pour sa science. Ce sont des ruses d'Ésope. — Dans une troisième branche de Correspon-

presse fut sobre, sinon entièrement muette. Il l'avait prévu, et sa prévision se justifia :

« La *Revue du Progrès* de Louis Blanc et quelques autres publications ont déjà fait mention de mon travail (19 août 1840) : pour les grands journaux, ils ne diront mot jusqu'à ce que la clameur publique les y oblige. Armand Marrast partage, dit-on, mes idées; mais il ne les préconisera pas dans *le National*, de peur d'effaroucher ses lecteurs. »

Il avait été un moment question de saisir l'ouvrage :

« (10 novembre 1840.) La réimpression de mon livre est retardée, par suite des craintes qu'inspire le nouveau ministère. Je persiste à croire que je suis hors d'atteinte; mais le libraire raisonne autrement. Voyant en moi un *patriote*, et nullement un savant, il se dit : « Tôt ou tard, celui-là sera poursuivi. » — Il a été question dans un conseil d'État ou de ministres, il y a quelques semaines, de me faire saisir en même temps que Lamennais et

dance adressée à M. Tissot, je retrouve le même portrait de son *bourgeois*, avec la même ligne de démarcation formelle entre l'*esprit* et l'*intelligence* : « Depuis que je le connais et que j'ai lu quelques écrits de Dupin, j'ai pu me convaincre, disait Proudhon, qu'*esprit* et *intelligence* sont choses qui peuvent très-bien ne pas se rencontrer dans une même cervelle. » Si l'on s'étonnait de voir venir là le nom de M. Dupin comme exemple et preuve à l'appui, on se l'explique pourtant à la réflexion. Depuis le jour, en effet, où il termina ses études jusqu'à sa mort, M. Dupin ne fit pas un seul pas en avant et n'ouvrit pas d'un degré ni d'un demi-degré de plus l'angle de son intelligence; sous prétexte de sens commun, cet homme de tant d'esprit et de verve ne laissa jamais une seule idée nouvelle entrer et pénétrer dans son cerveau.

autres : cependant, on a jugé à propos de passer outre en ce qui me concerne. »

L'économiste Blanqui fut très-utile à Proudhon en ce moment. Appréciant toute la valeur de ce nouveau venu dans la science, reconnaissant, à travers les exagérations et les offenses de l'expression, ce qu'il y avait de sérieux et de formidable dans le raisonnement même, il sut être, au nom de l'Académie des Sciences morales et avec toutes les réserves obligées, un rapporteur équitable et bienveillant. Proudhon écrivait à Ackermann, le 15 novembre 1840 :

« L'Académie de Besançon et celle des Sciences morales et politiques à Paris ont repoussé l'hommage de mon livre. Toutefois, le rapport très-long qui a été fait par M. Blanqui, et que le *Moniteur* du 7 septembre a reproduit en partie, m'est tout à fait honorable. On ne peut repousser un ouvrage avec plus d'égards et même d'éloges pour l'auteur. C'est une leçon pour moi. »

Traité en savant par M. Blanqui, Proudhon y gagna de ne pas être poursuivi alors comme politique ; ce Rapport qui le réfutait le couvrit. Proudhon resta toujours reconnaissant envers M. Blanqui de ce bon procédé à son égard ; dans les attaques acharnées qu'il livra aux économistes les plus en renom, il fit une exception pour lui seul et le respecta avec un soin tout particulier. Une fois, après février 1848, il arriva que M. Blanqui fut attaqué dans le journal où écrivait Proudhon ;

celui-ci, absent ce jour-là, ne le sut que le lendemain ; M. Blanqui s'en étant plaint à lui avec quelque amertume, il s'empressa de répondre à l'offensé par une digne et noble lettre d'explication et d'excuse qui a été publiée[1]. — Le Rapport de M. Blanqui amena naturellement Proudhon à lui adresser, sous forme de lettre, son second Mémoire sur la Propriété, qui parut en avril 1841.

1. Dans le journal *l'Epoque* du 8 juin 1865.

IV

Ce que Proudhon pensait des femmes. — Ses mœurs pures dès sa jeunesse. — Austérité. — Sa vocation pour la paternité et la famille.

Avant d'aller plus avant, j'ai à toucher un point que j'ai jusqu'à présent négligé, et qui est bien essentiel dans toute vie. Qu'était Proudhon par rapport aux femmes? Comment cette nature sincère était-elle affectée à l'égard du sentiment le plus vif et le plus délicieux, que l'imagination embellit encore et transforme, qui fit l'occupation, l'enchantement et le tourment de l'existence de Rousseau? Ici encore, nous écouterons les meilleurs témoins, ou nous le laisserons parler. Il était naturellement en garde du côté des sens, capable de tendresse, mais d'une tendresse mâle, honnête. Sa jeunesse fut pure. Dès les années du collége, il savait veiller sur lui-même : quand des pensées voluptueuses le tourmentaient la nuit, il grimpait au grenier, se tenait à la lucarne en contemplation de la lune, des étoiles, de tout cet éclat sidéral sévère, et ne se remettait au lit que parfaitement calme et rasséréné.

Il eut une première passion de jeunesse, un premier amour. Dans une lettre du 20 août 1838, qu'il écrivait de Besançon à Ackermann, nous lisons :

« Je vous trouve triste et mélancolique dans votre style; je vois que vous n'êtes pas heureux. Pardieu! mon ami, attendez-vous bien à ne l'être jamais. Ce n'est pas au bout de la ligne que nous suivons que se rencontre le bonheur : des sacrifices, des souffrances, des dégoûts insurmontables; les délaissements, le désespoir, *hæc est pars calicis nostri.* J'ai écrit ces jours derniers à mon ancienne maîtresse, en ce moment à Lucerne; elle se meurt d'ennui et peut-être d'amour; elle me demandait des consolations. « Considérez, lui disais-je, ce qui se passe « autour de vous : n'êtes-vous pas douce, chaste, labo-« rieuse, honnête? D'où vient que vous avez à peine de « quoi vivre, tandis qu'une foule de prostituées étalent « un luxe effronté? Je vais vous expliquer ce mystère. « Dieu a voulu que, lorsque le mal et le vice seraient « arrivés au comble parmi les hommes, ce fussent les « bons qui en pâtissent les premiers, afin qu'ils se réveil-« lassent et s'opposassent au débordement prêt à les « engloutir. Il y a cent mille jeunes gens en France qui, « comme moi, ont juré de remplir cette sainte mission, « et, tôt ou tard, ils sauront vaincre ou mourir. C'est aux « hommes courageux à combattre de la tête et du bras; « mais vous, pauvre fille, priez Dieu qu'il nous donne « l'intelligence et l'audace, qu'il bénisse notre ardeur et « fasse triompher sa cause. » Que pensez-vous que sente pour un amant une jeune personne à qui l'on parle de ce style? Je réponds à vos confidences... »

On voit quels sentiments virils, étrangers à l'amour même, se mêlaient jusque dans les déclarations passionnées de ce jeune Spartacus ; — car Proudhon est bien un Spartacus de l'intelligence.

Il avait pourtant, dans cet ordre même de pensées, et il trouvait, à l'occasion, de ces délicatesses morales que connaissent seules les âmes saines. Un jour qu'un autre de ses amis les plus chers avait rencontré un obstacle dans l'accomplissement de ses vœux, et paraissait à la veille d'une déception de cœur, Proudhon lui écrivait pour le consoler (1er janvier 1841) :

« Je regrette que tes amours n'aient pas été suivies d'un plus heureux succès, d'abord, parce que je voudrais te savoir heureux et content, et qu'une femme sied mieux à un savant qu'à un bourgeois épais d'intelligence, grossier par le cœur, et dissipé. Toutefois, je m'en console par une réflexion que, sans doute, tu n'aurais pas faite : c'est que les premières amours, qui, dans les âmes chastes, laissent des traces si profondes, ont souvent le mérite de préparer un bonheur plus solide pour un second attachement. En général, mon cher ami, les jeunes amants ne savent pas être heureux de leur amour et jouir convenablement d'eux-mêmes : ils s'adorent assez niaisement ; mais leur âme a plus de vivacité et de flamme que de vraie chaleur ; souvent ils s'ignorent et ne savent pas tout ce qu'ils valent réciproquement ; en un mot, l'art, le savoir manque à leur passion. Ce n'est point le raffinement de la volupté que j'entends te prêcher ici ; c'est tout simplement la science d'aimer et d'être aimé. Ce que tu me dis de la jeune personne me prouve qu'elle devait être bien novice, et ce que je sais de toi me fait croire qu'elle n'aurait pas trouvé un instituteur fort habile. Allons! mon ami, courage! rien n'est plus doux et plus beau que les prémices d'une vierge; mais cela peut se concilier avec la raison et l'intelligence. Tu auras mieux que ce qui t'échappe, si tu ne renonces pas sottement à ce qui t'est dû. — D'où suis-je si savant, demanderas-tu, moi qui n'ai point de femme? C'est d'avoir eu, très-jeune, un amour honnête, et d'avoir vieilli par-dessus. Dans quelque temps, tu en sauras autant que moi. »

Ces quelques traits suffisent pour nous édifier sur ce caractère original de la jeunesse de Proudhon. Il sut maintenir de tout temps l'intégrité de son être moral et la force entière de son intelligence. La volupté, on l'a remarqué, est un grand agent de dissolution pour la foi, et elle inocule plus ou moins le scepticisme. La vague tristesse qui sort, a-t-on dit, et s'exhale comme un parfum de mort du sein des plaisirs, cette lassitude énervante et découragée, n'est pas seulement un trouble pour ce qui est du sentiment, elle réagit aussi sur la chaîne des idées. Le principe de certitude en nous s'en trouve à la longue atteint et déconcerté. Il y a dérivatif à l'austérité des croyances. Proudhon fut exempt de ces faiblesses; pour parler la langue de Rivarol ou de Chamfort, des deux hommes qui lui ressemblent le moins, je dirai qu'il n'ouvrit aucun cautère à ses convictions. S'amollir ou se distraire, pour lui c'était se corrompre. Laborieux, occupé, écrasé, portant sa charge et celle de ses frères les déshérités, manquant de loisir, raisonnant sans trêve et sans rêve, il fut logique en cela aussi : il eut l'effémination en horreur. Il avait pitié des êtres faibles que séduit le romanesque; il avait dégoût de ces autres diversions qu'il ne distinguait pas du vice. Ce Samson était à l'épreuve des Dalila. Sa nature rude et franche, rustique au dehors, délicate au fond, était faite pour les devoirs et les vertus dans l'ordre domestique, pour le mariage et la paternité.

A son ami Bergmann, qui venait de se marier, et qui lui faisait part de ses joies d'intérieur, il écrivait en le félicitant, le 23 janvier 1842 :

« J'ai lu ta lettre avec grand plaisir, et je suis vraiment heureux de ton bonheur domestique. Je sais depuis longtemps qu'une intelligence au-dessus de l'ordinaire ne va pas sans une grande sensibilité; et tel qui paraît calme et réservé ne dit pas tout ce qu'il éprouve. Sois donc heureux, autant qu'un honnête et savant homme peut l'être; sache entretenir et augmenter ton bonheur; la part qu'un homme peut prendre aux affaires de ce monde est si petite en comparaison de celle qu'il lui reste à donner à ses intérêts, que c'est folie, je le dis sans prêcher l'égoïsme, de vouloir sacrifier un bien-être facile et sûr à de vaines spéculations de science ou de dévouement. *Réjouis-toi,* dit Salomon, *avec l'épouse de ta jeunesse;* puis adore Dieu et exerce ton âme dans la contemplation de ses œuvres. La science ne peut manquer de se faire, sans que nous nous fassions périr pour elle : la violence, si elle conduit au royaume éternel, fait avorter souvent la vérité. Rien de trop, rien avant le temps; chacun pour son bonheur, et tous pour l'étude : ce sont les préceptes de la Sagesse. »

On voit que si lui-même il ne pratiqua pas toujours la sagesse, ce n'était pas faute de la sentir et de la comprendre ; mais il avait son génie, son démon.

Quant à ce qui est de l'amour en soi, de l'amour-passion envisagé indépendamment de la paternité et de la famille, il le comptait fort peu; il le considérait comme un mal de saison, une chaleur essentiellement passagère, indigne d'occuper un être pensant. A son ami Ackermann, âgé de trente et un ans, et à la veille de se marier, qui était amoureux et qui le laissait voir, il écrivait :

« Vous êtes au moment de la vie où l'amour nous *poinct* davantage : après, cela diminue. Tout cela n'est rien : voir, savoir, formuler le beau et le vrai, c'est cela qui est tout. »

Il disait là le dernier mot de sa nature austère, qui ne sentait nul besoin d'être distraite ni amusée[1].

1. Physiquement même, si l'on ose ainsi parler, Proudhon avait des idées particulières sur le rôle des sens, sur l'empire qu'exercent à leur égard la volonté et un régime laborieux, honnête. Dans une lettre à M. Joseph Garnier l'économiste, partisan de Malthus et de la théorie qui recommande au bon sens de l'homme la mesure et la réserve jusque dans le mariage, Proudhon écrivait, à la date du 23 février 1844 : « ..... Tout ce que l'on a écrit à ce sujet m'inspire un profond dégoût, une inexprimable pitié. Je suis donc comme vous, monsieur, malthusien, et malthusien renforcé; c'est-à-dire que je m'en réfère exclusivement à l'*abstinence* en ce qui touche la population. Je vous avouerai de plus, si vous voulez, que je crois, pour l'avenir, à d'autres mœurs que les nôtres, à une spi-

ritualité en amour qui réalisera ce qu'avait pressenti Platon, et dont le christianisme a donné plus d'un exemple. Je regarde notre lasciveté actuelle comme tout à fait hors nature; tout cet étalage de tendresses, même honnêtes et délicates, ces expressions brûlantes à propos des femmes, dont les ouvrages modernes sont remplis, me semblent l'effet d'une excitation érotique désordonnée, bien plus que le symptôme de tendances légitimes. Si je me suis bien observé depuis quinze ans, et si, comme tout homme, je porte en moi un exemplaire fidèle de notre nature, je suis arrivé à des conclusions bien différentes. L'exposition rapide de mes sentiments sur cette matière ardue paraîtrait ridicule, tant nous avons matérialisé l'amour, tant nous sommes devenus grossiers! Il faut un livre tout exprès, un livre irréfutable, qui serve tout à la fois de protestation et reste comme un remords éternel de notre conscience contre le libertinage de nos cœurs. » — Il y a bien du vrai dans cette sévérité, surtout si elle s'adresse à tout un genre de littérature. M'est-il permis toutefois de dire que Proudhon parle de ces choses un peu à son aise? L'on voit bien que l'amour et tout ce qui est de Vénus n'est pas son faible à lui. Cette abstinence dont il parle et dont il use n'a guère son application efficace en chacun qu'à l'égard des passions secondaires; elle n'est pas si aisée dès qu'on a affaire à ce que Pope appelle la passion *dominante*. Qu'il essaye donc lui-même de s'abstenir et de se tempérer sur cette double passion intellectuelle qui le possède et qui fait le fond de sa nature, sur cette double corde et cette double fibre qui vibrent irrésistiblement en lui, la logique et la *combativité*.

V

Dans quelles dispositions fut écrite la *Lettre à M. Blanqui.* — Espoir; inquiétude. — Péril évité; modération relative. — Passages éloquents.

La *Lettre* au professeur Blanqui devait être, aux yeux de Proudhon, dans sa pensée première, un acte de modération relative; elle devait renfermer un examen critique des doctrines qui avaient paru depuis six mois sur la Propriété :

« Cet examen, disait-il (1er janvier 1841), est destiné à marquer définitivement ma position de savant, non de démagogue : j'attends le meilleur effet des explications que je donnerai sur mes intentions pacifiques et la ligne que je veux suivre. »

Et le 31 janvier :

« J'achève en ce moment ma *Lettre* à Blanqui sur la Propriété : elle s'imprimera à part et formera un deuxième Mémoire, d'environ cent à cent vingt pages. Désormais je publierai par brochures mes nouvelles élucubrations : autrement je paraîtrais à de trop longs intervalles. J'attends le plus heureux effet de cette *Lettre* sur le public et sur les hommes du pouvoir : j'y rends compte de ma conduite, de mes sentiments, j'avoue mes torts (*si quæ. sunt*) ; puis je reprends la question d'un point de vue tout nouveau. Sous le rapport de la logique, je crois que je n'aurai encore rien fait d'aussi bien : dans un mois tu en jugeras. J'ai tellement confiance dans la certitude de mes principes et dans la droiture de mes intentions, que je ne désespère pas d'obtenir un jour une mission quelconque du pouvoir, *servatis servandis*, bien entendu... »

Mais au moment où ce deuxième Mémoire parut, l'auteur était moins confiant et moins sûr de son fait ; il écrivait le 24 avril :

« Je suis en ce moment, comme il arrive à tout auteur, fort inquiet du sort de ce nouvel écrit : j'ai déjà la certitude qu'il me fera beaucoup d'ennemis, point de prôneurs : Dieu veuille qu'il ne me rende pas ridicule ! Le commencement est sec et austère, le milieu un peu plus intéressant, à cause de la partie historique ; j'ai tâché de rendre la fin, composée de controverses, le moins insupportable qu'il m'a été possible. Ce qui m'ennuie le plus du métier d'auteur, c'est d'être obligé d'amuser le lecteur quand il devrait lui suffire que je raisonne juste.

« Tu trouveras peut-être le style de cette brochure encore trop guindé, et le ton que j'affecte de prendre trop fanfaron et trop *crâne* : c'est un tic d'originalité que je ne recherche pas, dont il me sera très-difficile de me dépouiller tout à fait, et que je tâche de rendre aussi tolérable que je puis. D'ailleurs il semble qu'aujourd'hui il suffise de crier et de menacer pour avoir raison : cela sert avec les sots ; les sages aperçoivent le motif et pardonnent à l'auteur. »

Il est ingénieux à s'excuser. Ce qu'il y a de plus

certain, c'est que ce *tic*, comme il l'appelle, et cette *crânerie* de ton qui faisaient partie de sa nature comme de son talent, le désignaient hautement à l'attention dès son entrée dans le jeu. L'inconvénient, toutefois, était de le trop montrer aux sots ou aux fous et de le trop cacher et déguiser pour la majorité des sages. — Ces deux Mémoires sur la propriété n'étaient d'ailleurs, à ses propres yeux, qu'un prélude, une escarmouche, de vraies *bribes :* il songeait par delà à son œuvre de savant. Son ambition, de ce côté, était grande; nous ne pensons pas lui faire tort en la dévoilant dans toute son étendue et dans son illimité. Il ne se croyait pas moins qu'inventeur, à la veille de créer une méthode rigoureuse et universelle qui avait manqué jusqu'alors. Chimère! chimère! dira-t-on; mais il est beau même de faire naufrage sur ces mers immenses :

« Il me semble, écrivait-il en confidence à son ami le philologue-philosophe de Strasbourg, que mes idées se précisent de plus en plus et que je marche directement à la restauration, si toutefois nous ne devons pas dire, à la création de la philosophie comme *science*. M. Jouffroy l'a très-bien dit, et tout ce qu'il a fait en philosophie se réduit à cette unique proposition qu'il a délayée en deux cents pages : la philosophie n'est pas encore définie ni dans son but, ni dans son objet, ni dans sa méthode. Or voici comment j'entends faire à mon tour une philosophie : appliquer le raisonnement et la méthode sur toutes les parties de la religion et de la morale, comme je le fais en ce moment pour la politique, comme les savants spéciaux l'ont fait pour l'histoire naturelle, la physique et les mathématiques, comme, depuis quelques années, les linguistes le font pour les langues ; puis généraliser par la composition et l'induction les méthodes et les lois de toutes ces sciences, et de toutes ces espèces former un *genre*, qui sera, *in abstracto superiori*, la philosophie.

« Tu vois donc que mes études économiques et législatives[1] sont, à proprement parler, une série d'expériences logiques qui me mèneront je ne sais où, mais bien sûrement quelque part. Il y a plaisir à s'entretenir avec toi de ces choses, parce que tu les entends très-bien. »

Dans le billet d'envoi qu'il écrivait au professeur Blanqui et qu'il joignait à un exemplaire de sa *Lettre* imprimée (24 avril 1841), il disait en propres termes :

« Pour que la jurisprudence et la politique deviennent une science, il leur faut une *matière d'expérience* et un *champ d'observation*. Or la matière d'expérience est l'homme et la société; le champ d'observation est l'histoire, les religions, les lois, les coutumes, les croyances, l'économie politique, etc.

« Qu'ont fait jusqu'à ce jour les légistes? — Ils n'ont jamais su que partir de ce qu'ils appellent une *loi*, c'est-à-dire d'une *tradition*, et l'appliquer, par voie de déduction syllogistique, jusque dans les derniers détails. Mais il arrive souvent qu'une *loi*, poussée dans ses conséquences, est contredite par une autre ou démentie par le

1. Par études législatives, il entend parler ici du travail dont il s'occupait pour ce juge du tribunal de la Seine que nous savons être feu M. X..., travail qui devait avoir pour titre : *Philosophie de l'Instruction criminelle*, et qui l'amenait à trouver, chemin faisant quantité de choses neuves et intéressantes.

sens commun et par la nature même : que font alors nos jurisconsultes? — Ils critiquent l'une et l'autre loi? — Point du tout; ils cherchent dans leur sac à traditions quelque vieille solution de commentateur et se tirent de ce mauvais pas, suivant chacun l'opinion qui est le plus de son goût... »

Il méditait déjà son prochain livre *De la Création de l'Ordre dans l'Humanité* ; il en était plein. Nous assistons à la conception; au tressaillement intellectuel d'une intelligence qui croit porter en elle une science nouvelle et un monde ; il y a de l'enthousiasme mêlé d'un peu d'éblouissement :

« Cette fois, écrivait-il à Bergmann (18 juillet 1841), je vais exposer les lois économiques et universelles de toute organisation sociale. Je viens d'écrire à M. Blanqui pour lui demander audience et le consulter : j'ai tant de choses neuves à dire que je puis me flatter que ceux qui m'ont le mieux lu ne savent encore rien. Véritablement la science sociale est infinie, car c'est la révélation des secrets de la Providence dans les affaires de ce monde. Depuis quinze jours, j'ai appris tant de choses, j'ai soulevé un si large pan du voile, que j'en ai la vue troublée. Il me faut du repos; il faut mûrir mon germe avant d'accoucher. Tu as éprouvé plusieurs fois dans ta vie la même chose : nous étudions quelquefois longtemps sans que le progrès soit sensible ; puis tout à coup les voiles tombent; après un long travail de réflexion, l'intuition arrive : ce moment est divin. C'est ainsi, je ne crois pas me tromper, qu'ayant été forcé d'apprendre la prosodie, tu as découvert en quelques jours une foule de choses nouvelles, curieuses, plus étonnantes que tout ce que tu avais déjà publié. Quand un homme a beaucoup appris, que son érudition est suffisante, il ne faut plus que lui poser des problèmes et soulever devant lui des difficultés. Pour peu qu'il ait de génie, il s'élancera comme le soleil, et répandra des flots de lumière. Mon ouvrage aura pour titre : *De la Création de l'Ordre dans l'Humanité.* Ce sera de l'économie humaine transcendante. »

En attendant, son second Mémoire faisait son chemin et le constituait de plus en plus aux yeux du public comme polémiste et écrivain d'action. A ce titre, il s'inquiétait de la forme et se demandait s'il avait trouvé celle qui convenait à son dessein ; car, « en France, remarquait-il, le mauvais goût, les vices de forme sont encore plus à craindre que le défaut du raisonnement, que peu de gens sont à même de suivre. » Il s'agissait pour lui, cependant, d'autre chose, d'un autre danger :

« Il y a quelques semaines, écrivait-il (18 juillet), j'étais, à mon insu, sous le coup d'un mandat d'arrêt pour crime d'*attentat.* C'était mon deuxième Mémoire qui soulevait cet orage. M. Blanqui, qui me fit prévenir, et qui avait été dénoncé lui-même comme mon *co-conspirateur,* me dit que ce Mémoire, malgré l'amélioration de la forme, avait mis le feu aux poudres, parce que j'y avais fait entrer tant de monde que les monopoleurs du pouvoir y avaient vu la manifestation d'un complot. Il me rassura pourtant en me disant qu'il avait tous les ministres pour amis, et qu'il ne souffrirait point qu'on sévît contre moi. Il écrivit en même temps au préfet de police pour se plaindre de sa conduite envers lui : bref, cette affaire ridicule est apaisée. Elle prouve, selon moi, que le pouvoir est encore plus bête et plus mal renseigné que méchant ; et j'ai résolu d'avoir désormais quelque homme puissant parmi mes défenseurs. Je vais adresser un exemplaire de mes deux Mémoires à M. Duchâtel (le ministre de l'intérieur), en même temps qu'une lettre ferme et convenante : j'espère qu'il sera satisfait. En même temps je consulte M. Blanqui, en lui faisant entrevoir que je vais faire marcher la science économique et lui donner le sceptre. »

Proudhon, avant 1848, et surtout avant 1844, n'appelait nullement la révolution ; il jugeait sévèrement les partis en présence et n'était d'aucun; il désirait avant tout qu'on le laissât développer ses idées. Sa passion n'était du côté d'aucune dynastie, d'aucune forme politique : il détestait un fait, une réalité économique, et, ne pouvant la briser ni même l'attaquer de front, il aurait voulu travailler à la prendre en queue, en flanc, et la forcer insensiblement à se transformer. Dans la ligne de conduite qu'il se proposait de tenir, et qu'il eût préférée, il oubliait trop cependant une chose, c'est que le pouvoir proprement dit, c'est-à-dire le ministère, était presque impuissant à le couvrir et à le protéger. Et en effet, par sa première affiche et son enseigne, il avait fait une déclaration de guerre à mort à la classe moyenne, toute-puissante alors; il semblait, à chaque reprise, se complaire à irriter le taureau par un voile rouge et à le piquer par un aiguillon ; il ne ménageait en rien le clergé et la magistrature, deux corps puissants, chatouilleux, vigilants, et assez indépendants pour se revancher d'eux-mêmes ; il se mettait sur les bras plus de monde que la prudence ne le conseillait.

Quant à son désir sincère de rester un simple écrivain, moitié philosophe moitié batailleur, jugeant avec verve les uns et les autres, et ne se donnant à aucun, cette disposition nous est attestée et prouvée par toutes ses confidences d'alors et par la franchise de ses aveux. Pour tenir une telle gageure et ne pas être trop inquiété dans une position aussi hardie, il lui aurait fallu bien réellement, au sein du pouvoir et de la majorité, quelque homme d'État d'un esprit élevé, ouvert, qui l'appréciât, qui démêlât le fond de ses idées, qui sentît en ce jeune homme un talent, une puissance, un danger et non pourtant un ennemi, qui lui servît d'appui et, par là même, de modérateur. Quand je vois quelle estime faisait Proudhon de M. Blanqui et quelle reconnaissance il lui conserva toujours de l'avoir défendu et compris tout en faisant ses réserves, je me prends à regretter qu'il ne lui ait pas été donné de connaître familièrement des hommes comme M. Rossi, comme M. Duchâtel, et de débattre avec eux, sur le terrain purement économique, certaines questions ; il y aurait gagné, et peut-être aurait-on gagné un peu sur lui. Il essaya, à plus d'une reprise, de se frayer la voie auprès de M. Duchâtel ; on vient de voir qu'il comptait lui adresser ses deux Mémoires en les accompagnant d'une lettre, et il le fit sans doute. Il renouvela sa tentative lors de la publication de sa troisième brochure ou *Lettre à M. Considérant* ; il l'envoya au ministre et y joignit une longue lettre, à la date du 20 janvier 1842, contenant sa profession de foi sur l'avenir; il avait eu soin d'y faire sentir que, dans ses théories les plus radicales, il ne s'en prenait pas à la forme du gouvernement, lequel était désintéressé dans sa polémique et avait même à en profiter. Par malheur, un ministre est préoccupé, envahi par les affaires et les questions de chaque jour; les professions de foi d'un nouveau venu l'intéressent peu, et l'esprit le plus net et le plus sensé, quand il est ministre de l'intérieur, n'a guère le temps de philosopher. Chacun resta donc dans ses lignes et dans son rôle; la force des choses et des caractères l'emporta sur les intentions ou les velléités du moment; ce qui devait arriver arriva, et Proudhon devint tout entier Proudhon.

Je ne sais pas, du reste, de meilleure appréciation possible de sa situation, à cette date, ni même de meilleure définition à donner de son genre de talent que ce qu'il en a dit dans une longue lettre à Ackermann, du 16 mai 1841, — car le vrai titre de mon travail pourrait être : *Proudhon raconté et commenté par lui-même* :

« Je viens de publier un second Mémoire sur la Propriété, sous forme de *Lettre* adressée *à M. Blanqui*. C'est une espèce d'apologie du premier Mémoire et de l'auteur. J'y ai développé de nouveaux points de vue : par exemple, que l'humanité, depuis quatre mille ans, est en travail de nivellement; que la société française, à son insu, et par la fatalité des lois providentielles, démolit chaque jour la propriété; que toutes les écoles la condamnent, etc. Cette exposition historique et critique des tendances et des doctrines se termine tout naturellement par cette conclusion : Il faut marcher du côté où nous allons, puisque c'est la nécessité qui nous pousse.

« Ce Mémoire a paru à tout le monde mieux écrit, plus intéressant et plus mesuré que le premier : M. Blanqui m'a dit à ce sujet les choses les plus flatteuses, m'engageant à me modifier encore, et me promettant à ce prix qu'un troisième Mémoire me ferait prendre place dans la science.

« Je puis dire en toute vérité que je n'ai pas un partisan, au moins déclaré : le peuple ne peut suivre de si longues et si abstraites inductions; les hommes compétents sont empêchés par la prudence de se prononcer : enfin, il paraît aussi difficile d'admettre mes idées que de les réfuter. En attendant, je reçois directement et indirectement des encouragements honorables [1] : ceux

1. Sur un feuillet de lettre déchirée, sans date, mais qui se rapporte au même temps et qui est adressée au même, je lis encore :

« J'ai appris hier qu'un professeur de philosophie, ayant entendu parler de mon Mémoire, était entré dans une telle indignation, qu'il avait juré de réfuter publiquement l'ouvrage ou d'en devenir l'*apôtre*. Après ce beau serment, il s'est mis à lire, et les bras lui sont tombés. — J'en ai déjà vu deux ou trois de cette force. Cependant, il faut ajouter que, s'ils ne savent que répondre, ils ne croient pas encore; leur esprit est bouleversé, voilà tout.

« Un professeur de l'École de droit m'a fait parvenir des encouragements secrets, offrant même de me diriger dans les choses que je puis ignorer en matière de jurisprudence.

« Une princesse de Caraman (?) m'a lu deux fois la plume à la main, et a fini par conclure : « C'est dommage qu'il soit si brutal ! »

« Je voudrais que vous fussiez ici pour vous montrer comment il faut traiter les hommes de lettres pourris. L'indignation d'un honnête homme produit de très-heureux effets : je l'éprouve tous les jours. On dit bien que je frappe trop fort; mais en secret on n'est pas fâché de me voir démolir les gens. On m'a même repro-

mêmes qui ne sont pas encore pour moi m'engagent à poursuivre; M. Blanqui, entre autres, m'a dit que je ferais un très-grand bien dès que l'on n'aurait plus rien à craindre de mes intentions et de l'abus qu'on pourrait faire de mon livre. C'est à quoi j'ai répondu que je saurai mettre ordre.

« J'ai attaqué vivement *le National,* qui en a pleuré et grincé des dents; j'ai fait une critique très-vive de la philosophie de Lamennais, critique qu'on trouve juste, mais qu'on voudrait plus bienveillante pour l'auteur. J'avoue que je ne puis encore me rendre à cette observation. Lamennais vient de publier un nouveau volume que j'ai lu, et dans lequel il semble avoir pris à tâche de justifier ce que j'ai dit de lui : qu'il était *désormais impuissant.* Il prend en sous-œuvre la célèbre profession de foi du *Vicaire savoyard,* et se met à amplifier les arguments de Jean-Jacques contre les miracles, les prophéties, la révélation, le péché originel, l'enfer, etc. Diatribes contre le clergé et le catholicisme. Quoi qu'on dise de cet homme, je répondrai toujours que je n'aime pas les apostats. Il pouvait changer d'opinions, mais il ne devait jamais faire la guerre à ses confrères dans le sacerdoce, ni au christianisme, qu'il ne s'agit plus d'attaquer, mais d'approfondir. Je me réserve de le ressaisir quelque jour.

« J'ai fait connaissance de Pierre Leroux, que je trouve aimable et spirituel.

« Vous voyez donc quelle est ma position : auteur de deux Mémoires contre la Propriété, restés tous deux sans

ché d'abuser de ma position, qui n'offre aucune prise contre moi, même à la calomnie.

« Encore une fois, je vous regrette, non-seulement pour que vous soyez mon second et mon témoin dans mes luttes, mais parce que vous y prendriez part, tandis que je n'ai encore personne. *Personne!* je suis délaissé..... » Nous avons le mouvement haut ou bas de son esprit à tous les moments.

réponse, bien qu'ils aient été curieusement et minutieusement lus; engagé dans une carrière encore inexplorée (il s'agit de refaire toute la législation, en substituant de nouveaux principes aux anciens); annonçant de nouveaux écrits plus explicites, et cette fois plus positifs : je ne puis reculer. Je regarde ma tâche comme très-grande et très-glorieuse : il ne me reste qu'à m'en rendre digne. Le genre *Mémoire* paraît être celui qui me convient : moitié science, moitié pamphlet, noble, gai, triste ou sublime, parlant à la raison, à l'imagination et au sentiment ; je crois que je ferai bien de me tenir à cette forme. La science pure est trop sèche; les journaux trop par fragments, les longs traités trop pédants : c'est Beaumarchais, c'est Pascal qui sont mes maîtres. Mais quel avantage j'ai sur eux! Je fais intervenir le monde entier dans mes écrits : il n'est pas une question de philosophie, de morale, de politique, que je ne puisse faire entrer dans ces mémoires.

« Je regrette beaucoup maintenant mon esclavage : je vais me hâter de mettre aux mains de mon *maître* les matériaux de son livre [1], et je m'enfuis au 1er août, en

1. Le livre sur l'*Instruction criminelle* qu'il préparait pour M. X..... — Comme il faut être juste avant tout, et qu'il m'est venu en dernier lieu des informations précises sur les rapports de Proudhon avec ce magistrat de la Seine, je dirai que Proudhon l'avait cru peut-être dans le principe un peu plus naïf et plus dupe qu'il ne l'était. Ce qui est certain, c'est que vers le temps où Proudhon écrivait cette lettre à Ackermann, le magistrat paraissait fort refroidi déjà pour le travail de son collaborateur, et qu'il semblait résolu à n'en faire à peu près aucun usage. Je n'en veux pour preuve que ce passage d'une lettre de Proudhon à ce magistrat même : « (Besançon, 16 août 1841) ..... J'ai vu avec peine, dans les derniers mois de ma collaboration, que vous ne preniez qu'un fort médiocre intérêt à mon travail ; il m'a paru même plusieurs fois que vous regrettiez d'avoir commencé cette entreprise. Je n'aurai jamais, monsieur, qu'une manière de vous rassurer et

Franche-Comté. J'oubliais de vous dire que j'ai couru un immense danger à l'occasion de mon premier Mémoire, qui a été cité dans tous les procès politiques, de compagnie avec ce que le radicalisme produit de plus abominable. C'est à Blanqui que je dois d'avoir été ménagé. Le ministère, le Conseil d'État, l'Académie, le parquet, tout poussait des cris de rage. Enfin me voilà; je passerai à force de science et de métaphysique, de précautions et de bon sens. »

Il était sur la voie, pas autant qu'il le supposait, et il n'y resta pas longtemps. — Que si, impatienté de me voir procéder toujours par citations, on me demandait mon avis, à moi, sur ce second Mémoire de Proudhon, je dirais sans hésiter que je partage presque entièrement l'opinion de M. Blanqui. Tant que Proudhon ne fait que montrer que le grand fait et l'institution de la propriété est en train de se transformer et de se modifier sur une échelle de plus en plus variable et mobile; qu'en bien des circonstances réputées légitimes, il n'est plus tenu compte de cette religion antique, inviolable, où se fondait

de défendre ma rédaction : c'est de rompre nos engagements le jour que vous voudrez, de reprendre votre argent et de me rendre mes manuscrits. — Quoi qu'il en soit de votre résolution, je ne m'en regarderai pas moins, et sous plusieurs rapports, comme votre obligé; en conséquence, je vous prie, monsieur, d'agréer mes salutations ainsi que l'expression de ma reconnaissance. » En laissant donc pour ce qu'elles valent les plaisanteries et les malices restées sans effet aux dépens d'un homme aujourd'hui oublié, il y a un seul fait qui subsiste pour nous dans cette relation de Proudhon avec le magistrat et qui est par lui-même suffisamment ironique : une intelligence supérieure aux gages d'une intelligence inférieure.

le vieux droit; que la statue du dieu *Terme* se déplace de plus en plus aisément de nos jours, sitôt que l'intérêt public ou la convenance administrative l'exigent; que cela est vrai des diverses espèces de propriétés; que les conversions de rentes par l'État, en temps opportun, ne sont plus considérées comme illicites que par des esprits arriérés; que l'impôt n'étant jamais mieux justifié aux yeux de tous que lorsqu'il porte sur des objets de luxe, il tend implicitement à devenir progressif et à s'attaquer surtout aux riches; — tant que Proudhon s'attache à faire comprendre que, pour établir l'égalité entre les hommes ou du moins pour déterminer la pente directe à l'égalité, il suffirait sans doute de généraliser le principe des sociétés d'assurance, d'exploitation et de commerce, et que ce mode de société particulière et inverse de l'autre tend à se développer et à se multiplier, comme par noyaux, au sein de la grande société qui porte ainsi son germe destructeur, ou son correctif si vous aimez mieux; — quand il insisterait encore sur ce fait moral qu'il est de moins en moins permis ou honorable à l'homme riche, à l'héritier, maître absolu d'un instrument de production, terre ou capital, de ne rien faire, d'être ce qu'on appelle inutile, et de se borner à jouir du produit de son instrument en privilégié, sans mettre la main à l'œuvre; à quoi il aurait pu ajouter encore que justice se fait d'ailleurs, tôt ou tard, à qui vit oisif,

à l'égalité de partage, ont bientôt réduit, entamé, et, après une ou deux générations, dissipé ou dispersé ces fonds de biens accumulés qu'on croyait inépuisables; — tant qu'il se complaît à indiquer cette conspiration générale des mœurs, des coutumes, des lois elles-mêmes, contre la propriété entendue au sens romain ou féodal et réputée immuable ou perpétuelle, il est dans le vrai et dans le courant du possible. Il est encore dans le vrai quand il dénonce les contradictions et les faiblesses de la plupart de ceux qui prétendent asseoir *a priori* le droit de propriété, et quand il les met aux prises entre eux. Mais, lorsqu'il prétend avoir par devers lui, en matière sociale, « une méthode d'investigation et de probation infaillible, » et que les autres n'ont pas; lorsqu'il se flatte d'avoir trouvé, pour tout ce qui concerne la propriété et la justice, « une formule qui rend raison de toutes les variétés législatives et qui donne la clef de tous les problèmes, » il s'abuse. Là est la pierre d'achoppement et le heurt. Il serre de trop près l'histoire et veut lui faire rendre plus qu'elle ne contient. L'histoire proprement dite, bien qu'il l'eût étudiée dans un but et par tranches, selon les coupes et les directions qui lui convenaient à une certaine heure, tenait naturellement fort peu de place chez cet esprit raisonneur, organisateur; la logique était tout; il s'était logé dans la tête un *absolu* de vérité; il méconnaissait l'éternel *à peu près* des choses humaines et la marche boiteuse des sociétés.

Il faut sans doute marcher du côté où l'on va; mais il n'est pas nécessaire d'y courir, ni surtout d'y pousser si fort les autres qu'on en vienne à les effrayer à son tour et à les faire reculer. Il touchait, d'ailleurs, à tout dans ce pamphlet, très-spirituel et incisif : aux fortifications de Paris, à M. Thiers et à Carrel, aux fouriéristes, aux philosophes (à propos de leur *criterium* ou principe de certitude), à Lamennais, dont l'*Esquisse de Philosophie* venait de paraître, et dont il mettait hardiment à nu le commun, le réchauffé et l'excessive médiocrité comme penseur; en revanche, il le faisait plus poëte qu'il n'était : c'est un orateur, la plume à la main, que Lamennais, un déclamateur éloquent et véhément.

Si l'on voulait citer, il y aurait à tirer de ce second Mémoire de Proudhon d'excellents passages, notamment un morceau plein de verve, où il répond à ceux qui l'accusaient d'avoir été fouriériste un instant; il déclarait ne point s'en souvenir :

« Toutefois, s'écriait-il, je ne me défends pas même de l'avoir été; car, puisqu'on l'affirme, il faut bien que cela soit. Mais, Monsieur, ce que mes ex-confrères ne savent pas, et qui vous étonnera sans doute, c'est que j'ai été bien d'autres choses : tour à tour protestant, papiste, arien et semi-arien, manichéen, gnostique, adamite même et préadamite, que sais-je? pélagien, socinien, antitrinitaire, néo-chrétien; voilà pour la religion : — idéaliste, panthéiste, platonicien, cartésien, éclectique (c'est une espèce de juste-milieu), monarchique, aristocrate, constitutionnel, babouviste et communiste; voici pour la philosophie et la politique; — j'ai parcouru toute une encyclopédie de systèmes; jugez, Monsieur, s'il est surprenant qu'à travers tout cela je me sois trouvé un instant fouriériste. Pour moi, je n'en suis nullement surpris, bien qu'à présent je ne m'en souvienne pas. Ce qui est sûr, c'est que le paroxysme de mes superstitions et crédulités tombe précisément dans cette période de ma vie pendant laquelle on me reproche d'avoir été fouriériste. Présentement, je suis tout autre : mon esprit ne se soumet plus qu'à ce qui lui est démontré, non par syllogismes, analogies ou métaphores, comme on démontre au Phalanstère, mais par une méthode de généralisation et d'induction qui exclut l'erreur. De mes *opinions* passées, je n'ai conservé absolument rien; j'ai acquis quelques *connaissances : je ne crois plus, je sais* ou *j'ignore*. En un mot, à force de chercher la raison des choses, j'ai connu que j'étais *rationaliste*.

« Sans doute, il eût été plus simple de commencer par où j'ai fini; mais quoi! si telle est la loi de l'esprit humain, si la société tout entière, depuis six mille ans, ne fait que se tromper, si les hommes en masse sont encore ensevelis dans les ténèbres de la foi, dupes de leurs préjugés et de leurs passions, guidés seulement par l'instinct de leurs chefs, si mes calomniateurs eux-mêmes sont réduits à l'état de sectaires, car ils s'appellent *fouriéristes,* serai-je seul inexcusable d'avoir, dans mon for intérieur, dans le secret de ma conscience, recommencé le voyage de notre pauvre humanité [1]? »

1. Cette espèce de confession, par laquelle il ouvrait un si large jour sur son éducation intellectuelle et sur l'évolution de sa pensée, lui fut reprochée ensuite, comme cela ne pouvait manquer d'arriver, par des inintelligents ou des malveillants qui se plurent à transformer ce qu'il avait dit de la *variété de ses études* en un aveu effronté de la *variation de ses sentiments*. Ces deux mor-

Il protestait d'ailleurs, en terminant ce second Mémoire, et avec une parfaite sincérité, contre

ceaux, la profession de foi et la réponse, se complètent et ne sauraient se disjoindre :

« Ignore-t-il, répondait Proudhon à l'un de ses accusateurs anonymes, ignore-t-il donc que, pour juger à fond d'un système, il faut en quelque façon y *croire*, parce que l'on ne conçoit bien que ce que l'on étudie avec passion ; que celui-là sait le mieux en philosophie qui s'est fait le plus de ces croyances artificielles, et que varier de la sorte, ce n'est pas faire preuve de légèreté, mais de persévérance?

« On a vu des médecins s'inoculer la peste, des chimistes prendre des poisons, goûter des excréments, respirer des vapeurs mortelles ; et, bien loin de leur reprocher la dépravation de leurs goûts, on a loué leur zèle pour la science et leur dévouement au bien public. Et vous n'auriez que des outrages pour celui qui, dans une vue d'instruction générale, se plonge dans les immondices de la philosophie (*immondices*, j'en conviens, est un peu dur ; la force de l'analogie et le besoin des équivalents dans l'expression ont entraîné l'écrivain) ; vous feriez à l'idéologue un crime des inexprimables tortures dont il afflige sa pensée, et, pour prix de ses désolantes expériences, vous insulteriez à la loyauté et à la pureté de ses sentiments !

« Il faut apprendre à cet anonyme, qui ne paraît pas se douter encore qu'un philosophe expérimente sur des idées comme un physicien sur des corps, ce que c'est que *changer d'opinion*.....

« Mais que dis-je? ma cause est celle de l'humanité ; n'allons pas la rabaisser aux mesquines proportions de l'intérêt personnel. Que sont ces législations, ces cultes, ces philosophies, ces schismes, ces rivalités nationales et ces guerres, sinon la série des expériences que la raison générale devait accomplir sur elle-même pour s'élever à la connaissance du vrai? Que sont nos prétendues sciences morales, politiques et religieuses, sinon l'inventaire de nos aberrations et de nos folies? Il faut qu'il y ait des systèmes, a dit l'Apôtre, *oportet hæreses esse*, afin que l'homme pénètre les voies de Dieu et les secrets de la nature..... » Si ce n'est pas là de l'éloquence, et une éloquence qui porte sur le vrai des choses,

l'intention de tout bouleverser pour arriver à l'égalité, de « mettre tout sens dessus dessous. » Il est réformateur, à cette date, non révolutionnaire; il aspire à convertir le monde, et à communiquer sa passion par la parole, mais par la parole seulement et avec méthode, moyennant induction, généralisation et progrès : « Je regarde, disait-il, une désappropriation générale comme impossible : attaqué de ce côté, le problème de l'association universelle me paraît insoluble. La propriété est comme le dragon que tua Hercule : pour la détruire, il faut la prendre, non par la tête, mais par la queue, c'est-à-dire par le bénéfice et l'intérêt. »

C'était bien dit, et, dans sa ligne de conviction, c'était sage et bien pensé. Cette brochure était donc incomparablement plus modérée que l'autre, et relativement conciliante. Mais la propriété, de quelque côté qu'on la touche, est chatouilleuse et ombrageuse. Il avait beau faire, il s'était donné pour mission spéciale d'attaquer l'inégalité, et, par cet angle le plus saillant et le plus solide, la propriété ; il n'en démordait pas. Cela perçait et revenait sans cesse. Il ne pouvait s'empêcher d'être et de paraître menaçant.

VI

Troisième Mémoire ou *Lettre à M. Considérant.* — Théorie de l'égalité absolue. — Violence de polémique. — Saisie et poursuite par le parquet de Besançon. — Proudhon en cour d'assises. — Acquittement.

Il le redevint menaçant autant que jamais, au moins en apparence, dans un troisième Mémoire intitulé : *Avertissement aux Propriétaires, ou Lettre à M. Considérant*, qui parut le 10 janvier 1842. Il rentrait dans la mêlée, armé de pied en cap, envers et contre tous, et son mot d'ordre, dès le début, était : *A la guerre comme à la guerre!* Il avait été attaqué par je ne sais quel phalanstérien ; il répond et s'adresse à son compatriote franc-comtois, l'excellent et loyal Considérant. Dans sa défense, il frappe à droite et à gauche. Dans toute cette critique des autres, il a l'avantage et peut souvent sembler victorieux ; dans la revendication positive de sa doctrine d'égalité, et dans ce qu'il en expose, il laisse poindre le côté le plus singulier et le plus exorbitant de sa pensée.

Je n'ai nul dessein de m'enfoncer dans cette discussion étroite; mais il m'est impossible pourtant de ne pas indiquer en quoi Proudhon se distingue des autres partisans de l'égalité et de tous ceux qui y tendent d'une manière moins rigoureuse, moins extrême. Il paraît positivement admettre que, dans l'association parfaite telle qu'il la conçoit en idée, il n'y aura nulle différence d'appréciation et de mesure pour les salaires; qu'à cet égard un général ne méritera pas plus qu'un soldat, et ne sera pas traité sur un autre pied ; que les capacités spéciales et diverses se compenseront, et que l'inégalité des talents y sera peu ou point comptée. Cela le mène à découvrir toute sa pensée : c'est que, dans la société future et mieux organisée à son sens, par une suite même de l'égalité des conditions, tout tendra, en définitive, au nivellement des intelligences. J'avoue n'avoir jamais pu me faire entrer dans la tête cette équivalence rigoureuse des capacités ou spécialités, et surtout n'avoir jamais pu aimer en idée et en perspective l'espèce de société qui en résulterait. Mais il ne s'agit, en ce moment, ni de mes goûts, ni de mon ouverture d'esprit; il s'agit de bien établir la pensée de Proudhon, et elle est positive. Je l'éclairerai par un passage de sa correspondance. A l'un de ses amis qui, un ou deux ans après, à l'occasion d'un nouvel ouvrage, semblait le taxer d'orgueil pour avoir voulu recommencer la tentative des Kant et des Hégel, il répondait :

« Le titre de ma dernière publication [1] vous a mécontenté : vous me connaissiez trop bien pour supposer que je devinsse jamais un Hégel, un Kant, un Newton peut-être en métaphysique. J'espère qu'à cet égard la lecture de mon livre vous remettra. Le sans-façon avec lequel je parle de moi-même et de mes devanciers ne vous semblera plus que l'expression de ce sentiment d'égalité qui est en moi, égalité à laquelle je crois de toute mon âme, et qui, selon mon opinion, doit s'étendre un jour jusqu'aux facultés intellectuelles. Je crois volontiers que je ne serai jamais un Kant ni un Leibnitz : trop de choses me manquent pour cela, non de la part de la nature, mais du côté de la fortune. Mais je vous avoue que, depuis deux ou trois années, l'étude m'a appris à considérer sans frayeur tous ces grands génies qu'à si juste titre le vulgaire admire, et que je trouve beaucoup plus près de nous qu'il ne nous semble. Suivant toujours la même psychologie, j'en suis venu à croire, sans en être enorgueilli le moins du monde, que je pouvais (comme tout homme bien constitué du reste), acquérir par le travail et par une bonne méthode ou instrumentation la même puissance intellectuelle que ces hommes auxquels vous me comparez ironiquement : j'ajoute que la faiblesse d'esprit, l'imbécillité, l'ignorance, l'étroitesse de conception étant des perturbations, des *anomalies* que le progrès social doit faire disparaître, un jour viendra où l'immense majorité des humains, sans être identiques, seront équivalents de capacités, comme ils seront égaux par le salaire.

« Toutes ces croyances peuvent être des billevesées, mais elles détruisent jusqu'au soupçon d'orgueil, jusqu'à la possibilité d'exorbitance d'amour-propre. »

Une telle idée foncière de l'égalité, est-ce une

1. *La Création de l'Ordre dans l'Humanité.*

pierre angulaire sur laquelle on puisse bâtir? N'est-ce pas plutôt un gravier et un durillon comme il s'en trouverait au fond dans le cerveau de tout penseur systématique? Condorcet, dans son genre, n'en fut point exempt. Les rationalistes ardents et austères ont aussi leur façon d'enthousiasme, et ils voient leur règne de mille ans en rêve. Pour profiter des bonnes idées de Proudhon, il n'est pas nécessaire de le suivre jusqu'à cette limite et à ces extrémités. Dans sa préoccupation presque exclusive du principe et du moule social, il n'a pas assez étudié la physiologie et ses lois multiples, mystérieuses[1]. En tout cas, cette convic-

1. Je ne me plairai pas à opposer Proudhon à lui-même; mais s'il ne varia point dans son désir et sa visée d'égalité, il eut certainement bien des doutes sur le temps où l'on pourrait y amener et y convertir l'espèce humaine, et il y eut des jours où il a parlé d'elle comme aurait pu le faire le plus aristocrate des génies. Je détache le passage suivant d'une lettre écrite dans le dégoût et l'amertume de son cœur, après l'une de ses dernières déceptions révolutionnaires : « Que si nous abaissons nos regards sur notre pauvre espèce, il m'est avis que, tout en cherchant à gagner le plus possible de bipèdes à la dignité humaine, nous ne devons considérer comme semblables à nous que ceux qui jouissent ainsi que nous de la liberté de raison et de conscience, ce qui diminue singulièrement l'intérêt que nous pouvons prendre à tout le reste. L'humanité, cher ami, ce ne sont pas ces masses brutales toujours prêtes à crier : *Vive le roi! vive la ligue!* L'humanité, c'est cette *élite* qui constitue le ferment des siècles et fait lever toute la pâte. Je vois bien, d'après les statistiques, neuf cents millions d'individus à face humaine sur la croûte terrestre. Je doute que l'humanité se compose de plus de quatre-vingt-dix mille. Un homme sur dix mille têtes : la proportion n'est-elle pas encore trop forte? » (Lettre à Charles-Edmond, écrite de Sainte-Pélagie, 1851.) C'est ce que,

tion singulière le menait, dans sa *Lettre à M. Considérant*, à une éloquente sortie contre les génies et les talents, à une magnifique invective :

« Que parlez-vous maintenant de talent et de génie? Ce prélèvement, réclamé avec de si ridicules instances par vos soi-disant capacités, est une rapine exercée sur le produit du travailleur, que, sous prétexte d'infériorité fonctionnelle, vous retenez en servitude. Développez ces intelligences, façonnez des organes, émancipez ces âmes, et bientôt, mortels desséchés d'égoïsme, nous verrons à quoi se réduit votre prétendue supériorité.

« Talent et génie! mots sublimes, dont la société aime à récompenser, comme des sentinelles avancées sur sa route, les plus précoces de ses enfants; mais mots funestes, qui ont produit plus d'esclaves que le nom de la liberté n'a fait de citoyens. Talent et génie! à ces noms magiques, comme à une invocation de la Divinité, le troupeau des humains se prosterne; la volonté expire dans les consciences subjuguées; l'esprit s'arrête, enchaîné par la fascination de la peur. *Mon génie étonné tremble devant le sien,* disait Néron parlant d'Agrippine; et l'histoire dépose que le plus cruel des Césars ne fut d'abord qu'un enfant pusillanime. N'en doutons pas, tous ces vils courtisans d'une grandeur usurpée, tous ces penseurs sans énergie, ces écrivains sans caractère, ces imitateurs serviles sont des enfants de la peur. « Nous naissons tous « *originaux,* s'écrie le poëte indompté des *Nuits* [1]; comment se fait-il que nous mourions presque tous *copies?* » C'est que l'apparition d'un esprit nous ôte le sens et le courage. C'est la peur qui rend certaines époques stériles

en usant de son propre langage, j'appellerai les *antinomies* ou *contradictions morales* de Proudhon. Au reste, tout cela s'explique. L'esprit comme le cœur a de ces flux et de ces reflux.

1. Young.

comme certains États tributaires; c'est la peur des siècles antiques qui amène l'ère des décadences; et quand les tyrans veulent asservir les nations, ils leur font peur de la vertu, ils leur crient qu'il n'est plus temps, qu'elles ont dégénéré de leurs pères. Voilà pourquoi les sociétés ont eu jusqu'à présent des périodes de sommeil et des temps de renaissance, pourquoi toute manifestation de l'esprit, ainsi que de la liberté, a commencé par la révolte. L'homme, anéanti d'abord devant ces idoles que son imagination lui fait si terribles, insensiblement reprend courage; avec le temps et l'habitude, sa peur et son respect diminuent; fatigué d'obéissance, tout à coup il se lève, et longtemps avant sa raison, son cœur a proclamé l'égalité.

« Laissez donc, laissez croître ces jeunes intelligences, qu'effrayent vos démonstrations de génie, et cessez de mendier pour le talent une indigne gabelle, lorsque tant d'âmes sont privées de la spirituelle nourriture. Qui n'a pu concourir n'a point mérité de blâme, et nul n'a droit d'appeler lâche celui que la servitude a mutilé. Ah! déliez cette main que la misère tient engourdie, donnez l'essor à cette pensée captive, placez cet homme dans les conditions où l'a voulu la nature, et attaquez-le dans sa force et dans sa jeunesse; puis, s'il rougit devant ses pairs, si l'aspect de son semblable l'humilie, s'il s'épouvante de la plus noble tâche, frappez : ce n'est pas un citoyen, c'est un esclave. »

On se souvient que le philosophe d'imagination, Malebranche, s'élevait contre l'imagination. Jamais on n'a parlé avec plus de talent que Proudhon contre le talent même, et on n'a fourni de meilleures armes contre soi. Ou mieux encore, et à y bien regarder, c'est l'ouvrier et le prolétaire Proudhon, qui, fort de la conscience de son talent, s'insurge, brise ses liens et vient plaider devant tous la cause de Proudhon et de tous les Proudhon de l'avenir.

On aurait encore à signaler, dans cette brochure, l'effrayante définition ou description qui commence ainsi : « Quand je me représente cette machine qu'on appelle un *journal*..... » Elle n'est certes pas flatteuse pour les journaux. Proudhon l'appliquait au *National*, avec lequel il était dès lors dans une guerre ouverte, acharnée, inexpiable. S'il y eut haine chez lui, ce fut de ce côté, contre ceux du parti républicain qu'il appelait « d'orgueilleux routiniers. » Je suis obligé de dire que la violence de cette polémique, à quelque point de vue qu'on se place, et même en reconnaissant la justesse de quelques-uns des points de mire, dépasse toute mesure. Il eut là un tort.

La *Lettre à Considérant* suscita un procès, non du côté où l'auteur s'y attendait presque, c'est-à-dire du côté du *National*, mais de la part de l'autorité. Les lettres suivantes vont nous instruire de toute l'affaire dans ses péripéties et nous permettre d'assister à l'audience même où elle se jugea.

Le 2 janvier (1842), Proudhon, à la veille de sa publication et qui ne se méfiait de rien encore, écrivait, de Besançon où il était retourné depuis quelque temps, à son ami Bergmann, confident discret, conseiller sage, mais plus écouté que suivi :

« ... Quant à moi, mon cher ami, je m'enfonce de plus en plus dans l'*économie* et les recherches socialistes, et si je ne t'ai pas écrit depuis si longtemps, c'est que j'ai une brochure nouvelle à t'envoyer et que j'en attendais la fin. Une attaque fouriériste, jointe à la gravité des circonstances, m'a forcé de reprendre la plume et de lancer, tout en me défendant, une sorte de programme de l'ouvrage plus important que je prépare. Tu pourras, je le crois, préjuger mes futurs travaux d'après cette annonce; et peut-être ne seras-tu pas étonné si je te dis que dans deux ans je serai tout entier, avec armes et bagage, dans le Gouvernement[1]...

« Tu me reprocheras, cette fois encore, une attaque effroyable contre *le National*; ma réponse est simple: j'ai été dénoncé et signalé à la justice par ce journal; je suis maintenant offensé et non pas offenseur. Du reste, je souhaite que *le National* ne laisse pas passer ainsi ce nouvel horion; car, de deux choses, ou il crèvera de mes accusations, ou il donnera explication, rétractation et profession de foi contraire. Nous plaiderons, soit devant les tribunaux ordinaires, soit devant des arbitres, et comme l'événement est prévu, je n'ai rien à craindre. Lui seul éprouvera un échec. Il est possible aussi qu'il comprenne le danger de sa situation et qu'il prenne le parti de se taire, ce qui serait peut-être le meilleur; dans ce cas, mes accusations subsistent, et gare les citations que d'autres journaux en pourraient faire!

« Je compte partir pour Paris dans la huitaine. Ma boutique a un peu de besogne : je suis imprimeur pour

1. *Dans le Gouvernement* : cela voulait dire que le Gouvernement le tolérerait et comprendrait qu'il n'avait non-seulement aucun intérêt à le poursuivre, mais, au contraire, tout intérêt à le laisser controverser à son aise et s'efforcer de transformer et de dériver en questions économiques une partie de l'irritation politique.

jamais. J'acquiers de jour en jour la sympathie de mes concitoyens : banquiers, négociants, jeunes gens, avocats et médecins me veulent du bien; il n'y a plus contre moi que la vieille Académie.

« J'aurai probablement une rude année à traverser, mais j'ai lieu de croire que ce sera la dernière. Nos conseillers municipaux me cherchent une place au pays, afin de me retenir parmi eux. »

Mais, arrivé à Paris, moins de trois semaines après, les choses avaient pris une tout autre face :

« (Paris, 23 janvier 1842.) Voici de l'imprévu : ma brochure vient d'être saisie par le parquet de Besançon, et je suis assigné à comparoir dans la huitaine aux assises de mon département. Je ne connais pas encore le sujet de la plainte, ni sur quel passage se fonde l'accusation, et j'attends à cet égard des nouvelles. Quoi qu'il en soit, mon plan de conduite est tout tracé : il m'est impossible, d'ici à huit jours, de partir, d'improviser une défense, etc., etc., d'autant plus que je n'ai pas encore reçu de citation, et que je ne suis informé de la poursuite que par correspondance privée. D'ailleurs, des douleurs de vessie, occasionnées par le froid, l'humidité et mon dernier voyage, m'empêchent de me mettre en route. Ainsi, je vais écrire pour demander une remise aux prochaines assises; sinon, je ferai défaut et formerai opposition au jugement.

« Je viens d'apprendre ce matin, du commissionnaire de roulage chargé de la caisse qui renfermait ma brochure, qu'elle était saisie d'avance à la requête simultanée de la préfecture de police et du parquet. Il paraît que l'affaire sera menée bon train. La poursuite émane du parquet de Besançon (il est impossible, d'après le calcul des dates de dépôt et de saisie, que l'ordre en ait pu être donné de Paris); j'ai donc lieu de croire que mes anciens académiciens, jugeurs et procureurs, ont saisi cette occasion avec plaisir. Nous nous verrons donc en face, ils peuvent y compter, et j'espère qu'ils ne s'en applaudiront pas, si ce n'est comme un brigand s'applaudit d'une vengeance.

« As-tu reçu l'exemplaire que j'ai mis à la poste pour toi? A part quelques vivacités, provoquées par les déclamations des *journaux-Guizot* contre le progrès, la dépravation des masses, la perversité des doctrines et les espérances réformistes, le reste est plus modéré encore que dans mes premiers Mémoires. Voici même ce dont on m'a félicité à Besançon, et comment mes concitoyens me jugent :

« Cet homme, disent-ils, n'est ni communiste, ni républicain proprement dit : il demande l'abolition de la propriété, mais il parle de cette abolition comme d'une *transformation organique,* laquelle ne se produit que par développement. Toute *éversion, substitution* ou *révolution,* suivant lui, est mauvaise; *l'interruption dans la vie sociale, c'est la mort.* Donc il va conclure au maintien des propriétés dans les mains des détenteurs, sauf à demander le développement de certains principes déjà reconnus, et qui doivent, d'après sa théorie, universaliser et équilibrer la propriété ; donc il veut la conservation du Gouvernement de Juillet, sauf le choix du ministère le plus capable d'accomplir cette transformation et ce développement. »

« Et tout cela est parfaitement vrai : je critique la propriété non comme forme transitoire, mais comme forme définitive; j'attaque les hommes du ministère, non comme attachés au Gouvernement de Juillet, mais comme voulant en fausser les conséquences. Quant aux personnalités qui m'échappent, elles sont des représailles; d'ailleurs les personnalités ne sont pas du ressort des cours d'assises, pas plus que l'euphémisme et la rhétorique.

« J'ai adressé au ministre de l'intérieur, M. Duchâtel, à la date du 20 courant, avant d'avoir connaissance des poursuites dirigées contre moi, un exemplaire de chacune de mes publications, avec une longue lettre contenant ma profession de foi sur l'avenir. J'espère que le ministre accueillera favorablement mes idées, d'autant plus que je lui montre (et tu le comprends du reste) comment on pourrait tourner, au profit du Gouvernement, les théories les plus radicales. En effet, s'il ne peut y avoir de substitution ni d'interruption dans une société, il faut que toute théorie prouve qu'elle dérive nécessairement de la théorie existante, conséquemment qu'elle travaille à conserver celle-ci jusqu'au jour de son propre avénement.

« Ces idées, si sèches et si bizarres dans leur expression physiologique, sont admirables d'application et d'exposition historique : il faudrait réussir à les faire entendre à un ministre; et ma cause, par cela seul, serait gagnée. Mais que d'obstacles!

« Quoi qu'il arrive, je ne me rends pas si vite et suis loin d'être découragé. Il faut que j'attende la réponse de M. Duchâtel ; ensuite je puis faire manœuvrer quelques recommandations imposantes; enfin il me reste un refuge dans le jury et dans la faveur des Bisontins. La veille du jour où l'on m'a appris la saisie, je recevais l'annonce que les membres les plus influents du Conseil municipal s'occupaient de faire tomber sur moi la succession d'un vieil employé à deux mille quatre cents francs avec peu de besogne. Il faudrait que cette nomination m'advint avant le procès, et c'est un des motifs secrets de l'ajournement que je vais solliciter... »

Il dut renoncer à solliciter cet ajournement, et

il se mit en route aussitôt. La cause se plaida à Besançon, le jeudi 3 février. Il écrivait le soir même à son ami de Strasbourg :

« (Besançon, 3 février 1842.) Mon cher Bergmann, je viens d'être jugé, et je suis absous par le jury des quatre chefs d'accusation formés contre moi. J'ai présenté moi-même une Défense écrite, dont la lecture a duré plus d'une heure : comme je compte l'imprimer tu en jugeras[1]. C'est une espèce de prospectus général tant de mes études passées que de mes études à venir et de leur objet. Je gagne et je perds tout à la fois, par suite de ce procès. Je *gagne* un petit moment de célébrité, qui ne s'étend pas même fort loin, car, tu le sais, je n'ai pas les sympathies de la presse ; je gagne, ce qui vaut mieux et ce que personne n'aperçoit, l'avantage de pouvoir innover, analyser et remuer à mon aise les principes, les droits, les croyances et les institutions ; car ce jugement reconnaissant que je suis *homme de méditation, non de révolution ;* économiste, non anarchiste ; que je veux, suivant l'expression du président, *convertir le Gouvernement et les propriétaires,* il s'ensuit que je puis tout dire, comme fait un instituteur ou un ami, et que je suis déclaré hors de la ligne des conspirateurs. C'est à moi de conserver cette magnifique position.

« Mais je *perds*, dans ce sens, que, pour me défendre, j'ai été forcé d'exposer des vues et des idées que je ne voulais donner qu'en temps convenable ; par exemple, que comme l'égalité et la non-propriété résultent de la métaphysique législative, de l'économie et de l'histoire, tout de même elles sont une conséquence nécessaire de la Charte et de toutes les institutions qui l'accompagnent :

1. *Explications présentées au Ministère public sur le Droit de propriété.* Besançon, 1842, in-12 d'une feuille d'impression.

si bien, comme je l'annonçais d'ailleurs, qu'il ne s'agit plus aujourd'hui que de *développer,* non de *détruire.* Cela est magnifique pour les gens synthétiques et à idées enchaînées; mais pour cette multitude de sots qui font et défont en un instant les réputations, cela est excessivement dangereux, car plusieurs en concluent déjà que je suis acquis au pouvoir, et que je n'ai fait tant de bruit qu'afin de me faire payer plus cher. Commencer par *l'égalité* et *l'abolition de la propriété,* pour finir par l'acceptation et le développement de la Charte, cela déroute tous nos démocrates, comme cela a dérouté, à l'audience, le ministère public.

« C'est pourtant aussi beau, aussi fécond que vrai : tu le comprendras, j'espère...

« Je reste à Besançon : je crois t'avoir écrit que notre maire et son Conseil municipal songent à me caser, pour m'assurer le repos et l'indépendance nécessaires à l'étude : je ne puis mieux faire, je crois, que de me prêter à ces bonnes dispositions. Je vais avoir une rude année à traverser ; mais, je te le répète, je crois que ce sera la dernière, *quant aux besoins de première nécessité.*

« Je gagne tous les jours des amis; j'en ai jusque dans le parquet; j'espère que bientôt le pouvoir, sans m'avouer, me tolérera. Je sais que déjà il m'estime et m'honore.

« Adieu, mon ami : je viens de passer une journée fantasmagorique aussi vaine que les autres. *Tout est vanité,* disait Salomon, *excepté d'aimer Dieu,* ajoutons, *et de le comprendre.* »

Enfin, plus de trois mois après, dans une lettre à son autre ami, Ackermann, alors à Berlin, il résumait, ou plutôt il exposait de nouveau toute cette affaire du procès, de la plaidoirie et de l'acquittement avec une vérité toute pittoresque et dramatique; une veine de haute ironie s'y mêle. C'est la comédie à la cour d'assises; c'est du Daumier, et du meilleur. Dans le genre Proudhon, c'est aussi parfait que du Paul-Louis Courier. Certains passages, par leur belle humeur, rappellent Beaumarchais, le tout assaisonné et saupoudré du sel franc-comtois. Il découvre aussi, sur la fin de la lettre, le fond de ses sentiments et la nature de ses espérances. Pendant toute cette année, il y eut un temps d'arrêt et de répit, et comme une trêve dans sa révolte.

« (Besançon, 23 mai 1842.) Mon cher Ackermann, vous saviez que je travaillais, en décembre, à un troisième Mémoire. Ce Mémoire a paru le 10 janvier, jour de mon départ pour Paris; il a été saisi le 18; l'auteur, décrété d'arrestation, et mandat d'amener lancé contre lui, le 22. Toutes ces nouvelles me sont parvenues le 24; perquisition a été faite dans ma chambre de la rue Jacob, le 25; cinq cents exemplaires de mon pamphlet, saisis au roulage, ont été déposés au greffe de Paris, et visite domiciliaire opérée chez mon libraire et plusieurs de mes amis. On n'y allait pas de main morte, je vous jure. Mes amis étaient consternés: ils déploraient tous mes violences, ma sombre humeur d'antipropriétaire, et cette rage de critique furibonde qui me précipitait dans les griffes implacables du pouvoir. Le télégraphe manœuvrait à mon honneur (car nous avons une ligne télégraphique, à Besançon): j'étais recommandé d'en haut, et le zèle de nos substituts se signalait à l'envi contre le monstre révolutionnaire. Nul ne voyait pour moi d'issue possible à cette affaire : le jury prévenu, les jugeurs triomphants, le clergé se frottant les mains, l'Académie disant : « C'est bien fait: » tout le monde à peu près certain de ma condamnation. J'étais accusé de neuf délits qui, par indulgence, ou plutôt parce qu'ils rentraient les uns dans les autres, furent réduits à quatre : 1° attaque à la propriété; 2° excitation à la haine du Gouvernement; 3° et de plusieurs classes de citoyens; 4° offense à la religion. Je fus assigné à comparaître aux assises de Besançon, par *citation directe,* pour le 3 février suivant. Je partis le 29, arrivai le 31, et j'eus quarante-huit heures pour voir un avocat et écrire une défense. Mon conseil, jeune homme d'intelligence et de cœur, ne savait de quel bout prendre mon affaire, et je fus obligé de lui faire la leçon. Il allait se jeter dans des lieux communs qui m'auraient perdu, et qui, d'ailleurs, ne m'allaient pas. Enfin je comparus : foule immense à l'audience; la haine, la curiosité, l'intérêt, mille passions remuaient le public dans les sens les plus opposés. Il est incroyable à quel degré de haine on était monté : j'étais un passe-Robespierre, un antéchrist. J'ai vu une jeune et jolie personne de seize ans fuir à ma présence, par la terreur que je lui inspirais; une dame de cinquante ans manqua à une soirée où elle apprit que je devais me trouver. Il y allait de cinq ans de prison au moins; amende, confiscation, etc. En même temps, je rencontrais de généreuses sympathies : si l'on m'avait appliqué dix mille francs d'amende, ils eussent été en deux jours couverts par souscription. L'Académie, par son journal (notre Académie s'est faite journaliste!)[1], me plaçait sur la même liste qu'un assassin et un infanticide, et, vu mon manque de fortune, invoquait pour moi dix ans de fers et cinquante francs d'amende. Rangez cela parmi les aménités littéraires.

1. Il s'agit ici du journal *le Franc-comtois,* dont Proudhon disait à l'époque de sa fondation : « *Le Franc-comtois* est essentiellement l'organe de l'Académie... C'est une faute... Une Académie littéraire et morale doit éviter, selon moi, d'entrer dans le journalisme et de se livrer à la polémique quotidienne. » (Lettre à M. Tissot, du 10 août 1840.)

« Lorsque l'avocat général eût prononcé son réquisitoire, l'effroi était au comble. La seule lecture des passages incriminés, faite par une voix sonore et éloquente, faisait frémir l'auditoire. A dire vrai, je n'avais encore rien écrit de plus véhément et de mieux travaillé. Puis j'avais eu le tort d'attaquer tout le monde, en sorte que je ne pouvais inspirer d'intérêt d'aucun côté. Relativement à moi, l'attente était extrême. Que va-t-il dire pour sa défense? Se rétracter? ce serait se déshonorer sans profit; le pouvoir ne pardonne pas au repentir. S'expliquer? cela paraîtra louche et de mauvaise foi. Invoquer la liberté des opinions? lieu commun rebattu. Insister avec audace? c'est aggraver sa position. — Mon interrogatoire avait produit surtout un effet magique, lorsque, interpellé sur un passage de ma brochure, où je menaçais les propriétaires de quelque chose qui n'était *ni l'assassinat, ni le pillage, ni l'insurrection, ni le refus du travail, ni l'incendie, ni le régicide*, etc., mais qui était *plus terrible et plus efficace que tout cela,* je refusai de répondre. A ce moment, on me crut perdu. On s'épuisait en conjectures sur le fatal secret : c'était un beau texte pour faire de moi un génie infernal. Je puis vous dire que j'avais en vue la réorganisation des Cours vehmiques ou tribunaux secrets d'Allemagne, dont j'ai fait une théorie appropriée à notre temps.

« Enfin je parlai pour moi-même : ma lecture dura deux heures. — Figurez-vous l'étonnement de tous ces curieux, prêtres, femmes, aristocrates, etc., quand, au lieu d'un républicain à gilet rouge, barbe de bouc, voix sépulcrale, on vit un petit blondin, au teint clair, à la mine simple et pleine de bonhomie, à la contenance tranquille, prétendant qu'il n'était accusé que par une méprise du parquet, dont au surplus il louait le zèle; et affirmant que ses idées étaient celles de tout le monde, que loin d'être hostiles au Gouvernement, elles lui étaient très-favorables; que loin de mériter des reproches de la part de qui que ce fût, elles n'étaient dignes que d'éloges; et prouvant cette thèse par des développements scientifiques si recherchés, si pénibles à suivre et rendus dans un style tantôt d'une clarté et d'une simplicité extrêmes, plus souvent d'une profondeur métaphysique et technologique telle qu'on n'y comprenait plus rien; figurez-vous, dis-je, un homme accusé de conspiration contre l'ordre social, et présentant pour défense un pâté d'économie politique si difficile à digérer et à saisir, que tout le monde avoua n'y avoir rien entendu; et vous aurez à peine l'idée de cette mystification judiciaire. — Mon avocat commença par déclarer qu'étranger à mes études, il ne pouvait ni les rejeter ni les adopter, et il insinua que le jury, en matière scientifique, était incompétent. Puis il partit de ce point de vue pour expliquer la vivacité de mes phrases. — Le procureur général reconnut qu'il ne pouvait répondre à mon plaidoyer, mais que mon livre était là, qui, selon lui, parlait assez haut... C'était s'avouer battu. — Le président, dans son résumé, fit un aveu analogue : si bien qu'il s'agissait pour le jury de savoir si véritablement il y avait un côté philosophique dans mes doctrines, qui pût rendre raisonnables et innocentes les effroyables imprécations que je m'étais permises contre la propriété. Le chef du jury dit : « Cet « homme est dans une sphère d'idées inaccessible au vul- « gaire; nous ne pouvons condamner au hasard; et qui « nous répond de sa culpabilité? »

« Ce n'est pas tout : accusé d'exciter à la haine et au mépris des *prêtres*, des *académiciens*, des *journalistes*, des *philosophes*, des *magistrats*, des *députés*, etc., je pris occasion de la partie scientifique et inabordable de ma défense pour faire une revue critique de ces différentes classes de citoyens. Cette critique, lue avec un grand sérieux, une grande simplicité d'intonation, qui contrastait singulièrement avec le sel, la vivacité, l'énergie, la justesse des sarcasmes, toute pleine d'allusions personnelles, dont quelques sujets se trouvaient précisément à l'audience, produisit un effet merveilleux. Les jurés se regardaient et se pinçaient pour ne pas rire ; les juges baissaient la tête pour sauver leur gravité, et le public riait. Ce qu'on me reprochait d'avoir écrit n'approchait plus de ce qu'on me laissait dire, et ma recette homœopathique produisit le résultat que j'en attendais. Je fus acquitté avec applaudissements du public, poignées de main des jurés et félicitations des juges !!! Le lendemain, il y eut querelle entre les gens du parquet, qui se rejetaient l'un à l'autre la maladresse des poursuites...

« Maintenant, je suis hors d'atteinte ; ma brochure s'est écoulée, assez lentement cependant. Je n'ai pas l'honneur des sympathies d'aucun parti : j'ai si horriblement maltraité *le National,* que tout le monde craignait pour ma sûreté ; j'ai frappé sur Fourier, Saint-Simon, les Communistes, etc., si bien que j'ai réussi à éteindre les feux de mes contradicteurs ; mais il y a contre moi, comme je l'ai dit, *conspiration de silence.* J'ai, depuis deux ans, contribué plus que personne à déplacer le terrain des discussions politiques : sous ce rapport, j'ai servi indirectement le pouvoir et l'ordre ; mais on ne m'aime pas. Blanqui m'écrivait : « *Le Gouvernement rend « justice à votre caractère, mais il déplore votre tendance.* » Eh bien, je veux que ma tendance soit celle du pouvoir, et je vous certifie que cela arrivera.

« Voilà, mon cher Ackermann, l'histoire de ma mésaventure. Je l'ai échappé belle, et ce n'a pas été sans peine. J'ai eu besoin de toute ma présence d'esprit et de toutes mes ressources ; l'effort que j'ai fait pendant deux jours pour produire mon plaidoyer m'a causé une névralgie et des agitations cérébrales pendant huit jours. Ce n'est pas un jeu que d'être traduit en cour d'assises, et je vous souhaite de ne jamais passer par là.

« Actuellement, je travaille à un ouvrage sur l'organisation... »

Et, à la fin de cette même lettre, il revient sur le danger qu'il a couru et auquel il entend bien ne plus s'exposer de gaieté de cœur : on s'en tire moins commodément avec une cour d'assises qu'avec une Académie :

« Il faut que je songe à endormir le dragon et à amorcer le requin; j'ai passé entre les dents du monstre comme une anguille; mais je ne me soucie point de renouveler l'expérience. Peu s'en est fallu que je ne fusse croqué. Je vais travailler à me rendre acceptable, même au pouvoir; il me faut une publication d'éclat, et j'espère l'exécuter. Dans six mois, on saura tout ce que je veux et tout ce que je puis. J'attends cette époque pour prendre une résolution définitive sur mon genre de vie. »

L'année 1842 se passa presque toute, pour lui, dans l'étude et dans le travail de son imprimerie [1]. Il était, depuis son gain de cause devant le jury, dans une disposition moins hostile. On croit sentir qu'absous et mieux accueilli, il est en voie de s'apaiser. Toute son ambition, pendant cette année, était d'obtenir à la mairie de Besançon un petit poste qui lui permît de se livrer à ses études favorites et à son mélange de science et de polémique. Il travaillait, en attendant, à préparer son livre de la *Création de l'Ordre dans l'Humanité.*

1. Plus d'une lettre intime de lui, à cette date, porte cette suscription imprimée en tête : *Imprimerie de P.-J. Proudhon, rue du Collége, 10. Impressions militaires.* Il paraît qu'il avait cette dernière fourniture.

VII

Court intervalle. — Diversions locales : ardeur spéculative. — Dédicace à M. Bergmann. — Humble ambition; projets contradictoires; espoir déçu. — Sa rentrée dans la lutte.

On a pu observer que, dans les révolutions politiques comme dans les tempêtes de la nature, il se passe quelque chose de semblable : il y a quelquefois de ces temps d'arrêt sans qu'on sache trop pourquoi et sans qu'on se les explique; une sorte de calme subit vient suspendre le cours des événements, le choc des éléments; les vagues courroucées s'abaissent et tombent, les vents déchaînés font un instant silence. Il en est de même dans les maladies : un mieux subit, sans raison et sans cause, fait croire à une solution imprévue et trompeuse. Il en est ainsi encore dans le cours ordinaire de la vie humaine, cette vie dût-elle être des plus passionnées, des plus entraînées fatalement, et des plus vouées à une agitation orageuse : il s'y fait tout à coup, au moment où l'on s'y attend le moins, un repos, une pause, il s'y laisse voir une éclaircie ou une embellie, comme disent les marins. Il y a de ces six mois dans la vie même la plus tourmentée et la plus combattue. On dirait que notre destinée ou notre démon hésite et veuille reprendre haleine avant de se remettre en marche et de se précipiter.

Proudhon nous offre quelque chose de ce phénomène moral à la suite de son acquittement. Il eut des envies de se caser, de se ranger par tout un côté de lui-même. Il rêva une médiocrité studieuse et libre, moyennant quelques sacrifices et au prix d'une légère chaîne. Ce moment si court s'est même étendu dans l'imagination de ses compatriotes, et l'un d'eux, des mieux informés d'ailleurs, m'écrivait : « Toute l'ambition de Proudhon a été, pendant plusieurs années, d'obtenir, à la mairie de Besançon, un petit poste qui lui permît de se livrer à ses goûts pour l'étude ; j'avais obtenu pour lui la promesse de ce poste, quand une opposition imprévue a tout fait échouer. » Ses amis purent y penser pendant des années, mais ce fut seulement pendant quelques mois que Proudhon caressa et nourrit sérieusement ce désir à l'état de projet. Il y avait en lui, cela ne saurait faire doute, un savant qui n'a point abouti, et que les circonstances ont intercepté maintes fois, qu'elles ont contrarié jusqu'à la fin. Ce savant crut un moment qu'il allait trouver son refuge et son abri pour se développer. Il entendait bien pourtant ne jamais se confiner dans la science pure et se tenir toujours disponible pour la circonstance et pour l'à-propos. Sa correspondance avec M. Tissot de Dijon, à laquelle le voisinage donna plus d'activité et qui fut assez suivie durant toute cette année 1842, nous éclaire sur ce coin de sa vie et de sa pensée. En lui annonçant, comme à ses autres amis, l'heureuse péripétie de son procès et son acquittement, il lui écrivait (26 février 1842) :

« Janvier et février sont perdus pour mes études, mais non pour mes réflexions. J'ai beaucoup pensé depuis six semaines; je me connais mieux maintenant, et je comprends ce qui me manque encore pour mettre plus de monde à mon unisson. Il est un point sur lequel nous nous rencontrerons toujours, mon cher professeur : rationaliser les esprits, la politique, la religion et la morale; abattre les préjugés et les fausses sciences; écraser les oppresseurs de la pensée et de la liberté civile, livrer à l'infamie les corrompus et les lâches. Quand j'aurai tout dit ce que je pense, je me préparerai au combat... »

De près ou dans le lointain, il voyait toujours le combat : au fond c'était sa vie.

Dans son besoin d'avoir à qui parler et avec qui s'entendre, il essaya en ce temps d'amener le savant professeur de Dijon à plus d'activité et, si j'ose dire, d'applicabilité, de le tenter à une sorte d'alliance philosophique. Pour y arriver, il tenait à s'éclaircir une bonne fois avec lui de leurs dissidences, il le provoquait à une lutte amicale corps à corps, et voulait absolument l'enlever à Kant. Il n'aurait pas été fâché, on croit l'entrevoir, ayant probablement à rester et à se fixer dans le pays, d'établir une communication intellectuelle, un concert et un courant d'idées de Besançon à Dijon.

M. Tissot, dans sa ligne sévère et modeste, résistait à tout ce qui est bruit, éclat. Proudhon le harcelait, l'excitait à plus de hardiesse :

« (3 mars 1842.) ... J'ai été tout à fait réjoui de votre idée des *étables d'Augias*, mais je n'approuve pas que vous vous traitiez aussi mal que vous faites. Je suis de mon naturel assez peu modeste, mais je suis franc dans mon amour-propre, et je ne crois guère à la modestie des autres. Sachez donc reconnaître ce que vous valez, ou vous m'obligerez à vous le dire en face. Pourquoi donc ai-je débuté par une clameur si haute? c'est parce qu'il est nécessaire aujourd'hui, pour se faire entendre, de crier et de couvrir la voix des autres. Vous avancez beaucoup, ma foi! avec vos éloquentes élucubrations! Il y a, dans toute la France, quelques centaines d'individus qui peuvent vous apprécier, et sur ce nombre des rivaux qui vous jalousent, des écoliers de la *Normale* qui vous dénigrent, des intrigants qui vous dissimulent, des cafards qui vous détestent. Que ne faites-vous comme moi, morbleu! Les belles manières n'obtiennent rien : frappez à tour de bras. Faudra-t-il que je me fasse votre vengeur? »

Il avait pensé d'abord, et assez naturellement, à dédier, à lui philosophe, à *M. Claude-Joseph Tissot*, le chapitre de la *Création de l'Ordre* intitulé *Métaphysique*. Bergmann, à qui cette dédicace passa ensuite, devait avoir, dans le principe, une autre branche inscrite à son nom. Mais Proudhon eut beau faire et beau dire : pour des raisons de réserve, de modestie, de prudence ou de convenance, M. Tissot déclina l'hon ur d'une telle interlocution publique. Ce ne fut pas faute d'insistance de la part de Proudhon qui, même après le refus, lui écrivait :

« (21 avril 1842.) ... Vous avez été injuste envers vous et envers moi, et vous avez méconnu mes intentions, quand vous avez refusé l'adresse d'un chapitre que je me proposais de vous faire. Il ne s'agissait pas ici de l'honneur assez banal d'une dédicace, ni de mettre votre nom en évidence comme celui d'un personnage illustre, ni de vous prendre (horreur!) pour nouveau sujet ou martyr de mes sarcasmes. Ma pensée, pensée toute scientifique, était de publier des idées métaphysiques, non sous l'approbation ni la protection, mais sous l'adresse d'un métaphysicien, comme on adresse un mémoire de physique à Biot, à Arago ou à l'Académie des Sciences; des vers à Lamartine, une découverte à un ministre, une dénonciation à un procureur du roi. Puis je désirais honorer un compatriote, honorer la Franche-Comté, en montrant ses enfants voués à l'étude et formant une petite société intellectuelle; enfin m'imposer à moi-même un joug salutaire en plaçant devant mes yeux le nom cher et vénéré de l'un des hommes que j'aime et que j'estime le plus. — J'ignore si je persisterai dans le projet d'adresser un chapitre à M. Blanqui, un autre à M. Wolowski, un autre à mon ami Bergmann; dans tout cela il n'y a pas une seule pensée de critique, pas plus que de dédicace : c'est seulement un *envoi* de ma pacotille aux juges compétents. Blanqui et Wolowski, Bergmann et Tissot étant en quelque façon arbitres officiellement constitués de ces sortes de choses, il est loisible au premier venu de leur faire l'honneur ou le désagrément de les prendre pour juges; mais Bergmann et Tissot étaient mes amis, et je ne voulais rien faire sans leur participation. Réfléchissez-y encore, je vous prie : vous ne serez ni mon Mécène, ni mon Aristarque, ni mon saint; il n'est question ici que d'un appel à vos lumières et de l'édification du public. Ce ne sera pas la première fois qu'un auteur aura commencé chaque livre ou chaque chapitre d'un ouvrage par une invocation, une apostrophe, etc., à sa muse, à sa maîtresse, à son ami. Je veux par manière de repos, de résumé ou d'énoncé de ce qui va suivre, causer avec un juge, avec un connaisseur, un expert ; c'est un exorde épistolaire dans un livre éminemment didactique. Qu'y a-t-il là qui vous puisse déplaire?... J'aurais bien dû ne vous rien dire ; et vous eussiez été, je vous assure, agréablement surpris. Allons, monsieur le Philosophe, dédaignerez-vous la prière d'un disciple, quand Jésus-Christ écoutait celle d'une pécheresse et d'un publicain? »

La philosophie fut inflexible : M. Tissot ne se rendit pas [1]. — Cette correspondance des deux compatriotes, qui n'est pas exempte de quelque rudesse, brille par la franchise. Proudhon avait exprimé un soupçon mal fondé sur un de leurs amis communs, des plus droits et des plus honnêtes : M. Tissot lui en fit vivement sentir l'injustice. Proudhon reconnaît son tort :

« Mon cher et honoré compatriote, vous avez bien fait de me réprimander, et je vous en remercie. Comme vous dites, j'ai parfois la maladie de notre pays, je veux dire que je suis triste, défiant, ombrageux, chagrin, assiégé de

1. Revenant en idée sur ses refus d'alors et sur la résistance qu'il opposa aux avances marquées de Proudhon, M. Tissot me fait l'honneur de m'écrire : « L'importance qu'il vous paraît que j'ai eue un moment dans la pensée de Proudhon aurait pu être sans doute plus considérable si j'y avais mis plus d'ardeur, et je regrette aujourd'hui de ne pas l'avoir fait. J'étais l'un des hommes qu'il aurait le plus volontiers écoutés, au moins pour un instant, s'il avait pu écouter quelqu'un. Lui, de son côté, eût pu susciter en moi des idées qui sont peut-être encore à venir. Mais la fougue de son esprit, ses synthèses *ex abrupto* allaient mal au recueillement qui m'est nécessaire, et à mes habitudes d'analyse. »

soupçons et de mauvaises pensées, et dans ces terribles instants, ce sont toujours mes amis, qui, présents, souffrent de cette humeur; absents, ont toujours tort. Châtiez-moi donc comme je le mérite et d'une main ferme, et soyez sûr que je vous en aimerai davantage, et que nous ne nous brouillerons pas. Si j'avais affaire toujours à des gens comme vous, j'aurais bien des défauts de moins, mais quoi! les lâches humains ont plus peur de dire une petite vérité à un homme que de se battre avec lui, et tel deviendra mon ennemi pour avoir fui devant une explication ou une correction fraternelle. J'espère, mon aimable philosophe, que vous ne prendrez point ceci pour hypocrisie... »

Les élections générales eurent lieu en 1842. Proudhon n'y resta pas étranger: il publia un factum d'un intérêt tout local : *Avis motivé*, que je n'ai pas vu, mais que les éditeurs de ses Œuvres auront à rechercher. Il paraît même qu'il publia encore quelque autre écrit. Nous en sommes avertis par le passage d'une lettre de lui à M. Tissot, qui avait désiré lire ce petit imprimé :

« (31 juillet 1842.) ... Je ne pensais pas qu'une bluette électorale pût exciter votre concupiscence, d'autant plus que, pour la bien entendre, il faut être un peu au courant des journaux et cancans du pays. Toutefois, puisqu'ainsi vous plaît, je la confie à la poste, qui vous la remettra en même temps que cette lettre. Il faut que vous sachiez, en passant, que parmi nos électeurs, les uns ont trouvé l'*Avis motivé* trop profond, les autres trop modéré et trop courtisan; l'*Impartial* a eu le courage d'écrire que cet *Avis* effleurait les questions sans les résoudre... Presque personne n'a vu que je me moquais des députés, des électeurs et du Gouvernement. Cependant je dois cette justice à MM. de F..., B..., Weiss et quelques autres, qu'ils ne s'y sont pas mépris. »

Cette même lettre nous met au fait d'autres occupations encore par lesquelles, en payant son tribut à des publications locales, il essayait d'en relever la saveur. Mais ses doses, comme toujours, étaient trop fortes, et son sel parut trop amer :

« (31 juillet.)... Présentement je travaille aussi sérieusement que je le puis; je m'efforce, ainsi que vous me l'écriviez autrefois de vous-même, d'amortir en moi l'imagination et la passion par les fortes études; et je me propose de redevenir pamphlétaire à quarante ans. Comme je puis réussir dans ce genre, je n'y veux pas arriver avec un mince bagage.

« Voici quelques nouvelles relatives à moi, et qui peut-être vous intéresseront. Quelques jeunes gens se sont avisés de former ici une *Société d'Émulation du Doubs;* il y a six semaines, ils me prièrent de leur faire un article pour leur recueil, qui paraît deux fois par an. Je leur offris un morceau de philologie qui parut leur faire plaisir : il y avait du grec et de l'hébreu, ce qui charmait infiniment ces braves garçons; mais il y avait aussi autre chose : l'article en question roulait sur l'exégèse biblique en usage dans l'Église; et la conclusion était la négation absolue de l'intelligence des Écritures chez les théologiens. Je citais en preuve, entre autres passages extraits des prophètes, trois psaumes que je traduisais en entier, avec analyse grammaticale, logique et historique. C'était extrêmement curieux et divertissant; et j'espérais bien que vous en feriez votre régal. Mais l'imprimeur qui se trouve être celui du clergé... commença par déclarer qu'il n'imprimerait rien de moi; puis le Conseil de la

Société d'émulation ayant été réuni, on convint que l'on ne pouvait se mettre à dos le clergé, qui aurait de l'influence sur le Conseil municipal qui alors refuserait les secours qu'on en espérait. On me demanda si je ne pourrais point rajuster mon article aux convenances cléricales, je répondis que non; qu'au surplus la Société pourrait décliner la responsabilité, et que je signerais. Cela parut trop périlleux encore, et bref mon article fut écarté... »

Son activité, on le sent, n'avait pas sa place ni son jeu dans ce cercle étroit, et devait à chaque instant s'y heurter. Proudhon, dans le même temps, continuait de correspondre avec son ami M. Bergmann : avec celui-ci il avait moins à entrer dans les circonstances et les particularités locales; il l'entretenait surtout du grand travail qu'il avait sur le chantier, et de la construction spéculative dont toutes ces diversions multipliées ne le détournaient pas. Nous retrouverons ici, sous sa plume, au sujet de l'offre d'une Dédicace, quelques-unes des mêmes idées et des mêmes expressions que dans une lettre précédente à M. Tissot: le ton affectueux pourtant domine davantage; il rencontre de ce côté moins de résistance, et il a affaire à une amitié plus ancienne et plus familière.

« Je travaille avec activité à mon nouvel ouvrage (la *Création de l'Ordre*), écrivait-il à Bergmann (9 mai 1842); j'en attends toute ma réputation et mon classement définitif parmi les penseurs. Je n'ose encore espérer que le Gouvernement sentira la valeur de mes recherches : les hommes du pouvoir sont toujours si prévenus, qu'une vérité leur fait peur, et qu'ils la déguiseraient volontiers plutôt que de la répandre. L'homme qui, dans chaque découverte, doit trouver une nouvelle ressource et un nouveau moyen d'organisation, cet homme-là n'a pas encore paru.

« Peut-être aurai-je l'intention de mettre un des chapitres de mon livre sous le patronage de ton nom, comme on place un enfant ou une chapelle sous l'invocation d'un saint. Il ne s'agit point ici d'une dédicace ni d'une association à mes idées... c'est un simple billet d'envoi que je désire rendre public — avec ta permission, s'entend, — et pour l'édification des lecteurs. Tu pourrais bien te trouver de la sorte en compagnie de MM. Blanqui, Wolowski, etc., etc. Tu vois qu'il n'y a rien là de compromettant... Quant à moi, l'avantage que j'y trouve consiste à interrompre par-ci par-là un livre trop sérieux au moyen d'une communication amicale, et à me soutenir au niveau d'une discussion calme et digne, à l'aide des noms de quelques hommes que j'aime et que j'estime. C'est une sorte de *porte-respect* que je m'impose, et une satisfaction pour mon cœur et mes sentiments. J'attends ton consentement dans trois ou quatre mois. Tâche de ne pas me refuser : je te communiquerai d'avance, si tu l'exiges, ma petite épître. Tu es le seul esprit vraiment synthétique que je compte parmi mes amis; et comme la linguistique tiendra une place dans mon ouvrage, ainsi que dans toute ma vie, j'ai besoin de toi. Résigne-toi donc, mon ami, à figurer honorablement dans un livre qui sera le plus grand effort de ma pensée, et que je prépare depuis quatre ans à travers toute cette malheureuse polémique. »

Un Congrès scientifique devait se tenir, dans l'automne de cette année, à Strasbourg. Proudhon comptait d'abord y assister et y faire une double lecture, l'une de métaphysique et l'autre d'économie politique. Le manque d'argent, les soins incessants de son atelier, qu'il ne pouvait quitter un instant, ne lui permirent pas de consacrer une huitaine à ces plaisirs de l'intelligence et de l'amitié. Il n'en prenait pas moins intérêt de loin à certaines questions traitées par MM. les savants de Strasbourg :

« Il y a, disait-il à son ami, une question de philologie proposée dans le prospectus du Congrès, dont la solution m'intéresse : *Pourquoi un nom pluriel neutre, en grec, se construit avec un verbe singulier?* Apprends-moi donc cela, je t'en supplie... »

Il envoie et présente par avance à son ami le sommaire et l'analyse de son nouvel ouvrage. Je ne les donnerai pas ici, parce que cette explication, adressée à un philosophe et conçue dans des termes techniques et des expressions empruntées à Kant, n'éclaircirait rien pour des lecteurs français, et ne m'a pas éclairé moi-même. Je considère, en effet, le livre de Proudhon, *De la Création de l'Ordre dans l'Humanité*, comme un grand effort de cerveau plutôt que comme un résultat. Je ne sais si lui-même il n'avait pas fini par le juger de la sorte[1]. Mais je me plais à détacher d'une de ses lettres la *Dédicace* qu'il mit en tête de la branche intitulée *Métaphysique*, et par laquelle il plaçait

1. On peut voir ce qu'il en dit dans l'article : *Qui suis-je?* recueilli dans les *Confessions d'un Révolutionnaire.*

définitivement cet essai de *Novum Organum* sous la protection du nom estimé de Bergmann. La voici dans son premier jet ; si on compare avec l'imprimé, on y remarquera quelques différences :

« Ami,

« C'est à toi que j'offre cet essai : c'est toi dont les conseils et l'exemple m'avertirent autrefois que la philosophie sans la science est l'ombre de la raison. *Apprends quelque chose*, me disais-tu, *et puis tu philosopheras.* Pourquoi cet avis salutaire m'a-t-il été donné si tard ? Je ne regretterais pas aujourd'hui une jeunesse consumée à de stériles spéculations et de longues espérances trompées.

« J'ai nié la Religion, j'ai nié la philosophie ; que suis-je maintenant pour parler au nom de la science ? Il faut que je l'avoue en cet instant solennel : les distractions de ma vie et le malheur d'une éducation toute philosophique et religieuse ne m'ont presque permis de rien apprendre ; assez fort jusqu'ici pour détruire, les matériaux manquent à mon imagination pour édifier. De tout ce que le génie humain a découvert, je n'ai entrevu que les moindres parcelles ; chaque ligne de cet écrit témoigne de l'insuffisance de son auteur.

« Toutefois, j'ose le dire, la médiocrité même du savoir me servant d'inspiration, des lambeaux ramassés pendant mes courtes études, je me suis créé, par une sorte de désespoir, une science à moi seul [1]. Puisses-tu, ami, honorer de ton estime ce fruit de mon indigence ! Puisses-

1. Partout ailleurs je préfère le premier jet de cette Dédicace à l'imprimé ; mais à cet endroit la variante telle qu'on la lit dans le livre de Proudhon est belle : « Ce n est pas le dessin, ce sont les matériaux qui me manquent pour la réédification. *Tout ce que je sais, je le dois au désespoir ;* la fortune m'ôtant le moyen d'ac-

tu y recueillir quelqu'une de ces indications précieuses que la sagesse elle-même a souvent dues à un heureux instinct! Peut-être, d'ailleurs, en voyant ce qu'a fait de si peu un aventurier de la science, d'autres, riches d'érudition et de loisir, nourris de fortes pensées, souriront à mon audace, suppléeront mes manquements, et, *convertissant ce sentier en route royale* (Kant), achèveront dignement une tâche laborieusement commencée.

« Tu es heureux, mon cher Bergmann, tu interroges en trente idiomes la raison humaine; tu suis, dans les formes merveilleuses du langage, les lois de la pensée, et, pour toi, la science de la parole n'a point de secrets. Tes nombreux amis te chérissent et t'honorent, et les joies pures de la famille mettent le comble à ta félicité. Savoir, aimer, quel destin pour un mortel! C'est le tien, mon cher Bergmann ; ce sera un jour celui de tous tes frères. »

Proudhon était en marché, pendant tout ce temps, pour la vente de son imprimerie, dont il lui fallait se défaire à tout prix. Il nourrissait, plus que jamais, l'humble ambition d'un emploi dans sa ville natale : « Les personnages les plus influents de notre ville s'occupent de me placer aux Archives de la préfecture, et le préfet paraît bien disposé

quérir, je voulus un jour, des lambeaux ramassés pendant mes courtes études, me créer une science à moi seul, etc. » — Cher Normalien qui lisez ces pages, et qui étiez tenté de vous montrer sévère pour l'érudition hâtive et improvisée de Proudhon, vous qui avez joui de toutes les facilités et de tous les instruments de l'étude durant trois années régulières du plus paisible et du mieux pourvu des séminaires scientifiques, soyez indulgent, et que ce cri désespéré rachète, à vos yeux, quelques-uns des défauts et des manquements de ce savant sans permission et sans grade.

(26 décembre 1842). » Il touchait là à la grande difficulté de sa situation, à une impossibilité véritable ; il en avait bien confusément le sentiment, mais il ne s'en rendait pas assez compte. Il oubliait à quel point il était engagé déjà. On ne se voit jamais soi-même de près comme les autres vous voient à distance. Quand un homme prétend innover au degré où le voulait Proudhon, et produire de semblables révolutions dans les idées de ses contemporains, il faut absolument qu'il ait quelque part un point d'appui isolé, indépendant, ne fût-ce qu'un rocher au désert, sans quoi, il reste en butte aux colères qu'il excite et à toutes les représailles. Rousseau passa sa vie à chercher son fort et son asile sans le trouver ; il fut errant. Voltaire ne se sentit tranquille et maître que quand il eut sa place de sûreté et de refuge à Ferney. Mais se figure-t-on bien Proudhon simple employé de mairie ou de préfecture dans sa ville de province, et, de là, comme Éole, déchaînant à son gré ses théories et ses tempêtes, lançant coup sur coup des écrits de science hardie ou d'agressive éloquence qui enflamment les esprits, qui alarment les intérêts, qui soulèvent les cris de rage des uns, les clameurs enthousiastes des autres, qui passionnent pour ou contre lui des corps puissants, des classes tout entières de la société ! J'aimerais autant me figurer Béranger, blotti dans un coin des bureaux de l'Université et, de là, continuant tranquillement de lâcher jusqu'à la fin toutes ses abeilles et ses guêpes contre le

monde royaliste et le régime des Bourbons. Proudhon, il est vrai, n'attaquait pas le Gouvernement de Juillet, mais il inquiétait et irritait la classe moyenne, qui faisait l'appui et la force de ce Gouvernement : comment l'un de ces intérêts eût-il pu se séparer de l'autre? Tout en pressentant des difficultés prochaines, il garda cependant sa confiance dans le succès et se fit à demi illusion jusqu'au dernier moment. Le 30 décembre de cette année, il écrivait encore à son ami :

« Je t'ai parlé, dans ma dernière, de l'état de mes affaires : j'ai appris hier que l'archevêque lui-même appuyait ma présentation au préfet, en sorte que je ne peux guère manquer de réussir. Toutes ces circonstances feront qu'après la publication de mon livre on me regardera comme un monstre d'ingratitude, parce que j'aurai dit mon avis sur le sacré et le profane. Cependant je vais faire ma demande : une fois placé, il me semble que je resterai, parce qu'une destitution serait un scandale et qu'on aimera mieux accueillir mes explications que de me persécuter encore. Il faut que le Gouvernement m'accepte : si cela arrive, ma carrière peut devenir brillante. J'aurai l'avantage d'être tout à la fois le réformiste le plus avancé peut-être de l'époque et le protégé du pouvoir. A te dire vrai, mes amis de Besançon pensent que je me berce d'illusions; peut-être n'ont-ils pas tort. Quoi qu'il en soit, il y aura du nouveau dans ma vie avant Pâques. Je serai destitué pour mon livre, et cela fera de l'éclat : si je ne le suis pas, je suis plus fort que qui que ce soit en France. »

Cette place de Besançon, c'était son *pot au lait* ; il le renversait avant de l'avoir sur sa tête.

Dès ce moment même, il était en contradiction formelle avec son désir, et son tempérament belliqueux allait à briser tous ses plans : à l'occasion d'un séjour du Père de Ravignan à Besançon et de sermons sur l'Avent que le célèbre jésuite y avait prêchés, il ne se contenait pas, son sang petillait : il revenait en idée à ses malices, et, parfaitement insensible, comme il devait l'être, à ce genre de talent et d'onction, il disait :

« Nous avons eu l'abbé Ravignan, un parleur, pendant tout le mois de décembre... Tout le beau monde, les oisifs, les magistrats, ont suivi les sermons de cet abbé ; le peuple seul y manquait. J'y ai été cinq ou six fois ; j'ai toujours trouvé un homme au-dessous de son rôle.

« On nous promet, pour le carême, l'abbé Lacordaire : si notre archevêque s'avise de le faire venir, je ferai voir aux Bisontins un spectacle nouveau. Je me propose de publier toutes les semaines, avec le compte rendu des sermons, une critique sommaire et péremptoire de tout le système chrétien, et l'on verra qui restera sur le carreau, du sermonnaire ou du raisonneur. J'ai d'excellents matériaux prêts, et, sans offenser la religion ni la caste, j'espère faire des pamphlets délicieux. Je désire de tout mon cœur, je te l'avoue, que ce plan puisse être mis à exécution ; ma place ne m'arrêterait pas. »

Il y avait en tout ceci de quoi faire trembler les gens paisibles. Proudhon croyait pouvoir concilier des choses inconciliables. Comment critiquer à fond le système chrétien, sans offenser la religion, sans irriter le clergé ? Cette place qu'il n'avait pas encore et qui, l'eût-il obtenue, ne devait l'arrêter dans aucune de ses audaces et de ses témérités, était donc une fausse idée, une chimère. D'un côté ou de l'autre, elle devait manquer, et elle manqua. Le 4 février 1843, annonçant à son ami qu'il venait enfin de vendre son imprimerie à 25 pour 100 de perte et qu'il sortait de sa boutique avec 7,000 francs de déficit dont il aurait à prélever les intérêts sur son travail à venir, il ajoutait :

« L'affaire de la préfecture n'a pas réussi ; le préfet n'a consenti à m'accorder rien : j'en ignore les véritables motifs. Comme mes amis et recommandeurs gardent tous un silence profond sur la déconfiture de leurs espérances à mon égard, je présume que les causes de ma répulsion viennent de mon passé et du peu d'espoir qu'on a de voir changer mes sentiments. Ce qui me confirme dans cette opinion, c'est qu'un adjoint de notre municipalité ayant proposé au maire de s'emparer de moi, celui-ci, après être convenu de tout ce dont j'étais capable, surtout dans les travaux de mairie, répondit qu'il craignait que je ne fisse d'eux comme des académiciens, des *niais* ou des *instruments*.

« Ainsi, mon cher, tes excellents conseils ne peuvent en ce moment recevoir d'application : repoussé de la préfecture et de la mairie, suspect au parquet, hostile au clergé, redouté de la bourgeoisie, sans profession, sans avoir et sans crédit, voilà où je suis arrivé à trente-quatre ans. Je n'ai plus rien à faire à Besançon : j'ai, dans mon métier de compositeur, une ressource honnête et assurée ; le bec de ma plume me fournira un petit supplément : avec cela, je vais attendre les événements, et je renonce au rôle de solliciteur. »

Il va rentrer dans son rôle de pur prolétaire et

de révolté. Un de ses amis et *recommandeurs* d'alors (le docteur Delacroix) a dit à ce sujet[1] : « Le jour où j'ai vu Proudhon nous échapper et se rejeter dans la mêlée, le jour surtout où je l'ai vu entraîné par la lutte quotidienne, obligé de faire en même temps face à tous, je n'ai pas un seul instant douté de son avenir glorieux et malheureux. C'était pour moi un homme et un ami perdus ! » Un homme perdu, — oh ! non pas ; — de tels lutteurs de la pensée survivent même à leur défaite. Leur renom y trouve son compte ; leur système, en se brisant, a laissé de ses piquants et de ses dards ; ce qu'il y a de bon, de possible dans les idées, se dissémine et se répand. Mais on conçoit que, sur le moment et à l'entrée de l'action, plus d'une honnête amitié provinciale, effrayée et intimidée, en ait jugé autrement.

Et moi aussi, je fais, chemin faisant, mes réflexions, à mesure que je transcris et que je cite ; à mesure que j'avance dans le récit et l'exposé de cette vie, de cette existence hors cadre, de ce caractère énergique, athlétique, dont on voit toutes les nodosités et les angles, mais qui n'était peut-être pas irréconciliable au début. Que si je parais rêver un moment, on me permettra de dire mon rêve.

Je me suis demandé souvent pourquoi la France est le pays des révolutions et non des réformes ;

1. Dans des notes qui m'ont été communiquées.

j'ai eu sujet de me le demander plus souvent encore pendant que j'étudiais Proudhon. Voilà, me disais-je, un homme jeune, ardent, honnête, vigoureux d'intelligence, capable d'une science forte, armé d'une fermeté logique inflexible, d'une parole indomptable. Il est saisi au début d'une pensée, d'un sentiment profond et poignant, celui de l'inégalité, — non de l'inégalité d'honneur et de rang, — non de l'inégalité constitutionnelle et politique, — mais de l'inégalité bien autrement positive, qui tient le prolétaire à la gorge dès le premier jour et qui s'attache à lui dans toute sa carrière. Il la trouve inique, il le prouve ou croit le prouver victorieusement par l'arithmétique comme par la morale. Il a l'imprudence d'attacher à ses calculs et à ses raisons, comme si ce n'était pas déjà bien assez pour épouvanter, la plus choquante des enseignes, une sorte de contre-vérité criante ; c'est aussi, de sa part, une tactique, et elle est funeste. Cet homme, pourtant, qui a du sens et de la solidité, conçoit très-bien en même temps que, quelle que soit la dureté du fait qu'il qualifie d'inique, il n'y a pas de remède possible absolu, qu'il ne peut se faire table rase dans la société ni reconstitution *ab ovo*; qu'il ne peut ni ne doit se faire d'expropriation en masse ni de dépossession : j'ajouterai même que cet homme ne le désire pas : il est honnête, il est humain ; malgré ses éclats et ses offenses de paroles, il ne hait personne ; il sent trop bien d'ailleurs qu'il n'a pas d'alliés ou que les alliés qu'il aurait par aventure n'entendraient pas comme lui le problème et n'auraient pas l'esprit tourné à le résoudre économiquement : il n'est ni républicain girondin, ni jacobin, ni communiste, ni pour aucun des anciens partis réchauffés ; il les estime peu, il ne peut s'empêcher de le leur témoigner ; car il est trop franc et trop impétueux pour dissimuler son sentiment. Ajoutez qu'il n'est nullement ennemi du Gouvernement existant et n'en désire pas la chute. Il est bien plus préoccupé de l'état de la société que des querelles politiques qui ne changent guère rien à la nature des conditions et qui ne font le plus souvent que déplacer les abus et ceux qui en jouissent. Eh bien, cet homme, pourtant, n'ira pas chercher dans l'ordre des choses possibles une ou deux questions attaquables et solubles, un ou deux moyens de transition, pour les proposer, les préconiser et les montrer acceptables. Et s'il les proposait, s'il les indiquait avec précision et opiniâtreté (car il est homme, sous ses airs excessifs, à les distinguer, à les préciser nettement), il ne trouverait certes, ni dans le pouvoir ni dans l'opinion, personne qui l'écoutât, qui l'accueillît avec faveur, avec attention, qui se ralliât à lui ; on ne l'en rejetterait pas moins. Les grands meneurs de l'opinion n'auraient pour lui ni plus ni moins de dédain ou de répulsion. Le public qui les suit en aveugle n'en serait ni plus ni moins leur écho dès qu'il l'entendrait nommer : chez nous, c'est à qui ne sortira pas des rangs, quand on est une fois enrôlé. Il lui est plus sûr encore, à cet homme hardi, à cet esprit original et qui a sa passion aussi, de se faire, avec une infinité d'ennemis, quelques rares amis et disciples par une doctrine absolue, entière, provocante, tranchante. Il trouve tout le monde en garde : eh bien, en conséquence, il chargera à la baïonnette sur tous ; on lui lance l'anathème, il le rendra. Rien de pratique, rien qui puisse se traduire en formule immédiate, ne s'établira entre lui et les contradicteurs et ne se limitera comme champ de discussion. L'idée pratique, il l'a, il l'aurait s'il le voulait. Elle était et elle est dans l'association ouvrière, telle qu'il la concevait et qu'il la définissait, dans cette combinaison d'économie industrielle, démontrée, retournée en tous sens, prêchée sur les toits. Elle triomphera peut-être cent ans après sa mort. Mais, vivant, que faire? il a contre lui la science comme la routine, l'opposition comme le pouvoir. Il ne voit jour à rien ; on ne lui tend pas la main. On lui répond par une fin de non-recevoir absolue; il y a hourra et chorus. Étonnez-vous après cela si, le tempérament y aidant, la patience lui échappe : vous voulez la guerre, mes amis, vous l'aurez ! vous voulez de la contradiction, on vous en servira. Vous êtes des Français routiniers et légers, on sera un montagnard du Jura, « un paysan du Doubs, » un Franc-Comtois intraitable. Et alors, comme on ne lui accorde rien, il demandera tout. Il fait feu sur toute la ligne. Toutes les choses humaines et divines, il les amène et les cite par devant lui, il les met en cause. Il prend tous les taureaux à la fois par les cornes. A pareil jeu, infailliblement, on s'irrite, on s'aigrit, on s'exaspère. Il a le premier mouvement terrible, il s'y livrera. Il est doué d'une certaine gaieté cyclopéenne : il en usera pour vous faire peur. Il a le secret de certaines formules renversantes, il les mettra exprès en avant. Il marchera armé jusqu'aux dents; il se plaît à l'effroi qu'il inspire, aux tempêtes qu'il soulève. Il joue de sa logique, de sa massue d'Hercule, et la promène sur les têtes comme quelqu'un qui n'a rien à ménager... Et voilà une des mille raisons qui font qu'en France on n'a pas de Richard Cobden!

VIII

Le livre de la *Création de l'Ordre*. — Proudhon dans la pratique; employé chez MM. Gauthier. — Agent d'affaires et théoricien. — Son éducation économique consommée.

Proudhon, délivré de son imprimerie le 1er mars 1843, dut chercher à subsister. Il comptait venir à Paris après Pâques de cette année pour présider lui-même à la publication et au débit de son livre : *De la Création de l'Ordre dans l'Humanité*. Il dut, au lieu de cela, partir pour Lyon, où il trouvait un emploi dans une importante maison de commerce. Son livre, poursuivi et achevé au milieu de tous ces dérangements, ne put être mis en vente que vers le mois de septembre[1]. L'aspect et la forme de l'ouvrage durent dérouter un peu ceux qui attendaient l'auteur sur le terrain brûlant du *pamphlet-mémoire* où il avait déjà réussi. J'excepterai pourtant le premier chapitre ou la première division, qui a titre : *La Religion*. L'auteur y est

1. La première édition porte au titre : *Besançon, Bintot, imp., successeur de Proudhon.*

bien lui-même ; il y dit nettement ce qu'il veut dire ; il le dit avec vigueur, verdeur, et dans tout le numéro 52 où il simule pour le style (en manière de jeu) un pastiche des *Paroles d'un Croyant* et où il suppose l'Esprit d'ordre, le Génie moderne dictant une suite d'apostrophes à l'adresse du moine ultramontain (Lacordaire), du prêtre légitimiste (Genoude), du prélat dynastique (Affre), du converti démocrate (Lamennais), et même aussi des grossiers apostats (Constant, Châtel), il fait acte de verve et de talent : la botte surtout poussée à Lamennais porte à fond. Je ne sais pas de page plus décisive. La fin du chapitre, où il rassemble comme en souvenir et dans un adieu suprême tous les services et les bienfaits de la Religion dans le passé, est aussi, *positis ponendis,* un beau passage et d'un sentiment éloquent. Je n'en dirai pas autant des autres parties. L'appareil scientifique dérobe la clarté. Dans le chapitre de l'*Économie politique,* on retrouve, il est vrai, Proudhon, mais fort mélangé. En général, ce livre fut peu compris et devait peu l'être. L'auteur, dans le premier moment, en avait la plus haute idée, dont il rabattit par la suite :

« Vous trouverez dans ce volume, écrivait-il à Ackermann (20 septembre 1843), toute une métaphysique nouvelle, autrement simple, claire et féconde que celle de vos Allemands... J'entends que tout ce que j'ai publié jusqu'à ce jour soit considéré comme *études* et *exercices,* dans la confidence desquels, il est vrai, j'ai cru devoir.

mettre le public, mais que, néanmoins, je n'entends pas comprendre dans le cercle de mes travaux sérieux et durables. C'est à partir de ce jour que je voudrais, si rien ne s'y oppose, commencer ma carrière littéraire et scientifique. J'ai fait une grande accumulation de matériaux, d'idées, de tours de phrases, etc., etc. ; j'ai remué une masse de choses : tout est sur le chantier et attend la mise en œuvre. Il faut que je sois bien malheureux ou bien maladroit si de tout cela je ne tire rien. »

C'est dans toute la ferveur de ces hautes espérances, mais sous le coup de la nécessité, que Proudhon avait dû prendre un parti et accepter, je l'ai dit, un nouvel emploi des plus étrangers aux lettres. Il avait trouvé chez des amis, hommes de commerce et de grande intelligence, un secours généreux, qu'il leur rendit par des services au moins équivalents. Il avait eu pour camarade et ami particulier d'enfance et de collége l'un des MM. Gauthier frères, négociants à Mulhouse et à Lyon, qui avaient établi un service de bateaux à vapeur remorqueurs pour le transport des houilles par le canal du Rhône au Rhin. Ils eurent l'idée heureuse d'occuper Proudhon, d'utiliser sa capacité dans leur entreprise, et de l'appliquer aux nombreuses affaires contentieuses qu'elle amenait journellement. Dès la publication du premier et du second Mémoire sur la Propriété, M. Antoine Gauthier s'était montré fort attentif aux idées de son ancien camarade, et il lui avait adressé des observations et des objections d'homme pratique qui entend les affaires. Proudhon y avait répondu dès lors par une lettre qui est des plus curieuses et des plus essentielles, en ce qu'elle le montre dans tout le naturel et dans toute la rondeur de la cordialité franc-comtoise, bon compère et compagnon, et aussi sachant très-bien réduire, quand il le fallait, son utopie au *minimum*, ne la montrant plus que comme une perfection idéale dans un lointain indéfini, et indiquant de près les seules mesures de réforme qu'il désirait pour le présent. On ne saurait rien de plus précis ni de plus sincère. Je donne la lettre tout entière, dont j'ai dû la communication à M. A. Gauthier :

« Paris, 2 mai 1841.

« Mon vieil ami,

« Je mérite bien tes reproches, car je devrais savoir ce que c'est que d'imprimer un livre ; mais un auteur s'imagine toujours qu'il a tout fait quand il a écrit, et que la presse doit aller aussi vite que sa pensée. L'art de Gutenberg n'en est pas encore là. L'impression de mon petit Mémoire[1] a duré cinq semaines et plus : il y avait de quoi enrager. A présent, c'est une affaire finie, et me voilà sous la griffe des critiques. De tous côtés on m'annonce que je ne serai pas ménagé : le vent souffle et le ciel se fait noir ; il y aura du gros temps. Quoi qu'il arrive, au surplus, je n'ai rien à craindre du côté du pouvoir, ce qui est déjà l'essentiel ; quant aux chiens de cour et autres, il y a longtemps que je les connais, et je les attends. Je suis étourdi et téméraire autant qu'homme du monde ; mais, quand il s'agit d'imprimer, tu me

1. Le second Mémoire, la *Lettre à M. Blanqui*.

supposes assez de bon sens pour n'avancer rien qu'à coup sûr, même dans mes plus grands paradoxes. Les radicaux réformistes fulminent contre moi pour quelques mauvaises plaisanteries que je leur adresse : que diront-ils, bon Dieu! l'année prochaine, quand j'aurai tué leur dada! Mais laissons approcher la nuée et considérons, observateur tranquille, la marche de l'ouragan. J'ai toujours idée que tout cela se dissipera : on y regarde à deux fois avant d'attaquer un homme qui a bec et ongles, qui frappe fort et qui frappe juste. C'est ce dont tu pourras juger.

« Mais, mon cher, mon plus ancien camarade, si des clameurs de coteries, si une conjuration de journalistes écrivassiers parvenait à me démonétiser aux yeux de cette grosse bête qu'on appelle le public, n'ai-je pas d'avance mon dédommagement dans l'estime des hommes honnêtes, indépendants, qui ne cèdent pas à l'opinion, et dans l'affection de mes amis? C'est une chose dans laquelle je me complais le plus : aucun homme n'a peut-être autant de vrais amis que moi, et, dans le nombre d'aussi essentiellement probes, d'aussi pleins de moralité, d'aussi remarquables, même par le talent et la capacité. Avec les habitudes que je me suis faites et mes goûts un peu campagnards, tu sais s'il m'est facile de me consoler des tribulations de la littérature et du métier d'auteur. Quand je quitte ma plume, c'est comme si je changeais de figure : me voilà redevenu compagnon, flâneur, paresseux, aimant à courir et à *gouillander*, amoureux du café, du cabaret et de la grosse gaieté. Ne suis-je pas fait tout exprès pour donner des coups de fouet à ce troupeau de mâtins qui ne savent happer que les moutons et que hurler contre les loups? Invulnérable du côté de l'amour-propre, puisque je méprise leurs louanges, inattaquable dans ma vie privée, que veux-tu que je craigne? Je ne suis encore qu'à mon second acte, et je n'ai pas commencé pour reculer. La comédie sera longue; et tel dont je n'ai pas encore parlé recevra tôt ou tard le coup d'aiguillon.

« Ce m'est un grand plaisir de causer avec toi, car je ne reçois guère de lettres aussi franches, aussi vives, aussi assaisonnées que la tienne. En te lisant, je reconnais cette bonne nature franc-comtoise que nos Académiciens travaillent à corrompre tous les jours par leur ignorance et leur sottise. Tel que tu te montres toi-même, tel je suis. Comme toi, j'ai d'abord senti mon indignation se soulever en voyant l'hypocrisie, la bassesse, les mensonges, l'ignorance et le charlatanisme de tout ce monde, et j'ai voulu que toute cette verte colère passât dans mon style. J'ai voulu être surtout de mon pays : franc et loyal, mais raisonneur, mordant, caustique, rieur et moqueur, impitoyable pour tous les *minus habentes* qui s'en veulent faire accroire. Je sais qu'on me reproche de faire trop le *bourreau des crânes* dans ma polémique; mais, avec un peu de réflexion, on verrait que ce n'est là qu'une tactique, une manière comme une autre de faire valoir mes raisons. Et puis, il y a tant de mollesse, de lâcheté, de papillotage dans les critiques d'à-présent, qu'il est nécessaire d'avoir un cuisinier qui mette un peu de vinaigre et de citron dans ses sauces. Au reste, qu'on me fasse comme je fais aux autres, je ne demande pas mieux : pour tous mes coups de lance je n'ai pas encore reçu une égratignure. Cela m'ennuie.

« Tu me demandes des explications sur le mode de reconstituer la société. Je veux te répondre en peu de mots et tâcher de te donner, à ce sujet, des idées justes.

« Puisque tu as lu mon livre, tu dois comprendre qu'il ne s'agit pas maintenant d'*imaginer*, de combiner dans notre cerveau un système que nous présenterons ensuite : ce n'est pas ainsi qu'on réforme le monde. La société ne se peut corriger que par elle-même, c'est-à-dire qu'il faut étudier la nature humaine dans toutes ses manifestations, dans les lois, les religions, les coutumes, l'économie politique; extraire de cette masse énorme, *par des opérations de métaphysique*, ce qui est vrai, éliminer ce qui est vicieux, faux ou incomplet, et de tous les éléments conservés, former des principes généraux qui servent de *règles*. Ce travail prendra des siècles pour être mené à son complément.

« Cela te paraît désespérant; mais, rassure-toi. En toute réforme, il y a deux choses distinctes, et que l'on confond trop souvent : la *transition* et la *perfection* ou l'*achèvement*.

« La première est la seule que la société *actuelle* soit appelée à opérer : eh bien! cette transition, par quels principes allons-nous la réaliser? — Tu trouveras la réponse à cette question en combinant ensemble quelques passages de mon second Mémoire : (pages 10-11)[1], convertir toutes les rentes, et, en généralisant, abaisser le taux de tous les revenus; p. 16, réforme de la banque; p. 28-29, émission de capitaux à petit intérêt, réforme dans les banquiers; p. 33-37, abolition progressive des douanes; p. 179, attaquer la propriété par l'intérêt; p. 184, id., etc.

« Tu conçois qu'un système d'abolition progressive de ce que j'appelle *aubaine*, c'est-à-dire rentes, fermages, loyers, gros traitements, concurrence, etc., rendrait déjà presque nul l'effet de la propriété, puisque, si elle est nuisible, c'est surtout par l'intérêt.

« Mais cette abolition progressive ne serait qu'une *négation du mal*, mais point encore une *organisation positive*. Or, pour ceci, mon cher ami, j'en puis bien donner les principes et les lois générales, mais, seul, je ne puis suffire à tous les détails. C'est un travail qui absorberait cinquante Montesquieu. Pour ma part, je donnerai les axiomes, je fournirai des exemples et une méthode, je mettrai la chose *en train*; c'est à tout le monde à faire le reste.

1. Je laisse les citations de pages qui se rapportent à la première édition du Mémoire.

« Ainsi, crois bien que personne sur terre n'est capable, comme on l'a voulu dire de Saint-Simon et de Fourier, de donner un système composé de toutes pièces et complet, qu'on n'ait plus qu'à faire jouer. C'est le plus damné mensonge qu'on puisse présenter aux hommes, et c'est pour cela que je suis si fort opposé au Fouriérisme. La science sociale est infinie : aucun homme ne la possède, pas plus qu'aucun homme ne sait la médecine, la physique ou les mathématiques. Mais nous pouvons en découvrir les *principes*, puis les *éléments*, puis une *partie*, qui ira toujours en grandissant. Or ce que je fais maintenant, c'est de déterminer les *éléments* de la science politique et législative.

« Par exemple, je maintiens le droit de succession, et je veux l'égalité : comment accorder cela ? C'est ici qu'il faut entrer dans l'organisation. Ce problème sera résolu dans le troisième Mémoire, avec beaucoup d'autres. Je ne puis en ce moment te dire tout : il me faudrait vingt pages.

« Enfin, si la politique et la législation sont une *science*, tu comprends que les principes puissent être fort simples, saisissables aux moindres intelligences, mais que, pour arriver à la solution de certaines questions de détail ou d'un ordre élevé, il faut une série de raisonnements et d'inductions tout à fait analogues aux calculs par lesquels on détermine le mouvement des astres. Cela même que je te dis des difficultés de la science sociale, sera une des choses les plus curieuses de mon troisième Mémoire, et qui prouvera le mieux ma bonne foi et la nullité des *inventions* politiques.

« En deux mots : *abolir progressivement et jusqu'à extinction l'aubaine*, voilà la TRANSITION. — L'ORGANISATION résultera du principe de la *division du travail* et de la *force collective*, combiné avec le maintien de la *personnalité* dans l'homme et le citoyen.

« Ce que je te dis là te paraîtra peut-être un hiéroglyphe : c'est pourtant l'explication de l'énigme; c'est là que gît tout le mystère : tu me verras commencer cette application, et tu pourras te dire alors : Pour achever l'œuvre, il ne faut plus que des hommes et des études[1].

« Tu m'as forcé de me faire pédant dans une lettre familière par une sotte question : quand je cause avec toi, est-ce donc pour faire la classe? On ne s'explique jamais entièrement en une page sur des choses difficiles, parce qu'il reste toujours plus de doutes à éclaircir qu'on n'a résolu de questions. L'essentiel aujourd'hui est de fixer tes regards sur la propriété et de résumer toute la politique intérieure dans la question d'*abolition*, et la

1. On a fort parlé, ces derniers jours, d'une sorte de démenti que Proudhon se serait donné à lui-même dans sa doctrine sur la Propriété. Voici comment il réduisait les variations et expliquait l'évolution de son esprit à ce sujet. Un de ses amis ayant cru remarquer des contradictions entre certains passages de son livre de la *Justice* et du livre de la *Guerre* et de la *Paix*, il répondait :

« Cette succession historique, cette belle corrélation, cette moralité de la guerre, cette puissance civilisatrice et disciplinaire de la conquête, toute cette application du droit de la force, j'avoue très-franchement que je n'en savais rien en 1858, quand j'écrivais mon livre de la *Justice*; de même qu'en 1840, j'ignorais la solution du problème de la propriété, que je compte donner prochainement. C'est pourquoi je vous ai dit que j'aurais sans doute plus d'une expression incorrecte à remplacer si je faisais une édition complète de mes œuvres, et que je tinsse à ce que tout fût en harmonie. Mais je maintiens que mon ignorance de 1840 et de 1858 ne m'a pas conduit à une contradiction en 1860; je soutiens que tout ici s'enchaîne, se suit et se justifie, et qu'il n'y a pas d'autre chose à me reprocher que des incorrections grammaticales. » (Lettre du 16 mars 1863, à M. Clerc, chef d'escadron d'artillerie.) — La lettre de 1841, à M. Gauthier, montre bien que Proudhon n'était pas, dans le privé et le tête-à-tête, aussi absolu que l'accusent ses écrits publics.

politique extérieure dans celle des *douanes*. Tout est là : le reste se corrigera de lui-même...

J'ai reçu hier, de M. Blanqui, une lettre charmante, flatteuse, et bien faite pour me donner de l'orgueil. Tu conçois que ce professeur ne peut accepter ma doctrine dans les termes où je la pose ; mais, à part les mots et la timidité qui lui paraît naturelle, c'est un homme acquis. — Au demeurant, homme de grand savoir, aimé de tout le monde, et le plus capable organisateur que nous ayons. — Je reçois de temps en temps des témoignages d'estime de la part de personnages éminents qui, sans dire *oui*, disent : *Courage !* Tu comprends !

« J'avais envie, en commençant, de causer et goguenarder avec toi ; mais la nature d'auteur revient toujours. C'est ta faute, aussi. Pourquoi m'interroges-tu ?

« Adieu, mon plus ancien condisciple, mon camarade de *Rosa*. Il ne m'en reste point de ton temps ; et je sens bien à ta lettre que *les plus vieux sont encore les meilleurs.* »

En 1843, MM. Gauthier, qui n'avaient jamais perdu de vue Proudhon, le voyant libre et en peine, lui proposèrent donc d'être leur commis ou, mieux que cela, leur homme d'affaires, leur conseil, leur rédacteur de mémoires, et cela sans un assujettissement absolument régulier. Il devait être souvent à Lyon, mais il pouvait aussi être souvent à Paris, et même en y suivant leurs affaires d'intérêt. Il va nous définir lui-même sa nouvelle situation, et les versions diverses qu'il en donne nous serviront à le mieux apprécier par le côté pratique et positif dont il était si capable. Ainsi, dans une lettre écrite de Lyon, à la date du 20 septembre 1843, et adressée à Ackermann, nous lisons :

« La vignette qui décore la tête de ma lettre[1] vous fera connaître mon adresse, ce que je fais et où je suis... En remettant ma déplorable industrie, je me suis trouvé si serré et si sec, que force m'a été d'entrer dans un bureau en qualité de commis, pour subvenir immédiatement aux besoins les plus pressés de mon existence. Je suis commis-batelier à Lyon ; je passe mes journées avec des mariniers, des crocheteurs, des charretiers, des négociants, des commissionnaires, des chauffeurs, etc., etc. ; tantôt dans mon bureau, tantôt à bord de notre remorqueur, *le Dragon*, l'un des plus forts bateaux à vapeur qui soient sur la Saône. Là je multiplie mes observations et j'achève *ab experto* mon cours d'économie politique, commencé avec Adam Smith et Say. Mon temps ne sera pas perdu. Après avoir été, comme industriel, tué par la concurrence, je contribue à mon tour à en écraser d'autres ; et vous n'imaginerez jamais l'effet terrible que produit une théorie savante, employée en mode destructeur. Comme je suis le principal et même l'unique conseiller de mes patrons, j'ai tout loisir d'appliquer mes idées d'organisation, et j'en profite pour faire des expériences sur les concurrents malintentionnés, *in anima vili*. — Entre temps, je fais des brochures sur des matières administratives ; — des pétitions au ministre ; — des requêtes au préfet ; — je fournis de notes les bureaux du ministère ; — en un mot, si le pouvoir savait l'auxiliaire puissant qu'il a en moi, au lieu de me faire surveiller, il me pensionnerait.

« Je compte cet hiver être à Paris, où je commencerai ma carrière de journaliste : alors, je vous montrerai un

1. Cette vignette, représentant un quai de Lyon et un bâteau à vapeur en marche, avait pour inscription : *Commerce de houilles ; transports par eaux ; remorques sur la Saône par bateaux à vapeur ; Gauthier frères à Mulhouse, et à Lyon, quai Sainte-Marie-des-Chaînes.*

autre homme. Tandis que l'on me croit enseveli dans la métaphysique, je leur révélerai tout à coup des connaissances pratiques, acquises sur une foule de points, et avec lesquelles je ferai enrager, j'espère, bien des gens. L'année prochaine verra des choses nouvelles, soyez-en sûr. »

Pendant un des fréquents voyages et séjours qu'il faisait à Paris, il écrivait à Bergmann (24 octobre 1844) :

« Je suis de retour à Paris depuis une quinzaine, ave l'agrément de MM. Gauthier, dont je soigne ici quelques affaires difficiles. — Ces messieurs s'obstinent à ne vouloir pas faire de moi leur commis : si bien que je suis contraint, malgré mes propres maximes, de profiter de leur caisse pour me mettre en état de me passer d'eux à l'avenir. Il est vrai que je leur rends quelques services, et qu'en me mettant à leur merci, j'ai manqué peut-être un emploi meilleur ; mais, enfin, je ne suis pas encore dans une position normale. Du reste, on ne peut se montrer mieux disposé que MM. Gauthier ; et je ne crois pas trop dire en reconnaissant qu'ils auront remplacé pour moi l'Académie de Besançon : grâce à eux, je puis poursuivre mes études. »

Ses études aboutirent à l'ouvrage capital des *Contradictions économiques*, qu'il publia en octobre 1846. Il avait eu fort à faire pour le mener à fin au milieu des soins sans nombre qui le partageaient et des nombreux procès qu'il avait à suivre et qu'il gagnait presque tous. Aussi était-il connu à Lyon sous le nom de *l'avocat des Gauthier*. De bons esprits, qui l'ont vu de près, sont même allés jusqu'à conclure de l'habileté toute spéciale dont il fit preuve dans ces questions judiciaires et dans les discussions de droit, que sa vraie vocation eût été d'être jurisconsulte, à l'exemple de son cousin le professeur de Dijon. Il nous donne une idée fort nette de cette vie si occupée et surchargée, dans un autre passage d'une lettre à M. Bergmann :

« Qu'ai-je fait depuis ta dernière lettre ? lui écrivait-il de Paris (4 juin 1847). — En octobre, novembre et décembre, les affaires et les procès de la maison m'ont retenu à Lyon presque continuellement ; j'ai eu l'agrément de voir arriver à bien plusieurs de ces litiges dont l'étude forme la partie essentielle de mes fonctions, et dont l'importance financière varie depuis cinquante jusqu'à deux cent mille francs. J'en suis au huitième arrêt de Cour royale, rendu sur les conclusions de mes Mémoires. Tu vois que si je suis utopiste dans mes livres, je suis assez praticien dans les affaires ; j'ajoute qu'à mes yeux je raisonne partout de la même manière, et toujours d'après les mêmes principes, mais diversement exprimés ; en un mot, ma théorie et ma pratique sont parfaitement *adéquates ;* tu me permettras d'en conclure un favorable augure pour mes plans de réforme.

« J'ai passé presque tout le mois de janvier à Besançon et à Burgille, petit village où ma mère réside avec mon frère[1]. J'ai cru un moment que j'allais enterrer la pauvre

1. C'est à l'époque où il était déjà chez MM. Gauthier, mais avant la mort de son père et la retraite de sa mère à Burgille, que se rapporte la lettre suivante, adressée par Proudhon à ses parents, et dont je dois communication à M. Oudet. On y verra dans quels termes de déférence il leur écrivait. Il s'excuse au

vieille ; cela m'a donné beaucoup d'inquiétude et m'a fait voir combien, après cette mort, j'allais me trouver seul

fond de ne pas les aider davantage. Il répond indirectement à bien des propos de province, à de petites méchancetés qu'on débitait sur son compte ; quelques-uns des Académiciens, qui étaient contre lui, triomphaient sans doute de le voir manquer par sa faute une carrière tracée, et réduit à l'état de commis ; il croit devoir se justifier auprès de ses parents de faire encore un gros livre, qui lui est nécessaire pour réfuter tous ces mauvais bruits et montrer ce qu'il vaut. La lettre est adressée à *Monsieur C.-F. Proudhon, tonnelier, rue du Petit-Battant, 37, à Besançon :*

« Paris, 11 novembre 1844.

« Chers père et mère,

« M. Desprets vous a-t-il rendu un paquet de lettres, avec une paire de lunettes pour ma mère ? — Avez-vous remis à leur adresse les incluses ? — Avez-vous jeté à la boîte de la poste celle pour le boiteux Proudhon ?.... Réponse, s'il vous plaît.

« Voici une lettre pour M. Huguenet, avec diverses commissions concernant mes livres. Il devra incessamment me répondre ; et vous vous entendrez avec lui pour que sa lettre et la vôtre m'arrivent en même temps. — Écrivez tous deux sur feuillet simple et papier mince. (*Toujours la question du port de lettres.*)

« Je désire impatiemment savoir où vous en êtes, et si vos finances sont tout à fait à sec. Je compte quitter Paris aussitôt que mon présent travail (les *Contradictions économiques*) sera sous presse ; j'y mettrai la dernière main, et lirai les épreuves à Besançon. C'est vers la fin de février que je compte partir d'ici.

« L'ouvrage auquel je suis en ce moment livré est pour moi d'une grande importance ; ce sera une nouvelle occasion de débouchés et de placements pour mes précédentes publications, et, très-probablement, il me produira plus de bénéfice. En tout cas, il ne m'était pas permis de m'arrêter, et je devais au public de nouvelles explications. Je commence à compter ici pour quelque chose aux yeux des savants comme des ouvriers ; il me manque encore que justice me soit rendue publiquement par la presse et

au monde et sans affections. Cela m'a donné de la tristesse; mais la convalescence de ma mère, mon départ pour Paris et une nouvelle affaire monstre de mes patrons, qui n'ont pas tardé à me suivre, m'ont bientôt apporté de nouvelles distractions. — Pendant un mois, je me suis trouvé en rapport journalier avec quarante députés pour demander au Gouvernement deux mille chevaux, avec lesquels MM. Gauthier frères offraient d'opérer la remonte des blés sur le Rhône et d'approvisionner tout l'est de la France à un prix de voiture cinq fois moindre que celui des compagnies. Il en serait résulté que le prix du pain aurait été, dès le 15 février, réduit partout à vingt centimes le kilogramme, au lieu de quarante et cinquante; c'était, pour tout le pays, un bénéfice de plus de cent

par l'Académie. C'est à quoi je saurai les contraindre l'une et l'autre. Ce résultat obtenu, ma condition de batelier n'aura rien de pénible pour moi; il sera démontré que si j'ai *volé* la pension Suard, comme quelques-uns disent, ce n'est pas par mon incapacité, et j'aurai le droit de ne m'occuper plus d'autre chose que de gagner ma vie. Jusque-là, je ne pouvais rester sous le coup d'une accusation calomnieuse, et si les *niais* de l'Académie osent encore regretter ma nomination, ils seront forcés de reconnaître que leur seul et unique motif, c'est que j'étais trop honnête homme, trop homme de cœur, pour réussir à leur guise.

« *Encore ce dernier sacrifice, mes chers parents;* vous n'auriez pu supporter l'idée que je fusse rangé irrévocablement parmi les médiocrités et les ingrats. Mon caractère et mon intelligence une fois mis à couvert de toute critique, la responsabilité de mon insuccès est aux lâches qui m'ont délaissé sans me comprendre.

« Je vous embrasse, chers père et mère,

« P.-J. PROUDHON. »

— Le père de Proudhon mourut le 30 mars 1846, et c'est alors que sa mère se retira au village de Burgille. Elle y mourut dix-huit mois après environ.

millions. Nous avons été parfaitement accueillis des députés, mais poliment éconduits par MM. les ministres ; cela devait être[1].

« En mai dernier, une autre affaire m'appelle à Dijon; j'y ai passé presque tout le mois à préparer une cause, écrire un mémoire, l'imprimer, etc. — C'est donc à peine si, dans tout ce temps, j'ai pu m'occuper de la solution de mes *Contradictions économiques*. »

Dans les derniers de mois de 1847, Proudhon prit le parti de renoncer à cet emploi si absorbant, et qui souvent l'immisçait aussi à une nature d'affaires et surtout à un mode d'opérations par trop en désaccord avec ses idées et ses théories ; à la suite de quelque dissentiment avec ses patrons, il donna brusquement, en octobre, son congé, et signifia une démission qui ne fut d'abord ni acceptée ni refusée. Ces messieurs tenaient, on le conçoit, à leur avocat et à leur chef du contentieux. Pour lui, tout en leur restant reconnaissant, il avait fini par éprouver ce que l'on se figure si aisément de la part d'une nature indépendante, récalcitrante et ennemie de tout joug :

1. Je crois pouvoir mettre au nombre des travaux et mémoires écrits en vue de ses patrons un article inséré d'abord dans le *Journal des Économistes* (mai 1845), et publié peu après en brochure sous ce titre : *De la Concurrence entre les Chemins de fer et les Voies navigables*. Proudhon y plaide la cause de la batellerie française, et, implicitement, celle du canal du Rhône au Rhin; mais, obéissant à la forme et à la loi de son esprit, il a élevé l'intérêt privé qu'il représente à la hauteur d'une question générale.

« Je suis très-content, disait-il, très-satisfait du parti que je viens de prendre. Il y a assez longtemps que je suis au service des autres ; je veux être maître à mon tour, ne fût-ce que d'une hutte de sauvage, d'une ligne et d'un hameçon. Et si jamais je dois supporter un patronage, j'aurai soin de prendre pour patron un étranger, un inconnu, qui ne soit ni mon compagnon, ni mon condisciple, ni mon ami ; qui ne mette jamais les pieds chez moi, qui ne s'occupe pas de moi et chez qui je n'entre jamais. »

Quelles qu'aient pu être les causes, si explicables d'ailleurs, de cette impatience finale de Proudhon, le patronage amical de MM. Gauthier compte très-honorablement pour eux dans sa vie.

IX

Relations nouvelles. — Le groupe des premiers amis ; celui des seconds. — Les économistes ; M. Joseph Garnier. — Relations allemandes ; Charles Grün. — Un disciple français, M. Darimon.

En ces années, il se fit véritablement un changement complet dans la vie et les relations de Proudhon : le groupe des premiers amis est insensiblement remplacé par d'autres.

Nous entrons tous dans la vie avec un premier groupe, un premier cortége : ce sont les amis d'enfance, ceux du collége, ceux du pays, ceux-là dont on peut dire en vérité que « les plus vieux sont les meilleurs ». Ces premiers amis, qui nous tiennent au cœur par une secrète tendresse et par le droit si puissant de premier occupant, ont une grande influence sur nous : c'est avec eux, de concert, que nous faisons nos premiers rêves, nos héroïques et magnifiques projets, que nous concertons nos premières ambitions de gloire et de bonheur, nos futures conquêtes ; c'est entre eux et nous que nous distribuons les rangs, les rôles sur le théâtre de la vie, et que nous partageons en idée le monde. C'est en vue d'eux que nous faisons souvent nos plus grands efforts ; c'est avec eux que nous jouissons le plus vivement de nos premiers succès. Ces premiers amis ont sur nous des droits que nul autre ne retrouvera ensuite : ils nous grondent, ils nous tutoient, ils nous disent des vérités dures, et nous ne les en aimons pas moins ; nous osons, en revanche, avoir devant eux tout notre amour-propre, tout notre orgueil, nous concéder tout notre génie, nous repaître de toutes nos espérances. De politique ni de pudeur, nous n'en avons pas besoin avec eux ; nous sommes en bonnes mains, en mains sûres ; pas de jalousie ; leur amour-propre, après tout, fait partie du nôtre ; nous sommes, comme on disait autrefois, de la même volée, de la même escadre ; ce qui revient à l'un, de bonheur ou d'honneur, rejaillit sur les autres. Mais peu à peu ces amitiés s'éloignent, s'écartent ; le faisceau se relâche et se dénoue ; le mariage surtout, le mariage, cette seconde existence, vient séparer ces premiers amis et camarades, qui semblaient à jamais unis et liés à la Spartiate. Le mariage a de singuliers effets et des contre-coups profonds sur l'amitié. Quatre amis étaient étroitement unis ensemble : trois se marient ; au bout d'une année à peine, que s'est-il passé ? — J'ai cru m'apercevoir, nous dit le quatrième, que par le seul effet du lien conjugal, la personnalité s'est accusée chez celui-ci, qu'elle s'est déformée dans celui-là, et que dans le troisième elle s'est murée. — Cette personnalité, il arrive quelquefois aussi qu'elle se double par le mariage, c'est-à-dire qu'au lieu d'un ami, le nouvel époux vous en rend deux. Le cas est rare. Le mariage, d'ordinaire, cantonne son homme; du moins il le classe. La direction du point de vue en est changée. Les ambitieux et les positifs s'y créent des mobiles et des intérêts nouveaux. Les caractères paresseux et mous s'y ralentissent et achèvent de s'y effacer. Les caractères amoureux et jaloux s'y absorbent. Tel qui était aimable et toujours en mouvement, en curiosité d'idées avant le mariage, est abîmé dans l'extase conjugale aussitôt après : c'est, pour ses amis de la veille, un homme perdu. La lune de miel peut passer, il ne se retrouvera plus le même. En général, ceux qui aiment beaucoup les femmes ne sont pas, avec les hommes, les meilleurs amis. Proudhon, à qui j'emprunte plus d'une de ces remarques, Proudhon, qui avait l'écorce rude et la racine tendre, écrivait un jour à Ackermann à ce sujet (4 octobre 1844) :

« De tous les membres de notre ancienne petite société, je suis le seul qui ai conservé le lien philadelphique. C'est par moi que tous nos amis ont des nouvelles les uns des autres, car seul, j'ose le dire, je n'éprouve ni n'inspire de refroidissement. Je remarque seulement que le mariage opère d'une façon étrange sur vous autres, Messieurs, qui avez pris femme : d'abord, vous commencez par souhaiter à vos amis autant de bonheur qu'il vous en arrive; puis, vous retranchant peu à peu dans le ménage, vous finissez par oublier que vous fûtes compagnons. Je croyais que l'amour, la paternité, augmentaient l'amitié chez les hommes; je m'aperçois aujourd'hui que ce n'était là qu'un paradoxe, une illusion. L'amour est donc aussi borné dans l'homme que l'intelligence! Le moment où il nous semble que nous avons atteint l'un des sommets de la science est précisément celui où nous découvrons que nous ne savons rien, et notre prétendue science est toujours plus étroite que n'était notre foi. Le moment où notre cœur semble s'ouvrir à d'infinies affections est justement celui où il se concentre et se glace. Si Oreste avait épousé Hermione, de ce jour il eût oublié Pylade : cette amitié si fameuse ne subsistait qu'à une condition, celle d'un amour malheureux. »

Un peu plus tard, à Bergmann, non plus sur un ton de reproche et de plainte, mais avec l'accent de l'inquiétude, il disait (22 octobre 1846) :

« J'ai une *douzaine* d'amis (c'est beaucoup pour un homme) que je n'oublie jamais ni dans la bonne ni dans la mauvaise fortune, qui font partie essentielle de mon existence, et à qui je pense tout d'abord dans tout ce que j'entreprends et qui m'arrive : tu es toujours le premier de la liste. Mais toi, époux, père de famille, savant en *us* et en *ès*, ne serais-tu point sujet au refroidissement? Y a-t-il encore quelque chose de commun entre le célibataire et l'homme marié? Parle, réponds-moi, rassure-moi; je te le demande, j'en ai besoin... »

. Cette *douzaine* d'amis, nous les connaissons à peu près tous; ils méritent d'être rappelés ici : c'étaient, outre les deux intimes correspondants si souvent cités, c'étaient l'un des deux frères Haag, bien connus par leurs communs et sérieux travaux, l'ingénieur Tourneux[1], le docteur Maguet, à qui Proudhon trouvait « un esprit à la fois simple, solide et sage, préférable cent fois au brillant des hommes à imagination et à systèmes » ; il retourna plus tard pratiquer la médecine dans son pays de Franche-Comté, à Dampierre-sur-Salon, et Proudhon alla l'y visiter l'année d'avant sa mort[2] ; — c'était le peintre Elmerich, que nous

1. M. Tourneux, qui, dès ce temps-là, était chef de division au ministère des Travaux publics.

2. M. Maguet veut bien détacher pour moi de son *album* la page suivante, écrite de la main de Proudhon, et où il exprime avec énergie le sentiment *philadelphique*, si développé chez lui de tout temps; je reproduis exactement la page, jusque dans ses moindres singularités :

« Sans l'Amitié

« Qu'est-ce que la vie de l'homme?

« La science dessèche et flétrit; le pouvoir enivre et rend superbe; la dévotion sans charité n'est qu'hypocrisie. Le riche m'est odieux pour son égoïsme; l'amoureux me semble à plaindre dans son indolence; le voluptueux me dégoûte par sa mollesse. Mais que la divine Amitié vienne échauffer nos âmes, et tout prend une face nouvelle, un brillant caractère. Plaisir, amour, pouvoir, richesse, science, religion, l'Amitié sait tout agrandir; par elle tout devient encore plus aimable, plus beau, plus sublime.

« L'amitié fait pardonner à la fortune, et rend quelquefois digne d'envie le malheur.

« J'ose m'en vanter, j'ai toujours eu des amis : jamais, à aucune époque de ma vie, mon cœur ne fut vide d'un doux attachement. Et lorsque pour la première fois nous nous rencon-

perdons de vue d'assez bonne heure dans cette Correspondance, mais que nous retrouvons aux expositions; l'excellent Dessirier, auteur d'un Syllabaire ou *Méthode facile pour apprendre à lire*, et avec qui Proudhon avait habité quelque temps, rue Sainte-Anne, n° 22, dans les commencements de son séjour à Paris.

A partir de 1846, on voit peu à peu se former autour de Proudhon un autre groupe d'amis, ceux que son système et ses idées séduisent, que sa puissante personnalité attire et captive. Après les amis nés et élevés avec nous, on a les amis acquis et conquis (Darimon, Langlois, Duchêne, Chaudey,

trâmes, mon cher MAGUET, je ne me trompai point, quelque chose me dit que je venais de gagner encore un ami.

« Suis-je donc heureux?

« Non, et à Dieu ne plaise que j'en accuse l'Amitié!

« Mais qui pourrait connaître le bonheur dans un siècle tel que le nôtre? Dans le sanctuaire de la science, au pied des autels, dans les bras de la Volupté*, dans le sein même de l'Amitié, le sentiment des misères de l'humanité me poursuit et m'importune. O Jeunes hommes généreux, bataillon sacré des Amis, une vocation glorieuse est la nôtre : nous avons été prédestinés pour l'extirpation du vice et de la tyrannie. Faillirons-nous à notre mission?

« Pour moi, j'ai levé ma main vers le ciel, et j'en ai fait le serment :

« Je ne vis plus que pour l'accomplissement de cette œuvre sacrée,

« et pour l'AMITIÉ.

« 17 août 1839.

« P.-J. PROUDHON. »

* « *N. B.* Qui que vous soyez, ami lecteur et sage lectrice, vous êtes prié de ne voir qu'une *synecdoque* dans ces mots du soussigné. »

Mathey, Crétin, Charles-Edmond, Herzen, Massol, Rolland, Delhasse...). Il en est, parmi ces derniers, de bien fidèles : ils resteront les amis de la dernière heure. Quelques-uns des premiers s'y retrouveront aussi.

Proudhon, dès son début, avait fait brèche dans l'opinion, comme économiste. Bien qu'en désaccord et en contradiction plus ou moins ouverte avec la plupart des auteurs et professeurs en renom dans cette science, il fit la connaissance particulière de quelques-uns d'entre eux, en 1844, et il eut d'abord à s'en applaudir :

« J'ai fait connaissance, écrivait-il à Bergmann, le 12 mai, avec la *coterie* économiste (car il faut appeler les choses par leur nom), et je suis inscrit au rôle. Il y a là de bons garçons, hommes instruits, de bon sens, de bon goût, avec lesquels il y a plaisir à se rencontrer. Je ne puis que gagner à ces relations. Guillaumin, le libraire, est le pivot de la confrérie. Il m'a fait des avances, et je compte traiter avec lui pour ma prochaine publication; car, enfin, quand une fois on s'est mis à écrire, les publications viennent comme vendanges. Que veux-tu ! il faut que la librairie me rende ce que l'imprimerie m'a pris, et j'espère en venir à bout. »

Il traita, en effet, avec l'estimable Guillaumin, pour son prochain ouvrage en deux volumes (les *Contradictions économiques*), et à des conditions dont il se félicitait. C'est alors qu'entre les économistes de mérite et en réputation, il eut l'occasion de se lier avec M. Joseph Garnier, directeur de l'École spéciale du commerce. Cette relation, contractée au nom de leurs communes études, et qui devint assez amicale, a duré jusqu'à la fin. J'ai moi-même, dans les dernières années, été témoin, à certain dîner, de conversations entre l'un et l'autre, et des attaques et des ripostes, le tout sur un ton parfait et avec un fonds d'estime qui n'interdisait pas une agréable raillerie. Les bons procédés avaient une grande prise sur l'âme et la nature de Proudhon. M. Joseph Garnier en avait eu de bonne heure à son égard ; il l'avait critiqué pour son dernier ouvrage (*De la Création de l'Ordre*) dans le *Journal des Économistes*, mais avec mesure et en connaissance de cause ; il avait aussi compris dans sa critique les trois ouvrages précédents[1] :

1 Je donnerai quelques extraits de cet article, qui parut en octobre 1843, pour en faire apprécier l'esprit et le ton ; on verra que Proudhon pouvait supporter de critique, et ce qu'il en acceptait avec gratitude :

« Dans son premier travail, l'auteur, disait M. J. Garnier, partant de cette donnée que la propriété est un monopole, et que tout monopole est un vol, répond à cette question : *Qu'est-ce que la Propriété ?* par cet aphorisme inusité : *La Propriété, c'est le vol.* Cette assertion, quelle que soit sa valeur scientifique pour M. Proudhon et ses adversaires, était une maladresse, et en l'étalant complaisamment dans la première page, l'auteur se servait d'une étiquette qui valait moins que le sac. Or il est arrivé au nouvel écrivain ce qui était déjà arrivé à Malthus, qui, pour n'avoir pas adouci certaines expressions, s'est vu méconnaître et injurier par tous ceux qui ne l'ont pas lu, et qui forment la plus grande majorité. Que voulait dire et qu'a dit M. Proudhon dans son livre si plein d'érudition, de verve et de talent ? Que la propriété par-

« Je vous remercie bien sincèrement, Monsieur, lui écrivait Proudhon à ce sujet (23 février 1844), de votre bien-

cellaire, telle qu'elle est aujourd'hui, constituait un monopole, nuisible, selon lui, à l'espèce humaine, donnant à entendre qu'il y aurait lieu de la constituer sous la forme de *possession*, au grand avantage de tous. *Est modus in rebus;* M. Proudhon l'a oublié, et nous sommes sûrs qu'il s'en repent. Dire à quelqu'un : *Vous vous trompez*, ou bien, *Vous en avez menti*, c'est dire souvent, au fond, la même chose; mais ceux à qui l'on parle, même quand ils comprennent, sont tenus de ne pas faire la même réponse..... Si la comparaison pouvait être faite, nous dirions volontiers que l'auteur de *Qu'est-ce que la Propriété?* nous a fait l'effet d'un sanglier irrité distribuant des coups de boutoir sur son passage, *per fas et nefas*. Il eût été bien mieux inspiré s'il n'avait employé que le second titre : *Recherches sur le Principe du Droit et du Gouvernement*, et des locutions plus adoucies; son livre fût resté ce qu'il est, au fond : une œuvre de science. Alors personne ne s'y serait mépris; car d'autres, avant lui, n'avaient pas ménagé nos institutions sociales, et ce, en toute liberté..... M. Proudhon recule trop peu devant l'emploi de certains mots, et on le jugerait fort mal par ses titres. Il n'écrit ni en Chaumette ni en père Duchesne, et les développements de sa pensée prouvent qu'il peut s'élever jusqu'aux plus hauts sommets de l'entendement..... La science, telle que nous l'avons, si bien formulée par les maîtres, il la reconnaît (bien différent en cela de la plupart des socialistes qui l'ignorent), et il se lance hardiment dans la seconde partie, pays inconnu, forêt impénétrable, qui attend encore de nombreux pionniers. L'auteur de *l'Ordre dans l'Humanité* est un de ces pionniers qui a droit, par cela seul qu'il s'aventure loin, à notre considération; car, remarquez-le bien, il est parti avec toutes les précautions nécessaires, l'instruction, l'amour de la vérité, le bon sens et la clarté dans les idées. Dans son esprit donc, l'économie politique est plus que la science des richesses, c'est la science du travail. Elle doit diriger les gouvernants..... »

— Tout cet article de M. J. Garnier est écrit dans cette mesure d'équité et de bienveillance, quoiqu'on y sente un peu de gêne et la crainte d'en dire trop. Cela tenait au milieu et aux alentours. Comme nous ne cherchons que la vérité, nous nous permettrons

veillant article; je ne rencontre pas autant de justice chez les radicaux et les indépendants, qui m'appellent *frère* et *citoyen* Proudhon. Votre article ne pouvait guère être plus long, plus substantiel, plus *ad rem*, et peut-être ne vous était-il pas permis de le rendre plus explicite. Pourquoi donc M. W...[1] m'en veut-il si fort? Quelques méchantes plaisanteries, auxquelles un jeune homme ne se refuse guère et que j'ai regrettées, ne pourront-elles sortir de son esprit? M. W... a déjà refusé un article de M. Tissot[2], concernant ma publication, article dans lequel j'étais *réfuté* et *condamné;* que pouvait-il souhaiter de plus? C'est donc un parti pris de me tuer par le silence; mais ne songe-t-on pas qu'une fois mort sous mon propre nom, je peux ressusciter et me faire accueillir sous le pseudonyme? C'est un tour que je veux jouer aux malintentionnés, d'autant plus que j'ai fait mon temps. Aucune idée n'est acceptée, aucun livre ne se débite, si l'auteur n'appartient à quelque chose : à l'Université, à la presse, à l'administration, au clergé, à quelque coterie ou corporation. Le public est encore aujourd'hui comme du temps de Phèdre : il a ses bouffons et ses fournisseurs. Je vais m'engager garçon farinier. »

d'ajouter que Proudhon, tout à fait au fond et *in petto*, était moins flatté et moins satisfait qu'il ne paraissait l'être dans son remerciement; il écrivait à Ackermann, le 25 novembre 1843 : « Je vous remercie du soin que vous prenez de ma réputation à Berlin..... Déjà il a paru un article bien peureux, bien anodin, dans le *Journal des Économistes*, article où l'on se borne à présenter sommairement l'ensemble de mon travail, sans oser approuver ni désapprouver quoi que ce soit. Il semble de plus en plus qu'il y ait pour la critique égal péril à parler soit *pour*, soit *contre*, soit seulement *sur* mes publications. On craint le préjugé; on craint l'auteur; on craint même, en le nommant, de se compromettre. »

1. Le directeur du *Journal des Économistes.*

2. Le professeur de la Faculté de Dijon.

Dans une leçon d'ouverture d'un cours professé à l'Athénée (*Introduction à l'étude de l'Économie politique*), qu'il avait envoyée à Proudhon, M. J. Garnier avait fait grand usage des opinions et de l'autorité de M. Rossi. Proudhon lui répond à ce sujet. Tout ce qu'il dit de Rossi, l'un des écrivains à qui il reconnaît devoir le plus et dont il déclare « admirer les hautes facultés plus que personne », me fait encore plus regretter qu'il n'ait pas eu occasion de le voir de près, de le cultiver de bonne heure, d'échanger avec lui, de vive voix, des idées et des contradictions qui ne laissent pas de se modifier dans un semblable contact. — « Je suis con« vaincu, aussi bien que vous, Monsieur, écrivait « Proudhon, que M. Rossi est une intelligence rare ; « je crois qu'il en dit beaucoup moins qu'il n'en « pense ; mais qu'est-ce donc enfin qui l'empêche « de parler, lui et M. Blanqui, et M. Michel Che« valier, et tant d'autres ? » Ce qui les empêchait, ces savants, de parler et de s'expliquer davantage, c'était une certaine prudence politique qui leur faisait éviter pour leur science spéciale des conflits trop nombreux et trop choquants. M. Rossi, en particulier, avec sa netteté circonspecte et avisée, avait pris soin tout d'abord de faire rentrer l'économie politique dans le cadre d'Adam Smith ; il entendait que cette science ne s'occupât que des lois naturelles qui président à la production et à la distribution de la richesse, laissant aux autres sciences morales et politiques le développement toujours hasardeux du genre humain.

« M. Rossi, s'écriait Proudhon dans l'intime et orgueilleuse conscience de sa force, ne trouve pas que le moment soit venu de *réunir, par une puissante synthèse, toutes les sciences morales et politiques*. — Pourquoi non? Le moment sera venu dès qu'il se trouvera un homme assez heureusement organisé pour l'entreprendre ; et cet homme peut exister aujourd'hui comme demain. Car il ne faut pas confondre la science à son point de départ, la science dans ses rudiments, avec la science faite et développée... Une science existe du moment que son objet, sa circonscription et sa méthode ou son organe sont donnés; dès ce moment, elle est CERTAINE, et n'a pas besoin, pour cela, d'être *finie*. Dire que l'économie politique n'est pas la science générale de la société, parce qu'elle n'a parlé jusqu'ici que de division du travail, de capitaux et de monnaies, c'est affirmer ce que l'on ignore; — c'est faire comme celui qui, ayant inventé les chiffres et le système décimal, aurait dit que l'arithmétique se réduisait à la numération, qu'elle n'allait pas jusqu'au calcul. »

Mais aussi, en réclamant une telle extension ambitieuse pour son économie politique, à combien d'écueils Proudhon n'allait-il pas se heurter et se briser? Rossi, au contraire, y prenait bien garde; avec sa sagacité et son absence de préjugés, il voyait, certes, les incohérences, les inconséquences; il les indiquait même, mais ne prétendait pas les surmonter ni les forcer : lorsque, sur une question particulière, il trouvait l'économie politique avec ses déductions naturelles et immédiates en désaccord avec la politique ou avec la morale, il s'en référait à celles-ci; il n'hésitait pas à déclarer l'économie politique subordonnée à la morale comme à une science plus haute. C'est ce qu'il fit notamment lorsqu'il eut à justifier le travail parcellaire et l'emploi des enfants dans les manufactures. Sur quoi Proudhon, surpris de sa timidité et de cette sorte de désaveu scientifique, écrivait dans les lettres que j'ai sous les yeux, adressées à M. J. Garnier :

« Cette échappatoire, qui m'avait séduit d'abord, comme toutes les subtilités de M. Rossi, tend visiblement, non à justifier l'économie politique, mais à la rendre irresponsable de ses propres conséquences. Or, en reprenant l'idée de science au point de vue élevé de la métaphysique, il est facile de voir qu'une science qui, pour exister, a besoin d'une autre, n'est point une science vraie, — qu'une science dont les applications rationnelles conduiraient à mal, est une science chimérique, si ce n'est une science mal comprise. Partant de cette réflexion, je commençai par rejeter les conclusions de M. Rossi; — puis, reprenant à nouveau les recherches sur la loi de division, je pus bientôt me convaincre, par la détermination des lois organiques du travail, que M. Rossi avait faibli dans cette partie de ses intéressantes leçons. M. Rossi a fait comme Newton, et n'est-il pas glorieux de se tromper comme Newton? Celui-ci ayant observé les perturbations des planètes, dont la loi ne fut démontrée que longtemps après par La Place, osa écrire qu'un jour viendrait infailliblement où l'opération immédiate de la Divinité serait nécessaire pour rétablir l'ordre dans les mondes, sans quoi, par le progrès des perturbations, ils tomberaient dans le chaos. La Place, en démontrant que ces perturbations faisaient partie intégrante du système, et qu'après une certaine période tout rentrait dans l'ordre primitif. rassura le monde effrayé. Mais Newton ruinait de fond en comble, par une assertion aussi étrange, tout son édifice astronomique. Un système dont la conséquence était la ruine ne pouvait être admis, et Newton se condamnait de sa propre bouche. Il devait se borner à dire : Au point où nous en sommes, le premier et le plus important problème que nous ayons à résoudre est celui des perturbations planétaires[1]. Ainsi M. Rossi, après avoir reconnu les avantages et les inconvénients du travail des enfants et du travail parcellaire, au lieu de faire appel à la morale, *Deus ex machina!* devait se borner à proclamer le problème, s'il ne pouvait le résoudre. »

Il ne se peut assurément de contradiction plus digne, plus déférente, plus respectueuse; mais la différence entre M. Rossi et Proudhon s'y voit nette-

1. Cette excursion de Proudhon dans la science astronomique peut paraître un peu hasardée; ce qu'il dit n'est vrai qu'*en gros*. Un juge compétent, que je consulte (M. J. Bertrand, de l'Académie des sciences), me l'explique en le rectifiant. Newton, en effet, a supposé que le système planétaire ne renferme pas en lui-même des éléments de conservation indéfinie, et qu'une main Puissante devait intervenir de temps à autre pour réparer le désordre. Euler, qui s'est fort occupé des perturbations, partageait cette idée. La Place, de son côté, a montré que certains éléments du problème sont invariables; il a rassuré les astronomes sur quelques points du système. Mais on n'a pas la loi des perturbations des planètes; cette loi n'est pas trouvée. Les tables qui en tiennent lieu sont construites d'après les méthodes découvertes et perfectionnées par Euler, d'Alembert, Clairaut, La Grange surtout, et enfin La Place, dont le rôle est assez beau sans qu'on l'exagère. Les profanes devraient parler le moins possible de ces choses, sur lesquelles ils ne font que balbutier.

ment et s'y tranche. Quand M. Rossi, avec sa haute raison et sa prudence pour le moins égale, rencontre une difficulté trop vive, qui mettrait incontinent sa science aux prises avec les puissances sociales régnantes et jalouses, il s'arrête, fait une marque, s'incline, se détourne et passe : à bon entendeur, salut ! Proudhon, lui, avec sa logique, pousse sa conséquence, creuse sa mine, fait sauter le rocher, le perce d'outre en outre, et, fort de sa méthode, certain de son objet, il conclut sans sourciller, et coûte que coûte, au redressement entier de la politique ou à la rectification de la morale. Maintenant, dira-t-on (et moi-même je dirai tout le premier), les sciences sociales sont-elles à ce point rectilignes ? l'ont-elles jamais été ? peuvent-elles et doivent-elles le devenir ? Tout le nœud de la difficulté est là.

Il dit d'ailleurs très-modestement et avec un bon sens fort spirituel, en engageant cette correspondance avec M. J. Garnier et en lui demandant la permission de l'entretenir (28 septembre 1843) :

« Après avoir si amicalement provoqué mes explications, monsieur, refuseriez-vous d'y répondre? Je saurai n'être point indiscret et ménager les moments d'un savant dévoué à l'enseignement public; je vous promets même, si vous l'exigez, de n'entretenir de relations avec vous qu'au bénéfice de nos communes études, et peut-être serai-je assez heureux pour vous suggérer de temps en temps quelque féconde et heureuse idée. *Rien n'est précieux pour un savant comme un homme à paradoxes ;* et, pour ma part, j'ose dire qu'avec le tour de mon imagination et placé comme je suis, je vois plus de choses de mon bureau, qu'un professeur de sa chaire. »

Cette lettre écrite de Lyon et de son bureau, quai Sainte-Marie des Chaînes, au milieu de tous les embarras des affaires et en manière de diversion à « la vie brute et matérielle qu'il mène », se termine par des paroles affectueuses et même aimables :

« Daignez donc, monsieur, par quelque communication, insignifiante pour vous, mais infiniment précieuse pour moi, entretenir dans mon cœur le feu sacré, la plus douce récompense que j'attende de mes élucubrations étant l'estime de mes amis et les encouragements des experts. »

Non, Proudhon, malgré ses brusqueries, n'était pas le paysan du Danube tous les jours ni à tous les instants[1].

1. J'ajouterai quelques détails encore sur les relations de Proudhon avec M. Joseph Garnier et les économistes. Proudhon vint à Paris dans les premiers mois de 1844 : il fit visite à M. Garnier qui habitait près de Montmartre. Celui-ci attendait le fumiste. Il vit entrer un homme avec un chapeau à grands bords et à larges épaules. Le dialogue suivant s'établit :

J. G. — Bonjour, je vous attendais avec impatience!... vous êtes le fumiste que j'ai fait demander?

P. — Non !... je suis Proudhon (*avec un ton jurassique*).

G. — (*A part.*) Ah! sapristi!... (*Haut.*) Soyez le bienvenu. Je suis enchanté de faire votre connaissance... je vous demande bien pardon ; mais, philosophe, vous savez qu'on peut confondre un...

Charles Grün, un Allemand venu en France pour étudier l'état des esprits, les divers systèmes philo-

P. — Certainement! certainement! —

Et la connaissance se fit et se continua sans façon et avec sympathie. — Proudhon revint quelquefois à Montmartre parler économie politique, Bible, mariage, philosophie et avenir. Un matin, il y prit une tasse de café en compagnie de Ch. Grün, jeune Allemand nouvellement arrivé... M. Garnier aboucha Proudhon avec l'éditeur Guillaumin qui s'attachait depuis quelques années à créer une librairie spéciale pour l'économie politique et qui avait fondé le *Journal des Économistes* en 1841. Secrétaire lui-même de la Société d'économie politique, fondée par lui et Guillaumin en 1842, il invita Proudhon au dîner mensuel, dans lequel se réunissent les principaux membres de la Société. Proudhon se montra très-flatté de l'invitation, comme le prouve la lettre suivante qu'il écrivit à M. Garnier :

« Paris, 10 mars 1844.

« Monsieur,

« S'il vous est possible de passer par les Panoramas vers 5 h. 1/2, comme vous le dites, je serai charmé de vous y rencontrer et de profiter de l'occasion, unique peut-être pour moi, de voir tant d'hommes distingués, causant ensemble autrement qu'à l'Académie.

« Ce sera le plus précieux souvenir que j'emporterai en province, où déjà des affaires capitales me rappellent, du moins momentanément.

« Votre tout dévoué et reconnaissant,

« P.-J. PROUDHON. »

Dans une lettre à M. Guillaumin, du 15 août suivant, par laquelle il lui proposait de publier son prochain livre des *Contradictions,* il faisait allusion à cette circonstance du dîner, et il s'engageait, sans le savoir, à plus qu'il n'en pourrait tenir; en effet, il faisait ses conditions en ces termes :

« D'abord, bien que vous soyez l'éditeur officiel de tous les ouvrages d'économie politique qui paraissent en France, j'entends avoir la liberté de mes opinions, quelque différentes qu'elles puis-

sophiques et socialistes, vit beaucoup Proudhon pendant l'hiver de 1844-1845 ; de retour dans son pays, il publia, en cette année même 1845, le récit de son voyage dans une suite de lettres familières. M. Saint-René Taillandier, plus tard, en a fait, dans la *Revue des Deux Mondes*, la matière d'un intéressant article[1], en insistant sur l'influence qu'une telle relation avec un ami allemand avait exercée sur le développement des idées de Proudhon. Cette influennce de Hégel et de sa méthode est sensible en effet dans le prochain livre de Proudhon, *le Système des Contradictions économiques* ; mais, en même temps, il convient de réduire cette influence à ce qu'elle a réellement été, et pour cela

sent être de celles de MM. Dunoyer, Rossi, Troplong, etc., etc. — J'entends de plus user largement, sauf le respect dû aux personnes et les égards que méritent les positions et les talents reconnus, du droit de réfutation et de critique.

« Pouvez-vous, monsieur Guillaumin, me garantir cette double franchise? De mon côté, je promets, et je ne devrais pas avoir besoin de vous le dire, d'y mettre la forme la plus polie, la plus académique possible. Grâce à vous, monsieur Guillaumin, et à l'obligeance de M. Garnier, je puis presque regarder comme mes confrères et mes amis bon nombre de ceux que j'aurai à citer : *n'avons-nous pas mangé ensemble le pain et le sel?* comme dit le Bédouin... »

Mais la plume de Proudhon, même quand elle y aurait visé, ne pouvait se plier à être si polie et si académique pendant deux volumes. Quand les *Contradictions* parurent, Guillaumin ne fut pas précisément congratulé d'avoir introduit le loup dans la bergerie; il s'en tirait en disant : « C'est M. Garnier qui en est cause. »

1. Dans le numéro du 15 octobre 1848.

nous avons d'abord à écouter Proudhon, le meilleur témoin. Parlant précisément de cet ouvrage, qu'il était en train de composer, il écrivait à Bergmann le 19 janvier 1845 :

« J'ai entrepris trop de besogne pour aller aussi vite que je l'espérais. Je commence une série de six mémoires, peut-être sept, qui doivent se suivre consécutivement : le premier a déjà quatre cents pages. C'est une critique générale de l'économie politique, au point de vue des Antinomies sociales. J'espère à la fin apprendre au public français ce que c'est que la dialectique : n'est-il pas déplorable, tandis qu'en Allemagne tout écrivain s'assujettit à une forme méthodique connue, et indique toujours le procédé logique dont il se sert, qu'en France on ergote éternellement à tort et à travers sans pouvoir jamais s'entendre ? C'est cette nécessité de discipline pour la raison que j'ai cru inaugurer le premier sous le nom de théorie ou dialectique *sérielle*[1], et dont Hégel avait déjà donné une constitution particulière. D'après les nouvelles connaissances que j'ai faites cet hiver, j'ai été très-bien compris d'un grand nombre d'Allemands, qui ont admiré le travail que j'ai fait pour arriver seul à ce qu'ils prétendent exister chez eux. Je ne puis encore juger de la parenté qu'il y a entre ma métaphysique et la logique de Hégel, par exemple, *puisque je n'ai jamais lu Hégel;* mais je suis persuadé que c'est sa logique que je vais employer dans mon prochain ouvrage; or, cette logique n'est qu'un cas particulier, ou, si tu veux, le cas le plus simple de la mienne. »

Charles Grün lui-même est le premier à recon-

1. Dans le chapitre intitulé *Métaphysique*, du livre de la *Création de l'Ordre.*

naître la force initiale et originale de Proudhon, et je n'ai, pour le montrer, qu'à citer ses propres sages, sa visite à Proudhon, les entretiens qu'il eut avec lui; en me servant de l'élégante traduction de M. Saint-René Taillandier, j'aurai pourtant à la compléter en un ou deux endroits avec le secours d'un jeune et savant ami[1]. C'est après avoir visité les divers sectaires utopistes, les chefs des écoles communiste, fouriériste, que M. Grün termine sa tournée par Proudhon; nous sommes ici avec un enthousiaste pour guide, mais un enthousiaste qui sait être au besoin un très-fin observateur, et qui est aussi, comme on va en juger, un descripteur excellent :

« Paris, 4 janvier (1845).

« Quand on entre du quai Malaquais dans la rue de Seine, on voit à gauche une autre rue qui forme un petit angle avec celle-ci. Un soir, vers cinq heures, étant précisément à cet endroit, je demandai la rue Mazarine. — La rue à gauche, me dit-on. — C'est là que se séparent les deux chemins d'Hercule : à droite, la large route des pacifiques fouriéristes[2]; et à gauche?... à gauche, rue Mazarine, n° 36, habite Proudhon.

« Je me l'étais représenté comme un homme d'une quarantaine d'années, aux traits durs, aux cheveux noirs, au visage défiant, le front accablé de profonds et douloureux soucis, mais pourtant avec cette bienveillance ineffaçable qui se lisait sur la physionomie de Jean-Jacques Rousseau et de Louis Boerne. Il faut, me disais-je, pour n'être pas confondu avec les voyageurs anglais et les vulgaires tou-

1. M. Émile Délerot.
2. Victor Considérant demeurait dans le bas de la rue de Seine.

ristes de l'Allemagne, il faut conquérir pour moi cette bienveillance, il faut pénétrer jusque derrière le rempart où s'abrite cet esprit blessé. En vérité, comment pouvais-je me figurer l'auteur du mémoire : *Qu'est-ce que la Propriété?* l'auteur de la *Lettre à M. Considérant,* lettre pour laquelle il eut à comparaître devant le jury du Doubs, l'ancien ouvrier imprimeur qui se plonge depuis longtemps déjà dans des études sans fin, le prolétaire qui cherche la science sociale dans l'intérêt du prolétariat, et qui, récompensé de son courage par un procès devant les assises, a subi durant de longues années le supplice bien autrement terrible du dédain public; ce penseur solitaire, audacieux, impitoyable, comment pouvais-je me le figurer, si ce n'est comme un homme aigri par les souffrances morales?

« Lorsque j'entrai dans la chambre de Proudhon, je vis un homme assez grand, nerveux, d'une trentaine d'années environ, le corps vêtu d'un gilet de laine et les pieds dans des sabots. Une chambre d'étudiant avec un lit; un petit nombre de livres sur des rayons, sur une table plusieurs numéros du *National* et d'une Revue d'économie politique, tel était son entourage. Cinq minutes ne s'étaient pas écoulées que nous étions engagés déjà dans le plus cordial entretien, et le dialogue allait si rondement, que j'eus à peine le temps de songer à part moi combien je m'étais trompé en m'imaginant trouver ici la défiance de Rousseau et de Louis Boerne. Un visage ouvert, un front merveilleusement plastique, des yeux bruns admirablement beaux, le bas de la figure un peu massif et tout à fait en harmonie avec la forte nature montagneuse du Jura; une prononciation énergique, pleine, volontiers rustique, surtout si on la compare au gracieux gazouillement parisien; un langage serré, concis, avec un choix d'expressions d'une justesse mathématique; un cœur plein de calme, d'assurance, de gaieté même; en un mot, un homme beau et vaillant contre tout un monde! »

C'est Proudhon jeune, vu en beau, mais ressemblant. Ce qui suit, chez l'auteur allemand, est un peu plus subtil :

« Lors de mon premier amour, j'étais, dit-il, autant qu'il m'en souvient, plus épris des *taches de rousseur* de mon amante que de toute sa personne; cependant, si une autre jeune fille avait eu ces taches, je ne l'aurais pas aimée pour cela. C'est une règle générale de psychologie que l'amant préfère, chez les objets de son affection, certains détails qui, précisément, sont en contradiction avec les lois de la beauté... (J'abrége : on sait sur ce thème les beaux vers de Lucrèce, d'Horace et du *Misanthrope.*)

« Proudhon *louche* un peu, et c'est précisément cette circonstance qui me fit trouver, dès le premier coup, son visage si intéressant. Ses belles et claires prunelles, qui semblent avoir une direction légèrement divergente, me rappelèrent les taches de rousseur de Wetzlar [1]. Et pendant que nous causions de Hégel, de Feuerbach, d'Adam Smith, de Say, Blanqui, Wolowski, Fourier et Considérant, de Liszt et du *Zollverein* (union des douanes), de Heine et de Marx [2], mon regard glissait de ces yeux louches à la ligne sculpturale de ses sourcils et à la courbure splendide de son front, qui ne m'auraient pas, je le répète, paru si beaux sans le léger défaut des prunelles. »

Je vous ai prévenus que nous sommes avec un

1. Wetzlar est la petite ville où siégeait autrefois le tribunal de l'Empire. C'est là que Gœthe fit la connaissance de la Charlotte de *Werther;* et Charles Grün, admirateur de Gœthe, a sans doute rencontré et peut-être cherché au même endroit une aventure du même genre.

2. Un écrivain de la jeune école hégelienne, qui se distingua dans la lutte contre l'école de Berlin.

enthousiaste; il faut en prendre notre parti. Mais, ce tribut payé à la patrie de Werther, nous rentrons dans le sérieux de l'appréciation et de la doctrine :

« Quel bonheur plus grand aurais-je pu désirer? Après une masse d'études fatigantes, après une incessante critique de toutes les théories socialistes possibles, je rencontrais au milieu de Paris, — de ce Paris où mille systèmes criblés de blessures sans nombre se pressent, se heurtent les uns les autres avec la prétention de vivre, où les pensées mortes errent çà et là comme autant de fantômes, — je rencontrais un homme qui, vaillamment, librement, sans réserve, se déclarait d'accord avec moi. Dans la critique du socialisme et du philosophisme français, nous nous entendîmes sur tous les points, et j'en sentis mon âme fortifiée.

« Proudhon est le seul Français complétement libre de préjugés que j'aie jamais connu. Il s'est assez occupé de la science allemande pour appliquer son oreille contre terre chaque fois que l'esprit s'agite de l'autre côté du Rhin. Il possède assez de profondes connaissances en philosophie pour soupçonner un sens profond derrière nos phrases redondantes... Il a su vraiment s'approprier la substance même de notre science, et c'est avec nos idées qu'il a chargé ses canons contre la propriété. Il a compris Kant et a bien vu l'œuf que Hégel avait su, comme Colomb, faire tenir droit : *la négation de la négation*. Le grand et sublime travail de Hégel, qui consiste à résoudre l'un dans l'autre, au sein de l'absolu, la *liberté* et la *nécessité*, et à avoir au moins posé le problème de l'humanité, en établissant que *ma nature* doit être *mon œuvre*, cette vérité immense, où tant de cerveaux français ont trouvé leur Waterloo..., Proudhon, lui, l'a parfaitement comprise. Seulement, il n'avait encore aucune connaissance de la dissolution de la philosophie allemande elle-même par la critique, et de l'anéantissement de toute systématisation philosophique. J'ai eu le plaisir infini d'être, *sur ce point*[1], pour ainsi dire, le *privat-docent* de l'homme qui, depuis Lessing et Kant, n'a été surpassé peut-être par personne pour la vigueur de la pénétration. J'espère avoir, par là, au moins préparé une conciliation et une fusion complète de la critique sociale en deçà et au delà du Rhin. »

Au milieu des légères obscurités que peut offrir pour nous cet éloge tout germanique de Proudhon, on remarquera que Charles Grün ne se félicite d'avoir été son guide et son initiateur que sur un point particulier, et non d'une manière générale. Il l'a tenu au courant des successeurs et des réfutateurs ou renchérisseurs de Hégel, pas davantage. Il institue même, entre Proudhon et Feuerbach, une comparaison suivie et un parallèle où nous ne le suivrons pas. Il lui paraît que Proudhon était un Feuerbach sans le savoir, et qui n'avait pas eu besoin de l'autre pour se dire que l'intelligence humaine est d'autant plus élevée qu'elle se dépouille davantage de l'anthropomorphisme. Mais ces analogies qui, sous la plume d'un Allemand, sont faites pour éclaircir les choses aux yeux de ses compatriotes, ne pourraient que les embrouiller pour nous.

1. Les mots *sur ce point* ont été supprimés dans la traduction, si fidèle d'ailleurs, de M. Saint-René Taillandier; cette omission tendrait à faire de Proudhon un disciple des Allemands bien plus qu'il ne l'a été.

Je ne saurais cependant dérober une autre page curieuse où Charles Grün nous montre la finesse d'observation mêlée à la verve, et qui conclut tout en l'honneur de Proudhon ; elle est datée de Paris, 20 décembre (1844) :

« Suis-je donc condamné, écrit-il, à trouver l'esprit français insuffisant et superficiel, chaque fois que je suis en contact avec lui, et à me sentir un irrésistible désir de m'en rapprocher, chaque fois que je lui tourne le dos pour m'en éloigner? Le diable expliquera le problème, s'il le peut! Que ces Français sont aimables dans leur manière de vivre, de s'exprimer, de sentir, mais qu'ils sont bornés dès qu'il s'agit de pénétrer l'essence des choses! Lorsqu'on leur expose les conceptions les plus remarquables, les plus profondes, ils vous disent, quand vous avez fini : *Je comprends, je comprends*, ce qui signifie tout simplement : « Je devine ce que vous avez voulu « dire, mais ce que vous avez mal exprimé : *vous voulez « dire...* » Et ils se lancent éloquemment dans une interprétation drôlatique qui vous fait sauter aux nues, puis ils vous demandent avec le plus grand contentement d'eux-mêmes : « N'est-ce pas ça? » On répond : « A peu « près, » quand on a au fond l'envie de leur dire : « Mais « non, pas le moins du monde, pas du tout, mille fois « non, ce n'est pas ça! »

« Cependant il y a des exceptions, de glorieuses exceptions, qui exercent une influence notable, qui créent une nouvelle France, pendant que les phrases de la vieille France s'en vont pourrir et disparaissent, pareilles à des feuilles fanées. J'ai aujourd'hui passé une heure délicieuse avec Proudhon. Nous avons échangé cent millions d'idées. Je lui parlai de la philosophie allemande et de sa dissolution accomplie par Feuerbach. Il le prit en profonde affection. Je cherchai à lui exposer, aussi vite que le permettait la rapidité d'une conversation, par quelle série d'idées Feuerbach arrivait à anéantir la Religion, comme il était devenu maître du dogme et avait fait descendre l'autre monde dans les ventricules du cœur[1]; comment il avait joué ensuite le même tour à la philosophie, et réduit les abstractions de la raison absolue à n'être que des conceptions de l'esprit de l'homme; en un mot, comment la science de l'absolu était par lui devenue une anthropologie. Proudhon m'écoutait avec une attention qui m'aurait donné de l'embarras si je n'avais été un peu protégé par les ombres du crépuscule qui tombait. Quand je dis en terminant : « *Donc l'anthropologie, c'est* « *la métaphysique en action*, » Proudhon frappa des mains, se leva et dit : « *Et moi, je vais démontrer que* « *l'économie politique, c'est la métaphysique en action.* » Cette parole faisait allusion à un écrit qu'il veut publier l'été prochain et dont il m'a déjà parlé. Alors nous nous donnâmes tous deux le plaisir de faire passer tout le monde au fil de notre critique : fouriéristes et communistes, radicaux et économistes, Cousin et Schelling. J'éprouvais une joie que je n'avais encore jamais ressentie depuis que j'étais à Paris. Proudhon est un nouveau Français, un penseur, un logicien, un homme qui apprécie à sa valeur la science allemande, sans la diviniser, comme l'ont fait quelques fous parisiens, et sans la voler, comme l'a fait le philosophe officiel de la France de Juillet[2]... Un poids fut enlevé du cœur de Proudhon quand je lui expliquai comment la critique avait percé à jour

1. C'est-à-dire, comment il s'était appliqué à montrer que les promesses de la théologie pour une autre vie n'étaient que des aspirations du cœur. Nous n'entendons, en tout ceci, répondre que de la fidélité de la traduction, nullement des doctrines.

2. La justice m'oblige à dire que Charles Grün, pas plus au reste que Proudhon, n'a pris la peine de bien entendre, avant de

le phébus grandiose de Hégel, et comment l'homme était sorti du système. Il m'assura qu'il s'était attendu à ce dénoûment, mais que, malheureusement, il ne pouvait prendre connaissance des travaux de l'Allemagne que par des analyses et des traductions françaises. Le pauvre Proudhon ne sait pas du tout l'allemand; douze ans de sa vie, il a été imprimeur, et tout ce qu'il sait, il l'a appris seul; il n'a pu trouver le temps d'apprendre l'allemand, autrement il l'aurait appris comme le reste. Je vis comment il savait profiter des traductions et des analyses par ce mot frappant qu'il me dit sur Feuerbach : « *Mais, c'est l'accomplissement de l'œuvre de Strauss!* » — Strauss, en effet, donnait bien la théorie du mythe, mais il restait à découvrir d'où venait le mythe et pourquoi il était un besoin [1]. »

l'attaquer, la philosophie de M. Cousin. Celui-ci a bien pu, après un voyage en Allemagne, nous rapporter quelques-unes des idées de Hégel sur la philosophie de l'histoire, et nous les présenter brillamment arrangées à sa manière, dans ses Cours de 1828-1830. Mais ce n'est là qu'un incident, et, comme disait Hégel lui-même : « Cousin a pêché quelques poissons dans mes eaux, mais il les a habilement noyés dans sa sauce. » L'ensemble et le corps de la philosophie de M. Cousin, tel qu'il s'offre à nous dans son entier développement, n'est nullement hégélien, soit pour la méthode, soit dans les résultats. La méthode est celle de l'école écossaise, avec plus de hardiesse et d'étendue; les résultats sont spiritualistes. Il suffit, pour s'en convaincre, de voir les principaux hommes de talent sortis de cette école et qui professent la pure doctrine de l'Université. Je suis très-désintéressé dans la question, ne croyant pas à la vraie solution des problèmes en ce sens ni par cette voie; seulement, il ne faut pas, comme l'ont fait Lerminier et Pierre Leroux, et comme le fait Grün, ne prendre l'adversaire en défaut que sur une fausse pointe, ni déplacer l'attaque.

1. Ceci me rappelle un des projets de Proudhon, qu'il exprimait dans une lettre de cette année même, et plus de six mois avant d'avoir fait la connaissance de Charles Grün : « ... Les

Enfin il faut bien descendre de ces hauteurs et indiquer le point, le seul, sur lequel Proudhon et son admirateur allemand ne purent jamais s'entendre, je veux parler de la femme et de son rôle dans la société, même régénérée. Ici, Proudhon se montrait ce que nous l'avons vu, un homme de la vieille société, un vieux Romain, un ennemi de l'innovation moderne. Ce partisan de l'égalité absolue n'admettait pas l'égalité possible de la femme et de l'homme : « Croyez-vous donc, dit-il quelque part, qu'une femme, une maîtresse, une épouse

Jésuites nous désolent, écrivait-il de Besançon (12 mai 1844), et je prévois qu'il faudra recommencer sur nouveaux frais la guerre de Voltaire et de Rousseau... Je compte pour l'an prochain résumer toutes mes études bibliques en un volume, qui soit pour nous ce que le livre de Strauss a été pour l'Allemagne. Quand je devrai me mettre à la besogne, j'aurai besoin peut-être d'aller travailler quelques semaines à Strasbourg. Mais qui vivra verra. » Le temps lui manquait et lui manqua toujours pour tant de projets, tantôt manœuvre enchaîné à sa tâche, tantôt lutteur entraîné dans la mêlée, de tout temps écrasé sous le fardeau quotidien. — Il ne se fût jamais mis, d'ailleurs, à la suite de Strauss pas plus que de Feuerbach ; il était dans sa nature de réagir contre ceux même desquels il semblait se rapprocher le plus. Je lis dans une lettre de lui, d'une date postérieure : « Je ne connais point l'ouvrage de Baur, et je commence à ne plus faire autant de cas des Allemands, bien que je mette leur consciencieux savoir bien au-dessus du partage de nos Académiciens. Mais les Allemands ont de la peine à arriver à l'idée ; ils sont lourds, diffus, confus et point heureux dans leurs conclusions. Ainsi, il m'est impossible d'admettre la Christologie de Strauss, et je ne suis pas davantage partisan de l'athéisme de Fueurbach, bien que ce soit un des plus vigoureux disciples de Hégel. Je crois qu'il n'a pas touché le point juste... » (Lettre à M. Tilloy, du 25 février 1858.)

soit *un ami*; que la loyauté, la probité la plus parfaite, des mœurs pures, l'amour du travail et de la gloire, les sentiments les plus généreux puissent longtemps balancer auprès d'elle les petits défauts que nous, hommes, n'apercevons seulement pas? » C'est sur cette querelle que finit, d'une manière assez piquante, le livre de Charles Grün; et voici la dernière lettre que le voyageur allemand écrit à sa femme :

« Paris, 20 janvier (1845).

« Aujourd'hui, à midi, j'ai déjeuné avec Proudhon et je me suis vivement disputé avec lui sur les *femmes*. — J'avais pris pour point de départ la phrase de son livre sur la *Propriété* : « Bien loin d'applaudir à ce que l'on « appelle aujourd'hui émancipation de la femme, incli- « nerais-je bien plutôt, s'il fallait en venir à cette extré- « mité, à mettre la femme en réclusion. » — Nous n'avons pu nous mettre d'accord. Il veut faire de sa future femme une « *ménagère* ». Il n'y avait pas moyen de venir à bout de lui; il me disait toujours : « Je ne vous comprends « pas; » et cependant j'étais assez clair. — Ne désapprends donc pas la cuisine, entends-tu! Si Proudhon, un jour, vient me faire visite, il faudra d'abord lui servir une bonne cuisine de ta façon, et ensuite discuter avec lui sa théorie de la réclusion. Ta victoire serait comparable à celle de Rosbach. Mais surtout ne désapprends pas la cuisine! »

Et qu'on ne dise plus maintenant qu'un Allemand, même des plus enthousiastes, ne puisse avoir de l'esprit[1] !

1. Le livre de Charles Grün est estimé en Allemagne de ceux

Nous allons passer sans transition à une des connaissances nouvelles que Proudhon fit vers ce même temps et qui devint une amitié, un lien de disciple à maître. M. Darimon, venu de Lille à Paris depuis quelques années, s'occupait d'études sociales, économiques; il avait lu les livres de Proudhon et ne laissait rien échapper de lui. Il venait précisément d'acheter le volume des *Contradictions économiques* qui paraissait en ce moment (octobre 1846); il l'avait sous le bras. Entrant pour dîner rue Notre-Dame-des-Victoires, à une table d'hôte (la maison Baurain), il apprit d'un des habitués que Proudhon était là, qu'il y dînait aussi. On lui offrit de le présenter. Proudhon, tel qu'il le vit alors et qu'il nous le dépeint, n'a rien du portrait idéal qu'a tracé Charles Grün : un corps assez maigre, mais fort et osseux, dans un grande redingote vert-bouteille qui descendait jusqu'aux talons, des bas bleus avec des pantalons courts, des souliers lacés, un chapeau bas à larges bords, un gilet croisé sur la poitrine, à couleurs criantes; la parole rude, l'abord brusque et qui semblait dire : *Trêve aux compliments !* Proudhon coupa court aux premières phrases

même qui ne partagent pas ses idées et ses vues d'avenir; l'auteur est réputé l'écrivain le plus considérable de l'école socialiste : « Son livre, *le Mouvement social en France et en Belgique*, mérite d'être distingué entre toutes les œuvres des socialistes allemands par son entrain, sa clarté, par son enthousiasme pour la réforme sociale, uni à une analyse très-impartiale des différents systèmes. » C'est le jugement qu'en porte Gottschall dans son *Tableau de la Littérature allemande au* XIX*e* *siècle.*

par lesquelles M. Darimon crut devoir débuter avec un auteur déjà célèbre, qu'il admirait, et après quelques mots qui prouvaient chez le nouveau venu une grande intelligence du système : — « Vous l'avez donc lu, mon livre? » — « Non, je ne l'ai pas lu, il n'est pas coupé. » — « Eh bien, vous parlez comme si vous l'aviez lu. » — « C'est le plus grand compliment que vous puissiez me faire; cela me prouve que je vous ai compris. » — « Vous êtes le premier. » — Il tenait à savoir l'opinion des gens sur ses livres, il avait une certaine inquiétude à ce sujet. M. Darimon ne lui parlait que de ses doctrines économiques : — « Mais vous ne me parlez pas du livre de la *Création de l'Ordre dans l'Humanité?* » — « J'aurais autant aimé ne pas vous en parler. J'avoue que je ne le trouve pas bon dans la composition et dans l'ensemble. » — « Oui, dit-il, c'est un livre manqué; j'ai voulu faire une Encyclopédie, je ne savais rien. »

On voit assez la différence. Un Français, même celui qui va être un lieutenant ou un disciple, juge encore son chef ou son capitaine; il y a de l'analyse et des réserves jusque dans le respect.

Ce fut par la suite une précieuse acquisition pour Proudhon, que celle de ce premier et presque parfait adhérent. L'homme du Jura ne put plus dire désormais : « Je suis seul, je n'ai personne. » Intelligence vive, nette et souple, d'une élocution claire et facile, nul n'était plus propre que M. Darimon à élucider les idées du maître, à leur ôter leur masque effrayant. Écoutez-le parler, interrogez-le sur le terrible réformateur et sur la doctrine, comme je l'ai fait et comme il a bien voulu s'y prêter; il est persuasif, il simplifie les difficultés, il écarte l'odieux; il n'y a plus de monstre. Proudhon, expliqué par lui, n'attaque la propriété que dans un certain sens. Au point de vue économique, la propriété, c'est capital, loyer et intérêts. Proudhon ne s'attaque pas au capital, mais à la rente, au loyer, à l'intérêt, à l'*aubaine*, autrement dit aux abus[1] : c'est ce qu'il appelle le vol. De même, quand il dira : « Dieu, c'est le mal, » c'est du Dieu des théologiens qu'il entend parler. *Tantum Relligio potuit suadere malorum*. C'est comme *Écrasons l'infâme* de Voltaire; il faut comprendre le mot. Ainsi se présente à nous, sans sa grosse voix tonnante, le Proudhon de M. Darimon. Quelqu'un a dit spirituellement que « Darimon était le *coussin* de Proudhon. » Il s'est trouvé de tout temps, auprès

1. Proudhon, dans ses plus doux moments, en convient. Je lis dans une de ses lettres (16 mai 1841, à Ackermann) : « Ce que vous me dites de M. D... ne me surprend pas. Paris pullule d'hommes comme lui. On convient de tous les abus que je signale; mais quand je veux généraliser l'idée et arriver à une conclusion, alors on ne me suit plus. Mes critiques et moi nous sommes comme des gens qui veulent tous rabattre les angles à un polygone : seulement, quand l'opération sera faite, les premiers soutiennent que ce qui restera sera toujours un polygone, tandis que je dis que ce sera un cercle. Voilà, en réalité, en quoi je diffère de M. Blanqui et d'une foule d'autres.» Cette comparaison du polygone et du cercle lui était familière. Mais, si ce n'est plus qu'une querelle de mots, pourquoi tant y tenir?

des grands et fougueux réformateurs, auprès des hommes d'invention et d'initiative révolutionnaire, de ces seconds qui comprennent, qui traduisent, qui adoucissent et atténuent. M. Darimon remplit ce rôle encore aujourd'hui à l'égard des idées proudhoniennes; sous forme détournée, il est à l'œuvre. Lisez-le, et ici même [1], sur les associations ouvrières fondées sur le principe de la mutualité. Arracher à la politique de telles questions, les restituer à la pure discussion économique, chercher à réaliser les idées sans porter ombrage au Gouvernement, c'est d'un bon esprit et d'une bonne tactique. M. Darimon, en ceci, marche et continue d'être, à sa manière, dans la ligne de Proudhon. Et c'est de la sorte que les idées proudhoniennes, honnies, maudites et anathématisées de front, repoussées de vive force, filtreront de plus en plus et s'introduiront de biais dans la société moderne. Il y a égalité civile, égalité politique : pourquoi pas égalité économique ? La question se pose sans se résoudre; mais on tendra de plus en plus à ce dernier but et on en approchera, dût-on n'y atteindre jamais.

1. Dans la *Revue Contemporaine* (où l'on sait que M. Sainte-Beuve publia, pour la première fois, son Étude sur *Proudhon*, en 1865. — L'article de M. Darimon, auquel il vient d'être fait allusion, avait paru la même année dans le numéro du 15 septembre.) — Et qu'est-ce, en effet, que tout le *mouvement coopératif* actuel, les enquêtes et la révision législative qu'il amène, la transformation que ce mode d'association tend à produire dans l'organisation industrielle, sinon l'application et la vérification commençante des idées de Proudhon ? S'il n'avait été qu'économiste et non apôtre, ses idées n'auraient pas assez pénétré dans la classe ouvrière pour y prendre vie et s'y réaliser avec cette ardeur.

X

Les *Contradictions économiques*. — Lois et contre-lois; méthode à double tranchant. — Promesse d'une synthèse. — Objections. — Son vrai système.

L'ouvrage intitulé : *Système des Contradictions économiques ou Philosophie de la Misère*[1], fut mis en vente le 15 octobre 1846; il aurait dû être publié dès le 5, mais il paraît que l'éditeur, effrayé des vivacités de plus d'un genre qu'il avait remarquées çà et là en parcourant les volumes, avait cru devoir y regarder à deux fois et soumettre le livre à « une censure préalable[2]. » C'était un singulier livre, en effet, et d'une forme étonnante. On l'ouvrait, s'attendant à n'y trouver que de l'économie

1. Deux volumes in-8°, chez Guillaumin.

2. C'est l'expression même de Proudhon, comme je la trouve dans une lettre de lui. Il paraît, au contraire, résulter de la correspondance de M. Guillaumin, dont j'ai sous les yeux des extraits, que l'honnête éditeur n'avait lu tout au plus que quatre ou cinq feuilles d'épreuves, un peu au hasard, ou selon que certains passages lui étaient signalés par l'imprimeur. Il y eut tout un chapitre des plus scabreux et des plus compromettants, dont il n'avait pas, dit-il, soupçonné l'existence et qu'il ne connut qu'après la publication.

politique, et toute la préface, intitulée *Prologue*, roulait sur « l'hypothèse de Dieu, » que l'auteur semblait se justifier d'employer, mais qui lui avait été nécessaire, disait-il, à titre d'instrument dialectique. Agiter la question de Dieu au préambule d'un livre déjà ardu d'économie politique, et l'agiter en ces termes étranges, équivoques, c'était au moins une complication : évidemment l'auteur l'avait cherchée. L'épigraphe tirée du Deutéronome portait : *Destruam et ædificabo*, et, dans tout l'ouvrage, l'auteur ne faisait qu'opposer, entre-choquer et détruire : il réservait l'édification et la solution pour un autre écrit. Il posait en principe, dès les premières lignes, que tout économiste, par cela même qu'il s'occupait des lois du travail et de l'échange, était vraiment et expressément un « métaphysicien, » ce dont la plupart ne s'étaient pas encore doutés. D'ailleurs sa méthode, si on lui enlève le masque allemand, n'avait rien en soi que de simple et de hardi ; il aurait pu se passer du terme hégélien *antinomie*. Il y a en toute chose le *pour* et le *contre*, et il y a du vrai des deux parts. Proudhon pouvait et devait naturellement se dire : « Si la propriété que j'attaque est fausse, inique, comment a-t-elle existé et duré depuis le commencement du monde ? » Il était conduit dès lors à reconnaître qu'une chose peut être fausse et vraie à la fois. La nature des faits sociaux et des institutions est différente de celle du monde rationnel. Le relatif et l'absolu, l'histoire et la philosophie se font la guerre dès l'origine : comment en venir un jour à les concilier? Dans son travail pour y atteindre, Proudhon aurait pu aussi bien pratiquer sa méthode à découvert, clairement, à la française, et la faire remonter à Pascal, qui s'est plu à mettre en relief les contradictions en ce qui est de l'homme : « Je l'élève, je l'abaisse, jusqu'à ce qu'il comprenne qu'il est un monstre incompréhensible. » Mais cela ne faisait point le compte du réformateur audacieux et complexe : il y met plus d'artifice, une plus haute prétention à la science et à une science toute nouvelle[1]. Ce n'est

1. Il le dit en propres termes dans une lettre à M. Tissot, écrite à ce sujet même du livre des *Contradictions* (13 décembre 1846) :

« Je sais que cette dialectique hégélienne n'est pas de votre goût, et, comme vos confrères de la Sorbonne, vous accusez de scepticisme ceux-là mêmes qui prétendent avoir à jamais renversé le scepticisme. — Je ne veux point entamer cette discussion dans une lettre : je vous dirai seulement que la logique de Hégel, telle que je la comprends, satisfait infiniment plus ma raison que tous les vieux apophthegmes dont on nous a bourrés dès l'enfance, pour nous rendre compte de certains accidents de la raison et de la société.

« Qu'est-ce à dire, je vous le demande, que toutes ces maximes surannées : *Chaque chose a ses avantages et ses inconvénients ;— la sagesse est dans le milieu et fuit les extrêmes ; — ne pas confondre l'usage et l'abus*, et autres balivernes qui, à l'analyse, se réduisent à des conceptions absurdes?

« En lisant les Antinomies de Kant, j'y avais vu, non pas la preuve de la faiblesse de notre raison ni un exemple de subtilité dialectique, mais une véritable loi de la nature et de la pensée ; Hégel a fait voir que cette loi était beaucoup plus générale que n'avait paru le supposer Kant ; et, sans qu'il soit besoin de suivre Hégel dans son infructueuse tentative de construire le monde des réalités avec de prétendus *a priori* de la raison, on peut hardiment soutenir, ce me semble, que sa logique est merveilleuse-

point par caprice ou par confusion que son chapitre *de la Providence* s'intercale tout à coup entre un chapitre sur *la police ou l'impôt* et un autre chapitre sur *la balance du commerce*. Selon lui, tout se tient et s'enchaîne : « Le problème de la propriété, c'est sous une autre forme le problème de la certitude : la propriété, c'est l'homme; la propriété, c'est Dieu ; la propriété, c'est tout. » De là, cette connexion singulière ou cet enchevêtrement de questions. On se demande à tout instant, en le lisant, si c'est une méthode, une tactique, une ironie, un jeu, une simple conviction; la part de tous ces éléments est indéfinissable en lui, impossible à fixer et à démêler. Il a du malin et du diabolique, en même temps que du dialecticien subtil et délié, du logicien impitoyable. Il vous prend, il vous emmène, on le suit; il vous emmène plus loin, on le suit encore; on croit être arrivé : pas du tout; il vous reprend et vous emporte, et cette fois en rebroussant chemin; il vous enlève par delà et dans des régions où l'on ne distingue plus que par éclairs ce qu'il veut, où il va et où il vous conduit. En se sentant balancé de la sorte, on ne cesse de se demander avec inquiétude : « Où veut-il en venir? » Jeu périlleux, qui n'est pas fait pour rassurer les timides, pour contenir les imprudents,

ment commode pour rendre raison de certains faits que nous ne savions auparavant considérer que comme les *inconvénients*, les *abus*, les *extrêmes* de certains autres. »

pour guider les faibles, et qui devait prêter à bien des malentendus.

Il a dit quelque part, dans une lettre familière[1], une parole d'or : « Si une moitié de la vérité nous épouvante parfois, la vérité tout entière nous rassure et nous charme. » Mais alors, aurait-on pu lui dire, pourquoi nous arrêter si longtemps et comme à plaisir sur l'une ou sur l'autre de ces moitiés de vérité dont chacune est capable de nous donner de l'effroi ? pourquoi tant tarder à nous rassurer et à nous charmer en nous montrant les deux moitiés rejointes, et en nous dévoilant la vérité tout entière ?

La possédait-il aussi pleinement qu'il se le figurait ? Je crois plutôt qu'il la cherchait encore[2]. Quoi qu'il en soit, il définissait lui-même sa méthode, il en donnait (qui plus est) les secrets et trop

1. Dans une lettre du 2 novembre 1862, adressée à M. Milliet, rédacteur du *Journal de l'Ain*.

2. J'ai tort d'en douter ; il est le premier à le dire ; et dans cette même lettre du 13 décembre 1846 adressée à M. Tissot, il écrivait : « Vous préféreriez à ce dédale de contradictions l'exposition du *principe supérieur*, qui concilie tous les contraires. — Je conçois votre impatience ; mais c'est comme si vous me reprochiez de n'avoir pu découvrir avant d'avoir cherché. Tout ce que j'ai publié jusqu'à ce jour n'est autre que mon investigation même, dont j'ai fait confidence au public, à mesure que j'avançais. A présent, je suis en mesure de donner les préliminaires de cette organisation sociale, dont les dernières lois ne peuvent être connues qu'à fur et mesure de la production de faits nouveaux, sans lesquels il m'est impossible de passer outre. Je suis surpris que vous me traitiez en inspiré, alors que j'ai répété tant de fois que je suis un *chercheur*. »

vrais motifs, lorsque, commençant à l'appliquer, il écrivait à Ackermann, le 4 octobre 1844, dans l'intervalle de la *Création de l'Ordre* aux *Contradictions :*

« Vous avez raison quand vous dites que mon dernier ouvrage (*la Création*) est moins bien écrit que les précédents : ayant porté tout mon effort sur les idées, je ne pouvais guère faire œuvre d'artiste. D'ailleurs, j'ai manqué de temps, ce qui, je le sais, ne m'excuse pas ; mais j'étais forcé. Jugez-moi donc, je vous prie, comme penseur, plutôt que comme écrivain...

« Vous demandez si j'ai des *partisans*. Je vous avoue très-humblement, — ou très-fièrement, — que je ne le crois pas. — P... trouve ma théorie très-*spécieuse ;* mais, dit-il, qui sait si on ne trouvera pas une théorie plus générale ? — Tissot prononce nettement que ma métaphysique ne vaut rien ; la *Revue indépendante* a déclaré que je me suis *trompé ;* Pierre Leroux me reproche d'avoir attribué à Fourier la première aperception de la loi sérielle, sans s'expliquer autrement : la plupart disent qu'*ils ne me comprennent pas*. Pour le surplus, les uns acceptent l'économie politique et la théorie des fonctions ; d'autres sont ravis de voir la religion sabrée, mais n'admettent pas que la philosophie ne soit rien, et *vice versa*. Ce qui est sûr, c'est que je suis pillé avec une rare impudence... Tous les jours, je vois des brochures auxquelles j'ai plus de part que les auteurs, et où l'on ne me cite pas. Les républicains me savent peu de gré de mes travaux, parce que je ne suis point partisan aveugle de la guerre, des fortifications de Paris et autres dadas révolutionnaires : les communistes, qui ne se figurent pas comment de deux principes contradictoires (propriété et communauté), on peut former une synthèse qui les absorbe et les transforme, me regardent presque comme un juste-milieu. Je suis dans la condition la plus malheureuse : il faut que j'aie raison contre tout le monde à la fois, sinon je suis perdu. Et ce qui achève de me désespérer, c'est, d'une part, le retard où se trouve le public français, relativement aux études philosophiques; de l'autre, le monopole rétrograde et intolérant exercé par la coterie universitaire.

« Ces difficultés sont à peu près insurmontables. Toutefois, si je ne puis brusquement changer les hommes, je veux tâcher du moins, en me plaçant au centre de leurs préjugés, de les amener à mon point de vue, comme, dans un panorama, le machiniste change le spectacle en faisant tourner le spectateur. Je vais donc tenter, pour sortir d'un embarras inextricable, ce que Kant a formellement déclaré impossible : je travaille à *populariser la métaphysique*, en la mettant *en action*. Pour cela, j'emploie la dialectique la plus profonde, celle de Hégel : car, tel est mon malheureux sort, que, pour triompher des plus indomptables répugnances, je dois me servir des procédés les plus antipathiques au sens commun. Mais aux grands maux les grands remèdes : après avoir bien examiné la position, il m'a semblé qu'elle pouvait être emportée de vive force; et sur-le-champ je me suis mis à l'œuvre. N'embrassant pas un cadre aussi vaste que dans la *Création de l'Ordre*, me renfermant dans un seul point de vue, je puis, par la multitude des exemples, le rendre facilement intelligible aux moindres esprits, et, cela fait, conduire le lecteur partout où il me plaira de le promener. »

L'erreur était de croire qu'on pouvait être parfaitement intelligible et clair avec une telle méthode, et qu'on populariserait jamais la métaphysique en France : on ne parvenait qu'à obscurcir l'économie politique et, si l'on y introduisait réellement quelques vérités neuves, à les rendre abstruses, énigmatiques et suspectes pour le grand nombre. Proudhon ne se rendait pas compte exactement de l'effet produit. Il se flattait d'avoir atteint le but, tandis qu'il n'avait fait que frapper alternativement et coup sur coup à droite et à gauche ; il avait tenu la gageure. Mais, à force d'avoir fait tourner le spectateur, il le laissait plus étourdi et plus étonné que convaincu. Il se faisait là-dessus quelque illusion. Lorsque le livre des *Contradictions* eut paru, il l'adressait à son ami Bergmann, en lui disant (22 octobre 1846) :

« Tu verras sans doute, après m'avoir lu, que l'ouvrage qui paraît en ce moment sous mon nom est le dernier de cette taille que je ferai, et que désormais il ne me reste plus qu'à poursuivre l'application des lois générales exposées dans mon livre, si tant est que ces lois soient exactes. A partir de ce jour, je rentre sérieusement dans la vie active, dont je suis sorti, en 1840, par ma publication du *Dimanche* et de la *Propriété*. Ma période d'investigation pure est finie : une nouvelle carrière commence pour moi, et je saurai bientôt si je vaux réellement quelque chose ou si je dois me résigner à boire, manger, travailler, flâner et mourir comme les 999 millièmes de l'espèce humaine... Tu me diras là-dessus la vérité sans ménagement. Le moment est décisif : il s'agit pour moi de vie ou de mort morale. »

M. Bergmann lui fit, cette fois, des objections nombreuses ; nous en sommes informés par la réponse même de Proudhon (4 juin 1847). Celui-ci annonçait à son ami, dans la même lettre, qu'il venait de s'engager à donner ses soins à la publication d'un nouveau journal, *le Peuple*, duquel il attendait beaucoup, puis il ajoutait :

« Venons à tes critiques. — Tu as raison, tout à fait raison, quand, te plaçant au point de vue de la science pure, tu me reproches les personnalités qui, selon toi, déshonorent mon livre; qui, selon d'autres, en font tout le charme. J'ai, comme tu l'as parfaitement reconnu, des inclinations scientifiques; cependant, je reste pamphlétaire : est-ce faiblesse d'habitude, ou erreur de jugement? — Je m'étais posé la question avant de prendre la plume.

« Je crois, mon cher Bergmann, que la forme de mon livre, comme de toute ma polémique, est commandée par la nécessité. Ce que tu me reproches tient à une théorie que je me suis faite sur la responsabilité littéraire et la personnalité des opinions; théorie qui fera quelque jour la matière d'un numéro de mon journal. Selon moi, en matière de politique, de morale pratique, de science sociale, de tout ce qui tient à la vie active et à l'actualité des sociétés, les théories ne sont pas seulement des idées, des abstractions de l'esprit, ce sont aussi des intérêts, des influences, des coalitions, des intrigues, des personnes... Avec toi, et surtout dans une lettre, je n'ai pas besoin d'en dire davantage; tu vois ma thèse; tu comprends comment, sans en vouloir aux personnes, je fais nécessairement, et avec préméditation, de la personnalité; enfin, tu sens qu'à tort ou à raison je suis encore guidé en cela par des considérations de science : il faut attendre mes explications avant de me condamner.

« Pour tout ce qui regarde tes objections sur Hégel, sur la définition de la Valeur, sur le libre échange, sur la possibilité de sortir, par une théorie applicable, de la pratique sociale existante, je te renvoie à ma prochaine publication. Tu y retrouveras la plupart de tes arguments rapportés et réfutés; et quant à la conclusion négative que tu veux tirer, malgré moi, de mon livre, tu verras, par la conclusion *positive* que j'en donne, combien peu étaient fondées tes critiques. Pourquoi affirmer d'avance que je ne puis sortir du système actuel sans tomber dans l'utopie que je réprouve? Pourquoi ne pas attendre ma conclusion? J'ai fait une critique, rien de plus; critique méthodique, il est vrai, et qui contient tous les éléments de ma synthèse, bien que cette synthèse ne s'y découvre pas. — Mais lorsque j'affirme que cette synthèse existe, que je la possède, qu'elle satisfait à toutes les conditions du problème, pourquoi soutenir que cela n'est pas, ne peut pas être?

« Tu me reproches mes étymologies [1] : si elles te déplaisent, regarde-les comme des calembours; et daigne considérer, chose que j'ai dite quelque part, que je ne les présente que sous bénéfice d'inventaire, et comme moyen de mieux rendre ma pensée, mais que je ne les garantis pas. J'y crois, à la vérité; mais enfin ma croyance n'est pas, à mes yeux, fondée sur une telle certitude que je puisse dire : *Cela est*. Aussi ne présenté-je mes étymologies que comme des aperçus, des analogies : c'est ce qu'ont fait de tout temps les écrivains.

« Tu ne veux pas que je mêle la théologie à la science

1. Il en avait de fort singulières en effet. C'est ainsi qu'il faisait de Caïn le premier des propriétaires. Car, disait-il, *Qaïn* signifie pieu, lance, d'où, en latin, le mot *canna*, canne, roseau, matière du javelot; et Caïn, ayant conquis la terre par sa lance, l'entoura de pieux. Abel, au contraire, signifie homme de rien, de néant (*Habel*), et il n'est que le premier des prolétaires, tué comme de juste par le premier des propriétaires. Il y avait en cela abus d'hébraïsme et de quoi faire bondir un savant rigoureux comme Bergmann.

sociale; tu me reproches mon *Prologue* et mes digressions sur Dieu, le mal[1], etc. — Je crains fort, mon cher

1. « Dieu, c'est le mal ! » Cette fameuse proposition se rencontre au chapitre VIII des *Contradictions économiques*. C'est le monde renversé. On se demande, en effet, comme M. Bergmann a pu le faire, tout ami qu'il était, pourquoi ces défis portés au genre humain, et sans nécessité aucune, en dehors du sujet. Là est le tic, l'énormité, la bravade, je ne sais comment dire, une sorte de paraphe et de signature qui s'affiche et qui saute aux yeux. De Maistre, en son temps, avait eu également de ces mots choisis exprès pour être outrageux, et qui firent scandale en sens inverse. Insolence aristocratique, audace plébéienne, qu'importe l'origine ou le principe? Ces deux éminents esprits, qui étaient en tout aux deux pôles contraires et aux antipodes, se rapprochaient en ce point; il y avait du rapport et un trait commun entre eux au milieu de toutes les différences. L'un souffletait du gant l'opinion publique à la joue; l'autre, pour commencer, lui assénait un coup en pleine poitrine ou entre les deux yeux. On en restait d'abord tout étourdi. Rousseau, avant eux deux, avait trouvé de ces axiomes-paradoxes, qui mordent à tout prix et qui, tout au moins, sont des révulsifs violents. — Or, notez que Proudhon, qui ce jour-là semble avoir confondu Dieu avec le mal, n'était nullement un athée : c'était plutôt un stoïcien ; il répondait, en septembre 1856, à un nouvel ami (M. Tilloy, aujourd'hui rédacteur de la *Gazette de Péronne*), qui lui avait écrit une belle et touchante lettre accusant des douleurs morales et une grande anxiété intellectuelle : « Comme vous, j'ai connu les déchirements de la conscience, lorsqu'elle passe de l'état de foi religieuse à celui de justice philosophique, et je sympathise à vos désolations. Mais il faut songer, mon cher monsieur, et ne jamais perdre de vue ce principe, que, quelque opinion que nous nous formions du gouvernement de l'univers, — que la Pensée dirigeante soit celle d'une nature supérieure, ou répandue et latente dans tous les atomes qui composent le monde, — en dernière analyse *les choses ont été bien disposées*; que ni la mort, ni les révolutions, ni la perte des croyances, ni l'épuisement des amours, ne sont un mal; que c'est un gain pour celui qui sait les comprendre, qui juge ces choses ce qu'elles valent, qui en jouit un instant, et s'en

Bergmann, que tu n'aies cédé sur ce point à la mauvaise humeur : car je persiste à croire que les questions sur Dieu, sur la destinée humaine, sur les idées, sur la certitude, — en un mot, que toutes les hautes questions de la philosophie font partie intégrante de la science économique, qui n'en est, après tout, que la réalisation extérieure, comme le *phénomène* est l'expression du *noumène* [1].

« Dis plutôt que nous sommes fatigués de théologie et de métaphysique, que nous n'aimons plus qu'on nous en parle ; qu'il faut parler de la *misère* et ne pas parler du *mal ;* — de la valeur des *produits,* non de la valeur des *idées ;* — du gouvernement de l'Humanité, non du gouvernement de la Providence, etc., etc. Mais tu sens toi-même quelle inconséquence il y a dans cette prétention des esprits blasés ; et, à coup sûr, je n'étais pas homme à m'y soumettre.

« Je sens profondément combien il reste à faire pour établir mes théories sur Dieu, l'âme, la destinée de l'homme, la certitude, etc. Mais enfin j'avancerai peu à peu ; et comme, après tout, je suis certain, parfaitement certain, d'arriver à un résultat positif, immédiat, en économie sociale, je trouve dans cette réalisation un argument en faveur de l'adoption ultérieure de mes autres théories. Oui, te dis-je, la société marche à un état directement *inverse* de celui où elle est maintenant, et elle y marche par le développement des principes mêmes qui ont fait l'état actuel. C'est ce que je démontrerai jusqu'à

affranchit de manière à rester toujours lui-même, comme l'univers, dont l'équilibre est inaltérable. » Il écrivait dans l'intimité de ces belles et nobles choses. Pourquoi les gâter en public, et par le seul besoin de frapper fort?

1. C'est-à-dire, comme le *fait sensible* est l'expression de la *pensée pure*. Les *noumènes* opposés aux *phénomènes,* ce sont des termes empruntés à la philosophie de Kant.

l'évidence par A plus B, indépendamment de toute considération philosophique, politique ou religieuse.

« Cette inversion de la société, c'est mon *système* : quand tu auras touché le fait, comme saint Thomas, tu avoueras peut-être que j'avais raison. »

C'est dans ses lettres familières que nous recueillons la vraie pensée de Proudhon, sans apprêt, sans masque. L'*inversion* de la société est son système; il le dit également, dans une lettre de 1844 à M. Joseph Garnier : « On ne comprend pas encore en France, où l'on croit être au courant de toutes choses avancées, lui écrivait-il, que certains faits, comme certaines idées, se détruisent par leur développement même. » Et il citait des exemples : la religion, se développant pour le grand nombre des esprits cultivés en un symbolisme de plus en plus dépouillé, de plus en plus rationnel, qu'on appellera du nom de déisme ou de tout autre, mais n'en venant pas moins expirer comme fatalement dans la philosophie pure; — la royauté, se rapprochant de plus en plus de la démocratie, venant peu à peu s'y éteindre, ou n'en étant plus que le couronnement direct; — et enfin la propriété elle-même, la propriété romaine, reconnue en principe à tous les citoyens et tendant, par le travail, à se *réaliser* au bénéfice de chaque individu; tendant par conséquent à se limiter, à s'équilibrer, à s'organiser enfin : il devait en naître et en sortir inévitablement un droit nouveau, économique, positif, qui n'aurait plus rien de commun avec l'autre, que le nom. C'était là (toujours selon Proudhon) un mouvement de métamorphose, lequel, étant normal, inhérent et intime à la nature des choses, n'avait rien d'hostile pour aucune existence :

« Loin de là, il est évident qu'il est au contraire favorable à toutes; que nous devons le seconder de tous nos efforts; par conséquent, qu'il faut l'indiquer aux hommes; de plus, en rechercher les lois, afin de ne rien faire qui l'empêche ou qui le précipite. C'est par cette sorte d'étude que la société, se *gouvernant* elle-même, ressemblera à un homme qui aurait une puissance absolue sur tous ses organes, commanderait à la circulation de son sang, et se ferait croître et développer à volonté. »

Mais où est-il, cet homme-là? et la société, c'est-à-dire la réunion un peu confuse de tous les hommes, composée de tant d'éléments inégaux, de tant de corps sensibles et résistants, peut-elle jamais devenir ce miracle d'ordre, de régularité et de puissance de soi sur soi-même?

Il n'est pas moins vrai qu'exprimées de cette sorte les idées de Proudhon ont beaucoup d'élévation et même une part probable de vérité; que la société, en effet, se transforme incessamment et, selon quelque apparence, dans le sens général qu'il indique et qu'il prévoit. Il se méprenait seulement sur la rigueur des résultats et aussi sur les dates; il rapprochait prodigieusement les échéances et ramassait en quelques années ce qui ne peut être tout au plus que le lent travail des siècles [1].

1. Et à ce propos, un homme de beaucoup d'esprit, et qui entrait

Proudhon n'eut pas à se louer cette fois des économistes. Son juge, dans leur journal officiel, ne fut plus M. Joseph Garnier, mais M. de Molinari, qui rendit compte du livre dans un article fort bien fait, mais purement et simplement sévère [1]. Il ne passa rien à l'ambitieux novateur, mais il ne lui accorda point en revanche ce qu'il aurait pu. Satisfait de l'état de la science, défenseur en tout des procédés d'étude en usage, des notions acquises, et qu'il estimait suffisantes à résoudre au fur et à mesure les difficultés du jour et du lendemain, confiant dans la doctrine du *laisser faire, laisser passer*, le critique ne crut point devoir reconnaître ce qu'il y a de louable dans un grand effort, même incomplet, ce que la science peut gagner parfois à être ainsi secouée par un rude jouteur, et il ne sentit point tout ce qu'il y avait de réel, de neuf, de saisissant encore plus que de menaçant, dans cette philosophie de la *misère* dont Proudhon parlait en expert et en praticien consommé. Il ne se donna pas même l'avantage d'avoir un tel allié, un auxi-

volontiers dans ses idées, l'avait surnommé « le grand *presbyte*, celui dont le défaut capital était de voir toujours quatre ou cinq cents ans en avant. » Proudhon, en effet, concluait de lui aux autres ; il croyait à la logique humaine ; il considérait comme fait ce qui était encore plus des trois quarts à faire ; comme mortes déjà, des choses encore très-vivantes et qui sont tout au plus malades ; il enjambait les siècles, « puis se retournant et voyant qu'il n'était pas suivi, il entrait en indignation ou tombait dans le découragement. » (Lettre de M. d'Alton-Shée.)

1. *Journal des Économistes*, numéro de novembre 1847.

liaire aussi plein d'hilarité que de vigueur, dans la lutte avec les communistes et socialistes vulgaires. La science resta impassible, enfermée de toutes parts dans ses retranchements, et comme n'attendant rien de cet intrépide remueur de questions, de cet économiste indiscipliné et outrageux, né et grandi en dehors d'elle. La scission était consommée; on était en guerre. Quant à Proudhon, sensible aux marques d'estime et aux bons témoignages, même des contradicteurs, il savait encore mieux s'en passer; les obstacles et les assauts étaient son élément; il en avait d'ailleurs vu *de pires*, et il se disait désormais, en se sentant délivré d'un poids et en respirant à pleine poitrine : « C'est égal, j'ai fini par enlever de vive force cette publicité qui a été si injurieusement refusée à d'autres. »

Il ne se doutait pas qu'un jour viendrait où, fatigué, vieilli avant l'âge, au terme de la lutte, saturé de bruit et de combats, il s'écrierait : « ... De la publicité, j'en suis saoul; ce dont j'ai besoin, c'est des joies fortifiantes de l'intimité[1] ! » Pauvre cœur humain, à qui, même chez les plus fermes esprits, il ne faut pas plus de quinze années (et souvent bien moins) pour sentir tout différemment, pour faire le tour des impressions et passer d'un extrême à l'autre !

1. Lettre du 2 novembre 1862, à M. Milliet, un de ses anciens camarades d'imprimerie, aujourd'hui rédacteur du *Journal de l'Ain*.

XI

Des divers jugements de Proudhon avant 1848 : — sur la littérature; — l'esprit public; — la poésie; — la prosodie; — le néologisme; — le socialisme.

Nous approchons de 1848. Il me reste à résumer et à rassembler les sentiments, les dispositions d'esprit de Proudhon, aux abords et à la veille de la Révolution qui le surprit, l'étonna et, selon sa propre expression, le laissa quelque temps tout *abasourdi*. Ne l'avait-il pas cependant prédite de longue main et prévue? L'avait-il également appelée de ses vœux et désirée? De quelle manière, en général, jugeait-il, de 1840 à 1848, la société, la politique, la littérature? Varia-t-il dans ses jugements et ses pronostics durant cette période? Il est curieux et utile pour nous, au point où nous en sommes, d'en être instruits avec précision et, pour ainsi dire, branche par branche.

C'est dans ses lettres à Ackermann que Proudhon s'explique le plus en détail sur les questions de littérature : on le conçoit. Ackermann était un littérateur, un grammairien, un *métricien* qui visait à être poëte; un dilettante piqué de l'esprit d'innovation, et qui ne reculait pas devant les singularités; de plus, il était en communion politique avec Proudhon dès l'origine, et une sorte d'adepte en fait de réforme; enfin, il avait quitté la France, il s'était exilé dans l'étude à Berlin, et il était naturel que son ami, qui désirait parfois le rattirer à lui et le rappeler à Paris pour en faire, comme il le lui disait, son *témoin* ou son *second* en toute rencontre, le tînt au courant de l'état des esprits et du mouvement des idées [1].

1. Ayant à parler si souvent d'Ackermann dans cette Étude, dont il est l'un des piliers, nous lui devons de donner sur lui une courte notice, et nous la puisons aux meilleures sources. Paul Ackermann, né à Altkirch le 28 avril 1812, fut destiné d'abord au ministère évangélique; il fit ses études théologiques à Strasbourg. Comme c'était un esprit rigoureusement logique et qui cherchait avant tout la vérité sans concession ni complaisance, l'exégèse lui fit naturellement perdre la foi, et, ses examens passés, il dut, par raison de conscience, renoncer à la carrière pastorale. Toutefois, de son éducation protestante, malgré la perte des croyances, il conserva jusqu'à la fin le pli austère. Il tenait de la nature, et de ses origines franc-comtoises peut-être, le goût du paradoxe, de la contradiction et des réformes, goût d'ailleurs fort inoffensif chez lui, car il ne l'appliqua jamais qu'à la grammaire et à la versification. Sans état, sans fortune, irrémissiblement voué aux lettres, il ne sacrifia en rien au goût du jour, et, jusque dans ses retours vers le XVIe siècle, il ne se rangea sous les drapeaux d'aucune école. Je le connus dès lors et, dans nos discussions sur ces matières de nos communes études, il me paraissait comme un calviniste de la langue et de la poésie. Il publia, en collaboration avec Charles Nodier, un *Vocabulaire de la Langue française* (1836) : il ne faudrait pourtant point voir en lui un disciple de Nodier. Proudhon,

Les premières vues de Proudhon, les premières informations sont toutes sombres, tout amères

Fallot, Ackermann et l'abbé Dartois, quand ils parlaient entre eux à cœur ouvert, et toute *Franche-Comté* à part, jugeaient Nodier « fort ignorant et trop bel esprit » dans la vraie science du langage. Ackermann publia successivement en ces années : un *Essai sur l'Analyse physique des Langues* (1838) ; — un *Discours sur le bon usage de la Langue française*, suivi de la réimpression de la *Défense et Illustration* de cette même langue, par Joachim du Bellay (1839) ; — l'ouvrage posthume de son ami Gustave Fallot, *Recherches sur les formes grammaticales de la Langue française*, qu'il acheva de disposer pour l'impression (1839) ; — un *Éloge de l'abbé d'Olivet*, couronné par l'Académie de Besançon (1839) ; — un *Examen de quelques questions relatives à la formation et à la culture de la Langue française* (1840) ; — un *Traité de l'Accent appliqué à la théorie de la versification* (1840) ; — des *Chants d'amour, suivis de Poésies diverses* (1841) ; — *du Principe de la Poésie et de l'Éducation du Poëte* (1841). A cette date, il était déjà depuis plus d'une année à Berlin. Il était parti un beau matin un peu à l'aventure, espérant vivre là avec plus de facilité qu'à Paris et avec l'avantage d'y apprendre l'allemand par surcroît. Une recommandation d'Eugène Burnouf l'introduisit auprès d'Alexandre de Humboldt, qui le prit immédiatement en amitié. Ce savant, qui sous sa malice cachait bien plus de cœur qu'on ne le croit, devint dès lors pour lui non pas seulement un protecteur, mais un père. Ackermann lui dut d'être adjoint, pour l'édition des *Œuvres de Frédéric le Grand*, au professeur Preuss, historiographe de Brandebourg, chargé en chef de cette publication monumentale. Ses fonctions lui laissant du loisir, Ackermann en profita et poursuivit avec intrépidité ses études spéciales et favorites, sans s'inquiéter s'il aurait même un seul lecteur. C'est ainsi qu'il fit imprimer à Berlin, sans compter quelques-uns des opuscules précédemment énumérés, le *Dictionnaire des Antonymes* (1842) ; un *Essai sur les Catégories* (1844) ; des *Remarques sur la Langue française* (1844-1845) ; une édition entièrement refondue de son *Traité de l'Accent* (1843). Nous demandons ici, pour animer un peu cette nomenclature, à laisser parler sa digne veuve : « Si l'on excepte, m'écrit-elle, de rares excursions dans les domaines de l'esthétique et de

et misanthropiques : elles ne sont point fausses. Remontant un peu en arrière, je le prends encore en province, à Besançon, tandis que Ackermann est encore à Paris. De quelle façon juge-t-il les journaux du lieu, les Revues de province, ces recueils à la suite et à l'instar des grandes Revues de Paris? avec quelle vigueur de bon sens et quelle indépendance!

« (Besançon, 3 juin 1838.) Je ne connais guère que de nom, et par la lecture de trois ou quatre numéros, la *Revue des Deux Bourgognes.* Je n'aime point ce journal et son allure; j'ignore s'il y a plus de coterie que dans les autres; ce que je sais, c'est que la Bourgogne y a le pas sur la Comté, et que les Bourguignons n'ont d'encens que pour eux-mêmes. Il est très-difficile d'y faire

la philosophie, mon mari n'eut jamais qu'une passion au monde, la langue française; elle fut l'unique pensée de sa vie. Son admiration pour nos grands écrivains était de l'idolâtrie. Un vers de La Fontaine, une page de Bossuet ou de Pascal le ravissait et l'occupait tout un jour; il en oubliait le boire et le manger. Aussi rien n'égala sa joie lorsqu'il entrevit la possibilité d'élever un monument à ses dieux, c'est-à-dire de faire un véritable Dictionnaire classique de la Langue française. Le hasard, c'est le mariage que je veux dire, venait de lui fournir en moi un manœuvre suffisamment intelligent et tout dévoué. Il ne me laissa pas chômer, je vous assure. Du matin au soir, je dépouillais, je dépouillais, je dépouillais. De Thibaut de Champagne à Voltaire, tout y passait. Je me laissai volontiers atteler à ce travail, poussée, il faut bien l'avouer, beaucoup plus par l'amour du mari que par celui du français. Le Dictionnaire de Littré me représente à peu près celui que mon mari avait rêvé, avec moins d'étendue toutefois; car, bien que son plan embrassât la langue depuis sa naissance, il n'allait pas au delà de la saine floraison. Les écrivains de notre siècle n'y avaient point de place. L'exclusion commençait à Rous-

admettre un article; les doctrines sont, à la mode d'aujourd'hui, vagues, empreintes d'un certain mysticisme philosophique, traînantes, sans fermeté, sans vigueur. C'est de l'eau miellée. Si j'étais à la tête d'un journal semblable, je m'en servirais surtout pour dire à mon pays ses vérités les plus dures. Or, ce n'est point ainsi que ces messieurs l'entendent. Pouvez-vous faire une jolie nouvelle, des vers à la Hugo, de l'histoire avec des considérations à perte de vue? pouvez-vous vous écarter du bon sens suffisamment pour attraper le bel esprit et la fine fleur du style? présentez-vous à la *Revue des Deux Bourgognes*. Je crois, en un mot, que cette publication ne convient point à des hommes qui cherchent à faire prendre racine à de bonnes vérités, bien nues, bien vives, bien décidées. Je n'imagine plus, mon cher Ackermann, pour vous comme pour moi, qu'un moyen de publication : c'est de réduire nos œuvres aux dimensions du

seau. » C'est au milieu de ces projets et de ces espérances que la santé lui manqua tout à coup. Il revint mourir à Montbéliard, au sein de sa famille, le 26 juillet 1846 ; il n'était âgé que de trente-quatre ans. Un monument élevé à sa mémoire dans le cimetière des Français, à Berlin, par les soins d'Alexandre de Humboldt, est destiné à perpétuer dans cette ville le souvenir de son séjour et de ses travaux. La Correspondance de Proudhon sera pour lui un monument plus sûr et un tombeau plus vivant. Ayant été moi-même en relation assez suivie et en correspondance avec Ackermann, je puis dire que je n'ai jamais connu de littérateur plus probe, plus ami du vrai, et qui supportât mieux la discussion. J'avais eu à donner mon avis sur quelques-uns de ses opuscules, et je me rencontrais, sans le savoir, avec Proudhon dans un même jugement, lorsque j'écrivais en janvier 1842 : « Les objections qu'on peut faire à M. Ackermann, à chaque pas, sont de toutes sortes et des plus considérables ; mais il est instruit, il est ingénieux, il fait penser. » (Dans un article sur les *Glanes* de Mlle Bertin, inséré dans la *Revue des Deux Mondes*, et au tome II des *Portraits contemporains*.)

pamphlet, et de faire en sorte que, publiées par fragments, elles forment autant d'articles entiers, distincts, mais qui puissent se réunir et faire corps. Par là, nous serons forcés de serrer le style, de le rendre ardent, bref, simple et surtout populaire, quoique noble et châtié; en un mot, je voudrais qu'à l'exemple de *Timon* ou de Paul-Louis, nous puissions nous passer des autres et nous faire rechercher par nous-mêmes. »

Lorsque Ackermann a pris la résolution de s'exiler et d'aller chercher fortune à Berlin, Proudhon lui donne d'excellents conseils; il lui désigne le travail original qu'un grammairien, dans sa position, pourrait entreprendre :

« (15 octobre 1839.) Quand vous serez en Allemagne, faites une comparaison des idiotismes, de la syntaxe et des formes du français et de l'allemand : cette comparaison n'existe pas, car on ne s'en est jamais occupé, je crois, pour aucune langue : les philologues se contentent trop aisément des généralités. Mais, pour être bien faite, cette comparaison doit aller au fond des choses, et s'éclairer d'une haute critique et d'une bonne philosophie : ce sera de l'histoire naturelle, comme dit Bergmann. »

La littérature, chez Proudhon, ne va jamais seule longtemps : il revient à tout instant sur l'état de la société, dont elle n'est qu'un indice et un symptôme. Sur ce chapitre, il est terriblement sévère.

J'admire toujours comme les points de vue changent suivant les situations, selon qu'on regarde de la rue ou du balcon, de l'avant-scène ou du parterre : c'est à croire souvent que ce n'est pas le même spectacle. Durant ces dix-huit années, relativement prospères, que régna Louis-Philippe, il y avait donc bien des degrés et comme des étages de jugements. J'en sais qui estimaient tout perdu si M. Molé continuait d'être ministre, et tout sauvé s'il ne l'était pas; j'en sais d'autres qui croyaient tout compromis et remis en question si le roi gardait M. Thiers; d'autres encore qui pensaient que tout se réparait ou que tout se gâtait de plus belle sous M. Guizot. Je parle des salons. Et dans la rue, à travers les groupes opposants ou ennemis, et sans faire partie d'aucun, il y avait le mécontent à haute stature intellectuelle, qui distinguait à peine les ministres et les ministères entre eux, qui les confondait tous et le régime entier dans un même sentiment non politique, mais social; non d'animosité, mais d'indifférence et de désespérance profonde. Proudhon, dès son arrivée à Paris, voit tout en noir, et il écrit (12 février 1840) :

« Il y a eu à Paris, dans le mois de janvier 1840, soixante-dix faillites, dont le passif se monte à six millions. Le nombre des faillites, pendant 1839, se monte à mille quatorze pour la seule place de Paris; et le passif en dépasse soixante millions. Heureuse propriété!

« Le peuple continue à mourir de faim ou à se faire emprisonner pour vol et vagabondage. On va accorder 500,000 francs de cadeau de noces et autant de rente annuelle au duc de Nemours. *Timon* a glosé sur ce beau sujet; mais les députés voteront, le peuple payera et la Cour prendra [1]...

« On parle d'insurrection pour le printemps prochain : les uns y croient, les autres non. Les carlistes conspirent et espèrent plus que jamais. Ils veulent se faire anéantir. — Beaucoup de gens diminuent leurs domestiques, d'autres restent à la campagne : la peur commence à gagner; et dans la masse, l'opinion que le Gouvernement ne tiendra pas prend de la consistance. C'est un pronostic très-fâcheux. »

Et six mois après, le 2 juillet 1840, en plein ministère du 1er mars (mais qu'importait à Proudhon et le ministère du 1er mars, et celui du 12 mai, et celui du 29 octobre, toutes ces dates qu'aujourd'hui nous avons quelque peine à retrouver de loin et qui pour lui ne marquèrent jamais) :

« Paris est le même qu'à votre départ, bête, immonde, bavard, égoïste, orgueilleux et dupe. Depuis les moutards jusqu'aux pairs et aux ministres, tout est livré à la cupidité et au plaisir. On marche sur ceux qui se pâment de faim : pourvu qu'on braille dans un banquet politique et qu'on se couche..., on est content. Nous sommes aux temps de Commode et de Caracalla.

« M. B... n'est pas plus content de son sort que moi : il me disait hier que vous pourriez bien pousser jusqu'à Saint-Pétersbourg : je vous le conseillerais volontiers, si cela ne vous éloignait pas de plus en plus, car il me semble que plus on se rapproche des Scythes, plus on marche vers la civilisation. »

1. Malgré le pronostic de Proudhon, on sait que le projet de loi de dotation fut rejeté par la Chambre, et sans discussion.

L'exagération est frappante, c'est de l'exaspération. Proudhon n'était pas un observateur sûr : il a trop de bile; elle lui colore les objets; il a dans la tête toute une société future; elle lui rend insupportable et odieuse la société présente. Il n'est pas assez empirique ni assez désintéressé pour tâter froidement le pouls aux choses et indiquer à point les crises. Mais si l'on consent à sortir de la sphère officielle et des cercles politiques, que de remarques justes et fortes il faisait autour de lui! Que de coups de sonde fermes et pénétrants il donnait dans les couches profondes! Il jugeait dès lors avec une sévérité qui n'était outrée que dans l'expression les révolutionnaires stériles, les agitateurs sans idée, les destructeurs sans avenir et sans lendemain, tous ces voisins dont on l'aurait pu croire l'allié et dont il était et devait être l'adversaire le plus irréconciliable :

« (15 novembre 1840.) Nous sommes dans un pétrin politique dont presque tout le monde s'effraye, et que *le National* exploite merveilleusement. Grâce à ses soins et à ses déclamations, l'on s'est remis depuis deux mois à chanter la *Marseillaise;* la population est en défiance, la Chambre sans vigueur, les partis politiques plus aveugles et plus égoïstes que jamais. Les journaux ne discutent plus; ils s'injurient, se couvrent de boue, s'avilissent. Du reste, pas plus d'intelligence chez eux que de dignité et de bonne foi. Il y a un an, l'on pouvait croire que nous marchions à une réforme; aujourd'hui, nous marchons à une révolution. La conduite du parti républicain a été, comme toujours, stupide depuis deux ou trois mois; et si une réaction formidable ne vient à bout de l'écraser encore une fois, le salut de la France et de la liberté me semble compromis. Je ne vois partout que dangers extrêmes. Le Gouvernement est sans générosité, sans nobles sentiments, sans la moindre intelligence; les démocrates n'ont pour eux que leurs frénésies démagogiques et leurs grands mots, le tout accompagné de la soif du pouvoir, de l'or et des jouissances. Jamais nation ne fut tant bavarde et moutonnière que la nôtre. L'arbitraire seul peut sauver le Gouvernement; mais que deviendrons-nous s'il triomphe par l'arbitraire? D'un autre côté, s'il est vaincu, une dictature, peut-être plus dangereuse encore, me semble toute prête; et avec elle, une guerre européenne où nous succomberions infailliblement. Avant le combat, la France serait démoralisée. *Le National* et ses pareils pourraient bien avoir leur large pour parler; mais ils n'auraient pas la même puissance pour faire croire et espérer, encore moins pour rallier les intérêts. Je vois clairement que nous approchons d'une crise sociale dont l'issue sera pour l'Europe un mieux universel; mais il ne m'est pas prouvé que la France n'y périra pas comme puissance de premier ordre. Puis-je donc considérer avec un flegme philosophique l'humiliation de ma patrie?

« Point de publications littéraires; plus de grandeur et d'inspiration dans nos écrivains; rien que de petites idées, de petites phrases, de la philosophie-miniature, un papillotage continuel. Je lis et relis Bossuet, Montesquieu, etc., je n'en supporte pas d'autres. — Lamennais va faire paraître une grande philosophie en trois volumes in-8° : cela ne vaudra pas mieux que l'*Esprit* d'Helvétius, ou le *Système de la Nature* de d'Holbach[1]; mais il faut

1. Le pronostic ne s'est pas vérifié. Le livre de Lamennais, sans être d'une grande valeur philosophique, a des élévations de pensée et de talent, qu'Helvétius ni d'Holbach ne soupçonnèrent jamais.

au parti un philosophe tel quel, et vous pouvez croire que les abstractions robespierristes de Lamennais seront prônées. Trois ou quatre hommes sont, à mes yeux, les fléaux de la France, et je souscrirais volontiers pour une couronne civique à celui qui par le feu, le fer ou le poison, nous en délivrerait : ce sont X..... XX..... Y..... et Z..... Je me console en pensant qu'il y a une Providence pour les ambitieux, les charlatans et les sots. »

Avec Proudhon, il faut toujours faire la part des extrémités d'expression encore plus que de pensée. Il a l'expression forcenée, exterminante. Une fois soulagé de ce qu'il avait sur le cœur, l'homme était sans fiel et sans rancune pour les personnes. — Il y a de l'excès encore dans le passage suivant d'une lettre adressée peu après à M. Bergmann, et lorsque déjà le ministère Soult-Guizot avait rendu un peu plus de nerf au pouvoir. Ce qu'il importe de remarquer, au milieu de tous ces épanchements même les plus violents et les plus amers, c'est qu'il a sa ligne révolutionnaire à lui, et qui ne rentre dans nulle autre. Il n'est pas de ceux qui font bon marché de leurs idées au profit de leurs haines, et qui se coalisent. Il reste lui-même, fût-il seul. Tout occupé de sa guerre économique, il n'approuve pas l'opposition qui mène à renverser quand elle n'a rien à mettre pour remplacer. Il préfère encore un *statu quo* mauvais à un triomphe d'un jour, qui tournerait vite en désastre. Il y a, j'ose dire, un fond de bon et solide esprit jusque dans son plus outré pessimisme :

« (24 avril 1841.) La politique à Paris n'est plus qu'un mot. L'esprit public est tué; les radicaux sont démoralisés et annihilés par leur ineptie et leur incapacité; le Gouvernement est fort: Louis-Philippe triomphe sur tous les points. Nous sommes renvoyés à quatre ou cinq ans pour les réformes. Tout le monde se demande qui doit être dupe dans l'affaire des fortifications : je ne doute pas que tous les partis ne songent de leur côté, aussi bien que Louis-Philippe, à s'en servir un jour; mais je crois que celui qui tient tiendra longtemps. Les procès de presse vont leur train : *le National* est menacé dans son existence, ce qui, du reste, est peu regrettable. — Le peuple est apathique, la jeunesse épicurienne et immorale; toute la nation insouciante et lâche : j'ignore vraiment ce qu'il en arrivera. Un ouragan passera-t-il encore sur la France? Je ne sais, mais je ne le souhaite pas. »

Détournons un moment les yeux de ces présages; ajournons la politique pour la littérature, et voyons comment Proudhon en jugeait pendant ces années d'une production réputée florissante. Je crains que nous n'ayons fait que changer d'horizons sombres, et passer d'un cercle à l'autre dans un même enfer de réprobation et de désespoir :

« (16 mai 1841.) La littérature ne produit plus rien; la France dégringole à tire-d'aile : elle est comme l'animal qu'on vient de faire saillir... il se couche et s'endort... Plus de vertu, plus d'esprit public. Il y en a peut-être encore pour bien des années. J'en souffre et j'en pleure. »

Dans ce qu'on va voir des jugements littéraires de Proudhon et qui prépare fort bien à ce qu'on peut lire dans ses derniers écrits sur l'Art, tout n'est pas faux : ce n'est que par l'exagération et par l'extrême dureté qu'il pèche dans ses condamnations d'alors. Il ne se méprend pas au fond sur cette grande orgie littéraire qui signala les dernières années du règne de dix-huit ans, sur l'immense charlatanisme qui s'y déploya d'une manière éhontée, sur cette ambition effrénée des hommes de plume se décernant à eux-mêmes le premier rang, et menant de front la cupidité industrielle et l'amour du bruit. La littérature a eu, depuis, à supporter de telles secousses et à traverser de telles épreuves, qu'on est tenté d'oublier ses excès et son outrecuidance durant ces années où elle était tout, — où elle se croyait tout, — pour ne se souvenir que des ressources de talent et de production dont elle a fait preuve. Proudhon, d'ailleurs, négligeait dans ses appréciations des parties considérables, solides, et restées saines de littérature sérieuse, de critique et d'histoire. Il n'était pas suffisamment informé ; il n'avait pas assez lu, et lu comme il faut lire, c'est-à-dire en détail et à mesure. Ne l'oublions jamais : il y avait de trop bonnes raisons à cela, il n'avait point de livres à lui et sous sa main ; il était obligé d'aller les chercher et les dévorer en toute hâte dans les bibliothèques publiques ou dans les cabinets de lecture [1].

1. Le docteur Roulin, l'aimable et savant bibliothécaire de l'Institut, veut bien me faire un récit des relations qu'il eut avec

Sa vie ambulante le retenait des six mois entiers

Proudhon à l'occasion de ses lectures. Le pensionnaire de Besançon, dès son arrivée à Paris, avait été présenté à la Bibliothèque de l'Institut par M. Droz, et recommandé en particulier à M. Roulin, alors sous-bibliothécaire, comme un jeune homme sorti des rangs du peuple et qui promettait. M. Roulin voyait venir Proudhon, qui travaillait assidûment à la Bibliothèque et qui là, comme autrefois à Besançon, entassait livres sur livres, tant il était avide d'abattre de la besogne, comme on dit. Un jour, M. Roulin en lui remettant les ouvrages qu'il demandait, et ne sachant pas bien d'ailleurs à quelle nature d'esprit il avait affaire, crut pouvoir lui adresser quelques observations : « Je crains, jeune homme, lui dit-il, que vous ne vous dispersiez trop et que vous ne concentriez pas assez vos études. » Proudhon lui répondit d'abord, à peu près comme il avait fait autrefois à M. Weiss : « Que vous importe? et pourquoi me faites-vous ces observations? » — « C'est, lui répondit avec sa bonhomie fine et sa modestie extrême M. Roulin, c'est que moi-même j'ai souffert presque toute ma vie de m'être trop dispersé d'abord, de ne m'être pas fait de bonne heure une spécialité, de ne m'être pas tracé une carrière définie; et quand je vois un jeune homme prêt à tomber dans le même inconvénient et à donner sur le même écueil, je me permets de l'en avertir. » — Proudhon, relevant alors la tête et le considérant attentivement, lui dit avec un accent indéfinissable : « Vous êtes donc un bien bon homme? » — Sur quoi M. Roulin répliqua en souriant qu'il croyait ne pas être précisément méchant. — Peu à peu M. Roulin sut pourtant qu'il avait affaire en Proudhon, en ce lecteur assidu et vorace, à un écrivain déjà hardi et novateur. Un autre jour, il lui remettait de nouveaux ouvrages que Proudhon demandait; celui-ci devina sa pensée à son sourire : « Que voulez-vous? lui dit-il; il faut bien que je cherche des armes. » — Une autre fois, le voyant souffrant, altéré de visage et n'en travaillant pas moins opiniâtrement, M. Roulin le questionna sur sa santé et, comme il est médecin, il lui donna quelques conseils; il lui fit même une ordonnance. Proudhon, tout en le remerciant, hocha de la tête et lui témoigna qu'il n'en ferait rien, qu'il n'en avait ni le loisir ni le moyen. « Mais ce n'est ni si long ni si dispendieux, » lui dit M. Roulin. — « Tout est dispendieux quand on n'a rien, et j'ai des obliga-

éloigné de Paris[1]. Peut-on s'étonner qu'il n'ait pas eu présents à l'esprit, et qu'il n'apporte pas dans

tions, j'ai des échéances ; j'y veux faire honneur. » — M. Roulin, entrant alors dans son idée, lui représenta que la meilleure manière de faire honneur à ses obligations était d'abord de se conserver et de vivre ; que sa santé était la meilleure des garanties. Et peu à peu, avec une cordialité délicate, il l'amena à accepter un léger prêt qui n'aurait pas d'échéance fixe. Proudhon (qui s'acquitta, dès qu'il le put, de sa petite dette) resta infiniment sensible à ces témoignages d'intérêt. Deux natures, au premier abord, ne sauraient être plus dissemblables ni plus contraires que celles du docteur Roulin et de Proudhon, mais elles s'étaient rencontrées et touchées par un point moral qui les mettait en intelligence et en sympathie au milieu de toutes les contradictions. Proudhon avait cessé de venir à la Bibliothèque de l'Institut. M. Roulin le rencontrait quelquefois du côté de la rue Mazarine, et chaque fois ils causaient ensemble quelques instants. Un jour, il rencontra Proudhon mieux portant, mieux couvert, et qui lui dit gaiement : « Eh bien, j'ai suivi votre conseil : j'ai un point d'appui : je suis attaché à une maison de Lyon, et cela ne m'empêche pas de poursuivre mes études. » — Après la Révolution de Février, M. Roulin continua de rencontrer encore, de temps à autre, Proudhon, déjà célèbre : « Mais cette fois, ajoute le docteur avec sa douce ironie, c'était à lui d'avoir de la patience, car j'étais mécontent, et je lui en disais de toutes les couleurs. Il voulait bien m'écouter. »

1. Rien ne saurait mieux donner idée de cette vie accaparée et obérée, à laquelle il fut assujetti pendant plus de quatre ans, que ce début d'une lettre adressée à M. Joseph Garnier, l'économiste (23 février 1844) : « Monsieur, votre lettre, datée du 15 janvier, m'a été remise seulement hier, mon ami M. Dessirier ignorant depuis le commencement de cette année mon adresse. Une fois la campagne terminée pour la batellerie sur Saône, les affaires de mes patrons m'ont appelé en Alsace ; là, tantôt plaideur, tantôt négociateur, courant sans cesse de Mulhouse à Strasbourg, et de Bâle à Colmar, c'est à peine si j'ai pu recueillir, à travers les filatures et chantiers du pays, quelques observations économiques. Telle est ma vie depuis six mois que votre lettre, monsieur, m'a tout désorienté. Je ne sais plus de quoi j'ai eu l'honneur de vous

ses balances tous les éléments, tous les termes d'une évaluation exacte, délicate? Malgré tout, si son instruction en telle matière était incomplète, de même que dans ses écrits son érudition paraît trop souvent indigeste, le gros de son jugement, au total; ne fait pas fausse route; son instinct est droit.

Ackermann s'était avisé, dès son arrivée à Berlin, d'y faire imprimer un recueil de vers, intitulé : *Chants d'amour* (1841), — un essai de retour en arrière vers Ronsard. — L'intention valait mieux que la poésie; les vers n'étaient que faibles ou secs; la grammaire tenait beaucoup de place; il y avait plus de Domergue que de Ronsard. L'auteur avait mis en tête une *Préface* radicale et féroce pour tout ce qui intéresse le goût français ordinaire : il avait, de plus, adopté une orthographe systématique, raisonnable peut-être ou du moins

écrire; je me trouve même aujourd'hui, pour la troisième ou quatrième fois de ma vie, avoir oublié tout ce que j'avais appris d'économie politique. Ainsi je vais : travaillant à bâtons rompus, j'ai besoin, chaque fois qu'il me prend fantaisie d'écrire, de me rapprendre tout moi-même, et de chercher où en sont les autres pardessus le marché. Ne soyez donc point surpris, monsieur, si, pour le moment, je suis en tout de votre avis; dans six semaines, il se pourrait que ce ne fût plus la même chose... » On juge du supplice! Or, s'il en était ainsi de l'économie politique, sa préoccupation constante, que devait-il en être de la littérature et de tout ce qui tient à l'agrément de l'esprit? On peut avoir beaucoup souffert, avoir eu de grandes et vives douleurs, et néanmoins être un grand littérateur, avec toutes les finesses et les nuances; mais il ne faut pas avoir trop *peiné*.

rationnelle, mais bizarre et contraire à l'usage. — Proudhon, dès la première nouvelle que son ami songeait à publier des vers français à Berlin, essayait de le décourager, de le détourner de cette voie sans débouché et sans issue; il redoublait, à cette occasion, ses conseils pleins de sens et d'une grande opportunité :

« (15 novembre 1840.) ... Mon cher Ackermann, vous allez publier un volume de vers; c'est fort bien fait, et je vous félicite d'avoir conservé assez de liberté d'esprit pour vous occuper d'hémistiche et de césure; mais j'aurais appris avec plus de plaisir que vous eussiez fait paraître quelque petite traduction allemande ou française, quelque étude linguistique ou psychologique, ou tout autre ouvrage plus digne de vous et du temps où nous vivons. Je pense que le nombre de bons vers qui peuvent être faits dans chaque langue est en général assez borné; et pour la langue française en particulier, je crois que ce nombre de vers était atteint dès avant Voltaire. C'est une opinion que vous trouverez peut-être singulière[1] : elle vous le paraîtra moins si vous y réfléchissez. De cette masse de mots que renferment nos énormes vocabulaires, il n'y a guère que les termes usuels, les mots classiques qui soient poétiques; or, pensez-vous que le nombre des combinaisons qui peuvent amener de beaux vers, sur trois ou quatre mille mots, soit fort grand! Il y a là, selon moi, une cause matérielle de décadence pour toute poésie, cause dont nos rimeurs ne s'aperçoivent pas et contre laquelle ils se raidissent d'une manière risible. Non, je n'ai jamais cru qu'une

1. Il est curieux de voir Proudhon penser absolument à ce sujet comme Fontanes, qui disait : « *Tous les vers sont faits.* »

nation ne pouvait produire qu'un Corneille, un Racine, un Molière; mais c'est que ce qui fait un Molière et un Corneille ne peut pas servir pour deux. Souvenez-vous que les derniers poëtes de la Grèce et de Rome, avec autant de science et de génie peut-être qu'Homère et Virgile, n'étaient plus que des collecteurs de centons; et pourquoi? parce que, encore une fois, tout était à peu près fait quand ils parurent. Un beau vers à placer ne mérite pas trois cents vers médiocres d'encadrement. — Soignez plutôt votre santé, devenez riche d'allemand, travaillez la grammaire, faites de la psychologie comparée, et revenez nous voir au plus tôt. Je compte que vous me pardonnerez mes velléités de remontrances; je reçois vos critiques, je vous dis ce que je pense; mais oubliez-le si je me trompe... »

Lorsqu'il eut été informé plus en détail et par lettres de cette réforme multiple, poétique, prosodique, rhythmique, à laquelle visait son ami dans ce petit volume, Proudhon passait outre et le rabrouait en ces termes :

« (16 mai 1841.) Je n'ai reçu aucun volume de poésies venant de Berlin, et je n'ai vu personne qui ait pu m'en parler. Je ne puis donc vous rien dire à ce sujet; mais, à défaut de critiques spéciales, je vous dirai tout franc et tout net que je suis fâché de vous voir plongé dans des travaux qui rapetissent l'esprit à force de subtilité. Vous voulez refaire la poétique de la langue! Comment ne voyez-vous pas que les lois de la métrique et du rhythme n'ont absolument rien d'arbitraire? qu'elles sont données par la nature même des idiomes, et *reconnues* par les orateurs doués de goût et d'oreille? Quiconque s'est mêlé d'écrire en une langue a dû remarquer que, toutes les fois que le style s'élève, s'épure ou s'harmonise, il tourne tout naturellement au vers. C'est ainsi que j'ai fait déjà plus de cinquante vers au travers de ma vile prose. La langue française, pour nous en tenir à celle-là, aime les coupes de six, de sept, huit, dix et douze syllabes, ainsi que le retour des consonnances. La poésie est l'idéal du langage; or, cet idéal ne se trouve que dans l'étude approfondie des propriétés et des tendances secrètes d'un idiome. Je ne doute pas qu'à ce sujet il n'y ait encore beaucoup d'excellentes choses à dire, mais je voudrais qu'au lieu de démolir, comme fait M. de Lamennais en religion, vous vous contentiez de philosopher. Rendez-nous raison des beautés de la langue, du « pourquoi les vers de Racine nous semblent si beaux; » expliquez comment un certain nombre de formes métriques sont belles et seules praticables; pourquoi, au delà, il n'y a plus que dissonance et confusion, et vous aurez fait la philosophie de la poétique et du style. Ce sera profond, savant, ingénieux et amusant. Vous ferez des comparaisons allemandes, latines, grecques, etc. Un tel travail n'existe pas. »

Remarquez-vous comme Proudhon n'est pas radical en fait de littérature, comme il veut bien qu'on s'amuse à *philosopher*, mais sans chercher à *démolir*, comme il recommande de rester fidèle au génie particulier des diverses langues, et de le respecter jusque dans les considérations neuves qu'on y apporte; en un mot, comme il est loin, de ce côté, d'appliquer sa devise : *Destruam et ædificabo!*

Ackermann, au reçu de ses critiques, les acceptant et s'en emparant à son tour, n'aurait-il donc pas pu avoir sa revanche et lui répondre : « Mais, en politique aussi, il y a peuple et peuple, il y a société et société; il y a des priviléges qui plaisent à certaines races plus qu'à d'autres; il y a des histoires et un passé qui obligent; il y a des usages enracinés qui sont devenus une raison et une loi; il en est des civilisations comme des langues, elles ont leurs irrégularités, leurs inconséquences apparentes, mais qui ne sont pas si arbitraires qu'on le croit et qui sortent de la nature même des choses? On y trouve sans doute beaucoup à dire et à retoucher sans cesse, à retrancher et à corriger d'un côté, à améliorer de l'autre, mais sans devoir tout changer pour cela, sans bouleverser et détruire. » Proudhon n'aurait pas certes été en reste pour répondre. Cependant la botte, convenez-en, n'eût pas été si mal poussée.

Il recevait peu après un nouvel écrit d'Ackermann, également imprimé à Berlin, et intitulé : *Du Principe de la Poésie et de l'Education du Poëte.* Ici, il y avait beaucoup à louer, et surtout beaucoup à discuter, à débattre. Proudhon en était plus content, et il le disait à son ami dans les termes d'un conservateur littéraire aussi ouvert qu'intelligent :

« (23 mai 1842.) ... Je viens à votre brochure. J'en suis plus content que de tout ce que je connais de vous, et je vous en fais mon compliment. Cette fois, vous êtes penseur, toujours un peu subtil; mais enfin il y a des observations, des choses et des idées en vous. Sauf quelques réserves, j'aime votre ouvrage. J'y ai trouvé de l'intérêt, de l'instruction, de la vie, du style. Je regrette que vous ayez pris si vite la couleur germanique; mais cela prouve, selon moi, que vous profitez de votre séjour, et que si jamais, bien saturé de la forme et de la pensée allemandes, vous revenez en France, vous serez un écrivain original et spirituel tout à la fois. Cela même me semble votre spécialité : bien choisir dans la masse des lieux communs littéraires, tant rebattus depuis Quintilien, Denys d'Halicarnasse et Aristote, ceux qui conviennent à votre tour d'esprit, les traiter d'une manière neuve et piquante, vous en faire un texte afin de répandre quelques vues intéressantes, quelques critiques pleines de goût, quelques paradoxes émoustillants; cela, dis-je, est plus difficile qu'on ne croit, demande plus d'art que de force de conception, plus de talent que de génie, et il me paraît que vous y réussirez. Je vous ai dit que j'avais à faire quelques réserves : je vais suivre l'ordre de vos pages... »

Et Proudhon entrait dans l'examen du détail comme l'aurait pu faire le critique littéraire le plus attentif et le plus judicieux. Ackermann, en commençant et en voulant définir le poëte, s'était plu à opposer Gœthe à Boileau. L'auteur de *l'Art poétique* ne reconnaît pour poëte que celui qui a reçu *l'influence secrète* en naissant : Gœthe paraît croire, au contraire, que la poésie, le *don poétique*, est un bien commun à l'humanité, et que le poëte ne diffère que par une plus forte dose. Mais, en voulant élargir la définition dans le sens de Gœthe, Ackermann tombait dans le vague : « La poésie, selon nous, disait-il, consiste à se plaire dans une émotion ou dans le spectacle d'une émotion. » Il considérait « comme *poëte possible* quiconque a la volonté de cultiver la poésie. » Là-dessus, le bon sens de Proudhon lui répondait :

« Je trouve que vous avez outré la pensée de Boileau pour avoir le plaisir facile de la réfuter. — Il fallait, avec un peu de bienveillance pour lui, vous borner à l'interpréter dans votre sens; cela suffisait à votre but, et votre livre n'y perdait rien. Nous avons tous le sentiment inné de la poésie et un commencement de talent poétique : Boileau le pensait, n'en doutez pas, tout comme Gœthe; mais il n'admettait pas que ce germe, dans sa moyenne proportionnelle, pût devenir par le travail ce qu'on le voit dans Homère; cela suffisait à sa thèse, et je trouve qu'il avait raison. Nous sommes tous appréciateurs, parce que tous nous avons le germe : nous ne sommes pas tous *faiseurs,* parce que nous ne recevons pas tous la fécondation.

« Je ne puis accepter votre définition de la poésie, et c'est la plus grande tache que je trouve à votre ouvrage. Votre définition convient tout au plus au *sentiment poétique;* mais la poésie est le *talent d'exprimer ce sentiment* ou *de reproduire le spectacle d'une émotion*...

« Je trouve fort de mon goût votre idée de *poëte possible :* que de choses possibles je suis aussi, moi !...

« Pages 12, 13, 14 sur l'*état poétique :* tout cela est plein d'excellentes remarques et bien rendu. Mais cela prouve contre vous, que les hommes *non poëtes* sont des gens en qui le *sentiment* ne passe point à l'*idée,* ni de l'*idée* à l'*expression,* en sorte que ma remarque précédente subsiste. »

Ackermann abusait du néologisme ; il créait des

mots selon la logique et pour satisfaire à toutes les divisions de sa pensée ; et en le faisant, il ne consultait que sa commodité et son goût, ne s'inquiétant en rien de l'impression du lecteur. C'est ainsi qu'il introduisait et fabriquait de toutes pièces les mots *souphrase*, *hautephrase*, *antéposition*, etc. Proudhon se récriait :

« Voilà que vous imitez le style de Fourier, dont les livres sont distribués en *préface* et *post-face; prolégomènes* et *in-légomènes*, etc., etc. — Si nous inventons autant de mots que nous aurons de nuances d'idées, cela ira à l'infini, et nous ne nous entendrons jamais. L'*Art de parler et d'écrire* consiste à différencier et préciser avec le moins de signes possible. Il ne faut pas faire de nos idées une nomenclature botanique : songez plutôt que les œuvres d'esprit sont comme des organismes qui, dans une variété infinie de *combinaisons,* emploient toujours les *mêmes pièces*. C'est là la raison secrète qui rend le néologisme peu agréable. Mais les rhétoriciens ne la connaissent pas ; et, tout en nous recommandant de fuir les mots nouveaux, ils ne nous enseignent point à varier les combinaisons des vieux mots, pour leur faire dire toutes les choses qui nous viennent. »

Proudhon, on le voit, eût été un fort bon et même un fin critique littéraire : il en avait l'étoffe. Toutefois, la littérature pure n'était pas son fait. Il eut un moment l'idée de concourir pour l'Éloge de Suard, proposé par l'Académie de Besançon [1] ;

1. C'était en novembre 1840 ; le passage de la lettre où il le dit est piquant et accentué comme tout le reste : « Il y a eu cette année

cette idée lui passa vite. Il avait dû dès l'abord, en y songeant, agrandir et organiser largement son sujet: sans doute, le XVIIIe siècle, dans son opposition au nôtre, avec ses guerres d'idées, sa littérature militante et son caractère philosophique, y devait entrer tout entier; Suard n'eût été qu'un prétexte. Mais, pour remplir convenablement ce cadre, il eût fallu des notions précises et délicates de la société du XVIIIe siècle, que Proudhon n'avait pas eu le loisir et qu'il n'aurait jamais eu la patience d'assembler. Il aurait éclaté ou débordé avant de finir.

Cette correspondance avec Ackermann, malgré quelques lacunes et quelques coupures que nous y regrettons, est fort complète en soi et très-honorable pour tous les deux; elle montre en plein un côté de Proudhon, et Ackermann, ainsi rattaché à un plus fort que lui, et comme un homme qui

un congrès scientifique à Besançon. M. Pérennès a lu en séance solennelle un rapport sur l'état de la littérature et des sciences en Franche-Comté, dans lequel vous avez été mentionné honorablement à côté de Fallot, l'abbé Dartois, et, devinez qui? N... NN... L'Académie s'est mise à faire un journal (*le Franc-Comtois*) qui la couvre de ridicule; on y fait *mousser* les jeunes gens qui sont sages. On a proposé au concours l'*Éloge de Suard*. J'ai annoncé que je m'en occuperais; mais, après quinze jours de recherches et de lecture, je m'en suis dégoûté. J'aurais des choses intéressantes à dire, mais je n'aurais pas le talent de les rendre agréables. Que n'êtes-vous ici! je vous communiquerais mes idées, et je crois que vous feriez une bonne composition. » Si Proudhon avait pleine conscience de ce qu'il était et de ce qu'il valait, il sentait aussi ce qui lui manquait.

serait repêché dans un naufrage, y gagnera de survivre et d'être connu désormais. Proudhon, jusqu'au bout fidèle à une confraternité première, ne cesse de rappeler son ami, de le vouloir à Paris et non ailleurs, sur le grand théâtre, là où se joue le grand jeu, au foyer et au cœur de l'action. C'est une conviction, en effet, qu'il eut toujours et dans tous les temps, que c'est à Paris qu'il faut écrire, à Paris qu'il faut rester et lutter, y fût-on dans les pires conditions, au milieu des entraves et des gênes. Il n'y a pas une lettre de lui où ne revienne ce coup de cloche, ce refrain :

« ...Mais vous, mon cher Ackermann, êtes-vous donc tout à fait Prussien?

> Faites tous vos vers à Paris,
> Et n'allez pas en Allemagne,

disait quelqu'un que vous estimez fort...

« Vous qui avez du cœur et de l'intelligence, dont je disais hier encore à Pauthier : *Il est trop honnête pour réussir*, pourquoi vous êtes-vous fait Allemand? C'est ici qu'il fera beau un de ces jours. Ah! pardieu! je ne vous laisserai pas chercher des poux dans la paille, tandis que nous avons à faire la chasse aux loups...

« Je vous embrasse et vous souhaite beaucoup... »

Ce cri de rappel est perpétuel. Ackermann, après bien des épreuves, allait enfin se marier à la personne distinguée qui n'annonçait alors que des goûts studieux, qui soutient et relève aujourd'hui en poëte l'honneur de son nom. Ce changement de condition en mieux n'était, suivant Proudhon, qu'une raison de plus pour revenir :

« (20 septembre 1843.) J'ai toujours espéré que vous n'étiez à Berlin qu'en oiseau de passage, et que, dussiez-vous y *doubler* votre existence, vous reviendriez bientôt à Paris, vous, vos fils et votre compagne, comme dit la *Marseillaise*. Le temps est meilleur aujourd'hui que lors de votre départ; et de quelque façon que la chose tourne, il se prépare des événements dont le résultat inévitable sera de vous donner place dans la république des penseurs et des artistes.

« Et d'abord, la pure littérature classique, attique et antique, revient sur l'eau et fait prendre en dégoût la romantique; tout se tourne vers les études fortes, solides, nourries d'observations et de faits : partout on ne parle que de science sociale, sciences morales et politiques, science économique, science du droit, sciences à construire, sciences en construction.

« D'autre part, il se manifeste entre le pouvoir, représenté ou personnifié dans la dynastie d'Orléans, et le peuple, une antipathie croissante : des bastilles s'élèvent; le régime militaire se glisse partout... Il faut que d'ici à deux ans, nous, Français trop turbulents, soyons mis à la raison, ou que nous fassions encore une fois danser la carmagnole à la monarchie. —

« Vous sentez qu'au milieu de tout cela un homme comme vous est bien placé : monarchie ou république, il y aura transition et révolution complète, et vous êtes novateur dans toute la force du terme. — Puis, comme la meilleure part de votre vie, ainsi que de notre destinée, est de voir, d'apprendre, où seriez-vous mieux pour cela qu'au sein d'une nation qui monte ou qui descend, je ne saurais trop encore vous dire lequel des deux? »

Et plus loin, à une autre page (car ces lettres sont toutes pleines d'entrain, parce qu'il voudrait en communiquer à son ami) :

« Prenez donc votre résolution de revenir et écrivez-moi de garder vos livres. Je serai à Paris en décembre, où je trouverai des sympathies et des moyens d'existence; — au besoin, mes relations s'étendant toujours, je ne serai jamais au dépourvu d'emploi, ni exposé à manquer de pain. — Sans femme, sans attachement, ne conservant plus de passion que l'amour du vrai, la haine du privilége et un immense goût pour la promenade, la conversation et la flânerie, j'espère mener gaiement ma vie de bohémien. — La littérature se refait, — les bl... romantiques tombent tous les jours; — le discrédit des écrivains corrupteurs et corrompus est au comble; — ce que l'on demande partout est le beau, le vrai, l'utile. — Il y a place pour vous. Venez...

« *Vive memor quam sis ævi brevis,* et croyez que dans trente ans, comme le lendemain de votre départ, je ne vous oublie pas. »

A d'autres moments, il le pique d'honneur, il le harcèle et l'attaque du côté de l'amour-propre (25 novembre 1843) :

« En deux mots, vous reviendrez en France pour y travailler vos livres et pour n'en plus sortir; ou vous ne serez jamais qu'un misérable paperassier. Le beau succès de vendre des livres en Allemagne! comme si, dans ce pays, toute espèce de livres ne se vendaient pas, comme si l'on savait distinguer là-bas l'excellent du pire. Tous les jours, j'entends dire que tel ouvrage, peu estimé en France, se traduit et se débite par milliers de l'autre côté de la Manche et du Rhin : sur quoi, les auteurs ne manquent pas de dire et d'imprimer que nos voisins les Allemands et les Anglais n'ont pas déjà le goût si mauvais...

« Si les raisons que je viens de vous donner ne suffisent pas, je vous en réserve d'autres un peu plus vigoureuses, vous pouvez vous y attendre. Insensible aux verges, peut-être sentirez-vous les coups de bâton : le tout, sans rancune. »

A ces taquineries et à ces bourrades, Ackermann ne restait pas sans réponse. Il rétorquait l'injure; il accusait à son tour la France; et Proudhon, que nous avons vu si sévère pour elle tout à l'heure, se retournait à l'instant et la défendait :

« Faut-il que je revienne sur vos quérimonies? Toujours vous accusez la France : comme si la France, comme si une nation tout entière, la plus spirituelle et la plus généreuse des nations, pouvait être solidaire, aux yeux de ses enfants, des gouvernants qui la déshonorent, des coteries qui l'abusent, des charlatans et des scélérats qui l'exploitent. La France est perdue dans votre estime, je devrais dire dans votre amour-propre, parce qu'elle n'a pas distingué vos essais de philologie : autant en fait-elle de ma métaphysique et des élucubrations de Tissot, et des chinoiseries de Pauthier, et de tant d'autres choses, dont elle se soucie comme de votre *Alfabet*[1]. Ah! la récompense n'a pas suivi la publication de vos œuvres! A qui donc la faute, mon cher confrère en indépendance? Étiez-vous assez peu déniaisé pour croire qu'aujourd'hui il suffit d'être honnête homme et d'avoir du mérite pour faire son chemin? Vous n'étiez faufilé dans aucune

1. Il le raille en passant sur sa manière d'orthographier selon la prononciation, — ce qu'Ackermann appelait sa *néographie*.

coterie : vous méprisiez les V....., les X....., les XX....., les Y....., les Z..... et toute cette clique salariée par tous nos ministères, et dont l'insolence fait, comme dit Alceste, *murmurer le bon sens et rougir la vertu.* Vous n'avez pas seulement voulu prendre vos grades. Vous saviez pourtant aussi bien que moi qu'un examen n'est plus aujourd'hui qu'une occasion offerte au candidat de faire sa cour aux maîtres, ou un moyen de l'exclure, pour peu qu'il déplaise. Est-ce que N....., NN....., NNN....., nommés professeurs en même temps que Bergmann, savent quelque chose? Vous avez tranché du citoyen probe et libre : vous deviez être négligé; vous l'avez été. Et vous vous récriez contre l'injustice de la France!... »

Ne lui demandez pas la justice de détail, la rétribution exacte entre les personnes. Il prend les noms propres à poignée et les secoue fort indistinctement ; mais la tirade est belle, la poussée d'indignation est éloquente. C'est de l'Alceste pur.

Pour consoler un peu la sensibilité de son ami, qu'il ne ménageait pas toujours, il lui promet de citer, dans son prochain ouvrage des *Contradictions économiques*, le *Dictionnaire des Antonymes*, une dernière production d'Ackermann, dans laquelle le philologue subtil avait disposé par couples les mots de la langue opposés et contraires : c'était le pendant et la contre-partie du *Dictionnaire des Synonymes*. Ce tribut payé à l'amour-propre de l'auteur, Proudhon s'efforce de nouveau de l'amener à des points de vue plus larges et de l'attirer sur le terrain commun, en lui traçant de la situation, à cette date, un tableau engageant et un peu embelli : il ne pèche point ordinairement par là, mais il veut décider celui à qui il parle, et il y a bien du vrai d'ailleurs dans l'ensemble du mouvement signalé :

« (4 octobre 1844.) Si jamais vous venez vous fixer à Paris, et qu'il vous convienne de travailler pour la cause réformiste, j'ose vous promettre plus de lecteurs que n'en obtiendront jamais tous les lauréats d'Académie. Ce qu'on appelle aujourd'hui en France le *parti socialiste* commence à s'organiser. Déjà quelques écrivains se sont unis : Pierre Leroux, Louis Blanc, plusieurs autres dont vous n'avez pu entendre parler, et votre ami, quoique indigne. Le peuple se charge de faire pour nous le placement et la propagande : c'est le rôle qu'il s'attribue. Il nous prie seulement de lui donner l'exemple de l'union et de l'instruire. George Sand est tout à fait entrée dans nos idées : les faiseurs de romans et de feuilletons [1], sans y tenir autrement, daignent les mettre à la mode en les exploitant; et lorsque les contradictions de la Communauté et de la Démocratie, une fois dévoilées, seront allées rejoindre les utopies de Saint-Simon et de Fourier, le Socialisme, élevé à la hauteur d'une science, le Socialisme, qui n'est autre qne l'Économie politique, s'emparera de la société et la lancera vers ses destinées ultérieures avec une force irrésistible. Ce moment ne peut tarder beaucoup : alors la France prendra place irrévocablement à la tête de l'humanité.

« Le Socialisme n'a pas encore conscience de lui-même : aujourd'hui il s'appelle Communisme. Les communistes sont au nombre de plus de cent mille, peut-être de deux cents. Je travaille de toutes mes forces à faire cesser les dissidences parmi nous, en même temps que je porte la discorde dans le camp ennemi. Tour à tour négociateur,

1. Eugène Sue, par exemple.

spéculateur, diplomate, économiste, écrivain, je provoque une centralisation de forces qui, si elle ne s'évapore en verbiage, doit tôt ou tard se manifester d'une manière formidable. La moitié du siècle ne s'écoulera pas, je n'en fais aucun doute, sans que la société européenne ne ressente notre puissante influence. Tout cela, du reste, se fait au grand jour, à la face du soleil. Nous ne conspirons plus, nous usons de la liberté qui nous est laissée. »

Ce sont là des pages, ce me semble, dont un historien des dix-huit années devra tenir compte. 1843-1844 fut, en effet, un moment décisif et critique pour la destinée du régime. Dans les sphères politiques proprement dites, on ne s'en aperçut pas : Proudhon vient de nous dire le mot effrayant de la situation. Le 24 février fut un accident, mais le régime était miné.

Nous ne pouvons maintenant nous dissimuler que si Proudhon, de 1840 à 1843, avait paru disposé à s'accommoder du pouvoir existant et du *quelqu'un* qui régnait, il avait passé, dans les années suivantes, à des sentiments beaucoup moins inoffensifs et moins neutres. Il nous le dira plus tard, il n'avait point alors en lui le *lest* qui eût pu le mettre en garde et l'avertir de jeter l'ancre à temps avant de se livrer aux courants rapides. Aucune des raisons qui retiennent les hommes et les rattachent plus ou moins à la stabilité n'était à son usage ; il y eut donc un jour où il lui arriva de se dire : « Tant pis après tout pour le *Système !* »

Il en fit son deuil et en prit son parti, comme c'est chose si aisée à un célibataire jeune, pauvre, ardent, repoussé, plein de foi en ses idées et en ses doctrines : il lui suffisait, pour être d'accord avec lui-même, de ne point conspirer[1].

La dernière des lettres qu'il écrivit à Ackermann le montre bien par cet aspect. Cette dernière lettre, à d'autres égards, est touchante. Ackermann, jusque-là si sain et allègre, venait de fléchir tout à coup sous le travail et le climat. Ses amis apprirent presque en même temps sa maladie et son retour au pays natal. Dans cette dernière lettre

1. Je saisis, dans une lettre à M. Joseph Garnier l'économiste (23 février 1844), l'instant précis où Proudhon tourne réellement à l'irritation contre le pouvoir et le *Système* d'alors. Il vient de montrer que tout, dans la société actuelle, est en voie de transformation et de métamorphose, religion, monarchie, propriété, et qu'il ne s'agit, en ce qui est de cette dernière, que de se rendre raison de ce qui se fait, de ne pas contrarier le mouvement et d'y aider de tous ses efforts ; puis il ajoute : « Mais il y a *quelqu'un*, comme disent les journaux, qui ne veut pas que cela se publie ; — il y a *quelqu'un* qui veut que la royauté reste royauté, la propriété propriété... ; — qui, à cette fin, fait tirailler en sens contraire l'opinion publique ; — qui rend complices de ses prétentions coupables magistrature, clergé, manufacturiers, professeurs, militaires et propriétaires. Et c'est pour résister à ce *quelqu'un* que, de temps en temps, je me mêle d'écrire ; et maintenant si, sous ma plume, la science prend une physionomie de sans-culotte, à qui la faute ?... » Je supprime des éclats de colère et de menace, qui rentrent trop dans ce qui était le coin ingouvernable de Proudhon ; car, pour un homme de tant de spéculation et de pensée, il avait en lui, autant qu'homme du peuple, cette parcelle redoutable que Prométhée est dit avoir mêlée au limon du premier homme... *Fertur... insani leonis vim stomacho apposuisse nostro.*

qu'il lui adresse, Proudhon cherche à ranimer en son ami le sentiment de la vie et l'espoir en l'avenir. Il se dessine en même temps à nous comme au départ d'une étape, que dis-je! à l'entrée d'une carrière nouvelle, le pied léger, le cœur gros d'audace et le front dans les cieux :

« (Lyon, 2 juillet 1846.) Mon cher Ackermann, une lettre que je reçois de Dessirier m'annonce votre arrivée à Pont-de-Roide.

« Vous avez eu grand tort de ne nous donner aucun détail sur votre maladie, qui, ce printemps, nous a tous mis en peine, Haag, Tourneux, Maguet, Dessirier et moi. Aujourd'hui même, j'ignore absolument quelle est la nature de ce mal, dont Mme Ackermann nous a parlé comme d'un rhume ou affection de poitrine. Comment puis-je croire que vous êtes poitrinaire, vous autrefois si vigoureux compagnon, et dont la vie a toujours été si réglée et si sage? Et si vous n'êtes pas poitrinaire, quelle espèce de maladie peut être la vôtre, et quel danger courez-vous? A ne juger que par le passé, nous avons tous dit, mon cher Ackermann, que votre maladie était une chimère : obligez-moi donc de m'écrire quelques lignes et de vous expliquer clairement, si vous ne voulez désespérer mon amitié.

« J'ai reçu dans le temps vos diverses publications, dont je vous fais mes compliments très-sincères. J'entrevois, à travers vos paradoxes (il n'appartient pas à tout le monde d'avancer des paradoxes), une suite d'études dont il me tarde de voir l'ensemble et de connaître le dernier mot. — Car, enfin, vous ne travaillez pas à bâtons rompus; et ce que j'ai lu de vous m'en est une preuve suffisante. Je ne suis pas toujours de votre avis, mais vous me donnez à réfléchir et m'apprenez quelque chose.

Dépêchez-vous donc de vous guérir et de compléter votre œuvre. Vos études m'intéressent autant que mes querelles avec les économistes; et quoique j'aie renoncé tout à fait à la philologie et à la littérature, la science des mots et des *lettres* a conservé par-dessus tout le privilége de passionner ma curiosité. Il me tarde de causer avec vous, mon cher Ackermann, de tout cela.

« J'ai trouvé moyen de vous citer dans un gros livre d'économie politique auquel je travaille, et qui paraîtra bientôt. Ce sont vos *Antonymes* qui m'ont fourni cette réminiscence. Pendant que vous dressez le catalogue des *Antonymies* du langage, je fais le système des *Antinomies* de la société, à peu près comme Kant avait fait la critique des *Antinomies* de la raison. Vous voyez, mon cher malade, que nous sommes toujours l'un près de l'autre, alors que la divergence de nos études et la distance des lieux nous séparent. Vos *Antonymes* sont quelque chose dont je voudrais avoir eu l'idée, et que je referais si j'étais à votre place.

« J'ai perdu mon père il y a trois mois. Cet événement m'a fait renoncer tout à fait au séjour de Besançon ; ma mère s'est retirée dans son village natal, avec mon frère, qui y est établi ; et, moyennant une petite pension alimentaire que je fais à cette chère femme, je suis aussi libre que si je me trouvais absolument seul au monde et sans liens de famille, comme le grand-prêtre Melchisédec. Je ne crois pas que je renonce désormais à cette façon de vivre. Ma vie incertaine et ambulante, pleine d'imprévus et de contrariétés, exige cette parfaite indépendance, ce complet dégagement. Je travaille un peu pour m'aider à vivre, et beaucoup pour mener à fin mes études spéculatives : sous ce dernier rapport, j'espère arriver bientôt à la fin de ma tâche, et, s'il faut vous dire tout, mon cher Ackermann, passer incessamment de l'idée à la réalisation. Mais c'est là une matière immense et dont huit jours entiers de conversations suffiraient à peine à vous donner l'idée. Qu'il vous suffise d'apprendre que, d'ici à un an, je serai tombé complétement sous l'absurde et le ridicule de mes théories, ou que j'aurai inauguré le plus vaste mouvement révolutionnaire, le plus radical, le plus décisif qui se soit vu sur le globe.

« Peut-être aussi ne suis-je ni si voisin d'une chute ni si près de l'apothéose, et qu'il en sera de mes plans comme de tant de choses qui avaient apparu à leurs auteurs des montagnes, tandis qu'elles n'étaient que des taupinées. Quoi qu'il arrive, je ne demande à personne de me faire grâce, excepté à mes amis... »

C'est ainsi que Proudhon augurait et pronostiquait à l'avance de son livre, *les Contradictions économiques*, de ce problème de sphynx, destiné du moins à donner bien du *fil à retordre* aux économistes, à ceux surtout qui, contents de leur sort, voudraient nous persuader que tout est résolu pour le mieux dans la meilleure des sciences possibles.

XII

Caractère de la Correspondance de Proudhon ; — en quoi elle diffère de quelques autres correspondances. — Ses dispositions d'esprit et ses projets de 1846 à 1848. — Comment il accueille le 24 février. — Admirable lettre de 1854.

Avec Ackermann, mort en juillet 1846, nous perdons un confident précieux ; M. Bergmann va y suppléer jusqu'à la fin de l'année 1847. En présence de ces deux correspondances si essentielles et qui se complètent ou se corrigent l'une par l'autre, je me suis demandé s'il n'en existait pas une troisième ou quatrième, aussi importante pour ces six ou huit premières années. Je ne vois pas trop auquel des autres amis elle pourrait s'adresser, Proudhon n'étant avec aucun dans un rapport intellectuel aussi étroit et aussi fortement lié qu'avec ces deux correspondants de Strasbourg et de Berlin[1]. Il y a cependant à remarquer que

1. Il doit y avoir de lui des lettres au docteur Maguet, à l'un des MM. Haag, à M. Tourneux, peut-être à M. Elmerich. C'est aux possesseurs que nous faisons appel pour que ces compléments et

les lettres de Proudhon, même en dehors du cercle des amis particuliers, ont toujours leur valeur, qu'elles nous apprennent toujours quelque chose ; et c'est ici le lieu de bien déterminer le caractère général de sa Correspondance.

Elle a été considérable de tout temps, surtout depuis son entrée dans l'entière célébrité ; et, à dire le vrai, je suis persuadé que, dans l'avenir, la Correspondance de Proudhon sera son œuvre capitale, vivante, et que la plupart de ses livres ne seront plus que l'accessoire et comme des pièces à l'appui. Ses livres, dans tous les cas, ne s'entendent bien qu'à l'aide de ses lettres et des explications continuelles qu'il y donne à ceux qui le consultaient dans leurs doutes, et qui l'interrogeaient pour s'en éclaircir.

Il y a, quand on est célèbre, bien des manières de correspondre. Il y a ceux qu'écrire des lettres ennuie, et qui, assaillis de questions ou de compliments, répondent en toute hâte, uniquement pour avoir répondu, et qui rendent politesse pour politesse, en y mêlant plus ou moins d'esprit. Ces sortes de correspondances, fussent-elles de gens

ces surcroîts d'information sortent un jour ou l'autre et le plus tôt possible ; c'est le moment. — J'apprends, à l'instant même, que M. Maguet veut bien tenir à ma disposition sa correspondance. — Les lettres d'affaires adressées à l'éditeur, M. Guillaumin, et qui contiennent des parties intéressantes pour la science, m'ont été communiquées tout récemment par M. Joseph Garnier avec l'agrément de Mlles Guillaumin ; je vais tout à l'heure en faire bon usage.

célèbres, sont insignifiantes et ne sont pas dignes de faire corps et d'être recueillies.

Après ceux qui expédient leurs lettres comme une corvée, et presque à côté pour l'insignifiance, je mettrai ceux qui les écrivent d'une manière tout extérieure, toute superficielle, exclusivement flatteuse, en prodiguant la louange comme l'or, sans compter ; et ceux pareillement qui pèsent tout, qui calculent tout, qui répondent avec prétention, avec enflure, en vue de la phrase et de l'effet. Ce ne sont que des mots qu'ils échangent, et ils ne les choisissent que pour l'éclat et pour la montre. Vous croyez que c'est à vous, individu, qu'ils parlent, et ils s'adressent en votre personne aux quatre coins de l'Europe. Ces correspondances sont vaines et n'apprennent rien que le jeu théâtral et la pose favorite de leurs auteurs.

Je ne rangerai point parmi ceux-là les auteurs plus avisés et plus fins qui, tout en écrivant des lettres particulières, guignent du coin de l'œil la postérité. Nous en connaissons que cela a conduits à écrire des lettres longues, soignées, charmantes, caressées, suffisamment naturelles. Béranger nous offre le chef-d'œuvre du genre.

Proudhon, lui, est d'une tout autre nature et habitude. Il ne pense, en écrivant, à rien autre chose qu'à la pensée même et à la personne à qui il s'adresse : *ad rem et ad hominem*. Homme de conviction et de doctrine, écrire ne l'ennuie pas; être questionné ne l'importune pas; quand on l'aborde, il lui suffit de reconnaître que le motif qui vous conduit n'est pas une curiosité futile, mais l'amour de la vérité; il vous prend au sérieux, il vous répond, il entre dans vos objections, tantôt de vive voix, tantôt par écrit; car « s'il est des expli-« cations, remarque-t-il, qui ne finissent jamais « par correspondance et auxquelles on coupe court « en deux minutes de conversation, d'autres fois « c'est le contraire qui arrive : une objection net-« tement formulée par écrit, un doute bien « exprimé, qui amène une réponse directe et caté-« gorique, avancent plus les choses que ne feraient « dix heures de dialogue[1]. » Il ne craint donc pas, en vous écrivant, de traiter à nouveau le sujet, il vous développe le fond et la suite de ses pensées : rarement il s'avoue battu, ce n'est pas sa manière; il tient bon, mais il confesse les lacunes, les variations, l'*évolution* de son esprit en un mot. L'histoire de son esprit est dans ses lettres : c'est là qu'il faut la chercher[2]. Proudhon, quelle que soit la per-

1. Lettre du 4 mars 1863, à M. Clerc, chef d'escadron d'artillerie.

2. Et par exemple, dans une de ses lettres à M. le commandant Clerc, qui datent de sa dernière époque, lettres toutes de discussion et très-développées, je trouve cette page significative; — il s'agissait de quelques contradictions, à lui signalées par M. Clerc, entre ce qu'il venait d'écrire sur la *Guerre* et ce qu'il avait écrit précédemment du *Travail;* à quoi il répondait (4 mars 1863) :

« Une observation préalable. — Remarquez, mon excellent capitaine (Proudhon confond les grades), que je ne me relis jamais; d'abord, parce qu'une fois ma pensée sortie de ma tête et couchée par écrit, elle me répugne à voir; relire ce que j'ai publié est pour

sonne qui s'adresse à lui, est toujours prêt; il quitte la page du livre qu'il compose, pour vous satisfaire par lettre avec la même plume, et cela sans s'impatienter, sans croire se distraire, sans ménager ni plaindre son encre : il est homme public, et voué à la propagation de son idée sous toutes les formes, et la meilleure forme pour lui, c'est toujours l'actuelle, la dernière. Son écriture même, pleine, égale, lisible, même aux endroits

moi comme si, suivant une comparaison de la Bible, je revenais à mon vomissement. En second lieu, je tiens avant tout à écrire dans la franchise de mon sentiment et la fraîcheur de mon idée : je me méfie d'un auteur qui a la prétention d'être, à vingt-cinq ans de distance, identique à lui-même et adéquat à sa propre pensée. C'est une manière d'imposer au lecteur qui m'est odieuse, et qui ne révèle que mensonge et orgueil. Nous sommes tous sujets à errer, et nous devons commencer par le reconnaître humblement. La vérité est une; mais elle nous apparaît par fragments, sous des angles très-divers; notre devoir est de l'exprimer telle que nous la voyons, quitte à nous contredire réellement ou en apparence.

« Ceci vous paraîtra peut-être singulier, cher capitaine; mais en y réfléchissant, vous reconnaîtrez qu'au point de vue de la sincérité, j'ai raison. La *vérité* est le prix d'un long travail; elle a bien des faces diverses, souvent elle semble se contredire; c'est pourquoi nous sommes beaucoup plus exposés à la dénaturer en voulant nous mettre toujours d'accord qu'en disant bonnement, chaque jour et sur chaque chose, ce que nous pensons et ce que nous voyons. Voilà pourquoi je ne hais nullement un auteur sujet à se contredire, pourvu qu'il le fasse de bonne foi et non par bêtise; et pourquoi, par conséquent, je m'inquiète si peu moi-même des contradictions, apparentes ou réelles, qui peuvent se rencontrer entre mes diverses publications. La société humaine, le monde moral est une kaléidoscopie infinie. Comment voulez-vous que je réponde d'être toujours parfaitement logique, conséquent, adéquat avec moi-même? C'est impossible..... »

fatigués, ne trahit aucune précipitation, aucune hâte d'en finir. Chaque ligne en est exacte : rien n'est laissé au hasard; la ponctuation, très-correcte, un peu forte, un peu marquée, indique avec précision et distinction de nuance tous les chaînons du raisonnement. Il est tout à vous, à son affaire et à la vôtre, tandis qu'il vous écrit, et jamais ailleurs. Toutes les lettres que j'ai vues de lui sont sérieuses : aucune n'est banale. Mais en même temps il n'est pas artiste ni coquet le moins du monde : il ne *fait* pas ses lettres, il ne les retouche pas, il ne se donne pas même le temps de les relire : nous avons un premier jet excellent et net, le jet de la source, mais pas autre chose. Les raisons nouvelles, qu'il trouve chemin faisant à l'appui de ses idées, et que la contradiction lui suggère, surprennent agréablement et jettent une lumière qu'on chercherait vainement dans les ouvrages mêmes : sa Correspondance diffère notablement de ses livres, en ce qu'elle ne vous met point martel en tête; elle vous place au cœur de l'homme, vous l'explique et vous laisse sur une impression d'estime morale et presque de sécurité intellectuelle. On y sent de la bonne foi. Je ne saurais mieux le comparer, à cet égard, qu'à George Sand, dont la correspondance est à la fois abondante et pleine de sincérité. Il est dans son rôle et dans sa nature tout ensemble. S'il a affaire à un jeune homme qui s'ouvre à lui dans ses anxiétés de scepticisme, à une jeune femme qui lui pose des questions délicates de conduite, sa lettre devient un petit Essai de moraliste, une consultation de directeur spirituel. A-t-il, par aventure, assisté (ce qui est pour lui un événement) à une pièce de théâtre, à une comédie de Ponsard, à un drame de Charles-Edmond, il se croit tenu de rendre compte de ses impressions à l'ami à qui il a dû ce plaisir, et sa lettre devient un feuilleton littéraire, philosophique, plein de sens et qui ne ressemble à nul autre. Sa familiarité est proportionnée : il n'affecte pas la rudesse. Les termes de civilité ou d'affection qu'il emploie avec ses correspondants sont sobres, mesurés, appropriés à chacun, d'une simplicité et d'une cordialité franche. Quand il parle morale et famille, il a par moments de l'homme de la Bible et du patriarche. Il jouit de toute la liberté de la langue et ne se prive de rien. Quelques gros mots, des personnalités trop âpres et tout à fait injustes ou injurieuses, devront disparaître à l'impression : le temps, au reste, en s'écoulant, permet bien des choses et les rend inoffensives. Ai-je raison de dire qu'un jour la Correspondance de Proudhon, toujours substantielle, sera la partie la plus accessible et la plus attachante de son œuvre ?

Revenons au point biographique qui nous occupe. Les lettres, moitié d'affaires, moitié d'explications, qu'il adressait à M. Guillaumin, son éditeur, pendant qu'on imprimait ses *Contradictions économiques*, et au lendemain de la publication, ne laissent pas d'ajouter à ce que nous savions d'autre part sur l'état de son esprit, sur le vrai de ses sentiments et de ses doctrines, à ce moment. Il avait dû céder, dans le cours de l'impression, à plus d'une observation juste de l'estimable éditeur, qui s'étonnait de le trouver beaucoup moins modéré dans son livre qu'il ne l'avait vu en conversant. Entre autres remarques que M. Guillaumin lui fit en temps utile, entre autres corrections qu'il exigea, il en était une bien essentielle et dont il importait assurément que l'auteur tînt compte, sous peine de s'exposer, lui et son libraire, à de fâcheux désagréments. S'imaginerait-on que, dans le chapitre XIe qui traite de la *Propriété*, à la fin de son avant-dernier paragraphe[1], Proudhon avait mis tout couramment, après le nom de Louis-Philippe, ces petits mots gros de choses : « Dernier roi des Français? » C'est ainsi à peu près (*si parva licet...*) qu'il avait dit autrefois, parlant de lui-même et s'adressant à l'Académie de Besançon, qu'il espérait être « le dernier de ses pensionnaires. » Sur beaucoup de points, il était sujet à tirer la barre et à écrire le mot *Fin*, tant il était pressé d'entamer le chapitre du futur. — Il ne fit point difficulté, d'ailleurs, de se rendre à l'observation de son éditeur, auquel il écrivait de Lyon, 29 août 1846 :

« J'ai supprimé, comme vous le demandiez, les mots qui vous faisaient peine relativement à S. M. Louis-Philippe. Ces mots ne faisaient que résumer un aperçu phi-

1. Au tome II, page 329, de la première édition.

losophique qui ne se pouvait saisir que par une lecture suivie de l'ouvrage : vous y avez vu une menace révolutionnaire; je n'ai rien à reprocher à un homme qui cherche sa sûreté. Je sais que vous préféreriez de beaucoup, à l'indépendance de mon langage, un style plus contourné, plus académique, et des façons plus obséquieuses; mais, pour cela, il eût fallu me donner plus de foi aux institutions, plus d'estime de nos mœurs, plus de considération pour les hommes. Ces conditions faisant défaut, je ne connais plus que l'impitoyable justice de ma conscience, et je voudrais un style d'enfer pour flageller tout ce qui me semble faux et immoral.

« Malgré mes défauts, que d'autres prendront pour des qualités, j'espère que mon livre ne fera pas honte à votre librairie, et sur ce, je vous prie d'accélérer l'impression, etc. »

Malgré ce mot sur le roi Louis-Philippe, qui nous montre Proudhon très-peu dynastique, au moins dans ses présages, c'était par un tout autre côté qu'il envisageait la lutte prochaine, le combat des idées qui, selon lui, allaient être aux prises. Comme M. Guillaumin, éditeur des principaux écrivains économistes, répugnait assez naturellement à publier des ouvrages où ses auteurs et ses amis étaient fort rudoyés — pour ne pas dire plus, — Proudhon lui répondait :

« (Lyon, 29 septembre 1846.) Le temps approche, monsieur Guillaumin, où un combat à outrance sera livré entre le Socialisme et l'Économie politique; entre la prohibition et la non-prohibition, entre la démocratie et la monarchie, etc. — Cette bataille ne doit point employer le canon, mais la presse. Vous êtes en position, si vous voulez, de faire de votre magasin le champ de bataille de toutes les idées. Montrez-vous impartial, saisissez les occasions, faites-les naître au besoin, et votre part, dans la révolution qui se prépare, sera une des plus belles. Vous savez quel rôle joua, dans le XVIIIe siècle, l'imprimeur et libraire Panckoucke; vous pouvez le surpasser de toute la hauteur de notre siècle sur le précédent. Je compte, comme un autre, faire mon devoir dans cette mêlée, et je ne doute pas, monsieur Guillaumin, que nous ne nous entendions toujours, sauf sur les attaques au Gouvernement, à l'égard desquelles je vous abandonne la souveraineté des ciseaux. »

M. Guillaumin n'était pas tenté de voir sa librairie devenir ainsi un champ de bataille neutre pour les combattants; un sentiment de conscience animait aussi ce digne éditeur, qui estimait que son concours actif était acquis à ses amis : « C'est peut-« être, écrivait-il à Proudhon, un tort, commercia-« lement parlant, mais il m'est impossible de ne « pas subir l'influence de mes idées et de mes opi-« nions, quelque bornées qu'elles soient. C'est « autant pour moi une affaire de sympathie qu'une « affaire de commerce. » — Proudhon, juge et partie, était un peu rude dans cette discussion, et, une ou deux fois, il lui arriva de piquer un peu au vif l'honnête susceptibilité de M. Guillaumin :

« (Lyon, 31 octobre 1846.) Je ne puis que déplorer le singulier héroïsme dont vous faites parade... Prenez garde, monsieur Guillaumin, de vous faire gratuitement le confesseur et martyr d'idées auxquelles vous n'entendez rien, et pour lesquelles vos amis les économistes ne sont pas de sûrs garants. La controverse seule, libre, complète, loyale, peut faire passer entre les mains même de leurs adversaires les ouvrages de la secte dont je crains fort que vous ne soyez un jour le bouc émissaire... »

M. Guillaumin, dans sa modestie, résistait et opposait des raisons honorables. Il n'était pas un pur vendeur de livres, un détaillant ; il définissait son rôle d'éditeur qui choisit librement ce qu'il publie, et se comparait à un éditeur de livres de piété qui ne pourrait, sans manquer à la délicatesse, publier en même temps des ouvrages irréligieux ; il se montrait comme lié d'affection aussi bien que d'intérêt avec ses amis, le groupe des écrivains économistes, à l'égard desquels la controverse de Proudhon lui paraissait excéder de beaucoup la mesure : en ceci, il disait vrai. Mais Proudhon, de son côté, ne laissait point passer cette comparaison orthodoxe, et, touchant au point exclusif de l'école à laquelle il s'attaquait, il s'animait peu à peu, il s'enflammait et entrait dans toute sa verve :

« (Lyon, 7 novembre 1846.) Je regrette de n'être point d'accord avec vous sur les motifs d'exclusion par lesquels vous prétendez justifier votre spécialité étroite d'éditeur économiste, et je vous dirai tout net que si, dans votre commerce, vous êtes asservi à une loi de proscription, comme un bouquiniste de séminaire, contre tout ce qui peut contrarier les idées de vos patrons, vous n'êtes plus dans les conditions du libre examen, de la presse libre, ni même du libre échange. Il ne s'agit point de déshonorer votre établissement par toutes les rapsodies qu'il peut venir en tête des socialistes de publier, ni de donner cours à de sales pamphlets; il s'agit, comme j'avais l'honneur de vous le dire dans mon avant-dernière, de faire de votre magasin le champ de bataille des idées sociales, lesquelles sont en train, comme vous pouvez voir, de noyer les idées politiques, mystiques, diplomatiques et philosophiques. D'ici à deux ans, l'Économie politique ou Économie sociale, ou science économique, ou tout ce qu'il vous plaira, sera tout dans l'opinion, et tiendra la tête de l'Encyclopédie humaine; mais cette science est en train de se construire, et si elle n'est pas faite, on peut déjà en distinguer de belles proportions. Provoquez donc, autant qu'il est en vous, la lutte des idées; surtout, tâchez d'avoir pour rédacteurs des hommes d'un esprit plus élevé et plus compréhensif que ceux qui rédigent habituellement votre Revue, et dont le rôle, comme le mien, est d'être combattants, mais non pas juges. MM. les économistes, ne vous en déplaise, ont encore trop de choses à apprendre pour être absolument compétents, même dans leur propre spécialité. Ceci soit dit sans que je veuille aucunement diminuer à vos yeux le mérite de vos amis. Ce n'est pas avec des mots qui ne signifient rien, comme *Laissez faire, laissez passer*, qu'on peut aujourd'hui donner satisfaction à des hommes qui demandent : *Que faut-il faire, et par où faut-il passer?...*

« Je prévois que les socialistes vont s'écrier que j'ai exterminé l'Économie politique, mais que je n'ai pas touché le Socialisme du bout du doigt, il en sera de même, mais en sens inverse, des économistes. Si je pouvais faire battre tout le monde, j'aurais obtenu justement le résultat que je me suis proposé; la réconciliation universelle par la contradiction universelle.

« Mais notre public n'en est pas encore à comprendre cela. »

Je le crois bien! — Et quinze jours après, pour rassurer son homme qui lui témoignait « une peur horrible de voir le procureur du roi mettre le nez dans certain chapitre fort irrévérencieux pour la Divinité, » dont lui-même, éditeur, n'avait eu connaissance que trop tard, et le livre déjà publié :

« (21 novembre.).....Allons, morbleu! monsieur Guillaumin, n'ayez point de peur. Il en sera de tout ceci comme des querelles des Jésuites et des Jansénistes; il y aura un peu de scandale; mais nos petits-enfants se moqueront de nous. — Je vous salue cordialement. »

A ce lendemain de la publication des *Contradictions économiques*, Proudhon roulait des projets qui devaient marquer un nouveau pas décisif dans sa vie ; je ne me les définis pas très-distinctement. Nous l'avons vu, parlant à Bergmann et lui envoyant son livre (22 octobre 1846), lui annoncer que cet ouvrage serait « le dernier de cette taille » qui sortirait de sa plume, et qu'il ne lui restait plus désormais qu'à poursuivre l'application de ses principes et des lois générales exposées par lui. Il était résolu, disait-il, à rentrer sérieusement dans la vie active. Avait-il dès lors en idée quelque plan positif d'entreprise, de création industrielle et de banque populaire? On serait tenté de le supposer d'après ses paroles :

« Comme homme d'affaires, écrivait-il à son ami, avec les connaissances pratiques que j'ai acquises et la petite réputation que je me suis faite, je puis me créer encore une existence confortable : j'aspire à quelque chose de plus; et plus je compare mon individualité avec tant d'autres, plus il me semble que j'ai droit de prétendre à un plus noble rôle. »

En tournant le dos à la science pure, il ne renonçait donc pas à quelque application d'une nature originale et grandiose. Mais comment entendait-il cette application, cette mise en pratique de ses idées? Dans tous les cas, c'était au moyen d'un journal qu'il comptait l'entamer et la réaliser :

« (A M. Bergmann; Paris, 4 juin 1847.) Actuellement, je suis engagé à donner mes soins à la publication d'un journal hebdomadaire, *le Peuple,* qui devra paraître en novembre ou décembre au plus tard. Le fondateur va se mettre en route pour recueillir les souscriptions d'actions et d'abonnements; j'achèverai mon livre [1], qui servira de manifeste à ce nouvel organe : et nous serons à la besogne, j'espère, vers l'arrière-saison. »

Et après quelques mots sur un arrangement régulier avec MM. Gauthier frères, qui tenaient toujours plus à ses services :

« Voilà ma vie, ma position, mon avenir. Si je puis une fois parler au public autrement que par des livres, et traîner de force sur le terrain des vraies questions cette clique de journalistes, d'utopistes et d'économistes, je ne doute pas que la situation générale, dans l'opinion, dans les affaires et dans le Gouvernement, ne s'en ressente

1. Le livre qui devait suivre celui des *Contradictions* et donner la *Solution.*

bientôt. — J'espère qu'alors tes bons avis ne me feront pas faute... »

Puis, à quatre ou cinq mois de là, lorsque sa résolution était prise de se dégager d'avec MM. Gauthier :

« (Lyon, 24 octobre 1847.) Je recouvre donc toute ma liberté d'action. J'ai deux cents francs devant moi; mais Guillaumin consent à éditer mon nouvel ouvrage en me payant chaque feuille à fur et mesure, et à me prendre quelques articles pour le *Journal des Économistes*. — Les occasions feront le reste [1].

1. J'ai sous les yeux la lettre de Proudhon à M. Guillaumin, dans laquelle il lui proposait de régler cette situation nouvelle et lui faisait ses offres de service; quelques passages ne manquent point d'intérêt :

« (Lyon, 19 septembre 1847.) Je quitte la maison Gauthier frères, où je suis employé depuis quatre ans. Mon intention étant de me caser définitivement à Paris, je viens, sans façon, vous demander si vous pouvez m'être de quelque secours dans la circonstance... Je ne sais comment le public français a pris mon dernier ouvrage (le *Système des Contradictions*) ; mais le fait est qu'une troisième traduction vient d'être annoncée en Allemagne... Tout cela me fait croire à un succès au moins égal pour mon nouveau travail; mais il s'agit de vous et non de l'étranger. Quelles seraient vos espérances? Vos nouvelles conditions seraient-elles meilleures pour moi que les dernières ?... Obligez-moi de me répondre rondement sur tout cela. Vous savez que j'aime à traiter de manière à ne revenir jamais sur rien, et que je redoute par-dessus tout les contestations. Je me fie entièrement à vous pour me mettre à mon aise.....

« Les ouvrages qui sortent de votre librairie bien imprimés, sont en général peu corrects; les imprimeurs sont de plus en plus mal montés en correcteurs. Comme ce métier est précisément le mien, et que de plus l'économie politique est l'objet particulier de

« Après sept années d'études spéciales, je n'ai que mon économie politique pour vivre, et comme cette économie politique n'a de valeur que par l'application, il s'ensuit que, pour que je trouve ma place dans la société, il faut que j'y fasse une révolution... (une révolution économique).

« J'admets volontiers que l'avenir donnera une autre solution à ce dilemme; mais pour le quart d'heure, je ne vois pas de moyen terme; et je serais insensé de ne pas embrasser hardiment la seule chance de salut qui me reste. Il s'agit pour moi de passer le pont d'Arcole sous la mitraille, par conséquent de vaincre ou de mourir : je suis curieux d'en voir la fin. »

Les expressions sont plus effrayantes que les choses. Le *pont d'Arcole* et cette *mitraille* n'annonçaient pas une guerre politique au Régime qu'il prisait fort peu, mais contre lequel il ne conspirait pas. La révolution qu'il voulait faire était toujours dans le même sens, dans le même ordre et contre les mêmes adversaires : il voulait en venir à son

mes études, si je pouvais vous être de quelque utilité pour vos épreuves, je serais tout à fait à votre disposition.

« Enfin, je connais passablement la matière commerciale et fais tellement quellement la correspondance : je serais, en qualité de commissionnaire de transports, par terre et par eau, aussi bon directeur d'une compagnie que M. H. D....., votre ami et ancien rédacteur. Si vous entendez dire qu'on ait besoin d'un homme quelque part, je vous serais très-reconnaissant de penser à moi.

« J'ai la confiance qu'avec des connaissances raisonnables en typographie, transports, comptabilité, économie politique, littérature, philosophie, je dois trouver à vivre; mais les quatre années que je viens de passer m'ont mis tout à fait à l'écart, et pour rentrer dans le monde, j'ai besoin des amis. C'est à ce titre que je prends la liberté de m'adresser à vous... »

organisation du travail ; il avait pour antagonistes directs, avant tout, à tort ou à raison, les économistes du libre échange ; il prétendait les convaincre d'erreur flagrante et positive : « Il n'y a « pas un de leurs arguments qui n'implique une « erreur de comptabilité : ce sera le point de « départ de ma nouvelle critique. Juge si l'étonne- « ment sera grand. — L'économie politique, « vois-tu, c'est la philosophie de la comptabilité... « — Les uns veulent qu'on organise, les autres « qu'on *laisse toujours faire*, se fondant sur l'incer- « titude et l'arbitraire des théories d'organisation. « Tel est l'état de la question, l'une des plus dif- « ficiles et des plus vastes que se puisse poser « l'esprit humain. » — Le malheur alors, à cette époque d'effervescence, c'est que toutes ces questions économiques et politiques se touchaient et se confondaient dans l'opinion. L'*esprit humain* était dans un état bien peu calme pour agiter un tel problème, qui ne peut, dans aucun cas, se traiter au coin de la rue ; il n'en pouvait sortir que des malentendus fâcheux et terribles. Le journal même qui allait devenir l'instrument s'appellerait *le Peuple*, et ce titre d'une ancienne feuille, signalée par des principes de démocratie extrême, devait prêter à l'équivoque ; il était impossible qu'on ne s'y méprît point et qu'on s'appliquât à y démêler le fin mot d'un raisonnement masqué ou du moins très-compliqué. Proudhon se flattait d'être maître dans ce journal, et il ne devait pas l'être. Une partie de ces objections lui furent faites. Avec sa confiance ordinaire et son besoin d'espérer à force de désespoir, il passait outre :

« .... C'est dans cette disposition d'esprit, disait-il (24 octobre 1847), que je vais commencer mon journal. Je dis *mien*, quoique la chose, l'affaire, comme disent les commerçants, ne m'appartienne pas; mais c'est que je suis le seul qui puisse donner vie et succès à l'entreprise. Le prospectus, sorti en partie de ma plume, est irréalisable pour tout autre que moi : cela est si vrai, que les fondateurs, rédacteurs, actionnaires et souscripteurs sont fort en peine de savoir comment je sortirai de là. Je dis donc que le journal est mien, et j'entends qu'il se conforme en tout à mes sentiments : *y sino, no.*

« Tu conçois qu'en me faisant journaliste, je ne vais pas mener ma barque à la façon des autres et faire une concurrence de paroles avec mes futurs confrères de la presse parisienne. Qu'ils fassent leur métier comme ils l'entendent, qu'ils vendent des premiers-Paris, des feuilletons-romans, de la méchante critique, des faits divers et des annonces : cela ne me regarde pas. Quand nous en serons là, nous verrons.

« Le journal *le Peuple* sera le premier acte de la révolution économique, le plan de bataille du travail contre le capital, l'organe central de toutes les opérations de la campagne que je vais commencer contre le régime propriétaire. De la critique je passe à l'action; et cette action débute par un journal. J'espère que la rédaction sera aussi originale que la position est exceptionnelle : si Dieu me prête vie et santé, une fois l'impulsion donnée et la marche tracée, les coopérateurs viendront en foule, et tout ira à merveille.

« Je conçois parfaitement tes critiques relativement au titre du journal. Ce titre m'a été imposé à moi-même :

c'est dans un but de tradition, ou, si tu aimes mieux, de résurrection, qu'on s'est décidé pour ce mot, *le Peuple*. On a voulu se recommander à tous les lecteurs et actionnaires de l'ancien journal *le Peuple :* comme tu vois, il n'y a rien, dans la pensée première qui a fait préférer cette désignation, que de parfaitement industriel.

« Sans faire grand cas de ces raisons, j'ai pris sur-le-champ mon parti. *Le Peuple* deviendra le sujet de nos premiers numéros; le peuple, être collectif; le peuple dans sa souveraineté, sa raison, sa conscience; en un mot, le peuple, être infaillible et divin, voilà ce qui domine dans mon œuvre, mais développé, bien entendu, à un tout autre point de vue, et sous une autre forme que le *Contrat social*. Autant les vieilles théories sur la souveraineté du peuple sont vides et vagues, et par conséquent menteuses, autant j'espère que tu trouveras mes idées claires, positives, et d'une réalisation immédiate et facile.

L'annonce pourtant de cette nouvelle idéalisation du Peuple est bien obscure et ne promettait elle-même rien de bien net. Nous touchons déjà à tous les points de difficultés inextricables, à tous les écueils où devait se heurter, comme fatalement, l'intelligence de Proudhon. *Le Peuple* ou *le Représentant du Peuple* ne put paraître sous le régime d'alors, et il ne se publia qu'après février 1848 : Proudhon n'y fut jamais entièrement chez lui. Revenu de Lyon à Paris à la fin de 1847, il s'efforçait d'y poursuivre d'une manière ou d'une autre ses solutions économiques; il assistait, les bras croisés, à l'excitation politique croissante et à l'échauffement inconsidéré des esprits, lorsque soudainement, un matin, la Révolution éclata. M. Darimon l'étant allé voir le jour même, — le premier jour, — à l'*Hôtel de la Côte-d'Or*, rue Mazarine, où il logeait, eut de lui cette première parole : « En voilà de jolies affaires! et comment des gens comme nous vont-ils vivre? » — Ce n'était pas là son dernier mot. Il va tout à l'heure nous exposer lui-même, et à tête ardente, et à tête reposée, ses impressions sincères et véritables, celles de la veille, celles du jour, celles des premières semaines : il ne nous est pas interdit, cependant, le connaissant comme nous le faisons, d'essayer de démêler et de deviner quelques-unes des pensées qui durent d'abord l'assaillir. Il savait mieux que personne que les partis hostiles à la monarchie de Juillet, et qui en héritaient si brusquement, n'étaient nullement préparés à l'exercice du pouvoir, à la fondation de quoi que ce soit, et il a assez dit, et assez haut, à chacun des illustres ou honorables membres du Gouvernement provisoire, ses vérités et son fait. Et lui, tout le premier, qui se flattait d'avoir une idée plus féconde et une solution d'avenir, il sentait bien qu'il n'était pas en mesure de l'appliquer, ou même seulement de la développer en pleine lumière, avec netteté et chance d'être écouté : les événements de 1848 allaient le mettre au pied du mur, pour ainsi dire, le mettre en demeure de se prononcer beaucoup plus tôt et plus clairement qu'il ne le désirait. Il se voyait pris au mot. Le philosophe — oui, le philosophe agitateur qu'il était (et c'est en quoi consistait proprement son rôle) — pouvait être sommé, d'un moment à l'autre, de devenir un législateur. Cette Révolution — il le pressentait aussi dès le premier jour — allait avoir encore pour effet presque immédiat d'enflammer et de déchaîner son tempérament et sa nature, de le tenter par tous ses côtés de témérité paradoxale et d'audace, en même temps qu'elle ouvrait un champ illimité à son talent de polémiste redoutable et à sa verve de satirique indigné, promenant sur les hommes et sur les choses l'ironie sanglante. Comment, à pareil jeu, savoir se contenir et résister? Le danger, ici, était dans l'absence de tout frein et dans les surexcitations du dedans et du dehors. Il est effrayant d'être placé, pour écrire, à la bouche et sous le souffle du cratère : une telle singularité de situation semble faite exprès pour donner l'entêtement ou le vertige. Proudhon, de l'humeur et du caractère qu'il était, une fois porté en avant et mis au défi de passer outre, n'était pas homme à reculer et à trouver en soi, seul à la fin contre tous, la ressource du sang-froid et de la prudence : il était homme bien plutôt à renchérir sur le danger et à jouir, à ses risques et périls, de l'espèce de terrorisme immérité qu'il exerçait sur les âmes. — Au reste, qu'ai-je à faire de mieux, en m'arrêtant au seuil de cette période d'exaltation et de lutte acharnée, où il tomba vaincu et captif, que de le laisser s'en expliquer soit en public, soit dans le secret, et de recueillir ses paroles à deux moments bien différents, pendant l'ardeur du combat, et ensuite à l'heure du calme, lorsqu'il fut revenu? Ce qu'il y aura de conforme dans les deux récits, à travers l'opposition des tons, se reconnaîtra aisément et viendra se rejoindre, pour le confirmer, à tout ce que nous savons déjà.

Un jour donc, en pleine lutte, voulant exposer l'ensemble et la marche de ses idées, Proudhon eut besoin de remonter en arrière, de dessiner sa situation, de tout temps distincte, entre les partis, et il écrivit au courant de la plume, dans son journal, ces pages mémorables, que j'en arrache, et qui sont véritablement dignes de l'histoire :

« Dans les derniers mois de l'année 1847, je travaillais à Lyon, en qualité de chargé de la correspondance et du contentieux, dans une maison de commerce ayant pour objet l'exploitation des houilles et les transports.

« Tout en faisant mes lettres et soignant mes procès, je suivais avec inquiétude le mouvement politique, et la lutte aveugle et passionnée de l'Opposition, représentée par MM. Odilon Barrot et Thiers, contre le parti conservateur, représenté par Louis-Philippe et M. Guizot.

« Le parti républicain n'était alors encore qu'une faible minorité, servant, à l'occasion, d'appoint aux adversaires du Cabinet.

« Je voyais la querelle s'envenimer de plus en plus entre les diverses nuances du grand parti monarchique constitutionnel, et, sous le théâtre de ces déplorables débats, un gouffre se creuser au sein de la société, travaillée par les prédications démocratiques et sociales.

« Le banquet du Château-Rouge, auquel l'Opposition

assista en corps, ayant à sa tête M. Odilon Barrot, fut pour moi le signe avant-coureur de la catastrophe.

« Placé tout au bas de l'édifice social, au sein de la masse ouvrière, moi-même l'un des premiers mineurs qui en sapaient les fondements, je voyais mieux que les hommes d'État, qui se disputaient sur les combles, l'approche du danger et toutes les conséquences de la ruine. Encore quelques jours, et au moindre orage parlementaire, la monarchie s'écroulait, et la vieille société avec elle.

« La tempête commença de souffler aux banquets pour la réforme. Les événements de Rome, de Sicile, de Lombardie, vinrent ajouter à l'ardeur des partis; la guerre civile des Suisses acheva de monter l'opinion, en portant au comble l'irritation des esprits contre le ministère. D'épouvantables scandales, des procès monstrueux, ajoutaient sans cesse à la colère publique. Les Chambres n'étaient pas encore réunies pour la session de 1847-48, que je jugeai que tout était perdu : je me rendis aussitôt à Paris.

« Les deux mois qui s'écoulèrent avant l'explosion, entre l'ouverture des Chambres et la chute du trône, furent les moments les plus tristes, les plus désolés que j'aie traversés de ma vie. La mort de ma mère, qui arriva dans cet intervalle, ne put me tirer de l'angoisse qui m'étreignait : je n'en reçus dans le moment qu'une faible impression. Je sentis alors combien la patrie, pour le citoyen, est encore au-dessus de la famille : Régulus et Brutus me furent expliqués.

« Républicain de la veille et de l'avant-veille, républicain de collége, d'atelier, de cabinet, je frissonnais de terreur de ce que je voyais approcher la République! Je frémissais, dis-je, de ce que personne, autour de moi, au-dessus de moi, ne croyait à l'avénement de la République, du moins à un avénement aussi proche.

« Les événements marchaient, et les destins s'accomplissaient, et la révolution sociale surgissait, sans que nul, ni en haut ni en bas, parût en avoir l'intelligence. Or, que faire en révolution, que devenir quand on n'en possède pas le secret, l'idée?...

« Les républicains, d'ailleurs en petit nombre, avaient la foi de la République : ils n'en avaient pas la science.

« Les socialistes, presque inconnus, dont le nom n'avait pas encore retenti sur la scène, avaient aussi la foi de la révolution sociale : ils n'en avaient ni la clé ni la science.

« De nombreuses critiques de l'ancienne société avaient été faites, la plupart vagues, tout empreintes de sentimentalité et de mysticisme, quelques-unes plus philosophiques et plus raisonnées; mais, de tout ce chaos de discussions déclamatoires, la lumière n'avait jailli pour personne : la presse quotidienne n'était point saisie de la question ; l'immense majorité des lecteurs ne s'en occupait seulement pas.

« Et cependant, la Révolution, la République, le Socialisme, appuyés l'un sur l'autre, arrivaient à grands pas ! Je les voyais, je les touchais, je fuyais devant le monstre démocratique et social, dont je ne pouvais expliquer l'énigme; et une terreur inexprimable glaçait mon âme, m'ôtant jusqu'à la pensée. Je maudissais les conservateurs, qui riaient des colères de l'Opposition; je maudissais davantage encore les opposants, que je voyais déraciner, avec une incompréhensible fureur, les fondements de la société; je conjurais ceux de mes amis, que je savais engagés dans le mouvement, de ne se point mêler de cette querelle de prérogative, absurde pour des républicains, et d'où allait sortir inopinément la République. Je n'étais cru, je n'étais compris de personne.

« Je pleurais sur le pauvre travailleur, que je considérais par avance livré à un chômage, à une misère de plusieurs années; sur le travailleur à la défense duquel je m'étais voué, et que je serais impuissant à secourir. Je pleurais sur la bourgeoisie, que je voyais ruinée, poussée à la banqueroute, excitée contre le prolétariat, et contre laquelle l'antagonisme des idées et la fatalité des circonstances allaient m'obliger à combattre, alors que j'étais, plus que personne, disposé à la plaindre.

« Avant la naissance de la République, je portais le deuil et je faisais l'expiation de la République.

« Et qui donc, encore une fois, avec les mêmes prévisions, ne se fût abandonné aux mêmes craintes?

« Cette révolution, qui allait éclater dans l'ordre politique, était la date de départ d'une révolution sociale dont personne n'avait le mot. Contrairement à toute expérience, contrairement à l'ordre invariablement suivi jusqu'alors du développement historique, le fait allait être posé avant l'idée, comme si la Providence avait voulu, cette fois, frapper avant d'avertir!

« Tout me semblait donc effrayant, inouï, paradoxal, dans cette contemplation d'un avenir qui, à chaque minute, s'élevait, dans mon esprit, à la hauteur d'une réalité.

« Dans cette anxiété dévorante, je me révoltais contre la marche des événements, j'osais condamner la destinée. Je blâmais les Siciliens de leur révolte contre un maître détesté; je m'irritais du libéralisme de ce pape... qui maintenant fait pénitence dans l'exil de ses velléités de réforme; je désapprouvais l'insurrection des Milanais; je faisais des vœux pour le Sunderbund, et j'applaudissais, moi socialiste, disciple de Voltaire et de Hégel, aux paroles de M. de Montalembert, plaidant, devant une Chambre aristocratique, la cause des Jésuites de Fribourg. J'eusse voulu avoir un journal pour attaquer à outrance *le National, la Réforme,* tous les organes de l'opinion réformiste et républicaine; je vouais aux dieux infernaux le rédacteur en chef de *la Presse*...

« Mon âme était à l'agonie : je portais par avance le poids des douleurs de la République et le fardeau des calomnies qui allaient frapper le socialisme.

« Le 21 février au soir, j'exhortais encore mes amis à ne pas combattre. Le 22, je respirai en apprenant la reculade de l'Opposition; je me crus au terme de mon martyre. La journée du 23 revint dissiper mes illusions. Mais, cette fois, le sort était jeté, *jacta erat alea,* comme dit M. de Lamartine. La fusillade des Capucines changea mes dispositions en un instant[1]... »

La bile et le sang l'emportèrent; mais, on le voit, le jugement élevé et sensé n'avait pas fait faute, et il a trouvé dans ces pages son expression la plus vive, la plus éloquente, qu'aucun écrivain supérieur ne désavouerait. Il y a là tout un ordre et un enchaînement de considérations qui dépassent le pamphlet révolutionnaire, et qui pourraient s'appeler du Montesquieu en pleine fournaise.

Mais, à de telles pages, où le talent a imprimé toute sa force et tout son relief, je préfère de beaucoup la parole sobre et simple qu'on va lire, confiée et versée dans le sein de l'intimité. La correspondance que Proudhon n'avait cessé d'entretenir, jusqu'à la fin de 1847, avec le sage et savant Bergmann s'était interrompue tout à coup; elle n'avait plus, en quelque sorte, de raison d'être : il n'y avait plus lieu à des conseils; toute philosophie était ajournée dans la mêlée, et Proudhon n'avait pas eu, en 1848-1849 et jusqu'au temps de sa prison, une seule minute de relâche. Mais, même après, soit pendant ses trois années de prison, soit depuis sa

1. Dans le journal *le Peuple,* du 19 février 1849.

sortie, il n'avait pas su prendre sur lui de renouer le vieux lien, bien qu'il y eût songé plus d'une fois. Il y avait une première glace à rompre, et je ne sais quelle paresse l'avait toujours retenu. C'est alors qu'après six ans et quatre mois de silence et de désuétude, sur l'envoi muet, qui lui fut fait un jour par son ami, de quelques savants écrits composés dans l'intervalle, il eut un remords, et il l'épancha aussitôt dans la lettre suivante, qui explique tout et qui renouait la chaîne. Je ne saurais mieux clore la première partie de mon Étude que par cette pièce, que j'ose appeler une pièce de moralité et d'honneur. C'est une lettre à montrer aux amis et aux ennemis de Proudhon, à ceux qui l'admirent et qui l'estiment, à ceux qui le haïssent, à ceux qui le craignent, à ceux même qui l'ont condamné; il n'en est aucun, je m'assure, qui n'éprouve, en la lisant, cette sorte d'émotion que produit toute beauté morale :

« Paris, 5 mars 1854.

« Mon cher Bergmann,

« J'ai reçu avant-hier, bien sûrement de ta part, quoiqu'aucune suscription ne me l'indiquât, trois opuscules : *les Aventures de Thôr, les Amazones* et *les Peuples primitifs*, que je me suis mis à dévorer avant de t'en faire mes remercîments.

« Tu vaux mieux que moi, mon cher Bergmann; tu l'emportes sur ton vieil ami autant par le cœur que par l'intelligence même de ton amitié. Tu as compris que j'étais un pauvre honteux qui, après un long silence, a fini, sentant trop bien ses torts, par ne plus oser revenir; et tu es toi-même le premier revenu. Encore une fois, tu vaux mieux que moi, Bergmann, je ne te dis que cela; car, si je m'incline devant toi, crois bien que ce n'est pas par mésestime de moi-même : quand je me compare aux autres, je me décerne, je te le jure, dans ma conscience, encore une assez belle place.

« Tu ne sais probablement rien de moi depuis six ou sept ans; car je ne compte pas comme quelque chose ce que le bruit des journaux a pu t'apprendre. Laisse-moi donc te dire en dix lignes mon histoire : cela servira d'excuse à ce que tu as pris de ma part pour un long oubli, et qui, après n'avoir été d'abord que l'effet d'un étourdissement sans exemple, a fini par n'être que la honte mal entendue de ma négligence.

« J'étais revenu à Paris, fin 47, et je m'y trouvais occupé de mes études favorites, quand la Révolution de Février éclata. Je passai dans la retraite les deux premiers mois, mars et avril, suivant le cours des événements, et souffrant dans mon âme de l'affreuse situation où je voyais notre pays. La faveur, non recherchée par moi, de quelques démocrates, puis les attaques non provoquées de ma part des journaux, me lancèrent dans la politique active; le journalisme me fit représentant; une fois à l'Assemblée, les haines inconsidérées du parti conservateur me forcèrent à rompre le silence; et finalement, l'acharnement déployé contre ma personne, m'exaltant jusqu'à la frénésie, fit de moi ce que l'on a vu depuis[1].....

« ..... Cette vie ne pouvait durer : la Cour d'assises m'envoya, avec l'autorisation de l'Assemblée, en prison pour trois ans. En me traitant avec cette rigueur, les juges me sauvèrent la vie. Depuis près de cinq ans que fut pro-

1. Les points qui terminent ce paragraphe et ceux qui commencent le paragraphe suivant sont textuellement reproduits de la lettre de Proudhon.

noncée ma condamnation, j'ai beaucoup travaillé, beaucoup vu, beaucoup appris; je n'ai pas changé sans doute, mais je suis devenu tout ce que je puis être; et j'espère encore que l'avenir prouvera aux amis et aux ennemis que je vaux mieux que ma réputation, et qu'il y a véritablement en moi quelque chose.

« Pourquoi, maintenant vas-tu me dire, ne m'as-tu pas écrit pendant ces trois années d'emprisonnement?

« Pourquoi? mon cher ami! Je n'ai pas une bonne raison à te donner, je suis dans mon tort, je le confesse; mais je ne mériterais pas mon pardon, si je ne te disais les misérables prétextes qui m'ont toujours retenu.

« D'abord, je suis ton débiteur, permets-moi de te le rappeler, et je m'étais toujours flatté de t'envoyer, en t'écrivant, un mandat en remboursement. Représentant du peuple à vingt-cinq francs par jour, rédacteur en chef d'un journal tiré à quatre-vingt mille exemplaires, j'avais à cœur d'acquitter une dette, plus que d'honneur, une dette de reconnaissance.

« *Ce qui vient de la flûte s'en va au tambour,* dit un proverbe. Les vingt-cinq francs d'indemnité étaient emportés par les nécessités de la position, les secours aux pauvres citoyens, les souscriptions, etc.; et je puis te dire ici que, hormis quelques lâches qui, dans le mandat de représentant, n'ont trouvé que quelques jouissances matérielles, toute la gauche républicaine s'est dignement comportée, et d'une si modique ressource a fait un noble usage. Ceux qui étaient venus pauvres s'en sont allés plus pauvres qu'auparavant, après avoir mené une vie d'enfer!...

« Quant au journalisme, tu devines sans peine qu'il m'a rapporté encore moins que le mandat populaire. J'ai eu quatre journaux tués sous moi; j'ai été quatre fois ruiné depuis février; j'ai perdu une somme de trois mille francs, produit de la publication de mes divers ouvrages, que j'avais mise dans cette entreprise journalistique pour parfaire le cautionnement; l'année 1850 n'était pas écoulée que je me retrouvais, comme à la veille de février, *avec rien!*...

« Comment t'es-tu marié, demanderas-tu?...

« C'est ici peut-être que je te vais surprendre et que peut-être tu me condamneras sans pitié.

« J'ai épousé, à quarante ans, une jeune et pauvre ouvrière, non par passion, tu conçois sans peine de quelle nature sont mes passions; mais par sympathie pour sa position, par estime de sa personne, parce que, ma mère morte, je me trouvais sans famille; parce que, le croiras-tu! à défaut d'amour, j'avais la fantaisie du *ménage* et de la PATERNITÉ! Je n'ai pas fait d'autres réflexions. Depuis quatre ans, la reconnaissance de ma femme m'a valu trois petites filles, blondes et vermeilles, que leur mère a nourries et élevées elle-même, et dont l'existence remplit aujourd'hui presque toute mon âme. Qu'on me dise tant qu'on voudra que je me suis conduit avec imprudence; qu'il ne suffit pas de mettre au monde des enfants, qu'il faut les élever, les doter : ce qui est sûr, c'est que la paternité a comblé en moi un vide immense; qu'elle m'a donné un lest qui me manquait et un ressort que je ne me suis jamais connu. Je regrette de n'avoir pas été, en 48, père de famille depuis au moins cinq ou six ans!...

« Maintenant la carrière littéraire m'est à peu près entièrement fermée. Aucun imprimeur, aucun libraire, à Paris, n'oserait se charger d'éditer ou vendre rien de moi. Tout écrit signé de mon nom a dû disparaître des étalages et des catalogues... Il me restait en dernier lieu un libraire avec qui j'avais un traité pour un ouvrage historique de haute importance : ce libraire a été ruiné... et il vient de liquider. Pour le moment, je m'occupe, tout en suivant mes études, de quelques travaux de rédaction pour des intérêts privés qui veulent bien utiliser mes services, et qui encore ont grand soin de dissimuler le ministère suspect qu'ils ont le courage d'employer. J'ai essayé de solliciter un emploi quelque part dans les affaires : partout je me suis vu écarté avec effroi; il semble que la société, convaincue sérieusement que je suis son plus grand ennemi, m'excommunie. *Terra et aqua interdictus sum!*

« Du reste, ma vie est tranquille; je n'éprouve aucune tracasserie. La police sait de reste quel homme je suis : aussi dédaigneux au fond du parti jacobin que du parti légitimiste, indifférent sur la forme politique, sceptique à l'endroit de toute autorité, et beaucoup plus soucieux de la besogne des dépositaires du pouvoir que de leur titre. Aussi ce scepticisme dont j'ai donné force preuves, mortel aux partis et aux sectes, est-il tout à la fois ce qui fait en ce moment ma sécurité vis-à-vis du Gouvernement, et qui me vaut la haine irréconciliable de ses compétiteurs.

« Tu auras sans doute entendu dire que j'avais fait un mariage de fortune. — Je pense que tu as eu assez d'esprit pour comprendre que je n'étais pas de force à cela.

« On t'aura peut-être rapporté aussi que j'avais obtenu une concession de chemin de fer. Le fait est que je me suis mêlé, comme tout citoyen en a le droit, d'une affaire de ce genre... La concession a été délivrée à une autre compagnie.

« Telle est, en abrégé, mon cher Bergmann, l'histoire de ma vie intime depuis six ans. Je suis, dans mon esprit, dans mon cœur et dans ma fortune, exactement le même que tu m'as toujours connu. La pauvreté ne m'est point trop onéreuse; si j'éprouve quelque regret à cet égard, c'est de n'avoir pu encore liquider mes obligations. En 48 et 49, je crus un instant que le travail littéraire me permettrait de m'affranchir; l'occasion a passé sans que j'aie pu la saisir. Le temps a marché si vite, d'ailleurs, que je ne sais pas même si je puis dire que j'ai eu, un seul instant, cette occasion.

« Je demeure rue d'Enfer, 83, non loin de l'Observatoire. J'habite avec ma jeune famille un rez-de-chaussée tourné au midi, avec un joli jardin devant ma porte. Je sors peu et ne vois personne.

« Maintenant, mon cher Bergmann, charité oblige. Tu m'as envoyé tes opuscules, tu m'écriras. Cet envoi silencieux de ta part, ces brochures sans adresse, sans signature, m'ont frappé au cœur; tu m'as châtié : oublions tout. Donne-moi la main, et puisque, comme le philosophe ancien qui disait : *Mon ami dort, je m'en vais le réveiller;* puisque, dis-je, tu es venu réveiller notre amitié, ne fais pas comme la Galatée de Virgile, *quæ fugit ad salices et se cupit ante videri.*

« Présente mes hommages à ta digne femme, et crois-moi pour la vie, ton ami,

« P.-J. PROUDHON. »

Il y a tout dans cette lettre, même de la grâce et de la délicatesse, de celle qui tient à la pureté des mœurs et à la pudeur domestique. Le passage sur la paternité et le mariage serait à citer comme exemple dans un *Traité des Devoirs.* Je n'appellerai, d'ailleurs, cette lettre ni une confession ni un aveu; elle est plus fière que cela, elle est simple et digne; elle a je ne sais quoi d'antique.

L'homme, l'âme, l'intelligence, la personnalité morale, l'individualité originale et donnée par la nature, par la race et le terroir, déterminée par l'éducation et la souffrance, toute composée de logique, de dialectique et de passion, mélangée de bonhomie et de violence, alliant la rondeur au paradoxe, nourrie de faits positifs et d'idées, mais ambitieuse de remonter en tout à la racine et au principe des choses, en même temps que pressée et impatiente d'en tirer jusqu'aux dernières conséquences et d'anticiper la forme et le moule de l'avenir, le Proudhon enfin que nous avons suivi sans discontinuité d'un seul jour jusqu'à l'âge de près de quarante ans, méritait assurément une Étude. Nous n'avons eu d'autre prétention que de bien poser les préliminaires et d'ouvrir la voie. La partie la moins en vue de sa vie est désormais au grand jour.

Octobre, — novembre, — décembre 1865.

APPENDICE

« Ce 25 décembre 1865.

« Monseigneur[1],

« Je n'ai pas oublié une parole que Votre Altesse Impériale m'a dite, et qui m'autorise à la demande que j'ai l'honneur de vous faire aujourd'hui.

« J'étudie à fond *Proudhon*, au moins comme caractère et comme homme. A un moment, je sais qu'il a eu à s'adresser à Votre Altesse, et que ce rapprochement est une des circonstances singulières de sa vie. Vous avez bien voulu me dire, monseigneur, que vous me laisseriez lire les lettres qu'il vous a écrites à cette occasion. Si vous vouliez le faire en ce moment, mon travail en profiterait, et je n'en userais, vous le pensez bien, que dans la mesure où il conviendrait à Votre Altesse.

« Veuillez agréer, monseigneur, l'assurance de mes sentiments respectueux et reconnaissants,

« SAINTE-BEUVE. »

Les relations du prince Napoléon et de Proudhon commencèrent à l'Assemblée constituante. Le prince

1. Lettre au prince Napoléon. — Tout ce qui va suivre, jusqu'à la fin du volume, était entièrement préparé et rédigé de la main même de M. Sainte-Beuve (sauf bien entendu les Lettres de Proudhon, qu'il avait fait copier sous ses yeux) en vue de la seconde partie de son ouvrage, qu'il n'a pas eu le temps d'achever.

avait été un collègue bienveillant. La première lettre de Proudhon au prince, que j'ai sous les yeux, est datée de Paris, 27 juin 1852; elle est signée P.-J. Proudhon, Alfred Darimon et Charles Edmond : elle a pour objet de solliciter la recommandation du prince en faveur de M. Tessié du Motay, âgé de trente-deux ans, chimiste, condamné contumace par la haute cour de Versailles à la peine de la déportation pour l'affaire du 13 juin 1849.

La lettre de Proudhon qui suit, du 7 janvier 1853, est de toute importance et contient tout un programme. Elle prouve, une fois de plus, combien la forme politique, sans être indifférente à Proudhon, n'était pour lui que secondaire : pourvu que la Révolution fût garantie et que le progrès se continuât, assez peu lui importait le reste. On peut d'ailleurs en juger. Voici la lettre *in extenso*[1] :

« Paris, 7 janvier 1853.

« Prince,

« Grâce à vous, l'un de nos meilleurs amis, le citoyen Tessié du Motay, a pu, malgré sa contumace, revoir son pays, sauver les débris de sa fortune et poursuivre à Paris, sous l'ombre de la police, ses hautes et vaillantes études. C'est à vous que nous devons ce service, et je vous en remercie du fond du cœur.

« En ce qui me regarde, j'ai pu voir dans une lettre,

1. Dans la conclusion et dans le raisonnement ultra-logique de cette lettre, il ne s'aperçoit pas qu'il force les conséquences : les nations ne sont pas si logiques que cela ; elles savent rester à mi-chemin, et faire des *haltes* dans l'inconséquence.

toute de votre main, avec quelle gracieuse prévenance vous aviez voulu que je fusse informé du succès de votre intervention. Cette lettre, prince, j'ai cru qu'elle était ma propriété, et je la conserve avec orgueil.

« J'ai su enfin que, tout récemment, vous aviez daigné prendre quelque intérêt à une Revue qui devait paraître sous ma direction, mais que le ministre de la police refuse d'autoriser. Que de raisons pour moi, prince, de vous porter le tribut de ma reconnaissance, et combien vous devez être surpris d'un retard qui déjà frise l'impolitesse! Aussi, depuis longtemps me fussé-je rendu à mon devoir si, avant de me présenter devant vous, prince, je n'avais résolu de tenter une dernière fois votre excellent esprit : vous jugerez tout à l'heure si le sentiment qui m'anime est indiscrétion ou zèle.

« Sans doute, allez-vous penser, il s'agit de faire revenir M. de Maupas de sa décision à l'endroit de la Revue!... Non, prince. Je ne veux rien entreprendre aujourd'hui contre l'agrément de M. de Maupas. Je ne ferai pas, lui ministre, de Revue; je ne compromettrai point votre dignité dans cette querelle de jésuites; je ne voudrais plus même, pour servir de passe-port à mes idées, de la parole toute-puissante de l'empereur. Pourquoi?... C'est ce que je vous conjure en ce moment, prince, et par-dessus toute chose, de vouloir entendre.

« Ma conduite est connue, autant au moins que mes principes. On sait que, faisant passer toujours les institutions sociales avant les formes politiques, mettant la raison révolutionnaire fort au-dessus de la raison d'État, je suis adversaire déclaré de toute abstention comme de tout désespoir. On sait qu'après avoir combattu de toutes mes forces les innovations que je juge hostiles à la liberté, je n'ai plus d'autre pensée, l'événement accompli, que de tirer le meilleur parti des situations nouvelles, pour la gloire du pays, le bien-être des masses et le progrès de l'humanité. C'est ce qui a dirigé ma conduite après l'élection du 10 décembre, et plus tard sous le régime de la loi du 31 mai ; c'est ce qui a inspiré ma dernière publication. Cette tactique, je l'eusse continuée sous l'empire : l'opposition acharnée de M. de Maupas, les ennuis que me suscite la haine du clergé, le haro universel des calomnies bourgeoises, dynastiques, républicaines; une foule de symptômes alarmants, qu'il serait trop long de rapporter, m'avertissent enfin de garder le silence.

« Oui, prince, pour la première fois depuis cinq ans, je sens la peur qui me gagne. J'ai soutenu, tribun novice, l'anathème d'une assemblée; j'ai affronté, pour ce que je croyais vrai, la réprobation de mon pays; jusque sous les verrous, j'ai bravé les colères du pouvoir et du parquet. C'est qu'alors la lutte existait; nous avions, radicaux, un pied dans la constitution; rien n'était décidé contre la République, contre la Révolution. A présent, même avec la tolérance du chef de l'État, avec la garantie de sa parole, je ne me croirais plus en sûreté. Devant le mouvement de contre-révolution bourgeoise, monarchique et sacerdotale organisé depuis treize mois autour et sous le couvert du président et de l'empereur; devant ce cercle de trahisons qui l'enveloppe comme une forteresse, je prévois trop à quelles rages m'exposerait une protestation solitaire, inopportune ; et, après avoir échappé à la bataille des idées, je ne me sens plus le courage d'être victime d'un anachronisme. La bête féroce n'est jamais plus terrible que lorsqu'elle défend sa proie. Eh bien! république, révolution, progrès, liberté, et, pour dire tout, empire et empereur, tout cela est devenu la proie de nos éternels ennemis. Ce qu'ils comprenaient qu'on leur disputât sur le champ de bataille, ils ne souffrent plus qu'on veuille le leur ravir après la victoire : c'est une dépouille qui leur appartient; malheur à qui oserait y toucher! Aux yeux de tous les partis, républicains et dynastiques, radicaux et bourgeois, laïcs et clercs, le mouvement qui nous a fait passer de la République à l'Empire nous porte à la Restauration : combattre ce mouvement, comme je l'ai tenté naguère, c'est indirectement soutenir Louis-Napoléon, c'est affirmer l'empereur; c'est se dévouer, en pure perte, à la haine universelle et au blâme de la postérité. Donc, que la police de M. de Maupas étouffe toute contradiction, et que les événements s'accomplissent! J'attends Henri V.

« Pardon, prince, d'avoir osé vous entretenir d'un sujet si atroce. Mais puisqu'aujourd'hui la fortune impériale est devenue solidaire de la Révolution; puisqu'il s'agit de la gloire de votre nom autant que de l'intérêt démocratique et social, l'heure est venue de fouler aux pieds tout puritanisme, et de sortir des réserves de l'amour-propre. Quand l'étranger envahit la France, un républicain austère, Carnot, s'offrit à l'empereur pour la défense de ses places. A présent que la contre-révolution du dedans et du dehors nous écrase, il est temps que républicains et impériaux entrent en explication.

« Nous sommes effrayés, et à bon escient. Ce qui se passe, au dedans et au dehors, trahit un système dont la pensée est trop claire et le but trop proche.

« N'est-il pas vrai, par exemple, que ce mot fameux, *l'Empire, c'est la paix,* si étrangement exploité depuis le dernier voyage du président de la République, est devenu le signe de ralliement des ennemis de la Révolution et de l'Empire, comme, en 1851, la constitution était devenue le mot d'ordre de tous les partis? N'est-il pas vrai qu'à la faveur de ce mot, prononcé à bonne intention, une pression perfide a été exercée sur les conseils du chef de l'État; qu'aujourd'hui, *l'Empire, c'est la paix,* est synonyme du mot de Louis-Philippe, *la paix partout, la paix toujours!...* et qu'après treize mois de temps perdu, tandis qu'il eût suffi peut-être d'un simple retrait des forces françaises en Italie pour faire tomber la Sainte-Alliance aux genoux de l'empereur, nous sommes de nouveau écrasés sous les concessions et les hontes du règne de dix-huit ans!

« Du côté du Rhin, l'empereur, acculé par les trois puissances aux traités de 1815, c'est-à-dire rendu participant des dépouilles de Waterloo, complice de l'assassinat de Sainte-Hélène; — au nord, au sud, à l'ouest, cerné par une ligne d'États constitutionnels, la Belgique, la Suisse, le Piémont, l'Espagne, l'Amérique, l'Angleterre; le ministère Aberdeen, formé en haine du pouvoir impérial, s'emparant de l'initiative française, faisant tomber le ministère Murillo, appuyant le Piémont réformiste; mettant, de concert avec l'autocrate, notre influence en Turquie à néant; à l'intérieur, tous les organes des dynasties déchues applaudissant à cette coalition immense, faite au nom des principes libéraux : que faut-il de plus pour démontrer à tous les Français la déchéance de notre patrie? Et que cette déchéance, après Louis-Philippe, après Lamartine, après Cavaignac, après la Législative, nous la devons, grand Dieu! au nom de l'empereur, à un Napoléon!... Ah! la Restauration est maintenant justifiée. Les Bourbons ont *subi* les traités de 1815, cela est vrai; mais la dynastie de Juillet, mais la République de Février, mais le nouvel Empire les ont ACCEPTÉS : inclinons-nous devant le patriotisme de Henri V. Qu'il se présente à présent, une charte à la main, il sera reçu en libérateur; — qu'un écrivain s'avise de le combattre, comme je l'ai voulu faire, cet écrivain, quels que soient ses antécédents, sera un *vendu*, un *traître*, un ennemi de la liberté et de la patrie.

« Prenez garde, prince, qu'en vous signalant ce système détestable, où vont s'abîmer l'honneur de votre maison et les espérances de la démocratie, je n'accuse point directement l'intention des conseillers de Sa Majesté, je ne possède aucun renseignement à cet égard, et je raisonne absolument dans l'hypothèse de leur dévouement à l'empereur et de leur sincérité parfaite. Mais vous ne pouvez ignorer que si, en justice, *l'intention est réputée pour le fait,* en politique le fait est réputé pour l'intention; et c'est au point de vue des faits que je dis : Ces hommes, après avoir trahi la République, trahissent l'empereur.

« Après avoir regardé le dehors, jetons un coup d'œil sur le dedans : c'est ici surtout que nous allons voir la conspiration à l'œuvre, que nous allons la saisir *flagrante delicto.*

« On a répété à satiété que la haute fortune de Napoléon III était due au souvenir de son oncle : ce qu'on aperçoit moins, c'est que son malheur vient aussi de son respect pour cette tradition.

« Assurément, ce n'est pas devant un Bonaparte que j'aurais l'inconvenance de critiquer la résurrection d'une foule de lois et de décrets rendus comme un hommage à cette grande mémoire; mais il y avait une manière de suivre de glorieux vestiges, et l'on n'en a profité que comme d'une route royale, qui devait nous conduire plus sûrement à la Restauration.

« Toute l'analogie entre les deux empereurs consistait en ce que le premier avait eu une Révolution à finir et à protéger, tandis que l'autre a une Révolution à commencer et à répandre. L'unique pensée de la contre-révolution, — et sa besogne a été facile, — a donc été de faire prendre le change sur ce point essentiel; de crier, après le 2 décembre, haro sur le parti républicain, de proclamer Louis-Napoléon sauveur de la société, parce que, grâce à la prompte connivence de la bourgeoisie, de la noblesse, du clergé, etc., etc., il avait écrasé, dispersé le socialisme, puis, cette grande félonie consommée, on a parlé de Monk, et le Monk se refusant, nous en sommes, tout à l'heure, au roi légitime.

« Tel a été le plan, fort simple, de la contre-révolution : on peut voir avec quel succès il a été suivi. Je n'ai plus que la peine de citer.

« Le premier Consul avait rouvert les églises et rétabli le culte. C'était jusqu'à un certain point dans les dispositions de l'époque. Après Voltaire, Rousseau, Dupuis, Volney, la critique s'était reposée ; les masses n'avaient point été atteintes ; l'idée subséquente n'avait pas surgi ; la nation n'était pas mûre. La faute religieuse, indestructible dans l'humanité, ne pouvant chez nous recevoir d'autre expression, l'empereur y suppléa par une restauration provisoire.

« Mais, après cinquante ans de progrès philosophique et de propagande rationaliste, j'ose dire que l'exaltation de l'Église n'est plus qu'un anachronisme, quelque chose de violent et d'immoral, comme l'entreprise de Julien l'Apostat. Aussi les effets de cette puissance donnée au clergé sont-ils désastreux, et cela sans profit aucun pour la popularité de l'empereur, sans même qu'il ait pu obtenir le dévouement de ce clergé.

« Sait-on, en effet, aux Tuileries, quelle opposition, quelle haine éclate partout parmi les prêtres envers Napoléon III ? Sait-on la correspondance de M. de Luçon, plus maladroit que ses confrères, avec Henri V ; le mot de M. Dupanloup, *que l'Église reçoit de toutes mains, mais ne se livre pas ;* le programme récent de M. de Montalembert, invitant l'Église, relevée par Napoléon, à repousser toute solidarité avec son gouvernement, déclarant sa non-confiance à la stabilité du nouveau pouvoir, et, en prévision d'un retour auquel tant d'intérêts conspirent, se ralliant aux théories constitutionnelles ?

« Sait-on que dans le Jura les curés se sont montrés fort dédaigneux de la dernière élection, et que, s'il eût dépendu d'eux, pas un paysan ne se fût rendu au scrutin ?

« Sait-on qu'à Lyon, lors de la proclamation de l'Empire le 5 décembre, il y eut abstention presque générale, et, comme par un concert secret, pas d'illumination ; et que, trois ou quatre jours après, à propos de l'inauguration de la Vierge de Fourvières, toute la ville resplendit de feux de joie? Sait-on que le sentiment universel à Lyon est que ce contraste a été une protestation contre l'Empire?

« Sait-on que, l'intolérance du clergé est telle, que l'on parle partout d'une seconde révocation de l'Édit de Nantes, et qu'en trois mois toute la population protestante a été aliénée de l'empereur?

« Sait-on que, grâce à la commission jésuitique formée par M. de Maupas pour la surveillance de la librairie, la circulation des livres d'histoire, de littérature et de science, dans les campagnes, est à peu près interdite? que là on avoue effrontément aux libraires que le but du gouvernement est de restreindre le progrès des études, qu'il y a déjà trop de savants, que le paysan n'a besoin de savoir que son catéchisme, etc, etc.?

« Sait-on...? mais que dis-je! qui oserait rapporter à l'empereur que ses journaux, en racontant son assistance à la messe; que ses courtisans, en demandant à l'archevêque la permission de faire gras le vendredi, couvrent l'Empire d'un ineffaçable ridicule; qu'on ne voit dans cette dévotion affectée qu'hypocrisie ou faiblesse d'esprit; et que le clergé, qui sait à quoi s'en tenir sur le mérite des pratiques religieuses, est le premier à s'en moquer?...

« De la religion, passons aux affaires.

« Le premier Consul avait rétabli les finances de l'État, ranimé le commerce et l'industrie, ramené la prospérité dans le pays.

« Le président a voulu, avec raison, jouir de la même gloire. Pendant quelque temps, sa popularité soulevée par l'allure réformatrice de quelques décrets; les affaires, encouragées par la vigoureuse impulsion qu'il a donnée aux travaux publics, ont fait croire que la France entrait réellement dans une nouvelle ère : l'envie en est venue aux républicains.

« Mais bientôt la désillusion est arrivée ; et l'on peut dire dès à présent que la non-confiance, le discrédit, la stagnation, le malaise, sont devenus irrémédiables.

« A Napoléon III, comme à Louis XIV, il fallait un Colbert, qui recréât de toutes pièces la France nouvelle, et fournît à l'empereur les moyens de soutenir au dehors une politique fière. Il ne suffisait plus, comme jadis au premier Consul, de l'assistance de quelques banquiers, comme on en trouvera toujours, appliquant aux finances de l'État la routine de leurs bureaux, et s'imaginant qu'ils enrichissent le prince quand ils font, par des jeux de Bourse, la fortune de ses favoris.

« Cette différence des temps n'a pas été comprise : aussi la fortune nationale est tombée entre les mains des loups-cerviers ; toutes les bonnes pensées de Louis-Napoléon ont été dénaturées. Le *Crédit foncier* n'est qu'une institution de privilége, inaccessible aux trois quarts des petits propriétaires et sans action possible sur l'économie nationale ; le *Crédit mobilier* n'est considéré que comme une vaste centralisation d'agiotage. Bref, au lieu d'un renouvellement économique, comme celui qui suivit le 18 brumaire, nous sommes revenus aux orgies de 1722, et tout le monde prévoit pour les institutions du président le sort de la banque de Law...

« Pendant son consulat et sous l'Empire, le premier Napoléon avait fait de la conciliation et de la concorde. On voyait dans ses conseils, parmi les plus hauts dignitaires, les anciens serviteurs des rois à côté des conventionnels et des régicides. Les circonstances se prêtaient à cette politique, et quoique l'Empereur, à ses derniers moments, ait eu à se plaindre des nobles ; quoiqu'il ait dit : *les blancs sont blancs,* et *les bleus sont bleus,* on peut dire qu'en dernière analyse, ses revers ne sont pas venus de là.

« Est-ce la même chose aujourd'hui ?

« D'abord, il n'y a pas de ralliement autour de l'empereur. On s'abstient, on boude, ou plutôt on s'empare, grâce à ce désir trop vivement exprimé de ralliement, de toutes les positions; on se fait adjuger chemins de fer, canaux et mines, banques et priviléges; on remplit l'administration, les tribunaux, les états-majors; on se rend partout maître; on ne laisse à l'empereur que sa livrée, si tant est que cette livrée ne soit pas remplie elle-même d'espions et d'assassins. Nous sommes en pleine monarchie philippiste, en vrai gouvernement bourgeois. Et l'on peut dire aujourd'hui de Louis-Philippe, comme on l'a dit de Voltaire, que *s'il n'a pas vu tout ce qu'il a fait, il a fait tout ce que nous voyons.*

« Cela éclate surtout dans la polémique des journaux soi-disant dévoués à l'empereur. N'est-il pas déplorable, en effet, de voir, dans *le Constitutionnel, la Patrie, le Pays,* l'empereur Napoléon III aspirer au titre de souverain légitime, à l'exclusion de Henri V et des d'Orléans, sur ce principe qu'ayant sauvé seul la société, il a seul droit de la gouverner? — Comme si la société qu'a sauvée le 2 décembre n'était pas, par le fait et par les explications qu'en donnent tous les jours les feuilles impérialistes, la vieille société monarchique; comme si la pièce la plus précieuse de ce sauvetage n'était pas la royauté; comme si, par conséquent, il n'y avait pas contradiction pour Louis-Napoléon à vouloir être tout à la fois *sauveur* et *empereur,* c'est-à-dire USURPATEUR!...

« Je le répète, Henri V aujourd'hui est seul logique, et comme ce qui est logique tôt ou tard se réalise, Henri V reviendra. C'est une opinion qui court les rues maintenant, en attendant qu'elle coure les campagnes; et si l'empereur entendait de son cabinet ce qui se dit dans les bureaux et partout, il saurait que sur cent fonctionnaires publics salariés de l'État, il y en a quatre-vingt-quinze qui se moquent de lui et appellent de leurs vœux Henri V. Je tiens cette confidence d'un des serviteurs les plus dévoués de Sa Majesté[1] : il en était effrayé en me parlant, et j'en frissonne moi-même...

« Je ne pousserai pas plus loin ma critique. Je ne dirai rien surtout de ce qu'on appelle *l'entourage :* j'aurais peur de toucher aux affections de l'empereur, et je veux éviter tout ce qui semblerait une personnalité. Mais je ne puis dissimuler une chose qui a surpris l'opinion et qui froisse le sentiment des convenances si délicat chez des Français : c'est que MM. de Saint-Arnaud et de Maupas n'aient pas suivi dans sa retraite M. de Morny, et que des hommes qui ont été les instruments du 2 décembre aient cru pouvoir rester les ministres de l'empereur. Il y avait là une pudeur que M. de Morny a comprise, une loi d'ordre public, de bienséance gouvernementale, qu'il ne fallait pas violer. Serait-il donc vrai que l'empereur a les mains liées vis-à-vis de ces messieurs, et qu'il n'oserait leur demander une démission nécessaire?...

« Je m'arrête, car je ne puis tout dire : un volume n'y suffirait pas.

« Il se peut que je me trompe; il se peut que l'empereur voie les choses autrement que je ne fais: après tout, il est le mieux placé pour discerner ce qui convient à sa renommée et à ses intérêts. Mais je déclare que je suis résolu, jusqu'à un nouveau changement politique, de m'abstenir volontairement. Je ne veux pas m'exposer au poignard ni des rouges ni des blancs, en faisant dire que je suis l'épouvantail, compère de l'empereur, qui arrête seul la contre-révolution. Pour que je reprenne la parole, il ne me faut pas moins qu'un coup d'État qui change ou le ministère ou la dynastie.

« La proscription continuant à l'égard de mes coreligionnaires, les effets de l'amnistie arrêtés, restreints par la volonté de fonctionnaires subalternes; l'omnipotence

1. Ici M. Sainte-Beuve a écrit entre parenthèses, au crayon et avec un point d'interrogation à côté, le nom de Persigny.

des jésuites sévissant sur la police, l'administration, l'Université, et atteignant jusqu'aux familles; la colère de la classe moyenne, ses appréhensions, ses peurs, dirigées habilement contre le régime impérial, accusé tour à tour de socialisme et d'absolutisme, me disent assez que l'heure est venue pour moi d'une réserve sévère.

« Peut-être l'empereur se confie-t-il en la force immense qu'il tire de huit millions de suffrages!... Il ignore que, depuis le 10 décembre, le principe de la souveraineté effective du peuple, manifestée par voie de scrutin, a été incessamment démoli par la propagande contre-révolutionnaire; que le plus fort argument contre le suffrage universel et direct, et partant contre le titre de Napoléon III, est tiré précisément des votes du 10 décembre 48, du 21 décembre 51 et du 20 novembre 52. Plus le peuple lui a donné de voix, plus, au jugement même des républicains, ce peuple est incapable, plus il a manifesté son incompétence.

« D'ailleurs, le suffrage universel est maintenant muet, et pour longtemps. La multitude rentrée dans son inertie, la force reste à l'aristocratie bourgeoise, qui ne pardonnera à l'empereur que le jour où il abdiquera.

« Voilà, prince, les choses que j'avais à vous dire, avant la visite de reconnaissance que je vous dois. Vous avez passé toujours pour un esprit libéral : à ce titre, vous méritez la haine non-seulement de toute l'aristocratie non ralliée, mais de celle même qui feint de l'être, et qui repousse en vous, avec la tendance révolutionnaire, la perpétuité de la famille Bonaparte...

« Cette communauté d'intérêts qui unit en ce moment votre destinée à celle de la Révolution est mon excuse : qu'elle serve de passe-port à la présente.

« J'attends de vous, prince, un mot qui m'indique l'heure et le jour où vous pourrez me donner audience : puissiez-vous me rendre autant de sécurité que je vous ai exprimé d'alarmes!...

« Je suis, prince, avec le plus profond respect, votre très-humble et très-obéissant serviteur,

« P.-J. PROUDHON. »

La deuxième lettre, que j'ai sous les yeux, est relative à l'affaire du chemin de fer; elle est datée de Paris, 12 janvier 1853 :

« Il s'agit de la concession du chemin de fer de Besançon à Mulhouse, à laquelle je m'intéresse, dit Proudhon, comme Franc-Comtois d'abord, et ensuite comme économiste.

« Cette concession est demandée, entre autres, par une compagnie puissante dont la formation est due tout entière à l'initiative d'Huber, l'ancien détenu de Belle-Isle, gracié par le président après le 2 décembre, l'homme enfin que vous vîtes vous-même, au 15 mai, dissoudre l'Assemblée nationale.

« La compagnie au nom de laquelle agit Huber est, ainsi que vous le verrez par la note, de beaucoup la plus solide et celle qui offre à l'État les plus grands avantages et les plus sûres garanties. A ces titres, elle se recommande elle-même et n'a pas besoin de solliciteurs.

« Voici maintenant, outre ma vieille amitié pour Huber, l'intérêt supérieur que je prends à son succès.

« Si, par une recommandation spéciale de l'empereur, la compagnie d'Huber, préférable du reste à tous égards, obtenait la concession, je trouverais dans ce fait l'occasion d'une étude dans laquelle, après avoir passé en revue les diverses concessions que fait l'État en mines, chemins de fer, priviléges de finances, etc., et dégagé de chaque fait l'idée qui le gouverne, j'arriverais peut-être à une formule générale qui répondrait au vœu, tel que vous me l'avez exprimé, de l'empereur :

« *Trouver le moyen, dans les réformes économiques, de satisfaire aux justes exigences du prolétariat, sans blesser les droits acquis de la classe bourgeoise.*

« Vous voyez, prince, que je poursuis opiniâtrément mon idée fixe de faire servir l'Empire, comme la République, au progrès de la Révolution.

« La concession de la ligne de Besançon à Mulhouse, dont le tracé occupe en ce moment les ponts et chaussées, va être incessamment portée au conseil des ministres. — C'est vous dire, prince, que l'affaire brûle, que la sollicitation se remue; en un mot, il y a urgence. Ménagez donc, s'il vous est possible, en dehors de la région ministérielle, où s'agitent tant d'influences, une occasion si belle à Sa Majesté de faire à la fois acte de justice, de bonne administration et de saine politique.

« Je suis avec respect, Prince,

« Votre très-humble et obéissant serviteur,

« P.-J. PROUDHON.

« Rue de la Fontaine, 9. »

Trois compagnies se présentaient pour la concession de cette ligne. La première avait pour chef M. de Grimaldi. La seconde compagnie était la même qui avait déjà obtenu la concession de Dijon à Besançon; elle avait le patronage de M. de Morny, qui protégeait aussi, au besoin, la compagnie Grimaldi.

La troisième compagnie, formée par les soins et les démarches d'Huber, comptait les noms les plus honorables dans le conseil d'administration : le général Schramm, le général Achard, le vicomte de l'Espine, propriétaire, le prince de Wagram, Jules

Talabot, W. Hope, banquier, L. Murray, propriétaire en Irlande, etc. M. de Persigny, tout le premier, avait encouragé Huber dans cette entreprise : M. Magne, ministre des travaux publics, avait paru d'abord accueillir avec faveur la demande; puis il se refroidit. Le nom d'Huber, qui avait tenté d'abord, effaroucha ensuite. Dans une autre lettre au prince, du 22 janvier 1853, Proudhon disait :

« Le nom d'Huber, après avoir un instant souri à M. Magne, comme à M. de Persigny, est tombé depuis en une certaine défaveur : dans le courant d'idées qui nous emporte, le nom d'Huber, malgré la démission politique de cet ex-prisonnier d'État, paraissant trop démocratique et révolutionnaire, et le besoin de popularité se faisant aussi moins vivement sentir. »

Une lettre de Proudhon, du 7 septembre 1853, termine tout ce qui est relatif à cette affaire de concession. Proudhon refuse l'indemnité offerte par M. Péreire :

« Paris, 7 septembre 1853.

« Prince,

« Mon ami M. Charles-Edmond vient de m'informer que vous aviez vu avec déplaisir le refus que je faisais de prendre ma part d'une somme de 40,000 francs mise la disposition d'Huber et de moi, par M. Péreire, à titre d'indemnité.

« M. Charles-Edmond me fait observer en même temps que, par une délicatesse digne de votre cœur, vous regardiez cette indemnité comme une sorte de satisfaction envers vous, pour la peine que vous avez prise dans cette affaire, qui, en définitive, s'est terminée, du moins au point de vue financier, d'une façon avantageuse au Gouvernement.

« Permettez-moi, prince, en vous soumettant mes motifs, de persister dans ma résolution. Je ne joue pas, croyez-le bien, *à l'homme vertueux et incorruptible;* je n'aime pas les vertus de théâtre, et n'estime en toutes choses que ce qui est naturel et modeste. J'avais recommandé à Huber de transmettre purement et simplement à M. Péreire mon abstention, et de couvrir tout cela du silence; je regrette que trop de gens soient déjà instruits de la chose.

« J'ai sollicité, comme *économiste* et *démocrate,* la concession du chemin de Besançon à Belfort, pour la compagnie Murray; mon but n'était pas seulement de procurer à l'État des conditions meilleures; c'était aussi, et surtout, de poser par un fait une idée, l'idée de la non-agglomération des compagnies de chemins de fer, de l'indépendance des lignes et de leur ressortissement direct de l'État. J'eusse peut-être accepté de la compagnie Murray, si elle avait obtenu la concession, une position convenable, qui m'eût permis, en qualité d'ancien commissionnaire et d'homme du métier, de poursuivre dans l'application la pensée que j'avais fait valoir comme solliciteur: le Gouvernement a donné l'exclusion à mon plan; je n'ai point à recevoir d'indemnité pour une idée.

« Disons toute la vérité : je sais, prince, que la franchise ne vous déplaît pas.

« M. Péreire est le représentant et le chef du principe saint-simonien de féodalité industrielle qui régit en ce moment notre économie nationale, principe que je regarde comme antidémocratique et antilibéral, comme aussi funeste à l'émancipation populaire qu'il peut le devenir au pouvoir même de l'empereur.

« Mon devoir, ma destinée, est de combattre en tout et

partout ce système ; il serait étrange, digne d'un chevalier d'industrie, que je reçusse une gratification de l'ennemi. Que diriez-vous de moi si, en compensation du refus que s'obstine à faire le Gouvernement d'autoriser la *Revue du peuple,* dont je dois être le directeur, les jésuites, à la sollicitation de M. de Persigny, qui n'est point défavorable à cette *Revue,* m'offraient une somme de 100,000 francs, et que j'acceptasse?

« Ma position est exactement la même vis-à-vis de M. Péreire. L'empereur, votre cousin, après avoir livré nos âmes aux jésuites, livre le patrimoine du peuple aux juifs : parce qu'il a la conscience qu'il ne se livre point lui-même, il s'imagine que ses faveurs sont sans conséquence pour la nation. L'empereur se trompe, et le mal qu'il nous fait est énorme...

« J'en ai dit assez, prince, pour l'explication de ma conduite et pour votre intelligence si prompte. Permettez donc, encore une fois, que je garde ma position ; elle est la seule qui convienne à celui que vous avez daigné quelquefois honorer de votre bienveillance, et qui, plus que jamais, vous prie d'agréer l'expression de sa profonde reconnaissance.

« De Votre Altesse Impériale,

« Prince,

« Le très-humble serviteur,

« P.-J. PROUDHON. »

Une lettre de Proudhon à Charles-Edmond, datée du 9 juillet 1854, et que je trouve dans le dossier du prince, s'intercale ici :

« Paris, 9 juillet 1854.

« Mon cher Edmond,

« J'ai reçu votre bonne lettre, datée de Constantinople 15 juin, et je vous avoue que je l'attendais. Je connais toutes vos tribulations, je sais quels intérêts sacrés vous préoccupent, et tout ce que le devoir de la reconnaissance et de hautes convenances vous imposent. Je serais le premier à vous le rappeler, si vous pouviez l'oublier. Mais, enfin, nous devons toujours garder au fond du cœur le coin de l'amitié, et je vous remercie affectueusement de votre souvenir.

« Parlons donc des affaires d'Orient, puisque vous m'y invitez le premier, puisque votre sort actuel y est attaché, et que l'Europe ne pense, pour le quart d'heure, à autre chose. Mais, pour vous donner un jugement motivé, tel que vous le demandez, je serai obligé de reprendre les choses d'un peu haut et de les suivre, comme on dit ici, de fil en aiguille. Aussi bien, je tiens à faire à tout le monde sa juste part de blâme et d'éloge.

« Commençons par la Russie.

« Il est évident, d'après toutes les nouvelles d'Orient, que lorsque le tsar disait confidentiellement à H. Seymour : *La Turquie se meurt, la Turquie est morte,* le tsar était dans le vrai, et je ne comprends pas comment M. de Nesselrode, si habile, n'a pas tiré hautement parti de cette déclaration *confidentielle.*

« Il est évident encore que, lorsque Nicolas allait quêter partout un concours pour régler cette triste succession, il avouait implicitement qu'il ne se sentait pas la force d'agir seul ; et je ne comprends pas encore pourquoi son diplomate ne l'a pas hautement reconnu.

« Mais les choses, en ce monde, iraient trop vite et trop bien si on les tirait de cette manière au clair, et le diable, qui se mêle de tout, ne pouvait permettre que le tsar, qui avait deux fois raison, se conduisît ensuite en habile homme. Le tsar, c'est la personnification de tous les intérêts qui soupirent après le trépas de cette pauvre Turquie, intérêts qui ont leur égoïsme, et conséquemment leur part d'iniquité. Au lieu de jouer franc jeu, le tsar colporte ses nouvelles en filou, puis il tombe sur le moribond en brigand : *inde iræ*. Puisqu'il tenait à en finir, une fois le pot aux roses découvert, il n'avait, ce me semble, que ceci à faire : dire aux puissances qu'il exigeait l'*émancipation des chrétiens*, ce qui était bien l'extrait mortuaire du vieux; que si la Porte s'y refusait, il l'y contraindrait; mais, en même temps, que s'il plaisait aux puissances de venir elles-mêmes faire la besogne, il les laisserait volontiers, et se contenterait d'attendre, sans prendre d'engagement. C'est à peu près ce qu'il propose aujourd'hui à l'Autriche : que ne l'a-t-il fait plus tôt?... Une fois les Anglo-Français à Constantinople, éclairés par l'expérience, qui diable eût songé à disputer à Nicolas la Dobroudcha? Enfin on aurait enseveli le mort, et l'on se serait entendu!...

« *France et Angleterre.* Si quelque chose est honteux, à mon avis, ce ne sont pas les révélations de lord Seymour, c'est l'hypocrite scandale qu'elles ont soulevé. Comment! l'Angleterre, qui somme le pauvre Abdul-Medjid d'abjurer les *principes erronés* du Koran, a rougi de pudeur aux paroles de Nicolas! Comment! quand le tsar fait des ouvertures à Napoléon, celui-ci lui ferme la porte au nez! On ne veut pas entendre parler de la mort de la Turquie, on veut qu'elle vive! Respect aux faibles! intégrité de la Turquie, nécessaire à l'équilibre européen!... Voilà la diplomatie de M. Drouyn de Lhuys, l'homme de l'expédition romaine!...

« Qui donc vous obligeait à prendre pour acceptables les propositions du tsar? Le tsar fait ses offres, ouvre le débat, met en avant une idée; il fallait examiner, discuter, contre-proposer, enfin préparer les bases d'un traité. Mais non. L'Albion, en vraie bégueule, avait baissé les yeux; la France, en vertu de la halle, s'est mise à chanter pouille au séducteur :

Sacré cochon, m'prends-tu pour un'margot?
Si j'n'étais pas un'femme comme il faut,
J'te f......s mon poing sur la gueule!...

Et nous voilà lancés comme des paladins de l'Arioste... Qui donc leur a détraqué la cervelle?... C'est ce qu'il est bon de voir.

« Vous le savez, cher ami, la vieille société européenne est dans le même état que la Turquie; elle est bien malade, elle s'en va. Elle le sent, elle le sait; elle se raccroche à toutes les madones, elle appelle tous les empiriques, elle s'abreuve de tous les orviétans.

« En France, par exemple, la réaction de 1848 se poursuit, acharnée, et toujours plus furieuse, plus impitoyable que jamais. C'est au point que si l'empire venait à tomber, vous auriez demain pour ministres Guizot-Labourdonnaye, Broglie-Polignac et Cousin-Trestaillons. A défaut de la fusion, les néo-jacobins se donneraient le plaisir de commencer la guillotinade par Clootz, Hébert, Desmoulins, Chaumette, Jacques Roux, Varlet, Momoro et autres anarchistes et athées. Et cela durerait jusqu'à ce qu'un sabre sorti de la culotte du néo-chrétien Buchez se chargeât de rétablir l'ordre et les bons principes dans la société expirante!

« C'est vous dire assez que, sous des formules en apparence contradictoires, le vieux monde est d'accord au fond, et conduit par les mêmes routines, les mêmes préjugés. Par exemple, que voulez-vous qu'imagine de mieux cet ancien prix d'honneur, répondant au nom de Drouyn de Lhuys, que de raffermir l'*équilibre européen*? ces traditions de la Sainte-Alliance, de Richelieu, du traité de Westphalie? — Quant aux Turcs, n'avons-nous pas une autre tradition, celle de François Ier? Vous dites : Mais les nationalités? — Les nationalités! ceci est de tradition, c'est-à-dire de blagologie révolutionnaire. Il a suffi que la Révolution montrât le bout de l'oreille pour que les nationalités fussent à l'instant écartées. Qui l'a voulu? Drouyn de Lhuys, c'est-à-dire toujours cette vieille société dont lui et ses collègues sont les sifflets. A coup sûr, ni l'orléanisme, ni le légitimisme, ni la fusion n'ont appuyé la guerre; mais ce qu'ils ont fait, ne pouvant tout empêcher, ç'a été de rendre la guerre à la fois contre-révolutionnaire et hostile aux peuples. Le moment, en effet, eût été mal choisi pour faire cette brèche au principe d'autorité!

« Rappelez-vous ma dernière lettre, cette lettre épouvantée, où je vous priais de dire au prince qu'il fallait absolument, à peine de ruine et d'infamie, forcer Napoléon III d'*abdiquer*. — J'étais sous le coup d'une de ces intuitions comme il m'en arrive par instants, et qui me font parler presque avec l'emportement des oracles. Eh bien, ce qui n'était alors qu'une intuition devient pour moi insensiblement une certitude. Oui, la voie où l'empire est engagé aboutit à une abdication, non plus en faveur d'un prince de la famille, mais en faveur du comte de Paris : *sacer esto!*

« J'ignore encore ce que deviendra la guerre, tant je la trouve à la fois ruineuse, dénuée de cause, en un mot absurde. Mais suivez mon raisonnement, et vous allez voir, à moins d'un revirement de politique, c'est-à-dire d'une révolution, ce qui attend la dynastie des Bonaparte.

« Ce qui me semble avoir entraîné l'Angleterre à cette guerre, et forcé la main au ministère Aberdeen, c'est, avec le chauvinisme commun à ce pays et au nôtre, l'ambition de l'aristocratie. L'aristocratie anglaise souffre dans son orgueil; elle se voit pousser à la fois par la bourgeoisie mercantile, par le cobdénisme, par les agitations du continent, dans une voie à elle inconnue. Elle songe, cette aristocratie, à refaire, contre la Russie ou tout autre, quelque chose comme la guerre avec la République française et l'Empereur. C'est toujours, sous une forme locale, la contre-révolution..., etc., etc.

« ... Et maintenant, quel fruit recueillera la France de cette grande politique conservatrice, équilibriste et *porvidentielle?...*

« Un répit de quelques années, une étape sur notre grande route révolutionnaire, si Napoléon III ne tombe pas trop tôt;

« Une restauration féroce, pour peu que le cours des choses se précipite. Du côté de l'Orient, rien, pas un denier, pas un koppeck, pas même l'honneur. Or, à moins que le bon ange de la contre-révolution, qui jusqu'à ce jour a inspiré et couvert de ses ailes Napoléon III, ne trouve moyen pour lui d'allonger le débat, je parle surtout de la question d'Orient, je crois, je vous l'avoue, la restauration proche.

« Avant-hier, un décret impérial a ouvert un crédit extraordinaire de 52 millions au ministre de la guerre pour les expéditions d'Orient; cela fait 302 millions de dévorés. Vous savez qu'en principe, quand un gouvernement emprunte, c'est que l'argent est dépensé : nous avons le temps, d'ici fin décembre, d'arriver au demi-milliard.

« Vous me dites que les Russes seront battus, je le veux. Mais cela ne nous avance de rien, et le pire qui puisse nous arriver serait de leur prendre une province qu'il faudrait garder. Nous sommes embarqués dans une entreprise qui peut nous coûter, bon an mal an, cinquante mille hommes et 200 millions de francs. On s'en apercevra bientôt, et le jour viendra où, le pays ne pouvant plus aller, la contre-révolution, dont Napoléon III n'est que l'instrument peu aimé, dira : Halte ! —

« Halte ! c'est l'abdication. En effet..., etc., etc.

« ... Je travaille de toutes mes forces. — Aujourd'hui dimanche j'ai suspendu mes travaux pour cette conversation avec vous. Vous avez le résumé de mes conjectures sur l'avenir et de mes sentiments. Je tâche de deviner les événements d'après la disposition des esprits : c'est pour cela que, selon moi, dans cette question d'Orient, de même que depuis longtemps, le saint sépulcre n'est plus de rien, de même la Turquie n'est rien, la Russie rien :

ce qui est quelque chose, la véritable affaire, c'est la mystification de l'Allemagne, l'enchaînement de la démocratie et de la Révolution, et la *gloire* de l'Angleterre... »

En adressant au prince son travail sur l'*Exploitation des chemins de fer*, Proudhon y joignait une lettre à la date du 24 mai 1855 :

« J'ai voulu, avant de vous l'offrir, m'assurer qu'il était digne de Votre Altesse, d'après l'effet qu'il produirait non-seulement sur le public qui l'a bien accueilli, mais sur les hommes du métier qu'il touche de plus près.

« Je puis dire aujourd'hui que rien ne manque à mon succès. Le silence des Compagnies, celui des journaux dont elles disposent, est pour moi la meilleure et la plus éclatante des approbations.

« Daignez donc, prince, recevoir cet écrit, d'abord comme un gage de ma reconnaissance, ensuite comme un témoignage pour vous-même qu'en vous intéressant, comme vous l'avez fait, à la demande de concession dont je m'occupais il y a dix-huit mois, vous n'avez pas obligé simplement un coureur de primes, un intrigant sans compétence dans la matière, sans pensée d'avenir et d'intérêt public.

« Recevez, prince, l'hommage de mon respectueux et sincère dévouement,

« P.-J. PROUDHON. »

Une septième et dernière lettre au prince est pour accompagner l'envoi de son livre *De la Justice*, et datée du 21 avril 1858; la voici dans son entier :

« Paris, 21 avril 1858.

« Prince,

« J'ai l'honneur de vous adresser un exemplaire de

mon nouvel ouvrage, *De la Justice dans la Révolution et dans l'Église.*

« Vous ne lirez pas, et vous ferez bien, ces dix-sept cents pages de philosophie morale, déduite des principes de la Révolution française. Rien de plus ennuyeux, en général, que les moralistes ; et comme je n'opère pas de prodiges, je n'ai pas la prétention de faire ici exception à la règle.

« Mais vous pouvez vous faire rendre compte de mon fatras ; et si le rapporteur est intelligent, il vous dira, entre autres choses :

« Que le principe de légitimité dynastique, perdu ou méconnu depuis l'abolition de l'ancien régime, se trouve tiré au clair dans mon livre ; que ce principe, qui n'était autre, avant 89, que l'incarnation, dans une famille élue, du *droit divin,* ou de la pensée religieuse, qui faisait la base de la société, est aujourd'hui, ou peut-se définir (je raisonne dans l'hypothèse du maintien de la forme monarchique), l'incarnation, dans une famille élue, du *droit humain,* ou de la pensée rationnelle de la Révolution.

« Le rapporteur pourra ajouter :

« Que pour qu'une semblable légitimation eût lieu, il fallait, au préalable, connaître le fond de la pensée révolutionnaire ; mais que cette connaissance n'a jamais été acquise ; que mon ouvrage est la première tentative sérieuse qu'on ait faite pour pénétrer ce mystère ; que la vraie cause des révolutions politiques qui nous tourmente depuis soixante-dix ans vient de l'ignorance où le pays est resté de sa propre destinée et du pouvoir de sa mission, et que ce qui fait aujourd'hui chanceler l'Empire vient encore de cette ignorance fatale.

« Quelle est donc cette pensée de la Révolution ?

« J'ai mis dix-sept cents pages à l'expliquer. C'est, en résumé, que comme l'ancienne société de droit divin était organisée au complet, en politique, économie politique, droit moral, métaphysique, esthétique, etc.; de même la Révolution, qui se pose contradictoirement à cette société, est aussi organisée au complet dans chacune de ces catégories.

« J'ai essayé de le démontrer. Tâche énorme pour un seul homme, mais qui ne pèsera rien le jour où, la question étant comprise, la Raison publique s'en occupera.

« Pardonnez, prince, à ma vanité d'auteur de le dire : Ce sera un honneur pour le règne de Napoléon III que, sous un régime aussi sévère et avec un tel délabrement des consciences, il ait pu se produire un pareil ouvrage ou plutôt se poser une question aussi formidable.

« Mais ce sera une tache pour ce même règne qu'au moment où paraissait le livre, la scission eût été si profonde entre le pouvoir établi et la conscience révolutionnaire qui seule le légitime, que la pensée du régicide circule partout, et qu'un esprit aussi indépendant que le mien, et dont les paroles sont prises au sérieux, ait eu besoin de s'entourer vis-à-vis du public de tant de précautions oratoires pour condamner une idée aussi monstrueuse.

« Orsini est devenu une mode parisienne, qui gagne jusqu'aux monarchiques anglais; en dehors de la presse impérialiste, il n'y a pas un homme, hormis moi, qui osât protester contre cette aberration du sens moral...

« Prince, j'en ai peur, les jours mauvais approchent pour vous. Vous fûtes jadis mon collègue bienveillant à l'Assemblée constituante; vous vous êtes montré, pour mes amis malheureux et pour moi-même, depuis le rétablissement de l'Empire, plein d'obligeance; tout récemment vous avez créé entre nous, par l'envoi de votre rapport sur l'Exposition universelle, une sorte de confraternité littéraire. Quoi qu'il arrive, prince, je n'oublie pas les services rendus et les bons procédés; que cet envoi d'un livre plein d'audace, plus audacieux mille fois par le fond que par la forme, vous soit un nouveau gage de mes sentiments.

« De Votre Altesse, Prince,
le dévoué et obligé serviteur,

« P.-J. PROUDHON. »

« Ce 28 décembre 1865.

« Monseigneur[1],

« J'ai l'honneur de vous faire remettre, en les accompagnant de tous mes remercîments, les intéressantes lettres de Proudhon, adressées par lui en différents temps à Votre Altesse.

« Elles sont en effet curieuses : l'une est belle moralement... — Une autre, la grande, très-singulière, en partie vraie, en partie fausse. Je me rappelle involontairement le vers de la comédie :

Et le raisonnement en bannit la raison.

« Tout ce qui est faux, ce sont les conséquences et conclusions forcées; il y a aussi du faux, de *l'archi*-faux, dans l'exposé trop pressé et raisonné des circonstances. Mais il y a des faits parfaitement vus, un courant général bien dessiné et qui n'a fait que se dérouler depuis. Il n'est que trop vrai que le premier Napoléon avait dans ses conseils des régicides et des royalistes, d'anciens conventionnels et des ralliés du côté droit, qu'il les tenait en échec les uns par les autres, se servait de tous, donnait des garanties à tous : les Berlier, les Merlin de Douay, les Thibaudeau étaient ses hommes autant que les Portalis, les Lebrun, les Regnaud. De là une grande

1. « Lettre que j'ai écrite au prince Napoléon en lui renvoyant les lettres de Proudhon qu'il m'avait prêtées.— (S.-B.) »

force, un véritable équilibre. Sous l'empire présent, cet équilibre n'existe pas. Le côté révolutionnaire, socialiste, qui voudrait se rattacher, ne trouve pas un appui suffisant, une garantie; le blanc domine, il n'y a de rouge que celui des cardinaux. Le père Félix, le père Hyacinthe peuvent tout dire, et je ne m'en plains pas; mais si, en sortant de là, on veut répondre, si on se prend à s'écrier: C'est *absurde*, c'est *insensé*, c'est *abrutissant!* on est empêché et bâillonné. Il n'y a pas égalité. La reculade est frappante. Elle n'est pas seulement du gouvernement, elle est de la société même, au moins dans toutes ses couches dites élevées. Le gouvernement a le tort de voir par les yeux de cette société des salons.

« Je me prends à raisonner comme si j'avais l'honneur de causer avec Votre Altesse : je lui renouvelle mes remercîments avec l'assurance de mon respectueux et entier attachement.

« SAINTE-BEUVE. »

LETTRES

NOTES ET FRAGMENTS

« Paris, le 14 avril 1850.

« Mon cher Darimon[1],

« Mathey vient de m'apprendre le choix du comité. J'étais bien sûr que Girardin ne passerait pas; je m'attendais également que les *démoc. soc.* ne manqueraient pas de faire une sottise : il n'y avait qu'Eugène Sue à qui je ne pensasse point.

« La faute est énorme : la réaction ne manquera pas de l'exploiter. Il est impossible, d'autre part, que *le Siècle* s'y rallie ; quant au *National,* engagé comme nous, il sentira que l'élection est dirigée autant contre les *Amis de la Constitution* que contre l'influence de *la Voix du Peuple.*

« *Eugène Sue,* c'est le communisme et le fouriérisme, ni plus ni moins. — Voilà le suffrage à deux degrés; voilà la vérité du suffrage par délégation. Deux sectes imperceptibles dominent une population de treize cent soixante mille âmes. Nous avons trop présumé de la sagesse du

1. Cette lettre, écrite de la prison, interceptée par le chef du parquet d'alors, M. Victor Foucher, m'a été communiquée par lui-même. (Note de M. Sainte-Beuve.)

comité; nous n'accepterons plus à l'avenir de comités ni de clubs.

« Vous porterez le nom d'Eugène Sue en tête de *la Voix du Peuple*, sans commentaires, sans réclames. Vous bannirez toutes annonces relatives à cette candidature, ainsi qu'aux élections. Puisque c'est contre nous que s'est produite tout à coup cette élection, dépourvue de sens, je ne veux pas pousser la duperie jusqu'à l'appuyer ostensiblement, ou la mauvaise foi jusqu'à la prôner.

« Notre devoir ainsi rempli, nous allons commencer une guerre sans pitié contre les sectes. Ah! nous avons bien le droit d'être un parti aussi, nous, puisque les icariens sont un parti, les phalanstériens un parti, et M. Louis Blanc un autre parti.

« Je ne serais point étonné que demain *le Siècle, le Crédit* et autres journaux, profitant de la faute du comité, ne reprissent la candidature de Dupont (de l'Eure) qui, dans mon opinion, est à peu près assurée du succès. Je le souhaite pour sauver la situation, affermir la République et donner une leçon à nos sectaires.

« S'ils osent le faire, ce n'est pas *la Voix du Peuple* qui les combattra : seulement, nous ne parlerons pas pour eux; nous resterons muets.

« Apprêtez-vous à enregistrer le jugement des journaux *réacs* sur le travail du comité : ils ne peuvent manquer de tirer à boulets rouges sur un parti d'incorrigibles qui repousse un DUPONT (DE L'EURE)! Le rejet de ce candidat, après ce qui a été dit entre *la Presse* et nous, à ce sujet, est trop significatif pour n'être pas exploité perfidement. Et vous, mon cher ami, comprenez-vous à présent combien j'avais raison de dire que l'homme n'était rien, que *l'Idée* était tout? On ne veut pas de l'idée qu'exprimait Dupont; on condamne toute notre politique; on désavoue nos tendances et nos efforts : est-ce clair ? —

« Attendons patiemment le scrutin : quel que soit le résultat, nous nous expliquerons après sur cette candidature. Reprenons vite notre liberté : quittons la tête du *parti ;* restons dehors : ceux qui seront avec nous seront avec nous.

« A l'heure qu'il est, nous sommes libres : nous n'avons plus charge de révolution. Le mouvement que nous voulions pousser en avant, et rendre général, se particularise et va de côté. Au diable l'espèce humaine ! A nous le fouet de l'ironie, à nous l'ironie sanglante sur les hommes et sur les choses. Moquez-vous du tiers comme du quart, dites la vérité à tort et à travers ; frappez, schlaguez, vous n'avez plus d'autre rôle. Que la Montagne agisse à sa guise ; que les communistes fassent leurs évolutions de clubs ; que les fouriéristes ânonnent leurs formules : c'est la comédie humaine. Nous rirons à mort jusque sous la guillotine. Point de quartier. On n'est fort, on n'est amusant que quand on est libre : le conclave du 13 avril nous a débarrassés de nos liens. Nous ne serons rien ou nous serons tout ; et en avant.

« C'est ainsi que nous allons nous poser, à partir du 28 mars. Dès demain commençons le feu tout doucement. Bravez tous les cris, f...-vous des meneurs, et allez de l'avant. Girardin dit qu'*il ne doit rien à la République ;* et nous donc ! il me semble que nous sommes bien un peu ses créanciers. Plus d'initiative, en rien, m'entendez-vous ? plus de conseils, si ce n'est des conseils de philanthropie, ou des avis de pure science. De la critique partout ; de la critique toujours, et à mort...

« Dans un moment aussi décisif, aller rejeter Dupont (de l'Eure), l'embauchement en masse de la bourgeoisie, et prendre Eugène Sue, le romancier phalanstérien : cela passe la permission d'être bête.

« Pour moi, je vous le déclare, cette candidature, dont la malveillance secrète ne m'échappe pas, dont le machiavélisme de coupe-tête me crève les yeux, cette candidature me dégage. Ou je me voue au silence, ou je me jette dans la critique universelle, impitoyable.

« Adieu, bonjour aux amis. — La période des aventures est commencée, nous irons loin. Je commence à ne pas croire une restauration impossible.

« Tout à vous,

« P.-J. PROUDHON. »

Dans une lettre du 6 mars 1852, à Charles-Edmond, qui proposait de quitter la France, d'aller en Amérique, je ne sais où, — Proudhon répond :

« C'est ici, vous dis-je, ici, sous le sabre de Bonaparte, sous la férule des jésuites et le lorgnon de la police, que nous devons travailler à l'émancipation du genre humain. Il n'y a pas pour nous de ciel plus propice, de terre plus fertile. Ma résistance à vos sollicitations prend toute la tournure d'un paradoxe : tant mieux ! c'est qu'elle commence à être vraie. »

Et, revenant sur cette idée qu'il partira s'il y est contraint, s'il est expulsé, mais pas autrement, il ajoute :

« Mais céder quand rien ne m'y force, donner à mon tour le signal de la débâcle, fuir de Paris quand les destinées du monde s'y jouent, abandonner le poste quand l'heure de la crise approche, vous ne me ferez entrer dans la tête une pareille résolution. »

Il se trompe complétement dans ses prévisions sur les faits, sur les conséquences que, comme Lamennais et tous les passionnés, il voit plus ardentes et plus rapides ; mais sur le *fond* même il voit plus vrai :

« Mon cher Cosaque, vous ne connaissez rien à nos Velches. Depuis dix ou douze ans, on est parvenu à les émouvoir — la postérité le croira-t-elle ? — en faveur de l'autorité, de la religion, du capital et de tout ce qui s'ensuit. Bien mieux, cela s'est fait au nom de je ne sais quel philosophisme qui a produit la même illusion de 1848 à 1852 que celle qu'avait produite de 1815 à 1825 le romantisme de Chateaubriand, Lamennais et de Maistre. Cela s'en ira, comme cela est venu : je vous le jure par mes entrailles de Gaulois[1]. »

Proudhon. — Quand il travaille, il travaille *tout d'une pièce*, d'arrache-pied. Il oublie les rendez-vous :

« Mon cher Edmond,

« J'ai bien regretté de n'avoir pu vous voir avant-hier, d'autant plus que je me reprochais d'avoir manqué, contrairement à ma promesse, à votre rendez-vous de jeudi. Ç'a été de ma part un pur oubli : une fois absorbé dans mon travail, je laisse couler les jours et les heures sans m'en apercevoir, et ne suis rappelé à la vie que par les repas et le tour du soleil.

« Paris, 2 novembre 1853. »

Proudhon à Charles-Edmond malade (lettre du 10 janvier 1854) :

« Appelez à vous les pensers de science et d'art, la

1. Ailleurs il dit de lui-même : *en ma qualité de rocher jurassien.*

philosophie et la politique, et bercez-vous mollement dans la révolution. Je sais ce que c'est que souffrir, et c'est toujours avec les méditations les plus profondes que je trompe mon mal. Il se peut que ce travail du cerveau paralyse l'action médicale : aussi vous avouerai-je que la médecine ne m'a jamais procuré de soulagement. Mais enfin j'ai pu supporter le mal, et j'ai guéri. »

« Devinez ce que j'ai lu ces jours passés? — Paul de Kock. J'ai voulu connaître ce romancier. Cette lecture m'a fait faire quelques réflexions importantes, que je joindrai à mes observations générales sur la littérature contemporaine. Je suis convaincu que, pour bien connaître une société, il faut en connaître les romans. Il me semble que je pourrais définir Victor Hugo, quant aux détails et aux descriptions, un Paul de Kock *sublimé;* quant au plan général des récits, je vais vous scandaliser, il y a dans Paul de Kock une entente supérieure des machines, et parfois des situations comiques et tragiques que n'a jamais Victor Hugo. » (Lettre de Proudhon à M. Rolland, ancien représentant du peuple, datée de Bruxelles, 29 juillet 1862.)

« Paris, Passy, Grande-Rue, 10, 6 février 1863.

« Monsieur[1],

« Je vous suis infiniment reconnaissant de votre obligeante communication. Au temps où je fréquentais comme vous le Collége de France, j'ai eu l'occasion de connaître M. *** par une traduction très-mauvaise du premier livre du *Pentateuque;* plus tard, j'ai lu sa *Kabbale,* traduite du Thalmoud, ouvrage intéressant pour l'histoire de la phi-

1. Lettre à M. Édouard Cros, ingénieur civil des mines.

losophie; puis j'ai aperçu de loin en loin le nom de M. *** dans le *Journal des Débats*. J'étais loin de me douter que j'eusse jamais pu attirer l'attention de ce philologue hébraïsant et rabbinisant: il paraît que je me suis trompé.

« Je suis logé trop loin du Collége de France pour que je puisse savoir ce qui s'y passe, à plus forte raison ce que l'on y dit de moi. De quoi cela me servirait-il d'ailleurs? Parmi les innombrables critiques qui, depuis quinze ans, se sont mis à m'*échiner,* je n'en ai pas rencontré un seul qui se soit seulement aperçu que la très-grande partie de mes publications ne formait jusqu'à présent qu'un travail de dissection et de ventilation, si j'ose ainsi dire, au moyen duquel je m'achemine lentement vers une conception supérieure des lois politiques et économiques. Aussi Dieu sait ce que ces honorables critiques ont fait de moi. Déjà quelques-unes des idées que je cherche ont commencé de se faire jour dans mon esprit avec une ampleur et une netteté qui efface toutes les théories reçues : n'importe, on met sur le compte de la contradiction ce qui est le fruit de la dialectique, et, pour l'honneur des saines doctrines, on persiste à faire de moi un communiste, *ergo* un ennemi de la famille et de la morale, un prêcheur de désordre, de spoliation et de matérialisme. Ce qu'il y a de plus drôle, c'est qu'on a fait de moi, en dernier lieu, un légitimiste, un orléaniste, un papiste et même un partisan du régime prétorien.

« Je serai bien aise de savoir ce que va débiter M. ***. Déjà son collègue, M. ***, le protégé d'une dame vaudoise qui écrit de gros livres sur l'Impôt, s'est exercé sur ma personne; mais je n'ai pu savoir sur quoi portait sa critique. Si je puis me donner un jour de congé, j'irai entendre, au moins une fois, M. ***.

« Je vous remercie, monsieur, et vous salue bien cordialement.

« P.-J. PROUDHON. »

Le défaut ou plutôt l'excès de conformation du cerveau de Proudhon était de rassembler, de grouper artificiellement sous son regard quantité de faits, de les concentrer fortement en les liant entre eux; puis d'en tirer un résultat ou une résultante dont il rapprochait le but par une sorte d'illusion d'optique, de manière à le voir prochain et comme imminent. Victor Hugo a quelque chose de ce défaut ou de cet excès cérébral dans l'ordre visuel et pour ce qui est des couleurs : il voit tout trop gros, trop rouge et trop saillant. Proudhon portait comme invinciblement de cette faculté excessive dans l'ordre des considérations et des idées. Il voyait trop gros, trop rapproché, trop serré, trop prochain.

Proudhon, discutant devant le prince Napoléon et avec lui, avait exposé plusieurs de ses théories et de ses vues d'avenir. « Mais, dit le prince étonné et qui ne s'étonne pourtant pas volontiers, quelle société rêvez-vous donc? » — « Prince, répondit Proudhon avec son éclat mordant, je rêve une société où je serai guillotiné comme conservateur. »

Dans une grande remise d'auberge de campagne, près de Montpellier, en 1849 ou 50, deux cardeurs de matelas, homme et femme, tout en battant leur laine, causaient politique. C'étaient de ces ouvriers qui gagnent à peu près dix sous par jour. Ils parlaient de Proudhon : « Cette canaille, ce voleur, disaient-ils, qui veut partager les biens! » C'était dit en patois languedocien. Quelqu'un qui les entendit leur demanda : « Avez-vous peur qu'il partage les vôtres? »

La propriété est un privilége dont il convient, à chaque génération, de renouveler et de justifier les titres par le travail.

« Je sors une fois la semaine (*il écrivait de la prison*). Quelquefois nous déjeunons chez ma femme, auprès du berceau de *Kathe*, Mathey, Darimon, Crétin, enfin les plus intimes... » (Lettre de Proudhon à Charles-Edmond, 11 mai 1851.)

« J'ai donné à ma seconde fille le nom de *Marcelle*, du noble faubourg que j'habite. C'est un souvenir de captivité, une espérance révolutionnaire et un hommage à l'un des hommes les plus purs de l'ancienne Révolution, Marceau. » (Lettre de Proudhon à Charles-Edmond, du 10 janvier 1852[1].)

Proudhon, dans les dernières années, était fatigué; tandis qu'il écrivait le livre de *la Justice*, un ami, qui allait le voir et à qui il se plaignait de fatigue de tête, lui disait qu'il devrait aller à la cam-

1. Rapprocher cette lettre et la précédente de celle qui a été citée page 16, sur le nom que Proudhon donna, en souvenir de sa mère, à sa fille aînée, *Catherine*.

pagne, un peu loin de Paris, passer quelque temps ; au même moment les cris des enfants qui jouaient dans le petit jardin (qu'avait Proudhon, rue d'Enfer) se firent entendre : « Voilà mon remède, » dit Proudhon.

« Après sa dernière condamnation, Proudhon s'était réfugié à Bruxelles, et logeait dans un des faubourgs. En 1859, j'allai le saluer. Après une promenade, dont sa santé avait déjà grand besoin, je l'accompagnai à son domicile, tout en devisant de l'ouvrage qui lui avait valu des poursuites...

« Il était midi, et je prenais congé de notre expatrié : « C'est l'heure de mon dîner, me dit-il ; voulez-vous le partager ? » — « Volontiers et de grand cœur, lui répondis-je. » — Là dessus, s'adressant à Mme Proudhon : « Femme (c'était son terme familier), voici un compatriote qui dîne avec nous ; il faut le régaler. » — Nous nous mettons à table ; le menu se composait d'une soupe aux choux, d'un plat de petit salé et d'une omelette. Ce dernier service avait été ajouté à mon intention... »

(Lettre de M. le commandant Clerc à M. Sainte-Beuve, 10 juin 1868.)

Dans cette suite de procès qui sont entamés au sujet des Évangiles annotés par Proudhon, il a semblé à l'un de nos lecteurs qu'un avocat du célèbre prolétaire pourrait tirer parti de l'accusation même et, faisant appel à l'image du Christ, qui est placée derrière le tribunal, évoquer cette sublime figure dans une sorte de prosopopée. Jésus serait censé prendre la parole et dirait par exemple en s'adressant aux juges :

« Il me semble que vous êtes trop occupés de moi dans la pensée de me défendre et de me venger. Hommes de la justice, vous êtes trop prompts au glaive en mon nom. J'ai connu le cœur de cet homme. Il n'était pas mon ennemi : il était mien. Comment ne l'aurait-il pas été, puisqu'il était à tout moment pénétré de la triste situation du grand nombre, et de l'idée et des moyens d'améliorer leur sort et leurs mœurs? Il n'a jamais songé, à travers les épreuves et même les erreurs, qu'à rester fidèle à ses frères. Combien de ceux qui ne passent pas pour me blasphémer, et qui ont l'air de me servir, ont été moins fidèles que lui! Il avait certes de rudes et farouches façons; il était descendu trop nouvellement de sa montagne. Deux ou trois fois, notamment, il a mal parlé de mon Père, comme un enfant mal appris qui a trop vécu avec les ours dans les cavernes des rochers. Mais de moi il n'a jamais mal parlé ni mal pensé; dans les paroles même les plus incongrues, surprises à sa familiarité, s'il s'est exprimé à mon sujet sans assez de respect, ce n'a pas été du moins sans sympathie; il ne voyait en moi qu'un homme, il est vrai; et comme je ne serais rien qu'un homme en effet si je n'étais pas la Miséricorde même et le souverain Pardon, non content de lui pardonner, je me charge de son affaire auprès de mon Père. C'est trop douter de moi et trop vouloir m'honorer sous une seule forme que d'être si délicats et si prompts pour quelques paroles légères ou rudes : je suis plus fort que cela dans ma douceur et dans ma tranquillité. Quiconque a le sentiment, quiconque a le foyer de l'humanité, est avec moi. Il y a plus d'une manière de m'aborder. Je me suis déjà transformé plusieurs fois ; je me transformerai encore à l'avenir. Il suffit que je reste toujours l'Humanité la plus compatissante, la plus chaste, la plus tendre, la plus courageuse, ce qui veut dire simplement la plus divine. Il est bien de me voir comme m'ont fait des siècles de vénération et de culte. Mais ne m'enfermez jamais sous une seule forme ; c'est l'esprit seul qui lève la pierre du tombeau. Encore une fois, vous vous préoccupez trop de la majesté de ma robe et même de l'auréole de mon front. Dût un pan de ma tunique être déchiré, dût partie de ma couronne paraître entamée, qu'importe, s'il en revient du bien à quelques êtres souffrants, s'il en tombe un morceau de pain de plus dans la corbeille de la veuve et des orphelins ! »

L'idée[1] de progrès et l'idée de décadence sont depuis longtemps aux prises. Elles ne sauraient avoir un sens absolu, ni s'appliquer indistinctement à tout. On a, assez généralement, concédé le pro-

1. Ces deux derniers fragments, qui sont de simples notes, dont la rédaction est restée à l'état imparfait d'ébauche (la seconde surtout), ne font point partie, dans les papiers de M. Sainte-Beuve, du dossier *Proudhon*. Mais ils se rattachent étroitement au sujet

grès pour les sciences, pour l'avancement de la civilisation, de l'industrie et du bien-être; on l'a nié pour les lettres, les arts, les œuvres d'imagination. Je ne pense pas que, même dans ce dernier ordre, la question soit si simple. Il n'y a pas tant lieu de déclarer la bataille perdue. Se croire vaincu, c'est l'être. Se croire vainqueur, c'est se ménager au moins des chances de victoire. Tant qu'on a en main de puissantes ressources, il y a lieu d'agir, non de désespérer. En analysant bien ce qui tient aux lettres et aux arts, on verra en quoi il est vrai

par un programme d'avenir, à propos de littérature, qui intéresse la question sociale; et ils sont de l'année même où M. Sainte-Beuve allait publier ces articles sur *Proudhon* (1865). On a cru pouvoir les détacher d'un autre dossier, où il les avait oubliés, et qui, à la suite de la belle lettre de refus d'indemnité, publiée plus haut (page 322), nous est une occasion de rappeler et de signaler ici, dans la carrière littéraire de M. Sainte-Beuve, un trait de probité qui y a quelque rapport, mais qu'il considérait lui-même aussi comme des plus simples. En 1865, M. Sainte-Beuve préparait les matériaux d'un volume qui devait servir d'Introduction à une grande Encyclopédie-Péreire; et il avait déjà reçu en payement vingt mille francs d'avance. Tous les samedis, pendant quelques mois, une conférence se tenait chez M. Charles Duveyrier, où les futurs et principaux collaborateurs, qui devaient se partager la besogne encyclopédique, concertaient le plan de ce vaste ouvrage. Le projet de publication de MM. Péreire ayant été ensuite abandonné avant d'avoir eu un commencement d'exécution, M. Sainte-Beuve *exigea* qu'on lui laissât rendre intégralement la somme qu'il avait touchée; il se constitua ainsi le débiteur de MM. Péreire : seulement il demanda à amortir sa dette peu à peu et par à-compte de cinq mille francs. Le dernier solde a été remboursé après sa mort. — C'est ainsi que les deux morceaux publiés ci-dessus ont pris naissance.

de soutenir que la partie de ce côté n'est nullement perdue et que, la nature aidant (laquelle seule peut créer les talents et les génies), la matière ni le milieu social ne feront pas défaut.

Après la floraison de civilisation première où s'accomplit le mariage d'une race vierge avec la contrée avec laquelle elle entre en union étroite et en harmonie (beau temps de l'Inde, de la Grèce première, de Rome), il y a encore lieu pour les nations à des recommencements et à des inspirations nouvelles plus compliquées, plus travaillées, mais originales encore. Il est à souhaiter que nous soyons à la veille d'une telle époque, plutôt d'un recommencement que d'une traînerie et d'une fin. La volonté et le concours de tous y peut quelque chose.

Tâcher que le vieux théâtre des anciennes civilisations ne soit pas comme un sol épuisé où l'on passe au byzantinisme ou à la chinoiserie, et que le sceptre futur ne soit point transféré aux mains de ces races neuves et rudes qui habitent et peuplent les nouveaux continents et qui seraient alors les maîtresses de l'avenir.

Coup d'œil sur la *littérature américaine*, très-imparfaite sans doute, non encore fondue, dont une partie n'est que de la littérature anglaise transposée et appliquée autrement, mais qui a aussi depuis Franklin jusqu'à Emerson son cachet original et qui peut l'avoir de plus en plus. — Dans toute cette littérature, comme on se passe de la tradition, des vieilles idées reçues! combien est absente l'idée monarchique, l'idée européenne séculaire des *rois pasteurs de peuples!*

Indices chez nous d'une littérature future originale. En rechercher les symptômes chez nos auteurs, George Sand, même Eugène Sue, Hugo. Celui-ci fait par moments l'effet d'un homme qui ouvre les portes, autant que d'un homme qui les ferme. *Les Misérables* ont des accents qui percent et ne ressemblent à rien du passé. Se rappeler l'admirable chapitre *Une Tempête sous un crâne*. Il y a là de quoi empoigner tout un monde et des foules, comme on ne l'avait pas fait auparavant.

Les conquêtes modernes de genres, le Roman, le Journal, le Mélodrame (*le Chiffonnier de Paris*, de Pyat), le vaudeville même dans son extension (avec des comédiens comme Bouffé), le chant et les sociétés orphéoniques dans cette proportion et cette puissance, les expositions universelles et ce qui doit en résulter un jour ou l'autre dans les imaginations, tout ce qui n'est encore qu'à l'état élémentaire peut devenir sous la main de gens de talent et de génie des éléments d'un art original, nouveau. — Qu'on se rappelle ce qu'était la Farce avant Molière et le parti qu'il en a tiré! —

On ne peut prévoir comment les choses se feront, mais il y a de certains courants qui ne sauraient tromper dans leur direction générale. Ainsi, en ce qui est de la femme, y aura-t-il changement dans les droits, dans les lois, dans les rapports civils et politiques, etc. ? On n'en sait rien ; mais on peut assurer avec certitude que, malgré tout, et de plus en plus, il y aura entre les deux sexes un sentiment plus égal de justice, de participation, d'association aux mêmes intérêts et aux mêmes idées, et toute une habitude de société dans ce sens.

Bien marquer où est le danger pour la France. Vanité, corruption parisienne, courtisanes[1], genre à la mode détestable, qui entraîne et perd la fleur des générations. Où est le remède, où est la partie saine ? — Montrer aussi cette espèce d'hypocrisie sociale, religieuse, catholique, qui tend à énerver et à rendre méconnaissable la France de nos pères, celle de 89 ; si le *Falloux* imprimait jamais sa marque à la société française, elle serait perdue : la France de Pascal y est intéressée comme celle de Mirabeau. La bourgeoisie se corrompant si aisément par sa tête, le recours est dans le bon sens et la vigueur des masses qu'il faut éclairer le plus possible et animer d'un souffle à elles, en tâchant de corriger la brutalité sans attiédir la force.

1. Ici nous déchiffrons à grand'peine, et sans les garantir, ces mots jetés entre deux lignes, à la hâte, comme complément de pensée : « Manie, vogue, accès parisiens semblables à ceux des Abdéritains. » Encore une fois, ce sont là plutôt des projets d'idées que des phrases faites que M. Sainte-Beuve a laissés esquissés.

FIN

TABLE.

CATALOGUE

DE

MICHEL LÉVY

FRÈRES

ÉDITEURS

ET DE

LA LIBRAIRIE NOUVELLE

PREMIÈRE PARTIE[1]

Nouveaux ouvrages en vente — Ouvrages divers, format in-8°
Bibliothèque contemporaine, format gr. in-18 — Bibliothèque nouvelle
OEuvres complètes de Balzac — Collection Michel Lévy, format gr. in-18
Collection format in-32 — Collection à 50 centimes
Brochures diverses — Publications périodiques illustrées

Tous les ouvrages portés sur ce Catalogue sont expédiés *franco* (contre mandats ou timbres-poste), sans augmentation de prix, excepté les volumes à 1 fr. 25 c. de la Collection Michel Lévy, auxquels il faut ajouter 25 cent. par volume.

RUE AUBER, 3, PLACE DE L'OPÉRA
ET BOULEVARD DES ITALIENS, 15
AU COIN DE LA RUE DE GRAMMONT
PARIS

—

Novembre 1874

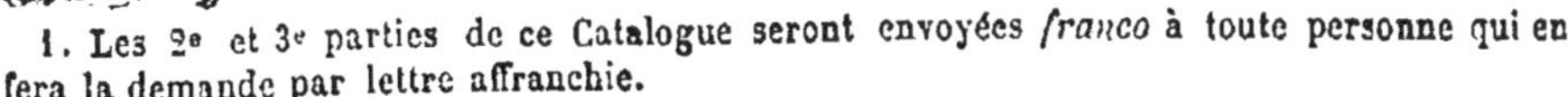

1. Les 2e et 3e parties de ce Catalogue seront envoyées *franco* à toute personne qui en fera la demande par lettre affranchie.

NOUVEAUX OUVRAGES EN VENTE

Format in-8° f. c.

LE COMTE DE PARIS

HISTOIRE DE LA GUERRE CIVILE EN AMÉRIQUE. T. I et II. 2 vol....... 15 »

ATLAS POUR SERVIR A L'HISTOIRE DE LA GUERRE CIVILE EN AMÉRIQUE. 1re et 2e livraisons............... 15 »

JULES SIMON

SOUVENIRS DU 4 SEPTEMBRE. Origine et chute du second empire. 2e *édit.* 1 vol.......................... 6 »

— Le gouvernement de la défense nationale. 1 vol................ 6 »

ERNEST RENAN

L'ANTECHRIST. 1 vol............... 7 50

ARSÈNE HOUSSAYE

LES MAINS PLEINES DE ROSES, PLEINES D'OR ET PLEINES DE SANG. 1 vol. . 6 »

H. RODRIGUES

HISTOIRE DES PREMIERS CHRÉTIENS.
1re part. LE ROI DES JUIFS. 2e *éd.* 1 v. 5 »
2e part. SAINT PIERRE. 2e *édit.* 1 v. 5 »

ERNEST HAVET

LE CHRISTIANISME ET SES ORIGINES. 2e *édition.* 2 vol................. 15 »

DANIEL STERN

HISTOIRE DES COMMENCEMENTS DE LA RÉPUBLIQUE AUX PAYS-BAS. 2e *édit.* 1 vol.......................... 7 50

LOUIS REYBAUD *de l'Institut*

LE FER ET LA HOUILLE, nouvelles études sur le régime des manufactures. 1 vol.......................... 7 50

VICTOR HUGO

QUATREVINGT-TREIZE. 9e *édit.* 3 vol.. 18 »

L. DE VIEL-CASTEL *de l'Acad. franç.*

HISTOIRE DE LA RESTAURATION. T. XVI. 1 vol.......................... 6 »

Format gr. in-18

A 3 FR. 50 C. LE VOLUME

VICTOR HUGO vol.

QUATREVINGT-TREIZE. 12e *édition*...... 2

LE Cte AGÉNOR DE GASPARIN

LE BON VIEUX TEMPS. 3e *édition*....... 1
L'ENNEMI DE LA FAMILLE. 3e *édition*.... 1
LUTHER ET LA RÉFORME. 3e *édition*.... 1

OUIDA

DEUX PETITS SABOTS................. 1

BRET-HARTE *Traduct. Bentzon*

RÉCITS CALIFORNIENS............... 1

MADELEINE

LETTRES D'UNE HONNÊTE FEMME....... 1

H. DE LA MADELÈNE

LA RÉDEMPTION D'OLIVIA............ 1

JULES SANDEAU

JEAN DE THOMMERAY — LE COLONEL EVRARD. 3e *édition*.............. 1

PRUDENCE DE SAMAN

GERTRUDE. — DERN. ENCHANTEMENTS. 1

AMÉDÉE ACHARD vol.

LES COUPS D'ÉPÉE DE M. DE LA GUERCHE. 1
ENVERS ET CONTRE TOUS.............. 1
MADAME DE VILLERXEL. 2e *édition*...... 1
LA VIPÈRE 2e *édition*............... 1

ALPHONSE KARR

PROMENADES AU BORD DE LA MER..... 1
LA PROMENADE DES ANGLAIS.......... 1
FA DIÈZE........................... 1

CLAUDE VIGNON

CHATEAU-GAILLARD.................. 1

G. FOURCADE-PRUNET

UNE FIN DE MONDE.................. 1

A. DE PONTMARTIN

NOUVEAUX SAMEDIS. T. X............ 1

GEORGE SAND

MA SŒUR JEANNE. 5e *édition*......... 1
LE CHATEAU DE PICTORDU............ 1

PROSPER MÉRIMÉE *de l'Acad. franç.*

DERNIÈRES NOUVELLES. 6e *édition*..... 1
PORTRAITS HISTORIQUES ET LITTÉRAIRES. 2e *édition*.................. 1
LETTRES A UNE INCONNUE, avec étude de *H. Taine*. 7e *édition*............ 2

HECTOR MALOT

LE MARI DE CHARLOTTE.............. 1
CLOTILDE MARTORY. 4e *édition*........ 1
UNE BELLE-MÈRE. 4e *édition*.......... 1
LE MARIAGE DE JULIETTE. 5e *édition*.... 1

EDMOND SCHÉRER

ÉTUDES CRITIQUES SUR LA LITTÉRATURE CONTEMPORAINE. 4e série.......... 1

PIERRE VÉRON

LE CARNAVAL DU DICTIONNAIRE. 2e *édit.* 1
PARIS A TOUS LES DIABLES............ 1
LES DINDONS DE PANURGE........... 1

L'AUTEUR *de Robert Emmet*

LES DERN. ANNÉES DE LORD BYRON. 2e *éd.* 1

ALEXANDRE DUMAS

THÉATRE COMPLET. T. XV et dernier... 1

ÉDOUARD CADOL

MADAME ÉLISE. 2e *édition*............ 1

TH. BENTZON

UNE VIE MANQUÉE.................. 1

Mme RÉCAMIER

LES AMIS DE SA JEUNESSE ET SA CORRESPONDANCE INTIME 2e *édition*....... 1

LOUIS ULBACH

LA MAISON DE LA RUE DE L'ÉCHAUDÉ... 1
LA RONDE DE NUIT.................. 1

ALBERT EYNAUD

SCÈNES DE LA VIE ORIENTALE......... 1

THÉODORE DURET

VOYAGE EN ASIE.................... 1

F. DE CHATEAUBRIAND

ESQUISSE D'UN MAITRE. SOUVENIRS D'ENFANCE ET DE JEUNESSE. Manuscrit de 1826, suivi de lettres inédites de Chateaubriand et d'une étude, par *Ch. Lenormant*................. 1

CH. MONSELET

LES SOULIERS DE STERNE............ 1

ARSÈNE HOUSSAYE

Mlle CLÉOPATRE. *Nouvelle édition*.... 1

OUVRAGES DIVERS

Format in-8°

J.-J. AMPÈRE *de l'Acad. franç.* f. c.

CÉSAR. Scènes historiques. 1 vol.... 7 50
L'EMPIRE ROMAIN A ROME. 2e *édit.* 2 vol.... 15 »
L'HISTOIRE ROMAINE A ROME, avec des plans topographiques. 3e *édit.* 4 vol.... 30 »
MÉLANGES D'HISTOIRE LITTÉRAIRE. 2 vol.... 12 »
PROMENADE EN AMÉRIQUE. — États-Unis, Cuba, Mexique. 3e *édit.* 2 vol. 12 »
VOYAGE EN ÉGYPTE ET EN NUBIE. 1 vol. 7 50

***

MAD. LA DUCH. D'ORLÉANS. 6e *édit.* 1 vol.... 6 »

LE DUC D'AUMALE *de l'Acad. franç.*

ALESIA. Étude sur la septième campagne de César en Gaule. Avec 2 cartes (Alise et Alaise). 1 vol... 6 »
HISTOIRE DES PRINCES DE CONDÉ PENDANT LES XVIe ET XVIIe SIÈCLES, avec cartes et portraits gravés par M. Henriquel-Dupont. 2 vol.... 15 »
LES INSTITUTIONS MILITAIRES DE LA FRANCE. 1 vol.... 6 »

J. AUTRAN *de l'Acad. française*

LE CYCLOPE, d'après Euripide. 1 vol. 3 »
PAROLES DE SALOMON. 1 vol.... 6 »
LE POÈME DES BEAUX JOURS. 1 vol.. 5 »
ŒUVRES COMPLÈTES :
— T. I. LES POÈMES DE LA MER. 1 v. 6 »
— T. II. LA VIE RURALE. 1 vol.... 6 »
— T. III. LA FLUTE ET LE TAMBOUR. 1 v. 6 »
— T. IV. SONNETS CAPRICIEUX. 1 vol. 6 »

L. BABAUD-LARIBIÈRE

ÉTUDES HIST. ET ADMINISTR. 2 vol... 12 »

H. DE BALZAC

Œuvres complètes — *Environ 25 volumes*

SCÈNES DE LA VIE PRIVÉE. 4 vol.... 30 »
SCÈNES DE LA VIE DE PROVINCE. 3 vol. 22 50
SCÈNES DE LA VIE PARISIENNE. 4 vol. 30 »
SCÈNES DE LA VIE MILITAIRE. 1 vol.. 7 50
SCÈNES DE LA VIE POLITIQUE. 1 vol.. 7 50
SCÈNES DE LA VIE DE CAMPAGNE. 1 vol. 7 50
ÉTUDES PHILOSOPHIQUES. 3 vol.... 22 50
THÉATRE COMPLET. 1 vol.... 7 50
CONTES DROLATIQUES. 1 vol.... 7 50
CONTES ET NOUVELLES. — ESSAIS ANALYTIQUES. 1 vol.... 7 50
PHYS. ET ESQUISSES PARISIENNES. 1 v. 7 50
PORTRAITS ET CRITIQUE LITTÉRAIRE. — POLÉMIQUE JUDICIAIRE. 1 vol.... 7 50
ÉTUDES HIST. ET POLITIQUES. 1 vol.. 7 50

J. BARTHÉLEMY SAINT-HILAIRE

LETTRES SUR L'ÉGYPTE. 1 vol.... 7 50

L. BAUDENS

Memb. du conseil de santé des armées

LA GUERRE DE CRIMÉE. — Campements, abris, ambulances, etc. 1 vol.... 6 »

IS. BÉDARRIDE f. c.

LES JUIFS EN FRANCE, EN ITALIE ET EN ESPAGNE. 3e *édition.* 1 vol.... 7 50

LA PRINCESSE DE BELGIOJOSO

ASIE MINEURE ET SYRIE. 1 vol.... 7 50
HIST. DE LA MAISON DE SAVOIE. 1 vol. 7 50

E. BÉNAMOZEGH

MORALE JUIVE ET MOR. CHRÉTIENNE. 1 v. 7 50

HECTOR BERLIOZ

MÉMOIRES, comprenant ses voyages en Italie, en Allemagne, en Russie et en Angleterre, 1803-1865, avec portrait de l'auteur. 1 fort vol.... 12 »

BERRIAT SAINT-PRIX

LA JUSTICE RÉVOLUTIONNAIRE. — Août 1792. Prairial an III. D'après des documents originaux. T. Ier. 2e *édit.* 7 50

E. BEULÉ *de l'Institut*

AUGUSTE, SA FAMILLE ET SES AMIS. 4e *édition.* 1 vol.... 6 »
LE SANG DE GERMANICUS. 3e *édit.* 1 v. 6 »
TIBÈRE ET L'HÉRITAGE D'AUGUSTE. 3e *édition.* 1 vol.... 6 »
TITUS ET SA DYNASTIE. 2e *édit.* 1 vol. 6 »
LE DRAME DU VÉSUVE. 1 vol.... 6 »

J.-B. BIOT, *de l'Ac. des Sc. et de l'Ac. fr.*

ÉTUDES SUR L'ASTRONOMIE INDIENNE ET SUR L'ASTRONOMIE CHINOISE. 1 vol. 7 50
MÉLANGES SCIENTIFIQUES ET LITTÉRAIRES. 3 vol.... 22 50

CORNELIUS DE BOOM

SOLUTION POLIT. ET SOCIALE. 1 vol.. 6 »

FRANÇOIS DE BOURGOING

HISTOIRE DIPLOMATIQUE DE L'EUROPE PENDANT LA RÉVOL. FRANÇAISE. 3 v. 22 50

M.-L. BOUTTEVILLE

LA MORALE DE L'ÉGLISE ET LA MORALE NATURELLE. 1 vol.... 7 50

LE DUC DE BROGLIE *de l'Ac. franç.*

VUES SUR LE GOUVERNEMENT DE LA FRANCE. 1 vol.... 7 50

LE PRINCE DE BROGLIE, *de l'Ac. fr.*

QUESTIONS DE RELIGION ET D'HISTOIRE. 2 vol.... 15 »

A. CALMON

HISTOIRE PARLEMENTAIRE DES FINANCES DE LA RESTAURATION. 2 vol... 15 »

LÉON CARRE

f. c.

L'ANCIEN ORIENT. 4 vol. ... 24 »

AUGUSTE CARLIER

DE L'ESCLAVAGE dans ses rapports avec l'Union américaine. 1 vol. ... 6 »
HISTOIRE DU PEUPLE AMÉRICAIN — Etats-Unis — et de ses rapports avec les Indiens. 2 vol. ... 12 »

J. COHEN

LES DÉICIDES. Examen de la Vie de Jésus et des développements de l'Église chrétienne dans leurs rapports avec le Judaïsme. 2e *édition, revue, corrigée*. 1 vol. ... 6 »

OSCAR COMETTANT

LA MUSIQUE, LES MUSICIENS ET LES INSTRUMENTS DE MUSIQUE chez les différents peuples du monde. 1 fort vol. orné de 150 dessins ... 20 »

J.-J. COULMANN

RÉMINISCENCES. 3 vol. ... 15 »

VICTOR COUSIN *de l'Acad. fr.*

PHILOSOPHIE ÉCOSSAISE. 1 vol. ... 5 »

J. CRÉTINEAU-JOLY

LE PAPE CLÉMENT XIV. 1 vol. ... 3 »

LE PRINCE L. CZARTORYSKI

ALEXANDRE 1er ET LE PRINCE CZARTORYSKI. Correspondance particulière et conversations, publiées avec une introduction. 1 vol. ... 7 50

LE GÉNÉRAL E. DAUMAS

LES CHEVAUX DU SAHARA ET LES MŒURS DU DÉSERT. *Nouv. édition*. 1 vol. ... 7 50
LA VIE ARABE ET LA SOCIÉTÉ MUSULMANE. 1 vol. ... 7 50

MAXIME DU CAMP

CHANTS MODERNES. 1 vol. ... 6 »
LES CONVICTIONS. 1 vol. ... 5 »

A. DU CASSE

DU SOIR AU MATIN. Scènes de la vie militaire. 1 vol ... 5 »

Mme DU DEFFAND

CORRESPONDANCE COMPLÈTE AVEC LA DUCHESSE DE CHOISEUL, L'ABBÉ BARTHÉLEMY ET M. CRAUFURT. *Nouvelle édit., revue et aug.* avec introd. de *M. de Sainte-Aulaire*. 3 vol. ... 22 50

MARIE ALEXANDRE DUMAS

AU LIT DE MORT. 1 vol. ... 6 »

DUMONT DE BOSTAQUET

MÉMOIRES INÉDITS, publiés par *Ch. Read et Fr. Waddington*. 1 vol. ... 7 50

DUVERGIER DE HAURANNE *de l'Ac. fr.*

f. c.

HISTOIRE DU GOUVERNEMENT PARLEMENTAIRE EN FRANCE. 10 vol. ... 75 »

LE BARON ERNOUF

HIST. DE LA DERNIÈRE CAPITULATION DE PARIS. Événem. de 1815. 1 vol. 6 »

LE PRINCE EUGÈNE

MÉMOIRES ET CORRESPONDANCE POLITIQUE ET MILITAIRE, publiés par *A. Du Casse*. 10 vol. ... 60 »

J. FERRARI

HISTOIRE DE LA RAISON D'ÉTAT. 1 vol. 7 50

GUSTAVE FLAUBERT

L'ÉDUCATION SENTIMENTALE — HISTOIRE D'UN JEUNE HOMME. 2e *édit.* 2 vol. 12 »
SALAMMBO. 1 vol. *vélin* ... 12 »

AD. FRANCK *de l'Institut*

ÉTUDES ORIENTALES. 1 vol. ... 7 50
RÉFORMATEURS ET PUBLICISTES DE L'EUROPE. Moyen âge et Renaiss. 1 vol. 7 50

CHARLES DE FREYCINET

LA GUERRE EN PROVINCE PENDANT LE SIÉGE DE PARIS, 1870-1871. 7e *édition*. 1 vol. avec cartes ... 7 50

C. FRÉGIER

LES JUIFS ALGÉRIENS, leur passé, leur présent, leur avenir, etc. 1 vol. ... 8 »

LE COMTE DE GABRIAC

COURSE HUMORISTIQUE AUTOUR DU MONDE. 1 vol. ... 8 »
PROMENADE A TRAVERS L'AMÉRIQUE DU SUD. 1 vol. ... 8 »

H. GACHARD

DON CARLOS ET PHILIPPE II. 2e *édit.* 1 vol. ... 7 50

G. GANESCO

DIPLOMATIE ET NATIONALITÉ. 1 vol. ... 2 »

Cte AGÉNOR DE GASPARIN

L'AMÉRIQUE DEVANT L'EUROPE. 1 vol. 6 »
UN GRAND PEUPLE QUI SE RELÈVE, LES ÉTATS-UNIS EN 1861. 1 vol. ... 5 »

G.-G. GERVINUS

Trad. J.-F. Minssen et L. Syouk

INSURRECTION ET RÉGÉNÉRATION DE LA GRÈCE. 2 vol. ... 16 »

ÉMILE DE GIRARDIN

LE CONDAMNÉ DU 6 MARS. 1 vol. ... 6 »
LES DROITS DE LA PENSÉE. 1 vol. ... 6 »
FORCE OU RICHESSE. 1 vol. ... 6 »
LETTRES D'UN LOGICIEN. 1 vol. ... 5 »
PAIX ET LIBERTÉ. 1 vol. ... 6 »
PENSÉES ET MAXIMES. 1 vol. ... 6 »
POUVOIR ET IMPUISSANCE. 1 vol. ... 6 »
QUESTIONS DE MON TEMPS. 12 vol. ... 72 »
QUESTIONS PHILOSOPHIQUES. 1 vol. ... 6 »
LE SUCCÈS. 1 vol. ... 6 »

ÉDOUARD GOURDON f. c.

HISTOIRE DU CONGRÈS DE PARIS. 1 vol. 5 »

HENRI GRADIS

HIST. DE LA RÉVOLUTION DE 1848. 2 v. 10 »

H. GRAETZ

LES JUIFS D'ESPAGNE. 945-1205. 1 vol. 7 50
SINAÏ ET GOLGOTHA, ou les Origines du judaïsme et du christianisme. 1 vol. 7 50

EDMOND DE GUERLE

MILTON, sa vie et ses mœurs. 1 vol.. 7 50

F. GUIZOT

LA CHINE ET LE JAPON, par *Laurence Oliphant* (Traduction). 2 vol..... 12 »
L'ÉGLISE ET LA SOCIÉTÉ CHRÉTIENNES. 4e *édition*. 1 vol. .... 5 »
HISTOIRE DE LA FONDATION DE LA RÉPUBLIQUE DES PROVINCES-UNIES, par *J. Lothrop Motley* (Trad. nouvelle avec introduction). 4 vol.... 24 »
HISTOIRE PARLEMENTAIRE DE FRANCE, formant le complément des *Mémoires pour servir à l'histoire de mon temps*. 5 vol. 37 50
LA JEUNESSE DU PRINCE ALBERT (traduction). 1 vol. .... 6 »
MÉDITATIONS SUR L'ESSENCE DE LA RELIGION CHRÉTIENNE. 2e *éd*. 1 vol. 6 »
MÉDITATIONS SUR L'ÉTAT ACTUEL DE LA RELIGION CHRÉTIENNE. 1 vol... 6 »
MÉDITATIONS SUR LA RELIGION CHRÉTIENNE dans ses rapports avec l'état actuel des sociétés et des esprits. 1 v. 6 »
MÉLANGES BIOGRAPHIQUES ET LITTÉRAIRES. 2e *édition*. 1 vol......... 7 50
MÉLANGES POLITIQUES ET HISTORIQUES. 1 vol. 7 50
MÉMOIRES pour servir à l'histoire de mon temps (ouvrage auquel a été décerné par l'Institut le grand prix biennal de 1871). 2e *édition*. 8 vol. 60 »
LE PRINCE ALBERT, son caractère et ses discours (traduction et préface). 2e *édition*. 1 vol. .... 6 »
WILLIAM PITT ET SON TEMPS, par *lord Stanhope* (trad. et introd.). 4 vol.. 24 »

LE COMTE D'HAUSSONVILLE *de l'Acad. fr.*

L'ÉGLISE ROMAINE ET LE PREMIER EMPIRE. 2e *édition*. 5 vol. 37 50

ERNEST HAVET

LE CHRISTIANISME ET SES ORIGINES. 2e *édition*. 2 vol. .... 15 »

HERMINJARD

CORRESPONDANCE DES RÉFORMATEURS dans les pays de langue française. 4 vol. .... 40 »

ROBERT HOUDIN

TRICHERIES DES GRECS DÉVOILÉES. 1 v. 5 »

ARSÈNE HOUSSAYE

MADEMOISELLE CLÉOPATRE. 7e *éd*. 1 v. 6 »
LES MAINS PLEINES DE ROSES, PLEINES D'OR ET PLEINES DE SANG. 2e *édit*. 1 vol. .... 6 »

VICTOR HUGO f. c.

L'ANNÉE TERRIBLE. 9e *édit*. 1 vol... 7 50
QUATORZE DISCOURS. 9e *édit*. 1 vol.. 3 »
QUATRE-VINGT-TREIZE. 9e *édit*. 3 vol. 18 »

EDMOND HUGUES

HIST. DE LA RESTAURATION DU PROTESTANTISME EN FRANCE AU XVIIIe SIÈCLE, d'après des documents inédits. 3e *édition*. 2 vol. .... 15 »

VICTOR JACQUEMONT

CORRESPONDANCE INÉDITE avec sa famille, ses amis, 1824-1832, notice par *V. Jacquemont neveu*, et introduction de *Pr. Mérimée*. 2 vol... 12 »

PAUL JANET *de l'Institut*

LES PROBLÈMES DU XIXe SIÈCLE. 1 v. 7 50

JULES JANIN *de l'Acad. française*

LES GAIETÉS CHAMPÊTRES. 2 vol..... 12 »
LA RELIGIEUSE DE TOULOUSE. 2 vol.. 12 »

ALPHONSE JOBEZ

LA FEMME ET L'ENFANT. 1 vol....... 5 »

LE PRINCE DE JOINVILLE

ÉTUDES SUR LA MARINE : L'Escadre de la Méditerranée. — La Question chinoise. — La Marine à vapeur dans les guerres continentales. 1 vol. 7 50

A. KUENEN — *Trad. A. Pierson*

HIST. CRIT. DES LIVRES DE L'ANCIEN TESTAMENT, préface *d'E. Renan*. 1 v. 7 50

LAMARTINE

ANTONIELLA. 1 vol. .... 6 »
GENEVIÈVE. Hist. d'une servante. 1 v. 5 »
NOUVELLES CONFIDENCES. 1 vol...... 5 »
TOUSSAINT LOUVERTURE. 1 vol....... 5 »
VIE DE CÉSAR. 1 vol. .... 5 »

CHARLES LAMBERT

L'IMMORTALITÉ SELON LE CHRIST. 1 v. 7 50
LE SYSTÈME DU MONDE MORAL. 1 vol. 7 50

PATRICE LARROQUE

DE LA GUERRE ET DES ARMÉES, 3e *édition*. 1 vol. .... 6 »
DE L'ORGANISATION DU GOUVERNEMENT RÉPUBLICAIN. 1 vol. .... 5 »
EXAMEN CRITIQUE DES DOCTRINES DE LA RELIGION CHRÉTIENNE. 4e *édition*. 2 vol. .... 15 »
RÉNOVATION RELIGIEUSE. 4e *édit*. 1 v. 7 50

JULES DE LASTEYRIE

HISTOIRE DE LA LIBERTÉ POLITIQUE EN FRANCE. 1 vol. 7 50

DE LATENA

ÉTUDE DE L'HOMME. 3e *édition*. 1 vol. 7 50

LATOUR SAINT-YBARS

NÉRON, sa vie et son époque. 1 vol.. 7 50

LÉONCE DE LAVERGNE f. c.

LES ASSEMBLÉES PROVINCIALES SOUS LOUIS XVI. 1 vol. 7 50

JULES LE BERQUIER

LA COMMUNE DE PARIS. 1 vol. .... 3 »

VICT. LE CLERC ET E. RENAN

HISTOIRE LITTÉRAIRE DE LA FRANCE AU XIVe SIÈCLE. 2 vol. .... 16 »

CHARLES LENORMANT

BEAUX-ARTS ET VOYAGES, précédés d'une lettre de *M. Guizot*. 2 vol. 15 »

L. DE LOMÉNIE *de l'Acad. franç.*

BEAUMARCHAIS ET SON TEMPS. Études sur la société en France au XVIIIe siècle. 2e *édition*. 2 vol. .... 15 »
LA COMTESSE DE ROCHEFORT ET SES AMIS. Études sur les mœurs en France au XVIIIe siècle, avec des documents inédits. 1 vol. 7 50

LORD MACAULAY — *Trad. G. Guizot*

ESSAIS HIST. ET BIOGRAPHIQUES. 2 v. 12 »
— LITTÉRAIRES. 1 vol. .... 6 »
— POLIT. ET PHILOSOPHIQUES. 1 vol. 6 »
— SUR L'HIST. D'ANGLETERRE. 1 vol. 6 »
— ESSAIS D'HISTOIRE ET DE LITTÉRATURE. 1 vol. .... 6 »

JOSEPH DE MAISTRE

CORRESPONDANCE DIPLOMATIQUE (1811-1817), publiée par *A. Blanc*. 2 v. 15 »
MÉMOIRES POLIT. ET CORRESPONDANCE DIPLOMATIQUE, publiés par *A. Blanc*. 1 vol. .... 6 »

LE COMTE DE MARCELLUS

CHATEAUBRIAND ET SON TEMPS. 1 vol. 7 50
LES GRECS ANCIENS ET LES GRECS MODERNES. Etudes littéraires. 1 vol.. 7 50
SOUV. DIPLOMATIQUES. Correspondance de Chateaubriand. 1 vol. .... 5 »

MARTIN PASCHOUD

LIBERTÉ, VÉRITÉ, CHARITÉ, 1/2 vol.. 2 »

THOMAS ERSKINE MAY

HIST. CONSTIT. DE L'ANGLETERRE (1760-1860). Traduction et introd. de *Cornélis de Witt*. 2 vol. .... 12 »

PROSPER MÉRIMÉE *de l'Acad. franç.*

LETTRES A UNE INCONNUE. 5e *édition*. 2 vol. .... 15 »

J.-H. MERLE D'AUBIGNÉ

HISTOIRE DE LA RÉFORMATION EN EUROPE AU TEMPS DE CALVIN. 5 vol... 37 50

MÉRY

NAPOLÉON EN ITALIE. Poëme. 1 vol.. 5 »

LE COMTE MIOT DE MÉLITO

Ancien ambassadeur et ministre

SES MÉMOIRES, publiés par sa famille (1788-1815). 3 vol. .... 30 »

Mme A. MOLINOS-LAFITTE f. c.

SOLITUDES. 2e *édition*. 1 vol. .... 5 »

LE COMTE DE MONTALIVET

LE ROI LOUIS-PHILIPPE (liste civile). *Nouv. édition, entièrement revue et consid. augm. de notes, pièces, avec portrait et fac simile du roi, plan du château de Neuilly*. 1 vol. 6 »

MORTIMER-TERNAUX

HIST. DE LA TERREUR (1792-1794). 7 vol. .... 42 »

J. LOTHROP MOTLEY

HIST. DE LA FONDATION DE LA RÉPUBLIQUE DES PROVINCES-UNIES. *Traduction nouvelle avec une grande introd. de M. Guizot*. 4 vol. .... 24 »

LE BARON DE NERVO

LE COMTE DE CORVETTO. 1 vol. 7 50
L'ESPAGNE EN 1867. 1 vol. .... 5 »
LES FINANCES FRANÇAISES SOUS L'ANCIENNE MONARCHIE, LA RÉPUBLIQUE, LE CONSULAT ET L'EMPIRE. 2 vol.. 15 »
LES FINANCES FRANÇAISES SOUS LA RESTAURATION. 4 vol. .... 30 »
HISTOIRE D'ESPAGNE DEPUIS SES ORIGINES. 4 vol. .... 30 »
ISABELLE LA CATHOLIQUE. 1 vol. .... 8 »
LA MONARCHIE ESPAGNOLE, SON ORIGINE, SA CONDITION, etc. 1/2 vol. 2 »

ADOLPHE NEUBAUER

LA GÉOGRAPHIE DU TALMUD. 1 vol... 15 »

MICHEL NICOLAS

LES DOCTRINES RELIGIEUSES DES JUIFS pendant les deux siècles antérieurs à l'ère chrétienne. 2e *édit*. 1 vol.. 7 50
ESSAIS DE PHILOSOPHIE ET D'HISTOIRE RELIGIEUSE. 1 vol. 7 50
ÉTUDES CRITIQUES SUR LA BIBLE. Ancien Testament. 2e *édit*. 1 vol.. 7 50
ÉTUDES CRITIQUES SUR LA BIBLE. Nouveau Testament. 1 vol. 7 50
ÉTUDES SUR LES ÉVANGILES APOCRYPHES. 1 vol. 7 50
LE SYMBOLE DES APOTRES. 1 vol. 7 50

CHARLES NISARD

LES GLADIATEURS DE LA RÉPUBLIQUE DES LETTRES. 2 vol. .... 15 »

LE MARQUIS DE NOAILLES

HENRI DE VALOIS ET LA POLOGNE EN 1572. 2 vol. .... 15 »

LE DUC D'ORLÉANS

CAMPAGNES DE L'ARMÉE D'AFRIQUE — 1835-1839, — publié par ses fils. Avant-propos de M. le comte de Paris, introduction de M. le duc de Chartres, avec un portrait du duc d'Orléans, par Horace Vernet et une carte de l'Algérie. 2e *édition*. 1 beau volume vélin 7 50

LE COMTE DE PARIS f. c.

DE LA SITUATION DES OUVRIERS EN ANGLETERRE. 2e *édition*. 1 vol.... 6 »
HISTOIRE DE LA GUERRE CIVILE EN AMÉRIQUE. Tom. I et II. 2 vol..... 15 »
ATLAS POUR SERVIR A L'HIST. DE LA GUERRE CIVILE EN AMÉRIQUE, livraisons 1 et 2 (contenant 9 planches). 15 »

LE Cte PELET DE LA LOZÈRE

PENSÉES MORALES ET POLITIQUES. 1 vol.......................... 7 50

CASIMIR PERIER

LES FINANCES DE L'EMPIRE. 1/2 vol. 1 »
LES FINANCES ET LA POLITIQUE. 1 vol. 5 »
LE TRAITÉ AVEC L'ANGLETERRE. 1/2 v. 1 50

GEORGES PERROT

SOUVENIRS D'UN VOYAGE EN ASIE MINEURE. 2e *édition*. 1 vol..... 7 50

A. PEYRAT

HISTOIRE ÉLÉMENTAIRE ET CRITIQUE DE JÉSUS. 4e *édition*. 1 vol....... 7 50

A. PHILIPPE

ROYER-COLLARD. Sa vie publique, sa vie privée, sa famille. 1 vol....... 5 »

L'ABBÉ PIERRE

CONSTANTINOPLE, JÉRUSALEM ET ROME, *avec un plan de Jérusalem et carte des côtes de la Méditerranée*. 2 vol........................... 15 »

F. PONSARD *de l'Académie française*

ŒUVRES COMPLÈTES. 2 vol.......... 15 »

LE COMTE DE PONTÉCOULANT

SOUVENIRS HISTORIQUES ET PARLEMENTAIRES (1764-1848). 4 vol......... 24 »

PRÉVOST-PARADOL *de l'Acad. franç.*

ÉLISABETH ET HENRI IV (1595-1598). 2e *édition*. 1 vol................. 6 »
ESSAIS DE POLITIQUE ET DE LITTÉRATURE. 3 vol..................... 22 50
LA FRANCE NOUVELLE. 3e *édit*. 1 vol. 7 50

EDGAR QUINET

HISTOIRE DE LA CAMPAGNE DE 1815. 2e *édit*. 1 vol. *avec carte*....... 7 50
MERLIN L'ENCHANTEUR. 2 vol....... 15 »

J. DE RAINNEVILLE

LA FEMME DANS L'ANTIQUITÉ ET D'APRÈS LA MORALE NATURELLE. 1 vol. 7 50

Mme RÉCAMIER

COPPET ET WEIMAR — MADAME DE STAEL ET LA GRANDE-DUCHESSE LOUISE. Récits et Correspondances, par l'auteur des *Souvenirs de Madame Récamier*. 1 vol.......... 7 50
MADAME RÉCAMIER, LES AMIS DE SA JEUNESSE ET SA CORRESPONDANCE INTIME. 1 vol.......................... 7 50

CH. DE RÉMUSAT *de l'Acad. franç.*

POLITIQUE LIBÉRALE, ou Fragments pour servir à la défense de la révolution française. 1 vol......... 7 50

ERNEST RENAN *de l'Institut*

L'ANTECHRIST. 1 vol................ 7 50
LES APOTRES. 1 vol................. 7 50
AVERROÈS ET L'AVERROÏSME, essai historique. 3e *édition*. 1 vol......... 7 50
LE CANTIQUE DES CANTIQUES, traduit de l'hébreu, avec une étude sur le plan, l'âge et le caractère du poëme. 3e *édition*. 1 vol................ 6 »
LA CHAIRE D'HÉBREU AU COLLÉGE DE FRANCE. 3e *édition*. Brochure..... 1 »
DE L'ORIGINE DU LANGAGE. 4e *éd*. 1 v. 6 »
ESSAIS DE MORALE ET DE CRITIQUE. 3e *édition*. 1 vol................ 7 50
ÉTUDES D'HISTOIRE RELIGIEUSE. 6e *édition*. 1 vol.................. 7 50
HISTOIRE GÉNÉRALE DES LANGUES SÉMITIQUES. 4e *édition revue*. 1 vol. 12 »
HISTOIRE LITTÉRAIRE DE LA FRANCE AU XIVe SIÈCLE. 2 vol............ 16 »
LE LIVRE DE JOB, traduit de l'hébreu, avec une étude sur l'âge et le caractère du poëme. 3e *édition*. 1 v. 7 50
QUESTIONS CONTEMPORAINES. 2e *éd*. 1 v. 7 50
LA RÉFORME INTELLECTUELLE ET MORALE. 3e *édition*. 1 vol........... 7 50
SAINT PAUL. 1 vol. avec carte...... 7 50
VIE DE JÉSUS. 14e *édition*. 1 vol.... 7 50

D. JOSÉ GUELL Y RENTÉ

CONSIDÉRATIONS POLIT. ET LIT. 1 vol. 5 »
PENSÉES CHRÉTIENNES, POLITIQUES ET PHILOSOPHIQUES. 1 vol........ 5 »

LOUIS REYBAUD *de l'Institut*

ÉCONOMISTES MODERNES. 1 vol...... 7 50
ÉTUDES SUR LE RÉGIME DES MANUFACTURES. — LA SOIE. 1 vol...... 7 50
— LE COTON. Son régime, ses problèmes, son influence en Europe. 1 v. 7 50
— LA LAINE. 1 vol................ 7 50
— LE FER ET LA HOUILLE. 1 vol.... 7 50

PAUL RIBAUT

DU SUFFRAGE UNIVERSEL. 1 vol.... 6 »

LE COMTE R. R.

LA JUSTICE ET LA MONARCHIE POPULAIRE. La Guerre d'Orient 1 vol. 3 »

H. RODRIGUES

LA JUSTICE DE DIEU. 1 vol......... 5 »
LES ORIGINES DU SERMON DE LA MONTAGNE. 1 vol.................... 3 »
HISTOIRE DES PREMIERS CHRÉTIENS. 1re partie. Le roi des Juifs. 2e *éd*. 1 v. 5 »
2e — Saint Pierre. 2e *éd*. 1 v.. 5 »

J.-J. ROUSSEAU

ŒUVRES ET CORRESPONDANCE INÉDITES, publiées par *M. Streckeisen-Moultou*. 1 vol............. 7 50
J. J. ROUSSEAU, SES AMIS ET SES ENNEMIS. Correspondance publ. par *M. Streckeisen-Moultou*, avec appréciat. crit. de *Sainte-Beuve*. 2 v. 15 »

LE MARÉCHAL DE SAINT-ARNAUD

LETTRES avec pièces justificatives, et notice de *Sainte-Beuve*, 2e *édit.* 2 vol. *vélin*, ornés du portrait et d'un autographe........ f. c. 30 »

SAINTE-BEUVE *de l'Acad. franç.*

POÉSIES COMPLÈTES — JOSEPH DELORME — LES CONSOLATIONS — PENSÉES D'AOUT. *Nouv. édition.* 2 vol. 10 »

VIE, POÉSIES ET PENSÉES DE JOSEPH DELORME. *Nouvellle édition très-augmentée.* 1 vol........ 5 »

SAINT-MARC GIRARDIN *de l'Acad. fr.*

LA FONTAINE ET LES FABULISTES. 2 v. 15 »

SOUVENIRS ET RÉFLEXIONS POLITIQUES D'UN JOURNALISTE. 1 vol........ 7 50

SAINT-RENÉ TAILLANDIER *de l'Ac. fr.*

ÉTUDES SUR LA RÉVOLUTION EN ALLEMAGNE. 2 vol........ 15 »

MAURICE DE SAXE. Etude historique. 2e *édition.* 1 vol........ 7 50

PAUL DE SAINT-VICTOR

HOMMES ET DIEUX. 3e *édition.* 1 vol. 7 50

J. SALVADOR

HISTOIRE DES INSTITUTIONS DE MOÏSE ET DU PEUPLE HÉBREU. 3e *édition, revue et augmentée.* 2 vol........ 15 »

JÉSUS-CHRIST ET SA DOCTRINE. Histoire de la naissance de l'Église. *Nouv. édition augmentée*, 2 vol... 15 »

PARIS, ROME, JÉRUSALEM (Question religieuse au XIXe siècle). 2 vol... 15 »

MAURICE SAND

RAOUL DE LA CHASTRE. 1 vol........ 6 »

EDMOND SCHÉRER

MÉLANGES D'HISTOIRE RELIGIEUSE. 1 v. 7 50

DE SÉNANCOUR

RÊVERIES. 3e *édition.* 1 vol........ 5 »

JULES SIMON

SOUVENIRS DU 4 SEPTEMBRE. Origine et chute du second empire. 2e *édit.* 1 vol........ 6 »

— Le gouvernement de la défense nationale. 1 vol........ 6 »

JAMES SPENCE

L'UNION AMÉRICAINE. 1 vol........ 6 »

LORD STANHOPE

WILLIAM PITT ET SON TEMPS. Trad. avec introd. de *M. Guizot.* 4 vol. 24 »

DANIEL STERN

HISTOIRE DES COMMENCEMENTS DE LA RÉPUBLIQUE AUX PAYS-BAS, 1581-1625. 1 volume........ 7 50

DAVID-FRÉDÉRIC STRAUSS

auteur de la Vie de Jésus

ESSAIS D'HISTOIRE RELIGIEUSE ET MÉLANGES LITTÉRAIRES. Traduction avec introduct. d'*E. Renan.* 1 vol. 7 50

A. DE TOCQUEVILLE *de l'Acad. fr.*

OEuvres complètes — *Nouv. édition* f. c.

L'ANCIEN RÉGIME ET LA RÉVOLUTION. 1 vol........ 6 »

DE LA DÉMOCRATIE EN AMÉRIQUE. 3 vol........ 18 »

ÉTUDES ÉCONOMIQUES, POLITIQUES ET LITTÉRAIRES. 1 vol........ 6 »

MÉLANGES. Fragments historiques et Notes. 1 vol........ 6 »

NOUV. CORRESPONDANCE inédite. 1 v. 6 »

ŒUVRES POSTHUMES ET CORRESPONDANCE. Introd. *de G. de Beaumont.* 2 vol........ 12 »

AUG. TROGNON

VIE DE MARIE-AMÉLIE, reine des Français. 2e *édition.* 1 vol........ 7 50

AUGUSTE VACQUERIE

MES PREMIÈRES ANNÉES DE PARIS. 1 v. 7 50

E. DE VALBEZEN

LES ANGLAIS ET L'INDE. 3e *édit.* 1 vol.. 7 50

OSCAR DE VALLÉE

ANTOINE LEMAISTRE ET SES CONTEMPORAINS. 2e *édition.* 1 vol........ 7 50

LE DUC D'ORLÉANS ET LE CHANCELIER D'AGUESSEAU. 1 vol........ 7 50

LE DUC DE VALMY

LE PASSÉ ET L'AVENIR DE L'ARCHITECTURE. 1 vol........ 5 »

PAUL VARIN

EXPÉDITION DE CHINE. 1 vol........ 5 »

LE DOCTEUR L. VÉRON

QUATRE ANS DE RÈGNE. OU EN SOMMES-NOUS ? 1 vol........ 5 »

LOUIS DE VIEL-CASTEL *de l'Acad. fr.*

HISTOIRE DE LA RESTAURATION. 16 vol. 96 »

ALFRED DE VIGNY, *de l'Acad. franç.*

OEuvres complètes — *Nouv. édition*

CINQ-MARS. Avec autographes de Richelieu et de Cinq-Mars. 1 vol.... 5 »

LES DESTINÉES. Poëmes philos. 1 vol. 6 »

POÉSIES COMPLÈTES. 1 vol........ 5 »

SERVITUDE ET GRANDEUR MILITAIRES. 1 vol........ 5 »

STELLO. 1 vol........ 5 »

THÉATRE COMPLET. 1 vol........ 5 »

VILLEMAIN *de l'Acad. française*

LA TRIBUNE MODERNE : M. DE CHATEAUBRIAND, sa vie, ses écrits, etc. 1 v. 7 50

L. VITET *de l'Académie française*

L'ACADÉMIE ROYALE DE PEINTURE ET DE SCULPTURE. Etude hist. 1 vol.. 6 »

LE COMTE DUCHATEL. 1 vol. avec portrait........ 6 »

LE LOUVRE. Etude historique, *revue et augmentée* (*sous presse*). 1 vol.... 6 »

CORNÉLIS DE WITT

HIST. CONST. DE L'ANGLETERRE (1760-1860), *par Th. Erskine May.* (traduction et introduction). 2 vol. 12 »

LE RÉV. CHRIST. WORDSWORT

DE L'ÉGLISE ET DE L'INSTRUCTION PUBLIQUE EN FRANCE. 1 vol........ 5 »

BIBLIOTHÈQUE CONTEMPORAINE

Format grand in-18 à 3 fr. 50 c. le volume

EDMOND ABOUT vol.

LETTRES D'UN BON JEUNE HOMME A SA COUSINE. 3e *édition* 1
DERN. LETTRES D'UN BON JEUNE HOMME. 1

AMÉDÉE ACHARD

BELLE-ROSE. *Nouvelle édition* 1
LES COUPS D'ÉPÉE DE M. DE LA GUERCHE. *Nouv. édition* 1
DROIT AU BUT 1
ENVERS ET CONTRE TOUS. *Nouv. édition*. 1
HISTOIRE D'UN HOMME. *Nouv. édition* 1
MADAME DE VILLERXEL. 2e *édition* 1
RÉCITS D'UN SOLDAT. 2e *édition* 1
LES RÊVES DE GILBERTE. 2e *édition* 1
SOUVENIRS PERSONNELS D'ÉMEUTES ET DE RÉVOLUTIONS 1
LA VIPÈRE. 2e *édition* 1

ALARCON

THÉATRE, *traduct. d'Alphonse Royer* 1

GUSTAVE D'ALAUX

L'EMPEREUR SOULOUQUE ET SON EMPIRE. 1

LE DUC D'ALENÇON

LUÇON ET MINDANAO, journal de voyage dans l'extrême Orient, avec carte 1

***

SOUV. D'UN OFFICIER DU 2e DE ZOUAVES. 2e *édition augmentée* 1

LE DUC D'AUMALE *de l'Acad. franç.*

LES ZOUAVES ET LES CHASSEURS A PIED. 1

UN ARTILLEUR

CAPOUE EN CRIMÉE 2

ALFRED ASSOLLANT

D'HEURE EN HEURE 1
GABRIELLE DE CHÊNEVERT 1

XAVIER AUBRYET

LA FEMME DE VINGT-CINQ ANS 1
LES JUGEMENTS NOUVEAUX 1

L'AUTEUR *de John Halifax*

LA MÉPRISE DE CHRISTINE 1

L'AUTEUR *de La duchesse d'Orléans*

VIE DE JEANNE D'ARC. 2e *édition* 1

J. AUTRAN *de l'Académie française*

ÉPITRES RUSTIQUES 1
LES POÈMES DE LA MER 1

AUGUSTE AVRIL

SALTIMBANQUES ET MARIONNETTES 1

LE Cte CÉSAR BALBO *Trad. J. Amigues*

HISTOIRE D'ITALIE. 2e *édition* 2

LOUIS BAMBERGER

M. DE BISMARCK 1

THÉODORE DE BANVILLE

LES PARISIENNES DE PARIS. *Nouv. édit.* 1

CH. BARBARA

HISTOIRES ÉMOUVANTES 1

J. BARBEY D'AUREVILLY vol.

L'AMOUR IMPOSSIBLE 1
LE CHEVALIER DES TOUCHES 1
L'ENSORCELÉE 1
LES PROPHÈTES DU PASSÉ 1

ALEX. BARBIER

LETTRES FAMILIÈRES SUR LA LITTÉRATURE. 1

JULES BARBIER

LE FRANC-TIREUR. Chants de guerre 1

J. BARTHÉLEMY SAINT-HILAIRE

LETTRES SUR L'ÉGYPTE. 2e *édition* 1

CH. BATAILLE — E. RASETTI

ANTOINE QUERARD. Drames de Village 2

CHARLES BAUDELAIRE

OEuvres complètes — *Édition définitive*

LES FLEURS DU MAL. Poésies complètes 1
CURIOSITÉS ESTHÉTIQUES 1
L'ART ROMANTIQUE 1
PETITS POÈMES EN PROSE — LES PARADIS ARTIFICIELS 1
HISTOIRES EXTRAORDINAIRES D'EDGAR POE. (*Traduction*) 1
NOUVELLES HISTOIRES EXTRAORDINAIRES. 1
ARTHUR GORDON PYM — EUREKA 1

L. BAUDENS

LA GUERRE DE CRIMÉE. Les Campements, les Abris, les Ambulances, les Hôpitaux, etc. 2e *édition* 1

LE BARON DE BAZANCOURT

LE CHEVALIER DE CHABRIAC 1

GUSTAVE DE BEAUMONT

L'IRLANDE SOCIALE, POLIT. ET RELIGIEUSE, 7e *édition, revue et corrigée* 2

ROGER DE BEAUVOIR

COLOMBES ET COULEUVRES 1
DUELS ET DUELLISTES 1
LES MEILLEURS FRUITS DE MON PANIER. 1

LA PRINCESSE DE BELGIOJOSO

ASIE-MINEURE ET SYRIE. *Nouv. édition* 1

GEORGES BELL

LES REVANCHES DE L'AMOUR 1
VOYAGE EN CHINE 1

A. DE BELLOY *Traducteur*

COMÉDIES DE PLAUTE 1
THÉATRE COMPLET DE TÉRENCE 1

ADOLPHE BELOT

LE DRAME DE LA RUE DE LA PAIX. 3e *éd.* 1

TH. BENTZON

LES HUMORISTES AMÉRICAINS 1
RÉCITS CALIFORNIENS. (*Traduction*) 1
LE ROMAN D'UN MUET 1
UNE VIE MANQUÉE 1
LA VOCATION DE LOUISE 1

HECTOR BERLIOZ

A TRAVERS CHANTS. *Nouvelle édition* 1
LES GROTESQUES DE LA MUSIQUE. *N. édit.* 1
LES SOIRÉES DE L'ORCHESTRE. *Nouv. édit.* 1

	vol.
CH. DE BERNARD	
NOUVELLES ET MÉLANGES, avec portrait.	1
POÉSIES ET THÉATRE	1
ÉLIE BERTHET	
LES CHAUFFEURS	1
EUGÈNE BERTHOUD	
UN BAISER MORTEL. 2e *édition*	1
E. BEULÉ *de l'Institut*	
LE DRAME DU VÉSUVE. 2e *édition*	1
H. BLAZE DE BURY	
LE CHEVALIER DE CHASOT	1
ÉCRIVAINS MODERNES DE L'ALLEMAGNE	1
ÉPISODE DE L'HISTOIRE DU HANOVRE	1
INTERMÈDES ET POÈMES	1
LA LÉGENDE DE VERSAILLES	1
LES MAITRESSES DE GŒTHE	1
MEYERBEER ET SON TEMPS	1
SOUV. ET RÉCITS DES CAMP. D'AUTRICHE	1
***	
LES BONSHOMMES DE CIRE	1
HOMMES DU JOUR. 2e *édition*	1
LES SALONS DE VIENNE ET DE BERLIN	1
LA COMTESSE DE BOIGNE	
LA MARÉCHALE D'AUBEMER	1
UNE PASSION DANS LE GRAND MONDE. 2e *éd.*	2
E. BOQUET-LIANCOURT	
THÉATRE DE FAMILLE	1
L'AMIRAL P. BOUVET	
PRÉCIS DE SES CAMPAGNES	1
FÉLIX BOVET	
VOYAGE EN TERRE SAINTE. 6e *édition*	1
CHARLES BRAINNE	
BAIGNEUSES ET BUVEURS D'EAU	1
A. DE BRÉHAT	
LES MAITRESSES DU DIABLE	1
LE ROMAN DE DEUX JEUNES FEMMES	1
LE TESTAMENT DE LA COMTESSE	1
BRET-HARTE *Traduction Th. Bentzon*	
RÉCITS CALIFORNIENS	1
LE DUC DE BROGLIE *de l'Acad. franç.*	
VUES SUR LE GOUVERNEMENT DE LA FRANCE. 2e *édition*	1
LE PRINCE DE BROGLIE *de l'Ac. fr.*	
LA DIPLOMATIE ET LE DROIT NOUVEAU	1
QUEST. DE RELIGION ET D'HIST. 2e *édit.*	2
F. BUNGENER	
PAPE ET CONCILE AU XIXe SIÈCLE	1
ROME ET LE VRAI	1
ÉDOUARD CADOL	
MADAME ÉLISE	1
PAUL CAILLARD	
CHASSES EN FRANCE ET EN ANGLETERRE.	1
AUGUSTE CALLET	
L'ENFER. 2e *édition*	1
A. CALMON	
WILLIAM PITT. Étude parlementaire	1
JULES DE CARNÉ	
PÊCHEURS ET PÊCHERESSES	1
Mme E. CARO	
FLAMEN. 2e *édition*	1
HISTOIRE DE SOUCI. 2e *édition*	1
LES NOUVELLES AMOURS D'HERMANN ET DOROTHÉE. 2e *édition*	1
LE PÉCHÉ DE MADELEINE. 5e *édition*	1

	vol.
MICHEL CERVANTES	
THÉATRE. *Traduction d'Alph. Royer*	1
CÉLESTE DE CHABRILLAN	
MISS PEWEL	1
CHAMPFLEURY	
LES AMOUREUX DE SAINTE-PÉRINE	1
AVENTURES DE MADEMOISELLE MARIETTE.	1
LES BOURGEOIS DE MOLINCHART	1
CHIEN-CAILLOU	1
LES DEMOISELLES TOURANGEAU	1
LES EXCENTRIQUES. 2e *édition*	1
LA MASCARADE DE LA VIE PARISIENNE	1
M. DE BOISD'HYVER	1
LES PREMIERS BEAUX JOURS	1
LE RÉALISME	1
L'USURIER BLAIZOT	1
EUGÈNE CHAPUS	
LES HALTES DE CHASSE. 2e *édition*	1
MANUEL DE L'HOMME ET DE LA FEMME COMME IL FAUT. 5e *édition*	
PHILARÈTE CHASLES	
LE VIEUX MÉDECIN	1
F. DE CHATEAUBRIAND	
ESQUISSE D'UN MAITRE. Souvenirs d'enfance et de jeunesse suivis de lettres inédites de *Chateaubriand* et d'une étude par *Ch. Lenormant*	1
VICTOR CHERBULIEZ	
UN CHEVAL DE PHIDIAS	1
LE PRINCE VITALE	1
H. DE CLAIRET	
LES AMOURS D'UN GARDE CHAMPÊTRE	1
JULES CLARETIE	
MADELEINE BERTIN. 2e *édition*	1
LE ROMAN DES SOLDATS	1
CHARLES CLÉMENT	
ÉTUDES SUR LES BEAUX-ARTS EN FRANCE.	1
Mme LOUISE COLET	
LUI. 5e *édition*	1
ATHANASE COQUEREL	
LES FORÇATS POUR LA FOI	1
EUGÈNE CORDIER	
LE LIVRE D'ULRICH	1
CHARLES DE COURCY	
LES HISTOIRES DU CAFÉ DE PARIS	1
AIMÉ COURNET	
L'AMOUR EN ZIGZAG	1
J. M. COURNIER	
UNE FAMILLE EN 1870-1871	1
VICTOR COUSIN *de l'Acad. franç.*	
PHILOSOPHIE ÉCOSSAISE. 4e *édition*	1
LA MARQUISE DE CRÉQUY	
SOUVENIRS — De 1710 à 1803 — *Nouv. édition augmentée* d'une correspondance inédite et authentique de la marquise de Créquy	5
CUVILLIER-FLEURY *de l'Acad. fr.*	
ÉTUDES ET PORTRAITS	2
ÉTUDES HISTORIQUES ET LITTÉRAIRES	2
NOUV. ÉTUDES HIST. ET LITTÉRAIRES	1
DERN. ÉTUDES HISTOR. ET LITTÉRAIRES	2
HISTORIENS, POÈTES ET ROMANCIERS	2
VOYAGES ET VOYAGEURS. *Nouv. édition*	1

LA COMTESSE DASH vol.

L'ARBRE DE LA VIERGE ... 1
LES AVENTURES D'UNE JEUNE MARIÉE ... 1
LA BOHÈME DU XVIIe SIÈCLE ... 1
BOHÈME ET NOBLESSE. 2e *édition* ... 1
LA CEINTURE DE VÉNUS ... 1
LA CHAMBRE ROUGE. 2e *édition* ... 1
LES COMÉDIES DES GENS DU MONDE ... 1
COMMENT ON FAIT SON CHEMIN DANS LE MONDE. Code du savoir-vivre. 2e *édit.* 1
COMMENT TOMBENT LES FEMMES. 2e *éd.* 1
UN COSTUME DE BAL ... 1
LA DETTE DE SANG ... 1
LE DRAME DE LA RUE DU SENTIER ... 1
LA FÉE AUX PERLES ... 1
LES FEMMES A PARIS ET EN PROVINCE ... 1
LE FILS DU FAUSSAIRE ... 1
UN FILS NATUREL ... 1
LES HÉRITIERS D'UN PRINCE. 2e *édition*. 1
LE LIVRE DES FEMMES. *Nouv. édition* ... 1
MADEMOIS. CINQUANTE MILLIONS. 2e *édit.* 1
LES MALHEURS D'UNE REINE ... 1
LA NUIT DE NOCES. 3e *édition* ... 1
LE ROMAN D'UNE HÉRITIÈRE ... 1
LA ROUTE DU SUICIDE ... 1
UN SECRET DE FAMILLE ... 1
LE SOUPER DES FANTOMES ... 1
LES VACANCES D'UNE PARISIENNE ... 1
LA VIE CHASTE ET LA VIE IMPURE. 2e *éd.* 1

ALPHONSE DAUDET

LE ROMAN DU CHAPERON ROUGE ... 1

ERNEST DAUDET

LE CARDINAL CONSALVI ... 1
LES DUPERIES DE L'AMOUR ... 1

LE GÉNÉRAL DAUMAS

LES CHEVAUX DU SAHARA ET LES MŒURS DU DÉSERT. 7e *édition*, avec Commentaires d'*Abd-el-Kader* ... 1

L. DAVESIÈS DE PONTÈS

ÉTUDES SUR L'ANGLETERRE ... 1
ÉTUDES SUR L'HISTOIRE DES GAULES ... 1
ÉTUDES SUR L'HISTOIRE DE PARIS ... 1
ÉTUDES SUR L'ORIENT. 2e *édition* ... 1
ÉTUDES SUR LA PEINTURE VÉNITIENNE .. 1
NOTES SUR LA GRÈCE ... 1

DÉCEMBRE-ALONNIER

TYPOGRAPHES ET GENS DE LETTRES ... 1

EUGÈNE DELIGNY

LES CABOTINS ... 1
LA GRANDE DAME ET LA NORMANDE ... 1
L'HÉRITAGE D'UN BANQUIER ... 1
MÉMOIRES D'UN DISSIPATEUR ... 1
LE SECRET DE M. DE BOISSONNANGE ... 1
LE TALISMAN DE ROBERT NELS ... 1

LA COMTESSE DELLA ROCCA

CORRESPONDANCE ENFANTINE. Modèles de lettres pour jeunes filles ... 1
CORRESP. INÉDITE DE LA DUCH. DE BOURGOGNE ET DE LA REINE D'ESPAGNE ... 1

PAUL DELTUF

CONTES ROMANESQUES ... 1
FIDÈS ... 1
PETITS MALHEURS D'UNE JEUNE FEMME. 1
RÉCITS DRAMATIQUES ... 1

MARIA DERAISMES vol.

NOS PRINCIPES ET NOS MŒURS ... 1

A. DESBAROLLES

VOYAGE D'UN ARTISTE EN SUISSE A 3 FR. 50 C. PAR JOUR. 3e *édition* ... 1

ÉMILE DESCHANEL

CAUSERIES DE QUINZAINE ... 1
CHRISTOPHE COLOMB ET VASCO DE GAMA. 1

PAUL DHORMOYS

LA VERTU DE M. BOURGET ... 1

PASCAL DORÉ

LE ROMAN DE DEUX JEUNES FILLES ... 1

DRAPEYRON-SELIGMANN

LES DEUX FOLIES DE PARIS ... 1

CAMILLE DOUCET

ŒUVRES COMPLÈTES ... 2

MAXIME DU CAMP

LES BUVEURS DE CENDRES ... 1
EN HOLLANDE. *Nouv édition* ... 1
EXPÉDITION DE SICILE. Souvenirs ... 1
LES FORCES PERDUES ... 1
LE NIL (Egypte et Nubie). 3e *édition* ... 1

J.-A. DUCONDUT

ESSAI DE RHYTHMIQUE FRANÇAISE ... 1

E. DUFOUR

LES GRIMPEURS DES ALPES (*Traduction*). 1

ALEXANDRE DUMAS

HISTOIRE DE MES BÊTES. 2e *édition* ... 1
SOUVENIRS DRAMATIQUES ... 2
THÉATRE COMPLET ... 15

ALEX. DUMAS FILS *de l'Acad. franç.*

AFF. CLÉMENCEAU. Mém. de l'acc., 12e *éd.* 1
CONTES ET NOUVELLES ... 1
THÉATRE COMPLET. Préfaces inéd. 3e *éd.* 4
THÉRÈSE ... 1

MARIE ALEXANDRE DUMAS

AU LIT DE MORT. 2e *édition* ... 1
MADAME BENOIT. 2e *édition* ... 1
LE MARI DE Mme BENOIT ... 1

HENRI DUPIN

CINQ COUPS DE SONNETTE ... 1

THÉODORE DURET

VOYAGE EN ASIE ... 1

MISS EDGEWORTH

DEMAIN ! ... 1

CHARLES EDMOND

SOUVENIRS D'UN DÉPAYSÉ ... 1

Mme ELLIOTT

MÉMOIRES SUR LA RÉVOLUTION FRANÇAISE, avec étude de *Sainte-Beuve* et un portrait gravé sur acier. 2e *édition* .. 1

ADOLPHE D'ENNERY

LE PRINCE DE MORIA. 2e *édition* ... 1

ERCKMANN-CHATRIAN

L'ILLUSTRE DOCTEUR MATHEUS ... 1

ÉVODIE

UN HOMME D'HONNEUR ... 1

XAVIER EYMA

LES PEAUX NOIRES ... 1

ALBERT EYNAUD

SCÈNES DE LA VIE ORIENTALE ... 1

ACHILLE EYRAUD vol.

VOYAGE A VÉNUS........................ 1

A.-L.-A. FÉE

L'ESPAGNE A 50 ANS D'INTERVALLE...... 1
SOUVENIRS DE LA GUERRE D'ESPAGNE.... 1

FEUILLET DE CONCHES

LÉOPOLD ROBERT, sa vie, ses œuvres et sa correspondance. *Nouv. édition*.... 1

OCT. FEUILLET *de l'Acad. française*

BELLAH. 10e *édition*.................. 1
HISTOIRE DE SIBYLLE. *Nouv édition*..... 1
JULIA DE TRÉCŒUR. 8e *édition*......... 1
M. DE CAMORS. 18e *édition*............. 1
LA PET. COMTESSE. Le Parc, Onesta. *N. éd.* 1
LE ROMAN D'UN J. HOMME PAUVRE. *N. éd.* 1
SCÈNES ET COMÉDIES. *Nouv. édition*.... 1
SCÈNES ET PROVERBES. *Nouv. édition*... 1

PAUL FÉVAL

BLANCHEFLEUR.......................... 1
LE CAPITAINE SIMON.................... 1
LES DERNIÈRES FÉES.................... 1
QUATRE FEMMES ET UN HOMME. 3e *édit*... 1
LA REINE DES ÉPÉES.................... 1
LE TUEUR DE TIGRES.................... 1
LE VICOMTE PAUL. 2e *édition*........... 1

ERNEST FEYDEAU

ALGER. Étude. 2e *édition*.............. 1
L'ALLEMAGNE EN 1871. 2e *édition*...... 1
LES AMOURS TRAGIQUES. 2e *édition*..... 1
LES AVENT. DU BARON DE FÉRESTE — COMME SE FORMENT LES JEUNES GENS. 3e *édit.* 1
CATHERINE D'OVERMEIRE. *Nouv. édition.* 1
LA COMTESSE DE CHALIS. 6e *édition*...... 1
UN DÉBUT A L'OPÉRA. 4e *édition*........ 1
LE LION DEVENU VIEUX. 3e *édition*...... 1
DU LUXE, DES FEMMES, DES MŒURS, etc.. 1
LE MARI DE LA DANSEUSE. 3e *édition*... 1
MÉMOIRES D'UN COULISSIER 1
MONSIEUR DE SAINT-BERTRAND. 3e *édit*.. 1
LE ROMAN D'UNE JEUNE MARIÉE. 7e *édit.* 1
LE SECRET DU BONHEUR. 3e *édition*...... 2
SYLVIE. *Nouvelle édition*............. 1

LOUIS FIGUIER

LES EAUX DE PARIS. 2e *édition* 1

P.-A. FIORENTINO

COMÉDIES ET COMÉDIENS.................. 2
LES GRANDS GUIGNOLS................... 2

GUSTAVE FLAUBERT

L'ÉDUCATION SENTIMENTALE. 4e *édition*.. 1
SALAMMBO. 7e *édition*.................. 1

EUGÈNE FORCADE

ÉTUDES HISTORIQUES.................... 1
HIST. DES CAUSES DE LA GUERRE D'ORIENT. 1

G. FOURCADE-PRUNET

UNE FIN DE MONDE...................... 1

MARC FOURNIER

LE MONDE ET LA COMÉDIE. (*Sous presse*). 1

VICTOR FRANCONI

LE CAVALIER. Cours d'équitation pratique, 2e *édition revue et augmentée*... 1
L'ÉCUYER. Cours d'équitation pratique.. 1

ARNOULD FRÉMY

LES GENS MAL ÉLEVÉS 1
LES MŒURS DE NOTRE TEMPS 1

CH. DE FREYCINET vol.

LA GUERRE EN PROVINCE PENDANT LE SIÉGE DE PARIS. 10e *édit.* avec cartes.. 1

LÉOPOLD DE GAILLARD

QUESTIONS ITALIENNES.................. 1

N. GALLOIS

LES ARMÉES FRANÇAISES EN ITALIE..... 1

GALOPPE D'ONQUAIRE

LE DIABLE BOITEUX EN PROVINCE....... 1
LE SPECTACLE AU COIN DU FEU......... 1

LE Cte AGÉNOR DE GASPARIN

LE BONHEUR. 7e *édition*............... 1
LE BON VIEUX TEMPS. 3e *édition*....... 1
LA CONSCIENCE. 4e *édition*............ 1
LES ÉCOLES DU DOUTE ET L'ÉCOLE DE LA FOI. 2e *édition*....................... 1
L'ÉGALITÉ. 3e *édition*................ 1
L'ENNEMI DE LA FAMILLE. 3e *édition*... 1
LA FAMILLE, ses devoirs, ses joies et ses douleurs. 7e *édition*.............. 2
LA FRANCE, nos fautes, nos périls, notre avenir. 4e *édition*................ 2
UN GRAND PEUPLE QUI SE RELÈVE. 4e *éd.* 1
INNOCENT III. 3e *édition*............. 1
LA LIBERTÉ MORALE. 2e *édition*........ 2
LUTHER ET LA RÉFORME AU XVIe SIÈCLE. 3e *édition*.......................... 1

L'AUTEUR *des Horizons prochains*

BANDE DU JURA. — Les Prouesses. 2e *édit.* 1
— Premier voyage, 2e *édition*...... 1
— Chez les Allemands — Chez nous. 2e *édition* 1
— A Florence. 2e *édition*........ 1
A CONSTANTINOPLE. 2e *édition*.......... 1
A TRAVERS LES ESPAGNES. 2e *édition*.... 1
AU BORD DE LA MER. 2e *édition*......... 1
CAMILLE 3e *édition*................... 1
LES HORIZONS CÉLESTES. 8e *édition*...... 1
LES HORIZONS PROCHAINS. 7e *édition*... 1
JOURNAL D'UN VOY. AU LEVANT, 2e *édit.* 3
LES TRISTESSES HUMAINES. 4e *édition*... 1
VESPER. 4e *édition*.................... 1

THÉOPHILE GAUTIER

CONSTANTINOPLE. *Nouvelle édition*...... 1
LES GROTESQUES. *Nouvelle édition*...... 1
LOIN DE PARIS......................... 1
LA PEAU DE TIGRE 1
PORTRAITS ET SOUVENIRS LITTÉRAIRES... 1
QUAND ON VOYAGE....................... 1

JULES GÉRARD *le Tueur de lions*

VOYAGES ET CHASSES DANS L'HIMALAYA... 1

GÉRARD DE NERVAL

Œuvres complètes. — *Nouvelle édition*
LES DEUX FAUST DE GŒTHE, *traduction*. 1
LES ILLUMINÉS — Les Faux saulniers.. 1
LE RÊVE ET LA VIE — LES FILLES DU FEU — LA BOHÊME GALANTE 1
VOYAGE EN ORIENT, *édition complète*.... 2

Mme ÉMILE DE GIRARDIN

M. LE MARQUIS DE PONTANGES.......... 1
NOUVELLES............................ 1

ÉMILE DE GIRARDIN

LE DROIT AU TRAVAIL, au Luxembourg et à l'Assemblée nationale 2
ÉTUDES POLITIQUES. *Nouvelle édition*.. 1

GŒTHE

FAUST. *Trad. nouvelle de Bacharach* avec introduction *d'Alex. Dumas fils.* 1

EDMOND ET JULES DE GONCOURT vol.

SŒUR PHILOMÈNE..................... 1

ÉDOUARD GOURDON

NAUFRAGE AU PORT..................... 1

LÉON GOZLAN

BALZAC CHEZ LUI. 2e *édition*.......... 1
BALZAC EN PANTOUFLES. 3e *édition*..... 1
LA DERNIÈRE SŒUR GRISE............. 1
LE DRAGON ROUGE..................... 1
ÉMOTIONS DE POLYDORE MARASQUIN..... 1
LA FAMILLE LAMBERT.................. 1
HISTOIRE D'UN DIAMANT. 2e *édition*..... 1
LE PLUS BEAU RÊVE D'UN MILLIONNAIRE. 1

CARLO GOZZI

THÉATRE FIABESQUE, *trad. d'A. Royer*.. 1

Mme MANOEL DE GRANDFORT

RYNO. 3e *édition*.................... 1

GRANIER DE CASSAGNAC

DANAÉ.............................. 1

GRÉGOROVIUS *Trad. de F. Sabatier*

LES TOMBEAUX DES PAPES ROMAINS, avec introduction de *J.-J. Ampère*....... 1

F. DE GROISEILLIEZ

LES COSAQUES DE LA BOURSE........... 1

AD. GUÉROULT

ÉTUDES DE POLIT. ET DE PHIL. RELIGIEUSE 1

AMÉDÉE GUILLEMIN

LES MONDES. Causeries astron. 3e *édition*. 1

M. GUIZOT

3 GÉNÉRATIONS — 1789-1814-1848 3e *édit.* 1

LE Cte GUY DE CHARNACÉ

ÉTUDES D'ÉCONOMIE RURALE............ 1

IDA HAHN-HAHN *Trad. Am. Pichot*

LA COMTESSE FAUSTINE................ 1

F. HALÉVY *de l'Institut*

SOUVENIRS ET PORTRAITS.............. 1
DERNIERS SOUVENIRS ET PORTRAITS..... 1

LUDOVIC HALÉVY

L'INVASION — SOUV. ET RÉCITS. 2e *édit.* 1
MADAME ET MONSIEUR CARDINAL. 9e *édit.* 1

B. HAURÉAU

SINGULARITÉS HISTOR. ET LITTÉRAIRES... 1

LE Cte D'HAUSSONVILLE *de l'Ac. fr.*

L'ÉGLISE ROMAINE ET LE PREMIER EMPIRE. 3e *édition*.................. 5
HIST. DE LA POLIT. EXTÉREURE DU GOUVERN. FRANÇAIS (1830-1848). *Nouv. éd.* 2
HISTOIRE DE LA RÉUNION DE LA LORRAINE A LA FRANCE. 2e *édition*....... 4

L'AUTEUR *de Robert Emmet*

LA JEUNESSE DE LORD BYRON.......... 1
LES DERNIÈRES ANNÉES DE LORD BYRON. 2e *édit*.......................... 1
MARGUER. DE VALOIS, reine de Navarre.. 1
ROBERT EMMET. 2e *édition*........... 1
SOUVENIRS D'UNE DEMOIS. D'HONNEUR DE LA DUCH. DE BOURGOGNE. 2e *édition*.. 1

HENRI HEINE

œuvres complètes — *Nouvelle édition*

ALLEMANDS ET FRANÇAIS............... 1
CORRESPONDANCE INÉDITE............. 2
DE L'ALLEMAGNE...................... 2
DE L'ANGLETERRE..................... 1
DE LA FRANCE........................ 1

HENRI HEINE (SUITE) vol.

DE TOUT UN PEU...................... 1
DRAMES ET FANTAISIES................ 1
LUTÈCE............................. 1
POÈMES ET LÉGENDES.................. 1
REISEBILDER, tableaux de voyage, avec portrait........................... 2
SATIRES ET PORTRAITS................ 1

CAMILLE HENRY

UNE NOUVELLE MADELEINE.............. 1
LE ROMAN D'UNE FEMME LAIDE, 3e *édit*.. 1

ROBERT HOUDIN

CONFIDENCES D'UN PRESTIDIGITATEUR... 2

ARSÈNE HOUSSAYE

LES AMOURS DE CE TEMPS-LA........... 1
AVENT. GALANTES DE MARGOT. *Nouv. édit.* 1
LA BELLE RAFAELLA.................. 1
BLANCHE ET MARGUERITE. 2e *édition*.... 1
LES FEMMES DU DIABLE. 2e *édition*...... 1
LES FILLES D'ÈVE. *Nouvelle édition*.... 1
MADEMOISELLE CLÉOPATRE. *Nouv. édition.* 1
MADEMOISELLE MARIANI. 6e *édition*..... 1
LA PÉCHERESSE. *Nouvelle édition*....... 1
LE REPENTIR DE MARION. *Nouv. édition.* 1
LA VERTU DE ROSINE. *Nouvelle édition*.. 1

F. HUET

RÉVOLUTION PHILOSOPH. AU XIXe SIÈCLE. 1
RÉVOLUTION RELIGIEUSE AU XIXe SIÈCLE.. 1

CHARLES HUGO

LA BOHÊME DORÉE.................... 2
LE COCHON DE SAINT ANTOINE......... 1
UNE FAMILLE TRAGIQUE............... 1

VICTOR HUGO

L'ANNÉE TERRIBLE. 23e *édition*......... 1
EN ZÉLANDE. 2e *édition*............... 1
QUATREVINGT-TREIZE. 12e *édition*....... 2

F. HUGONNET

SOUV. D'UN CHEF DE BUREAU ARABE.... 1

UN INCONNU

MONSIEUR X... ET MADAME ***.......... 1
LA PLAGE D'ÉTRETAT.................. 1

WASHINGTON IRVING *Trad. Lefebvre*

AU BORD DE LA TAMISE. 2e *édition*...... 1

ALFRED JACOBS

L'OCÉANIE NOUVELLE.................. 1

VICTOR JACQUEMONT

CORRESPONDANCE AVEC SA FAMILLE ET SES AMIS pendant son voyage dans l'Inde (1828-1832). *Nouv. édit. revue et augmentée, la seule complète, avec une étude* par M. Cuvillier-Fleury........ 2

PAUL JANET *de l'Institut*

LA FAMILLE. 9e *édition*............... 1
PHILOSOPHIE DU BONHEUR. 4e *édition*... 1
LES PROBLÈMES DU XIXe SIÈCLE. 3e *édit*.. 1

JULES JANIN *de l'Acad. française*

L'ANE MORT.......................... 1
BARNAVE. *Nouvelle édition*........... 1
CONTES FANTAST. ET CONTES LITTÉRAIRES. 1
HIST. DE LA LITTÉRATURE DRAMATIQUE.. 6
L'INTERNÉ. 2e *édition*................ 1

LE PRINCE DE JOINVILLE

ÉTUD. SUR LA MARINE ET RÉCITS DE GUERRE. 2

AUGUSTE JOLTROIS

LES COUPS DE PIED DE L'ANE. 2e *édition*. 1

LOUIS JOURDAN vol.

LES FEMMES DEVANT L'ÉCHAFAUD. 2e *édit.* 1

ARMAND JUSSELAIN

LES AMOURS DE JEUNESSE.............. 1
UN DÉPORTÉ A CAYENNE.............. 1

MIECISLAS KAMIENSKI *tué à Magenta*

SOUVENIRS......................... 1

ALPHONSE KARR

AGATHE ET CÉCILE.................. 1
LE CREDO DU JARDINIER.............. 1
DE LOIN ET DE PRÈS. 2e *édition*........ 1
LES DENTS DU DRAGON. 2e *édition*....... 1
EN FUMANT. 3e *édition*................ 1
FA DIÈZE.......................... 1
LES GAIETÉS ROMAINES.............. 1
LETTRES ÉCRITES DE MON JARDIN........ 1
LA MAISON CLOSE. 2e *édition*.......... 1
LA PROMENADE DES ANGLAIS........... 1
PROMENADES AU BORD DE LA MER...... 1
LA QUEUE D'OR. 2e *édition*............ 1
LE ROI DES ILES CANARIES. (*Sous presse*).. 1
LES SOIRÉES DE SAINTE-ADRESSE........ 1
SUR LA PLAGE. 2e *édition*............. 1

LA BRUYÈRE

LES CARACTÈRES. *Nouvelle édition*, commentée par *A. Destailleur*.......... 2

LAMARTINE

ANTONIELLA. 2e *édition*.............. 1
LES CONFIDENCES.................... 1
GENEVIÈVE. Hist. d'une Servante. 2e *édit.* 1
GRAZIELLA......................... 1
NOUVEAU VOYAGE EN ORIENT.......... 1
TOUSSAINT LOUVERTURE. 3e *édition*...... 1

JULIETTE LAMBER

DANS LES ALPES..................... 1
L'ÉDUCATION DE LAURE............... 1
IDÉES ANTI-PROUDHONNIENNES.......... 1
LE MANDARIN....................... 1
MON VILLAGE........................ 1
RÉCITS D'UNE PAYSANNE.............. 1
SAINE ET SAUVE..................... 1
LE SIÉGE DE PARIS. Journal d'une Parisienne.............................. 1
VOYAGE AUTOUR DU GRAND PIN......... 1

LE PRINCE DE LA MOSKOWA

SOUVENIRS ET RÉCITS................. 1

LANFREY

LES LETTRES D'ÉVERARD............... 1

THÉODORE DE LANGEAC

LES AVENTURES D'UN SULTAN........... 1

V. DE LAPRADE *de l'Acad. franç.*

POÈMES ÉVANGÉLIQUES. 3e *édition*...... 1
PSYCHÉ. Odes et poëmes. *Nouv. édition.* 1
LES SYMPHONIES. Idylles héroïques..... 1

WILLIAM DE LA RIVE

LA MARQUISE DE CLÉROL.............. 1

PATRICE LARROQUE

DE L'ESCLAVAGE CHEZ LES NATIONS CHRÉTIENNES. 3e *édition*................ 1

FERDINAND DE LASTEYRIE

LES TRAVAUX DE PARIS. Examen critiq. 1

DE LATENA

ÉTUDE DE L'HOMME. 4e *édition augment.* 2

ÉMILE DE LATHEULADE

DE LA DIGNITÉ HUMAINE.............. 1

ANTOINE DE LATOUR vol.

LA BAIE DE CADIX.................... 1
L'ESPAGNE RELIGIEUSE ET LITTÉRAIRE... 1
ÉTUDES LITTÉR. SUR L'ESPAGNE CONTEMP.. 1
ÉTUDES SUR L'ESPAGNE............... 2
LES SAYNÈTES DE RAMON DE LA CRUZ.... 1
TOLÈDE ET LES BORDS DU TAGE......... 1

THÉOPHILE LAVALLÉE

HISTOIRE DE PARIS................... 2

CHARLES DE LA VARENNE

VICTOR-EMMANUEL II ET LE PIÉMONT.... 1

CH. LAVOLLÉE

LA CHINE CONTEMPORAINE.............. 1

A. LEFÈVRE-PONTALIS

LES LOIS ET LES MŒURS ÉLECTORALES EN FRANCE ET EN ANGLETERRE.......... 1

ERNEST LEGOUVÉ *de l'Acad. franç.*

LECTURES A L'ACADÉMIE............... 1

JOHN LEMOINNE

NOUV. ÉTUDES CRIT. ET BIOGRAPHIQUES.. 1

FRANÇOIS LENORMANT

LA GRÈCE ET LES ILES IONIENNES........ 1

LÉOUZON LE DUC

L'EMPEREUR ALEXANDRE II. 2e *édition*... 1

JULES LEVALLOIS

LA PIÉTÉ AU XIXe SIÈCLE.............. 1

CH. LIADIÈRES

ŒUVRES DRAMATIQUES ET LÉGENDES..... 1
SOUVENIRS HIST. ET PARLEMENTAIRES... 1

FRANZ LISZT

DES BOHÉMIENS ET DE LEUR MUSIQUE... 1

LOUIS DE LOMÉNIE *de l'Acad. franç.*

BEAUMARCHAIS ET SON TEMPS 3e *édition.* 2

LE VICOMTE DE LUDRE

DIX ANNÉES DE LA COUR DE GEORGE II.. 1

MADELEINE

LETTRES D'UNE HONNÊTE FEMME....... 1

HENRY DE LA MADELÈNE

LA RÉDEMPTION D'OLIVIA.............. 1

CHARLES MAGNIN

HISTOIRE DES MARIONNETTES EN EUROPE, depuis l'antiquité. 2e *édition*........ 1

FÉLICIEN MALLEFILLE

LE CAPITAINE LAROSE................ 1
LE COLLIER. Contes et Nouvelles....... 1

HECTOR MALOT

LES AMOURS DE JACQUES. 3e *édition*..... 1
LA BELLE MADAME DONIS. 6e *édition*..... 1
UNE BELLE-MÈRE. 5e *édition*........... 1
UNE BONNE AFFAIRE. 2e *édition*......... 1
CLOTILDE MARTORY. 5e *édition*.......... 1
UN CURÉ DE PROVINCE. 2e *édition*...... 1
MADAME OBERNIN. 4e *édition*........... 1
UN MARIAGE SOUS LE SEC. EMPIRE. 6e *éd.*. 1
LE MARIAGE DE JULIETTE. 5e *édition*.... 1
LE MARI DE CHARLOTTE................ 1
UN MIRACLE. 2e *édition*............... 1
SOUVENIRS D'UN BLESSÉ.—SUZANNE. 3e *éd.* 1
— MISS CLIFTON. 3e *édition*......... 1
VICTIMES D'AMOUR — Les Amants. 5e *éd.* 1
— Les Epoux. 2e *édit.* 1
— Les Enfants....... 1
LA VIE MODERNE EN ANGLETERRE....... 1

ŒUVRES DE JEUNESSE

DE

H. DE BALZAC

NOUVELLE ÉDITION COMPLÈTE — 10 VOLUMES

1 fr. 25 cent. le volume (*Chaque volume se vend séparément*)

ARGOW LE PIRATE................ 1 vol.
LE CENTENAIRE................ 1 —
LA DERNIÈRE FÉE................ 1 —
DOM GIGADAS................ 1 —
L'EXCOMMUNIÉ................ 1 —
L'HÉRITIÈRE DE BIRAGUE.......... 1 vol.
L'ISRAÉLITE................ 1 —
JANE LA PALE................ 1 —
JEAN-LOUIS................ 1 —
LE VICAIRE DES ARDENNES........ 1 —

OUVRAGES DIVERS

f. c.

THÉODORE DE BANVILLE

ODES FUNAMBULESQUES. *Nouv. éd.* 1 v. 5 »

LA PRINCESSE DE BELGIOJOSO

SCÈNES DE LA VIE TURQUE. 1 vol..... 6 »

CAROLINE BERTON

LE BONHEUR IMPOSSIBLE. 1 vol...... 6 »

J.-B. BORÉDON

GABRIEL ET FIAMMETTA. 1 vol...... 6 »

CLÉMENT CARAGUEL

SOIRÉES DE TAVERNY. 1 vol.......... 6 »

ÉMILE CARREY

RÉCITS DE KABYLIE. 1 vol.......... 6 »

LE COMTE GUY DE CHARNACÉ

LES FEMMES D'AUJOURD'HUI. 2e *édit.* 2 vol.................... 10 »

AL. COMPAGNON

LES CLASSES LABORIEUSES, leur condition, leur avenir. 1 vol.......... 6 »

VICTOR COUSIN *de l'Acad. franç.*

PHILOSOPHIE DE KANT. 4e *éd.* 1 vol.. 6 »

E.-J. DELÉCLUZE

SOUVENIRS DE SOIXANTE ANNÉES. 1 v. 6 »

CHARLES EMMANUEL

LES DÉVIATIONS DU PENDULE ET LE MOUVEMENT DE LA TERRE. 1 vol... 1 »

EUGÈNE FROMENTIN

UNE ANNÉE DANS LE SAHEL. 1 vol... 6 »

LÉON GOZLAN

L'AMOUR DES LÈVRES ET L'AMOUR DU CŒUR. 1 vol.................... 6 »
LE MÉDECIN DU PECQ. 1 vol......... 6 »
LES NUITS DU PÈRE LACHAISE. 1 vol. 6 »

THÉOPHILE GAUTIER

LA BELLE JENNY. 1 vol.............. 6 »

DON JOSÉ GUELL Y RENTÉ

NÉLUDIA. 1 vol.................. 3 »
LÉGENDE DE CATHERINE OSSEMA. 1 vol. 3 »

ALEXANDRE GUÉRIN

LES RELIGIEUSES. 1 volume......... 1 »

HOFFMANN *Trad. Champfleury*

CONTES POSTHUMES. 1 vol........... 6 »

LA REINE HORTENSE

LA REINE HORTENSE EN ITALIE, EN FRANCE ET EN ANGLETERRE. 1 vol.. 6 »

HENRI D'IDEVILLE

M. BEULÉ. Souv. personnels. 1 vol... 3 »

J. JANIN *de l'Acad. française*

LES CONTES DU CHALET. 2e *édit.* 1 v.. 6 »

LAMARTINE

NOUVELLES CONFIDENCES. 1 vol...... 5 »

LASSABATHIE, *Admin. du Conservatoire*

HISTOIRE DU CONSERVATOIRE DE MUSIQUE ET DE DÉCLAMATION. 1 vol.. 5 »

AUGUSTE LUCHET

LA SCIENCE DU VIN. 1 volume....... 2 50

STEPHEN DE LA MADELAINE

CHANT. Etudes prat. de style. 1/2 vol. 2 »

MÉRY

LES NUITS ESPAGNOLES. 1 vol........ 6 »

PAUL MEURICE

SCÈNES DU FOYER. LA FAMIL. AUBRY. 1 v. 6 »

P. MORIN

COMM. L'ESP. VIENT AUX TABLES. 1 v. 1 50

FÉLIX MORNAND

LA VIE ARABE. 1 vol................ 6 »

LA COMTESSE NATHALIE

LA VILLA GALIETTA. 1 vol........... 6 »

LE BARON DE NERVO

DICTONS ET PROVERBES ESPAGNOLS. 1 v. 2 50

A. PEYRAT

UN NOUVEAU DOGME. Histoire de l'Immaculée Conception. 1 vol....... 6 »

GUSTAVE PLANCHE

ÉTUDES LITTÉRAIRES. 1 vol.......... 6 »
ÉTUDES SUR LES ARTS. 1 vol........ 5 »

A. DE PONTMARTIN

LETTRES D'UN INTERCEPTÉ. 1 vol.... 2 50

LE DOCTEUR RAULAND

LE LIVRE DES ÉPOUX. Guide pour la guérison de l'impuissance, de la stérilité et de toutes les maladies des organes génitaux. 1 fort vol.. 4 »

LE DOCTEUR ROUBAUD

POUGUES, ses eaux minérales, ses environs, etc. 1 vol............... 4 »

LE ROI LOUIS-PHILIPPE

MON JOURNAL. Evén. de 1815. 2 vol. 12 »

SOCIÉTÉ DES AQUAFORTISTES

LES ÉTRENNES DU PARNASSE. 1/2 vol. 1 »

MAURICE TALMEYR

VICTOR HUGO — L'HOMME QUI RIT — QUATREVINGT-TREIZE, suivi de UNE APRÈS-MIDI CHEZ THÉOPHILE GAUTIER. Conférences. 1 vol.......... 3 50

AUGUSTE VACQUERIE

PROFILS ET GRIMACES. 1 vol........ 6 »

WARNER

SCHAMYL. 1 vol.................. 3 »

COLLECTION MICHEL LÉVY

ET BIBLIOTHÈQUE DE LA LIBRAIRIE NOUVELLE

1 fr. 25 c. le volume grand in-18 de 300 à 400 pages

AMÉDÉE ACHARD vol.

BRUNES ET BLONDES.................... 1
LA CHASSE ROYALE.................... 2
LES DERNIÈRES MARQUISES.................... 1
LES FEMMES HONNÊTES.................... 1
PARISIENNES ET PROVINCIALES.................... 1
LES PETITS-FILS DE LOVELACE.................... 1
LES RÊVEURS DE PARIS.................... 1
LA ROBE DE NESSUS.................... 1

ACHIM D'ARNIM *Tr. Th. Gautier fils*

CONTES BIZARRES.................... 1

ADOLPHE ADAM

SOUVENIRS D'UN MUSICIEN.................... 1
DERNIERS SOUVENIRS D'UN MUSICIEN.... 1

W. H. AINSWORTH *Trad. H. Révoil*

LE GENTILHOMME DES GRANDES ROUTES.. 2

***

MADAME LA DUCHESSE D'ORLÉANS, HÉLÈNE DE MECKLEMBOURG-SCHWERIN........ 1

ARNOULD & FOURNIER

LE FILS DU CZAR.................... 1
L'HÉRITIER DU TRONE.................... 1
STRUENSÉE.................... 1

ALFRED ASSOLANT

HISTOIRE FANTASTIQUE DE PIERROT...... 1

ÉMILE AUGIER *de l'Acad. française*

POÉSIES COMPLÈTES.................... 1

LE DUC D'AUMALE *de l'Acad. franç.*

INSTITUTIONS MILITAIRES DE LA FRANCE. 1
LES ZOUAVES ET LES CHASSEURS A PIED.. 1

J. AUTRAN *de l'Académie franç.*

MILIANAH. Episode des guer. d'Afrique.. 1

H. DE BALZAC

THÉATRE COMPLET.................... 2

ODYSSE BAROT

HISTOIRE DES IDÉES AU XIXe SIÈCLE. — EM. DE GIRARDIN, sa vie, ses idées, etc. 1

Mme DE BASSANVILLE

LES SECRETS D'UNE JEUNE FILLE........ 1

Mme DE BAWR

NOUVELLES.................... 1
RAOUL ou l'Enéide.................... 1
ROBERTINE.................... 1
LES SOIRÉES DES JEUNES PERSONNES..... 1

BEAUMARCHAIS

THÉATRE, avec Notice de *L. de Loménie.* 1

GUSTAVE DE BEAUMONT

L'IRLANDE SOCIALE, POLITIQUE ET RELIG.. 2

ROGER DE BEAUVOIR

AVENTURIÈRES ET COURTISANES.................... 1
LE CABARET DES MORTS.................... 1
LE CHEVALIER DE CHARNY.................... 1
LE CHEVALIER DE SAINT-GEORGES.................... 1
L'ÉCOLIER DE CLUNY.................... 1
HISTOIRES CAVALIÈRES.................... 1
LA LESCOMBAT.................... 1
MADEMOISELLE DE CHOISY.................... 1
LE MOULIN D'HEILLY.................... 1

ROGER DE BEAUVOIR (*Suite*) vol.

LES MYSTÈRES DE L'ILE SAINT-LOUIS..... 2
LES ŒUFS DE PAQUES.................... 1
LE PAUVRE DIABLE.................... 1
LES SOIRÉES DU LIDO.................... 1
LES TROIS ROHAN.................... 1

Mme ROGER DE BEAUVOIR

CONFIDENCES DE Mlle MARS.................... 1
SOUS LE MASQUE.................... 1

HENRI BÉCHADE

LA CHASSE EN ALGÉRIE.................... 1

Mme BEECHER STOWE

LA CASE DE L'ONCLE TOM. (*Trad. Pilatte*). 2
SOUVENIRS HEUREUX. (*Trad. Forcade*).. 3

LA PRINCESSE DE BELGIOJOSO

ASIE MINEURE ET SYRIE.................... 1

GEORGES BELL

SCÈNES DE LA VIE DE CHATEAU.................... 1

BENJAMIN CONSTANT

ADOLPHE, avec notice de *Sainte-Beuve*.. 1

A. DE BERNARD

LE PORTRAIT DE LA MARQUISE.................... 1

CHARLES DE BERNARD

LES AILES D'ICARE.................... 1
UN BEAU-PÈRE.................... 2
L'ÉCUEIL.................... 1
LE GENTILHOMME CAMPAGNARD.................... 2
GERFAUT.................... 1
UN HOMME SÉRIEUX.................... 1
LE NOEUD GORDIEN.................... 1
LE PARATONNERRE.................... 1
LE PARAVENT.................... 1
PEAU DU LION ET CHASSE AUX AMANTS... 1

BERNARDIN DE SAINT-PIERRE

PAUL ET VIRGINIE, précédé d'un essai par *Prévost-Paradol*.................... 1

ÉLIE BERTHET

LA BASTIDE ROUGE.................... 1
LE DERNIER IRLANDAIS.................... 1
LA ROCHE TREMBLANTE.................... 1

EUGÈNE BERTHOUD

SECRETS DE FEMME.................... 1

CAROLINE BERTON

ROSETTE.................... 1

ALBERT BLANQUET

LA BELLE FÉRONNIÈRE.................... 1
LA MAITRESSE DU ROI.................... 1

***

HOMMES DU JOUR.................... 1
LES SALONS DE VIENNE ET DE BERLIN.... 1

CAMILLE BODIN

LA COUR D'ASSISES.................... 1
MÉMOIRES D'UN CONFESSEUR.................... 1

CH. DE BOIGNE

LES PETITS MÉMOIRES DE L'OPÉRA....... 1

LOUIS BOUILHET

MÉLÆNIS, conte.................... 1

RAOUL BRAVARD vol.

L'HONNEUR DES FEMMES........ 1
UNE PETITE VILLE........ 1
LA REVANCHE DE GEORGES DANDIN........ 1

A. DE BRÉHAT

L'AMOUR AU NOUVEAU-MONDE........ 1
LES AMOUREUX DE VINGT ANS........ 1
LES AMOURS DU BEAU GUSTAVE........ 1
LES AMOURS D'UNE NOBLE DAME........ 1
L'AUBERGE DU SOLEIL D'OR........ 1
LE BAL DE L'OPÉRA........ 1
LA BELLE DUCHESSE........ 1
BRAS-D'ACIER........ 1
LA CABANE DU SABOTIER........ 1
LES CHASSEURS D'HOMMES........ 1
LES CHASSEURS DE TIGRES........ 1
LE CHATEAU DE VILLEBON........ 1
LES CHAUFFEURS INDIENS........ 1
LES CHEMINS DE LA VIE........ 1
LE COUSIN AUX MILLIONS........ 1
DEUX AMIS........ 1
UN DRAME A CALCUTTA........ 1
UN DRAME A TROUVILLE........ 1
UNE FEMME ÉTRANGE........ 1
HISTOIRES D'AMOUR........ 1
LES ORPHELINS DE TRÉGUÉREC........ 1
SCÈNES DE LA VIE CONTEMPORAINE........ 1
LA SORCIÈRE NOIRE........ 1
LA VENGEANCE D'UN MULATRE........ 1

BRILLAT-SAVARIN

PHYSIOLOGIE DU GOUT. *Nouv. édition*... 1

MAX BUCHON

EN PROVINCE........ 1

E.-L. BULWER *Trad. Am. Pichot*

LA FAMILLE CAXTON........ 2
LE JOUR ET LA NUIT........ 2

ÉMILIE CARLEN *Trad. Souvestre*

DEUX JEUNES FEMMES........ 1

ÉMILE CARREY

L'AMAZONE — 8 JOURS SOUS L'ÉQUATEUR. 1
— LES MÉTIS DE LA SAVANE........ 1
— LES RÉVOLTÉS DU PARA........ 1
— LA DERNIÈRE DES N'HAMBAHS........ 1

HIPPOLYTE CASTILLE

HISTOIRES DE MÉNAGE........ 1

CÉLESTE DE CHABRILLAN

UN AMOUR TERRIBLE........ 1
LES VOLEURS D'OR........ 1

CHAMPFLEURY

LES EXCENTRIQUES........ 1
LES SENSATIONS DE JOSQUIN........ 1
SOUVENIRS DES FUNAMBULES........ 1
LA SUCCESSION LE CAMUS........ 1

F. DE CHATEAUBRIAND

ATALA — RENÉ — LE DERNIER ABENCÉRAGE, avec avant-propos de *Sainte-Beuve*... 1
ESSAI SUR LA LITTÉRATURE ANGLAISE, étude de Macaulay (traduction *Guizot*). 1
ÉTUDES HISTORIQUES, essai d'*Ed. Schérer*. 2
GÉNIE DU CHRISTIANISME, not. *Guizot*... 2
HISTOIRE DE FRANCE, not. *Ste-Beuve*.... 2
ITINÉRAIRE DE PARIS A JÉRUSALEM, avec une Etude de *M. de Pontmartin*..... 2
LES MARTYRS, avec un essai d'*Ampère*... 2
LES NATCHEZ, essai du *Duc de Broglie*.. 2

F. DE CHATEAUBRIAND (*Suite*) vol.

LE PARADIS PERDU de *Milton*, trad. précédée d'une étude de *John Lemoinne*. 1
LES QUATRE STUARTS, not. *Ste-Beuve*... 1
VOY. EN AMÉRIQUE, introd. *Sainte-Beuve*. 1

ÉMILE CHEVALIER

LES DERNIERS IROQUOIS........ 1
LA FILLE DES INDIENS ROUGES........ 1
LA HURONNE........ 1
LES NEZ-PERCÉS........ 1
PEAUX-ROUGES ET PEAUX-BLANCHES........ 1
LES PIEDS-NOIRS........ 1
POIGNET-D'ACIER........ 1
LA TÊTE-PLATE........ 1

GUSTAVE CLAUDIN

POINT ET VIRGULE........ 1

Mme LOUISE COLET

QUARANTE-CINQ LETTRES DE BÉRANGER.. 1

HENRI CONSCIENCE

L'ANNÉE DES MERVEILLES........ 1
AURÉLIEN........ 2
BATAVIA........ 1
LES BOURGEOIS DE DARLINGEN........ 1
LE BOURGMESTRE DE LIÉGE........ 1
LE CHEMIN DE LA FORTUNE........ 1
LE CONSCRIT........ 1
LE COUREUR DES GRÈVES........ 1
LE DÉMON DE L'ARGENT........ 1
LE DÉMON DU JEU........ 1
LES DRAMES FLAMANDS........ 1
LA FIANCÉE DU MAITRE D'ÉCOLE........ 1
LE FLÉAU DU VILLAGE........ 1
LE GANT PERDU........ 1
LE GENTILHOMME PAUVRE........ 1
LA GUERRE DES PAYSANS........ 1
LE GUET-APENS........ 1
HEURES DU SOIR........ 1
HISTOIRE DE DEUX ENFANTS D'OUVRIERS.. 1
LE JEUNE DOCTEUR........ 1
LA JEUNE FEMME PALE........ 1
LE LION DE FLANDRE........ 2
LA MAISON BLEUE........ 1
MAITRE VALENTIN........ 1
LE MAL DU SIÈCLE........ 1
LE MARCHAND D'ANVERS........ 1
LE MARTYRE D'UNE MÈRE........ 1
LA MÈRE JOB........ 1
L'ONCLE ET LA NIÈCE........ 1
L'ONCLE REIMOND........ 1
L'ORPHELINE........ 1
LE PAYS DE L'OR........ 1
UN SACRIFICE........ 1
LE SANG HUMAIN........ 1
SCÈNES DE LA VIE FLAMANDE........ 2
SOUVENIRS DE JEUNESSE........ 1
LA TOMBE DE FER........ 1
LE TRIBUN DE GAND........ 2
LES VEILLÉES FLAMANDES........ 1
LA VOLEUSE D'ENFANT........ 1

H. CORNE

SOUVENIRS D'UN PROSCRIT POLONAIS..... 1

P. CORNEILLE

ŒUVRES, avec notice de *Sainte-Beuve*.. 2

LA COMTESSE DASH

UN AMOUR COUPABLE........ 1
LES AMOURS DE LA BELLE AURORE........ 2
LES BALS MASQUÉS........ 1
LA BELLE PARISIENNE........ 1

ALEXANDRE DUMAS (*Suite*) vol.

IMPRESS. DE VOYAGE — DE PARIS A CADIX. 2
— QUINZE JOURS AU SINAÏ. 1
— LE SPERONARE. 2
— LE VÉLOCE. 2
— LA VILLA PALMIERI. 1
INGÉNUE. 2
ISABEL DE BAVIÈRE. 2
ITALIENS ET FLAMANDS. 2
IVANHOE de W. Scott (*Traduction*). 2
JACQUES ORTIS. 1
JACQUOT SANS OREILLES. 1
JANE. 1
JEHANNE LA PUCELLE. 1
LOUIS XIV ET SON SIÈCLE. 4
LOUIS XV ET SA COUR. 2
LOUIS XVI ET LA RÉVOLUTION. 2
LES LOUVES DE MACHECOUL. 3
MADAME DE CHAMBLAY. 2
LA MAISON DE GLACE. 2
LE MAITRE D'ARMES. 1
LES MARIAGES DU PÈRE OLIFUS. 1
LES MÉDICIS. 1
MES MÉMOIRES. 10
MÉMOIRES DE GARIBALDI. 2
MÉMOIRES D'UNE AVEUGLE. 2
MÉMOIRES D'UN MÉDECIN (BALSAMO). 5
LE MENEUR DE LOUPS. 1
LES MILLE ET UN FANTOMES. 1
LES MOHICANS DE PARIS. 4
LES MORTS VONT VITE. 2
NAPOLÉON. 1
UNE NUIT A FLORENCE. 1
OLYMPE DE CLÈVES. 3
LE PAGE DU DUC DE SAVOIE. 2
PARISIENS ET PROVINCIAUX. 2
LE PASTEUR D'ASHBOURN. 2
PAULINE ET PASCAL BRUNO. 1
UN PAYS INCONNU. 1
LE PÈRE GIGOGNE. 2
LE PÈRE LA RUINE. 1
LE PRINCE DES VOLEURS. 2
LA PRINCESSE DE MONACO. 2
LA PRINCESSE FLORA. 1
LES QUARANTE-CINQ. 3
LA RÉGENCE. 1
LA REINE MARGOT. 2
ROBIN HOOD LE PROSCRIT. 2
LA ROUTE DE VARENNES. 1
LE SALTEADOR. 1
SALVATOR, suite des MOHICANS DE PARIS. 5
SOUVENIRS D'ANTONY. 1
LES STUARTS. 1
SULTANETTA. 1
SYLVANDIRE. 1
LA TERREUR PRUSSIENNE. 2
LE TESTAMENT DE M. CHAUVELIN. 1
THÉATRE COMPLET. 25
TROIS MAITRES. 1
LES TROIS MOUSQUETAIRES. 2
LE TROU DE L'ENFER. 1
LA TULIPE NOIRE. 1
LE VICOMTE DE BRAGELONNE. 6
LA VIE AU DÉSERT. 2
UNE VIE D'ARTISTE. 1
VINGT ANS APRÈS. 3

ALEXANDRE DUMAS FILS *de l'Ac. fr.*

ANTONINE. 1
AVENTURES DE QUATRE FEMMES. 1

ALEX. DUMAS FILS (*Suite*) vol.

LA BOITE D'ARGENT. 1
LA DAME AUX CAMÉLIAS. 1
LA DAME AUX PERLES. 1
DIANE DE LYS. 1
LE DOCTEUR SERVANS. 1
LE RÉGENT MUSTEL. 1
LE ROMAN D'UNE FEMME. 1
SOPHIE PRINTEMS. 1
TRISTAN LE ROUX. 1
TROIS HOMMES FORTS. 1
LA VIE A VINGT ANS. 1

GABRIEL D'ENTRAGUES

HISTOIRES D'AMOUR ET D'ARGENT. 1

XAVIER EYMA

AVENTURIERS ET CORSAIRES. 1
LES FEMMES DU NOUVEAU-MONDE. 1
LES PEAUX-ROUGES. 1
LE ROI DES TROPIQUES. 1
LE TRONE D'ARGENT. 1

PAUL FÉVAL

ALIZIA PAULI. 1
LES AMOURS DE PARIS. 2
LES COMPAGNONS DU SILENCE. 3
LES FANFARONS DU ROI. 1
LA MAISON DE PILATE. 2
LES NUITS DE PARIS. 1
LE ROI DES GUEUX. 2

PAUL FOUCHER

LA VIE DE PLAISIR. 1

ARNOULD FRÉMY

LES CONFESSIONS D'UN BOHÉMIEN. 1

GALOPPE D'ONQUAIRE

LE DIABLE BOITEUX A PARIS. 1
LE DIABLE BOITEUX AU CHATEAU. 1
LE DIABLE BOITEUX AU VILLAGE. 1

ANTOINE GANDON

LE GRAND GODARD. 1
L'ONCLE PHILIBERT. 1
LES 32 DUELS DE JEAN GIGON. 1

LE Cte AGÉNOR DE GASPARIN

LE BONHEUR. 6e *édition*. 1
LA FAMILLE, ses devoirs, ses joies et ses douleurs. 9e *édition*. 2

SOPHIE GAY

ANATOLE. 1
LE COMTE DE GUICHE. 1
LA COMTESSE D'EGMONT. 1
LA DUCHESSE DE CHATEAUROUX. 1
ELLÉNORE. 2
LE FAUX FRÈRE. 1
LAURE D'ESTELL. 1
LÉONIE DE MONTBREUSE. 1
LES MALHEURS D'UN AMANT HEUREUX. 1
UN MARIAGE SOUS L'EMPIRE. 1
LE MARI CONFIDENT. 1
MARIE DE MANCINI. 1
MARIE-LOUISE D'ORLÉANS. 1
LE MOQUEUR AMOUREUX. 1
PHYSIOLOGIE DU RIDICULE. 1
SALONS CÉLÈBRES. 1
SOUVENIRS D'UNE VIEILLE FEMME. 1

JULES GÉRARD

LA CHASSE AU LION. *Dessins de G. Doré.* 1

GÉRARD DE NERVAL vol.

LA BOHÊME GALANTE........................ 1
LES FILLES DU FEU........................ 1
LE MARQUIS DE FAYOLLE.................... 1
SOUVENIRS D'ALLEMAGNE.................... 1

F. GERSTAECKER *Trad. Révoil*

LES BRIGANDS DES PRAIRIES................ 1
LES VOLEURS DE CHEVAUX................... 1
LES PIONNIERS DU FAR-WEST................ 1
LE PEAU-ROUGE............................ 1

ÉMILE DE GIRARDIN

ÉMILE.................................... 1

Mme ÉMILE DE GIRARDIN

LA CANNE DE M. DE BALZAC................. 1
CONTES D'UNE VIEILLE FILLE............... 1
LA CROIX DE BERNY (*en société avec Th. Gautier, Méry et Jules Sandeau*). 1
IL NE FAUT PAS JOUER AVEC LA DOULEUR. 1
LE LORGNON............................... 1
MARGUERITE............................... 1
M. LE MARQUIS DE PONTANGES............... 1
NOUVELLES................................ 1
POÉSIES COMPLÈTES........................ 1
LE VICOMTE DE LAUNAY. Lettres parisiennes. *Edition complète*.......... 1

W. GODWIN *Trad. Am. Pichot*

CALEB WILLIAMS........................... 1

GŒTHE *Trad. N. Fournier*

HERMANN ET DOROTHÉE...................... 1
WERTHER, avec notice d'*Henri Heine*... 1

OL. GOLDSMITH *Trad. N. Fournier*

LE VICAIRE DE WAKEFIELD, avec étude *de lord Macaulay, trad. G. Guizot*.. 1

LÉON GOZLAN

LE BARIL DE POUDRE D'OR.................. 1
LA COMÉDIE ET LES COMÉDIENS.............. 1
LA FOLLE DU LOGIS........................ 1
LE NOTAIRE DE CHANTILLY.................. 1

Mme MANOEL DE GRANDFORT

L'AMOUR AUX CHAMPS....................... 1
L'AUTRE MONDE............................ 1

M. GUIZOT

LA FRANCE ET LA PRUSSE................... 1

LÉON HILAIRE

NOUVELLES FANTAISISTES................... 1

HILDEBRAND *Trad. L. Wocquier*

LA CHAMBRE OBSCURE....................... 1
SCÈNES DE LA VIE HOLLANDAISE............. 1

ARSÈNE HOUSSAYE

L'AMOUR COMME IL EST..................... 1
LES FEMMES COMME ELLES SONT.............. 1

CHARLES HUGO

LA CHAISE DE PAILLE...................... 1

F. VICTOR HUGO *Traducteur*

LE FAUST ANGLAIS *de Marlowe*............ 1
SONNETS *de Shakspeare*.................. 1

JULES JANIN *de l'Acad. française*

LE CHEMIN DE TRAVERSE.................... 1
UN CŒUR POUR DEUX AMOURS................. 1
LA CONFESSION............................ 1

CHARLES JOBEY

L'AMOUR D'UN NÈGRE....................... 1

LE PRINCE DE JOINVILLE vol.

GUERRE D'AMÉRIQUE, CAMPAGNE DU POTOMAC.................................. 1

PAUL JUILLERAT

LES DEUX BALCONS......................... 1

ALPHONSE KARR

AGATHE ET CÉCILE......................... 1
LE CHEMIN LE PLUS COURT.................. 1
CLOTILDE................................. 1
CLOVIS GOSSELIN.......................... 1
CONTES ET NOUVELLES...................... 1
ENCORE LES FEMMES........................ 1
LA FAMILLE ALLAIN........................ 1
LES FEMMES............................... 1
FEU BRESSIER............................. 1
LES FLEURS............................... 1
GENEVIÈVE................................ 1
LES GUÊPES............................... 6
UNE HEURE TROP TARD...................... 1
HISTOIRE DE ROSE ET JEAN DUCHEMIN... 1
HORTENSE................................. 1
MENUS PROPOS............................. 1
MIDI A QUATORZE HEURES................... 1
LA PÊCHE EN EAU DOUCE ET EN EAU SALÉE. 1
LA PÉNÉLOPE NORMANDE..................... 1
UNE POIGNÉE DE VÉRITÉS................... 1
PROMENADES HORS DE MON JARDIN............ 1
RAOUL.................................... 1
ROSES NOIRES ET ROSES BLEUES............. 1
LES SOIRÉES DE SAINTE-ADRESSE............ 1
SOUS LES ORANGERS........................ 1
SOUS LES TILLEULS........................ 1
TROIS CENTS PAGES........................ 1
VOYAGE AUTOUR DE MON JARDIN.............. 1

KAUFFMANN

BRILLAT LE MENUISIER..................... 1

HENRY DE KOCK

MADEMOISELLE MA FEMME.................... 1

LÉOPOLD KOMPERT *Trad. L. Stauben*

LES JUIFS DE LA BOHÊME................... 1
SCÈNES DU GHETTO......................... 1

DE LACRETELLE

LA POSTE AUX CHEVAUX..................... 1

Mme LAFARGE *née Marie Cappelle*

HEURES DE PRISON......................... 1
MÉMOIRES................................. 1

CHARLES LAFONT

LES LÉGENDES DE LA CHARITÉ............... 1

G. DE LA LANDELLE

LES PASSAGÈRES........................... 1

STEPHEN DE LA MADELAINE

LE SECRET D'UNE RENOMMÉE................. 1

JULES DE LA MADELÈNE

LES AMES EN PEINE........................ 1
LE MARQUIS DES SAFFRAS................... 1

A. DE LAMARTINE

ANTAR.................................... 1
ANTONIELLA............................... 1
BALZAC ET SES ŒUVRES..................... 1
BENVENUTO CELLINI........................ 1
BOSSUET.................................. 1
CHRISTOPHE COLOMB........................ 1
CICÉRON.................................. 1
LE CONSEILLER DU PEUPLE.................. 6
CROMWELL................................. 1

LE COMTE DE MOYNIER vol.
BOHÉMIENS ET GRANDS SEIGNEURS...... 1

HÉGÉSIPPE MOREAU
ŒUVRES, avec notice par *L. Ratisbonne*. 1

FÉLIX MORNAND
BERNERETTE........................... 1

HENRY MURGER
LES BUVEURS D'EAU.................... 1
LE DERNIER RENDEZ-VOUS............... 1
MADAME OLYMPE........................ 1
LE PAYS LATIN........................ 1
PROPOS DE VILLE ET PROPOS DE THÉATRE. 1
LE ROMAN DE TOUTES LES FEMMES........ 1
LE SABOT ROUGE....................... 1
SCÈNES DE CAMPAGNE................... 1
SCÈNES DE LA VIE DE BOHÊME........... 1
SCÈNES DE LA VIE DE JEUNESSE......... 1
LES VACANCES DE CAMILLE.............. 1

A. DE MUSSET, DE BALZAC, G. SAND
LES PARISIENNES A PARIS.............. 1

NADAR
LE MIROIR AUX ALOUETTES.............. 1
QUAND J'ÉTAIS ÉTUDIANT............... 1

HENRI NICOLLE
LE TUEUR DE MOUCHES.................. 1

JULES NORIAC
MADEMOISELLE POUCET.................. 1

ÉDOUARD OURLIAC
LES GARNACHES........................ 1

PAUL PERRET
LES BOURGEOIS DE CAMPAGNE............ 1
HISTOIRE D'UNE JOLIE FEMME........... 1

LAURENT-PICHAT
LA PAÏENNE........................... 1

AMÉDÉE PICHOT
LE CHEVAL-ROUGE...................... 1
UN DRAME EN HONGRIE.................. 1
L'ÉCOLIER DE WALTER SCOTT............ 1
LA FEMME DU CONDAMNÉ................. 1
LES POETES AMOUREUX.................. 1

EDGAR POE *Trad. Ch. Baudelaire*
AVENTURES D'ARTHUR GORDON PYM........ 1
EUREKA............................... 1
HISTOIRES EXTRAORDINAIRES............ 1
HISTOIRES GROTESQUES ET SÉRIEUSES.... 1
NOUVELLES HISTOIRES EXTRAORDINAIRES.. 1

F. PONSARD *de l'Acad. française*
ÉTUDES ANTIQUES...................... 1

A. DE PONTMARTIN
CONTES D'UN PLANTEUR DE CHOUX........ 1
CONTES ET NOUVELLES.................. 1
LA FIN DU PROCÈS..................... 1
MÉMOIRES D'UN NOTAIRE................ 1
OR ET CLINQUANT...................... 1
POURQUOI JE RESTE A LA CAMPAGNE...... 1

L'ABBÉ PRÉVOST
MANON LESCAUT, précédée d'une Étude par *John Lemoinne*.............. 1

RABELAIS
ŒUVRES COMPLÈTES publiées par *Philarète Chasles*.................... 5

J. RACINE
THÉATRE COMPLET, précédé des cinq derniers mois de la vie de Racine, par *Sainte-Beuve*.................. 2

ANNE RADCLIFFE *Tr. Fournier* vol.
LA FORÊT OU L'ABBAYE DE SAINT-CLAIR.. 1
L'ITALIEN OU LE CONFESSIONNAL DES PÉNITENTS NOIRS.................. 1
JULIA OU LES SOUTERRAINS DU CHATEAU DE MAZZINI....................... 1
LES MYSTÈRES DU CHATEAU D'UDOLPHE... 2
LES VISIONS DU CHATEAU DES PYRÉNÉES.. 1

RAOUSSET-BOULBON
UNE CONVERSION....................... 1

J.-F. REGNARD
THÉATRE, avec étude de J.-J. Weiss.... 1

DE REMUSAT ET DE MONTALIVET
CASIMIR PERIER et la polit. conservatrice. 1

ERNEST RENAN *de l'Institut*
JÉSUS. 17e *édition*................ 1

B.-H. RÉVOIL *Traducteur*
LE DOCTEUR AMÉRICAIN................. 1
LES HAREMS DU NOUVEAU MONDE.......... 1

LOUIS REYBAUD
CE QU'ON PEUT VOIR DANS UNE RUE...... 1
CÉSAR FALEMPIN....................... 1
LA COMTESSE DE MAULÉON............... 1
LE COQ DU CLOCHER.................... 1
LE DERNIER DES COMMIS VOYAGEURS...... 1
ÉDOUARD MONGERON..................... 1
L'INDUSTRIE EN EUROPE................ 1
JÉROME PATUROT à la recherche de la meilleure des Républiques........... 1
JÉROME PATUROT à la recherche d'une position sociale.................. 1
MARIE BRONTIN........................ 1
MATHIAS L'HUMORISTE.................. 1
MŒURS ET PORTRAITS DU TEMPS.......... 1
PIERRE MOUTON........................ 1
SPLENDEURS ET INFORTUNES DE NARCISSE MISTIGRIS.......................... 1
LA VIE A REBOURS..................... 1
LA VIE DE CORSAIRE................... 1

W. REYNOLDS
LES DRAMES DE LONDRES :
— LES FRÈRES DE LA RÉSURRECTION... 1
— LA TAVERNE DU DIABLE............ 1
— LES MYSTÈRES DU CABINET NOIR.... 1
— LES MALHEURS D'UNE JEUNE FILLE.. 1
— LE SECRET DU RESSUSCITÉ......... 1
— LE FILS DU BOURREAU............. 1
— LES PIRATES DE LA TAMISE........ 1
— LES DEUX MISÉRABLES............. 1
— LES RUINES DU CHATEAU DE RAVENSWORTH.......................... 1
— LE NOUVEAU MONTE-CRISTO......... 1

CLÉMENCE ROBERT
L'AMOUREUX DE LA REINE............... 1
L'ANGE DU PEUPLE..................... 1
LES ANGES DE PARIS................... 1
L'AVOCAT DU PEUPLE................... 1
LE BARON DE TRENCK................... 1
LA CHAMBRE CRIMINELLE................ 1
LA FAMILLE CALAS..................... 1
LA FONTAINE MAUDITE.................. 1
LES JUMEAUX DE LA RÉOLE.............. 1
LE MAGICIEN DE LA BARRIÈRE D'ENFER... 1
MANDRIN.............................. 1
LE MARTYR DES PRISONS................ 1
LES MENDIANTS DE LA MORT............. 1
LES MENDIANTS DE PARIS............... 1
LA MISÈRE DORÉE...................... 1
LE MOINE NOIR........................ 1

CLÉMENCE ROBERT (*Suite*) vol.

LE PASTEUR DU PEUPLE................ 1
LE PAVILLON DE LA REINE.............. 1
LA PLUIE D'OR...................... 1
LES QUATRE SERGENTS DE LA ROCHELLE.. 1

RÉGINA ROCHE *Trad. N. Fournier*

LA CHAPELLE DU VIEUX CHATEAU........ 1

AMÉDÉE ROLLAND

LES MARTYRS DU FOYER................ 1

JEAN ROUSSEAU

PARIS DANSANT....................... 1

JULES DE SAINT-FÉLIX

LE GANT DE DIANE.................... 1
MADEMOISELLE ROSALINDE.............. 1
SCÈNES DE LA VIE DE GENTILHOMME..... 1

GEORGE SAND

ADRIANI............................. 1
LES AMOURS DE L'AGE D'OR............ 1
LES BEAUX MESSIEURS DE BOIS-DORÉ.... 2
LE CHATEAU DES DÉSERTES............. 1
LE COMPAGNON DU TOUR DE FRANCE..... 2
LA COMTESSE DE RUDOLSTADT........... 2
CONSUELO............................ 3
LES DAMES VERTES.................... 1
LA DANIELLA......................... 2
LE DIABLE AUX CHAMPS................ 1
LA FILLEULE......................... 1
FLAVIE.............................. 1
HISTOIRE DE MA VIE.................. 10
L'HOMME DE NEIGE.................... 3
HORACE.............................. 1
ISIDORA............................. 1
JEANNE.............................. 1
LELIA — Métella — Melchior — Cora..... 2
LUCREZIA FLORIANI — Lavinia......... 1
LE MEUNIER D'ANGIBAULT.............. 1
NARCISSE............................ 1
PAULINE............................. 1
LE PÉCHÉ DE M. ANTOINE.............. 2
LE PICCININO........................ 2
PROMENADES AUTOUR D'UN VILLAGE..... 1
LE SECRÉTAIRE INTIME................ 1
SIMON............................... 1
TEVERINO — Léone Léoni.............. 1

JULES SANDEAU *de l'Acad. franç.*

CATHERINE........................... 1
LE JOUR SANS LENDEMAIN.............. 1
MADEMOISELLE DE KEROUARE............ 1
SACS ET PARCHEMINS.................. 1

VICTORIEN SARDOU

LA PERLE NOIRE...................... 1

EUGÈNE SCRIBE *de l'Acad. franç.*

THÉATRE............................. 8
— COMÉDIES-VAUDEVILLES.............. 7
— OPÉRAS............................ 1

FRÉDÉRIC SOULIÉ

AU JOUR LE JOUR..................... 1
LES AVENTURES DE SATURNIN FICHET.... 2
LE BANANIER — EULALIE PONTOIS...... 1
LE CHATEAU DES PYRÉNÉES............. 2
LE COMTE DE FOIX.................... 1
LE COMTE DE TOULOUSE................ 1
LA COMTESSE DE MONRION.............. 1
CONFESSION GÉNÉRALE................. 2
LE CONSEILLER D'ÉTAT................ 1
CONTES ET RÉCITS DE MA GRAND'MÈRE... 1

FRÉDÉRIC SOULIÉ (*Suite*) vol.

CONTES POUR LES ENFANTS............. 1
LES DEUX CADAVRES................... 1
LES DRAMES INCONNUS................. 5
— LA MAISON N° 3 DE LA RUE DE PROVENCE........................... 1
— AVENTURES D'UN CADET DE FAMILLE. 1
— LES AMOURS DE VICTOR BONSENNE.... 1
— OLIVIER DUHAMEL................... 2
UN ÉTÉ A MEUDON..................... 1
LES FORGERONS....................... 1
HUIT JOURS AU CHATEAU............... 1
LE LION AMOUREUX.................... 1
LA LIONNE........................... 1
LE MAGNÉTISEUR...................... 1
LE MAITRE D'ÉCOLE................... 1
UN MALHEUR COMPLET.................. 1
MARGUERITE.......................... 1
LES MÉMOIRES DU DIABLE.............. 3
LE PORT DE CRÉTEIL.................. 1
LES PRÉTENDUS....................... 1
LES QUATRE ÉPOQUES.................. 1
LES QUATRE NAPOLITAINES............. 2
LES QUATRE SŒURS.................... 1
UN RÊVE D'AMOUR — LA CHAMBRIÈRE.... 1
SATHANIEL........................... 1
SI JEUNESSE SAVAIT, SI VIEILLESSE POUVAIT!........................... 2
LE VICOMTE DE BÉZIERS............... 1

ÉMILE SOUVESTRE

LES ANGES DU FOYER.................. 1
AU BORD DU LAC...................... 1
AU BOUT DU MONDE.................... 1
AU COIN DU FEU...................... 1
CAUSERIES HISTORIQUES ET LITTÉRAIRES. 3
CHRONIQUES DE LA MER................ 1
LES CLAIRIÈRES...................... 1
CONFESSIONS D'UN OUVRIER............ 1
CONTES ET NOUVELLES................. 1
DANS LA PRAIRIE..................... 1
LES DERNIERS BRETONS................ 2
LES DERNIERS PAYSANS................ 1
DEUX MISÈRES........................ 1
LES DRAMES PARISIENS................ 1
L'ÉCHELLE DE FEMMES................. 1
EN BRETAGNE......................... 1
EN FAMILLE.......................... 1
EN QUARANTAINE...................... 1
LE FOYER BRETON..................... 2
LA GOUTTE D'EAU..................... 1
HISTOIRES D'AUTREFOIS............... 1
L'HOMME ET L'ARGENT................. 1
LOIN DU PAYS........................ 1
LA LUNE DE MIEL..................... 1
LA MAISON ROUGE..................... 1
LE MARI DE LA FERMIÈRE.............. 1
LE MAT DE COCAGNE................... 1
LE MÉMORIAL DE FAMILLE.............. 1
LE MENDIANT DE SAINT-ROCH........... 1
LE MONDE TEL QU'IL SERA............. 1
LE PASTEUR D'HOMMES................. 1
LES PÉCHÉS DE JEUNESSE.............. 1
PENDANT LA MOISSON.................. 1
UN PHILOSOPHE SOUS LES TOITS........ 1
PIERRE ET JEAN...................... 1
PROMENADES MATINALES................ 1
RÉCITS ET SOUVENIRS................. 1
LES RÉPROUVÉS ET LES ÉLUS........... 2

ÉMILE SOUVESTRE (*Suite*) vol.

RICHE ET PAUVRE........................ 1
LE ROI DU MONDE........................ 2
SCÈNES DE LA CHOUANNERIE............ 1
SCÈNES DE LA VIE INTIME............ 1
SCÈNES ET RÉCITS DES ALPES.......... 1
LES SOIRÉES DE MEUDON.............. 1
SOUS LA TONNELLE.................... 1
SOUS LES FILETS..................... 1
SOUS LES OMBRAGES.................. 1
SOUVENIRS D'UN BAS-BRETON.......... 2
SOUV. D'UN VIEILLARD. La dernière étape. 1
SUR LA PELOUSE...................... 1
THÉATRE DE LA JEUNESSE.............. 1
TROIS FEMMES........................ 1
TROIS MOIS DE VACANCES.............. 1
LA VALISE NOIRE..................... 1

MARIE SOUVESTRE

PAUL FERROLL, *traduit de l'anglais*.... 1

DANIEL STAUBEN

SCÈNES DE LA VIE JUIVE EN ALSACE..... 1

DE STENDHAL (H. BEYLE)

DE L'AMOUR.......................... 1
LA CHARTREUSE DE PARME.............. 1
CHRONIQUES ET NOUVELLES............. 1
PROMENADES DANS ROME................ 2
LE ROUGE ET LE NOIR................. 2

DANIEL STERN

NELIDA.............................. 1

STERNE *Trad. N. Fournier*

VOYAGE SENTIMENTAL, avec Notice de *Walter Scott*..................... 1

EUGÈNE SUE

LA BONNE AVENTURE................... 2
LE DIABLE MÉDECIN................... 3
— ADÈLE VERNEUIL.................... 1
— CLÉMENCE HERVÉ.................... 1
— LA GRANDE DAME.................... 1
LES FILS DE FAMILLE................. 3
GILBERT ET GILBERTE................. 3
LES SECRETS DE L'OREILLER........... 3
LES SEPT PÉCHÉS CAPITAUX............ 6
— L'ORGUEIL......................... 2
— L'ENVIE — LA COLÈRE............... 2
— LA LUXURE — LA PARESSE............ 1
— L'AVARICE — LA GOURMANDISE........ 1

Mme SURVILLE, *née de Balzac*

BALZAC, SA VIE ET SES ŒUVRES......... 1

E. TEXIER

AMOUR ET FINANCE.................... 1

W. THACKERAY *Trad. W. Hughes*

LES MÉMOIRES D'UN VALET DE PIED...... 1

LOUIS ULBACH

SUZANNE DUCHEMIN.................... 1
LA VOIX DU SANG..................... 1

OSCAR DE VALLÉE vol.

LES MANIEURS D'ARGENT............... 1

VALOIS DE FORVILLE

LE COMTE DE SAINT-POL............... 1
LE CONSCRIT DE L'AN VIII............ 1
LE MARQUIS DE PAZAVAL............... 1

MAX. VALREY

MARTHE DE MONTBRUN.................. 1

V. VERNEUIL

MES AVENTURES AU SÉNÉGAL............ 1

LE DOCTEUR L. VÉRON

MÉMOIRES D'UN BOURGEOIS DE PARIS.... 5

PIERRE VÉRON

L'AGE DE FER-BLANC.................. 1
AVEZ-VOUS BESOIN D'ARGENT........... 1
LA BOUTIQUE A TREIZE................ 1
LA COMÉDIE EN PLEIN VENT............ 1
LA COMÉDIE EN VOYAGE................ 1
LA FAMILLE HASARD................... 1
LA FOIRE AUX GROTESQUES............. 1
MYTHOLOGIE PARISIENNE............... 1
JE, TE, VOUS, IL.................... 1
MAISON AMOUR ET Cie................. 1
LES MAISONS DE SANTÉ................ 1
LES MARIONNETTES.................... 1
M. ET Mme TOUT LE MONDE............. 1
PARIS COMIQUE SOUS LE 2e EMPIRE..... 1
PARIS S'AMUSE....................... 1
LE PAVÉ DE PARIS.................... 1
LES PANTINS DU BOULEVARD............ 1
M. PERSONNE......................... 1
LES PHÉNOMÈNES VIVANTS.............. 1
LE ROMAN DE LA FEMME A BARBE........ 1
LES SOUFFRE-PLAISIRS................ 1

ALFRED DE VIGNY *de l'Acad. franç.*

LAURETTE OU LE CACHET ROUGE......... 1
LA VEILLÉE DE VINCENNES............. 1
VIE ET MORT DU CAPITAINE RENAUD..... 1

CHARLES VINCENT & DAVID

LE TUEUR DE BRIGANDS................ 1

L. VITET *de l'Acad. française*

LES ÉTATS D'ORLÉANS................. 1

VOLTAIRE

THÉATRE, avec notice *Sainte-Beuve*.... 1

JULES DE WAILLY FILS

SCÈNES DE LA VIE DE FAMILLE......... 1

FRANCIS WEY

LONDRES IL Y A CENT ANS............. 1

E. YEMENIZ

LA GRÈCE MODERNE.................... 1

COLLECTION FORMAT IN-32

1 FRANC LE VOLUME

Jolis volumes papier vélin

ÉMILE AUGIER *de l'Acad. franç.* vol.

LES PARIÉTAIRES. Poésies............ 1

LE DUC D'AUMALE *de l'Acad. franç.*

LES ZOUAVES ET LES CHASSEURS A PIEDS.. 1

THÉODORE DE BANVILLE

LES PAUVRES SALTIMBANQUES........... 1
LA VIE D'UNE COMÉDIENNE............. 1

GEORGES BELL

LE MIROIR DE CAGLIOSTRO............. 1

A. DE BELLOY

PHYSIONOMIES CONTEMPORAINES........ 1
PORTRAITS ET SOUVENIRS.............. 1

ALFRED BOUGEARD

LES MORALISTES OUBLIÉS.............. 1

ALFRED DE BRÉHAT

LE CHATEAU DE KERMARIA.............. 1
SÉRAPHINE DARISPE................... 1

ALFRED BUSQUET

LA NUIT DE NOEL..................... 1

CHAMPFLEURY

MONSIEUR DE BOISDHYVER............. 3

PAUL DÉROULÈDE

CHANTS DU SOLDAT. 6e *édition*......... 1

ÉMILE DESCHANEL

LE BIEN et LE MAL qu'on a dit des enfants............................. 1
HISTOIRE DE LA CONVERSATION......... 1
LE MAL QU'ON A DIT DE L'AMOUR....... 1

XAVIER EYMA

EXCENTRICITÉS AMÉRICAINES........... 1

OL. GOLDSMITH *Trad. A. Esquiros*

VOYAGE D'UN CHINOIS EN ANGLETERRE... 1

LÉON GOZLAN

UNE SOIRÉE DANS L'AUTRE MONDE...... 1

LE COMTE F. DE GRAMMONT

COMMENT ON VIENT et COMMENT ON S'EN VA. 1

CHARLES JOLIET

L'ESPRIT DE DIDEROT................. 1

LOUIS JOURDAN

LES PRIÈRES DE LUDOVIC.............. 1

E. DE LA BÉDOLLIÈRE

HISTOIRE DE LA MODE EN FRANCE....... 1

A. DE LAMARTINE

LES VISIONS......................... 1

SAVINIEN LAPOINTE vol.

MES CHANSONS........................ 1

LARCHER ET JULIEN

CE QU'ON a dit de la FIDÉLITÉ et de L'INFIDÉLITÉ......................... 1

ALBERT DE LASALLE

HISTOIRE DES BOUFFES PARISIENS....... 1

ALFRED DE LÉRIS

LES VIEUX AMIS...................... 1
TROIS NOUVELLES EN UN ACTE.......... 1

ALBERT LHERMITE

UN SCEPTIQUE S'IL VOUS PLAIT......... 1

Mme MANNOURY-LACOUR

ASPHODÈLES.......................... 1
SOLITUDES. 2e *édition*............... 1

MÉRY

ANGLAIS ET CHINOIS.................. 1
HISTOIRE D'UNE COLLINE.............. 1

MICHELET

POLOGNE ET RUSSIE................... 1

HENRY MURGER

PROPOS DE VILLE ET PROPOS DE THÉATRE.. 1

EUGÈNE NOEL

RABELAIS............................ 1
LA VIE DES FLEURS ET DES FRUITS...... 1

F. PONSARD *de l'Acad. française*

HOMÈRE. Poëme....................... 1

JULES SANDEAU *de l'Acad. franç.*

OLIVIER............................. 1

***

PARIS CHEZ MUSARD................... 1

P. J. STAHL

LES BIJOUX PARLANTS................. 1
L'ESPRIT DE VOLTAIRE................ 1
DE L'AMOUR ET DE LA JALOUSIE......... 1

LOUIS ULBACH

L'HOMME AUX CINQ LOUIS D'OR......... 2

LE DOCTEUR YVAN

CANTON, UN COIN DU CÉLESTE EMPIRE.... 1

BROCHURES DIVERSES

E. AUBRY-VITET (f. c.)

LA VRAIE RÉFORME ÉLECTORALE..... 1 »

ÉMILE AUGIER

DISCOURS DE RÉCEPTION A L'ACADÉMIE FRANÇAISE........................ 1 »

LE DUC D'AUMALE

LA QUESTION ALGÉRIENNE à propos de la lettre adressée par l'empereur au maréchal de Mac-Mahon.......... 1 »

LOUIS BLANC

LA RÉVOLUTION DE FÉVRIER AU LUXEMBOURG........................ 1 »

BLANQUI & ÉMILE DE GIRARDIN

DE LA LIBERTÉ DU COMMERCE ET DE LA PROTECTION DE L'INDUSTRIE........ 2 »

H. BLAZE DE BURY

M. LE COMTE DE CHAMBORD — UN MOIS A VENISE........................ 1 »

BONNAL

ABOLITION DU PROLÉTARIAT.......... 1 »
LA FORCE ET L'IDÉE................ 1 »

G. BOULLAY

RÉORGANISATION ADMINISTRATIVE..... 1 »

CHAMPFLEURY

RICHARD WAGNER.................. » 50

GUSTAVE CHAUDEY

DE L'ÉTABLISSEMENT DE LA RÉPUBLIQUE. 1 »

RENÉ CLÉMENT

ÉTUDE SUR LE THÉATRE ANTIQUE...... 1 »

ATHANASE COQUEREL FILS

LE BON SAMARITAIN, sermon......... » 50
LE CATHOLICISME ET LE PROTESTANTISME considérés dans leur origine et leur développement............ 1 »
LES CHOSES ANCIENNES ET LES CHOSES NOUVELLES...................... » 50
L'ÉGOISME DEVANT LA CROIX, sermon sur Luc......................... » 50
PROFESSION DE FOI CHRÉTIENNE...... » 50
LA SCIENCE ET LA RELIGION, sermon » 50
SERMON D'ADIEU prêché dans l'église de l'Oratoire..................... » 50

L. COUTURE

DU BONAPARTISME DANS L'HISTOIRE DE FRANCE......................... 1 »
DU GOUVERNEMENT HÉRÉDITAIRE EN FRANCE......................... 1 50

CUVILLIER-FLEURY

LA RÉFORME UNIVERSITAIRE.......... 1 »

UN CURÉ

A NOTRE SAINT-PÈRE LE PAPE........ 1 »

ÉDOUARD DELPRAT

L'ADMINISTRATION DE LA PRESSE..... 1 »

CHARLES DIDIER

QUESTION SICILIENNE............... 1 »
UNE VISITE AU DUC DE BORDEAUX..... 1 »

ERNEST DESJARDINS

NOTICE SUR LE MUSÉE NAPOLÉON III et promenade dans les galeries....... » 50

DUFAURE

LE DROIT AU TRAVAIL............... » 50

ALEXANDRE DUMAS

RÉVÉLATIONS SUR L'ARRESTATION D'ÉMILE THOMAS...................... » 50

ALEXANDRE DUMAS FILS (f. c.)

UNE LETTRE SUR LES CHOSES DU JOUR. 3e *édition*......................... 1 »
UNE NOUVELLE LETTRE SUR LES CHOSES DU JOUR......................... 1 »
NOUVELLE LETTRE DE JUNIUS A SON AMI A.-D , révélations sur les principaux personnages de la guerre actuelle, 4e *édition*............. 2 »

ADRIEN DUMONT

LES PRINCIPES DE 1789............. 1 »

LÉON FAUCHER

LE CRÉDIT FONCIER................. » 50

GUSTAVE FLAUBERT

LETTRE A LA MUNICIPALITÉ DE ROUEN au sujet d'un vote concernant Louis Bouilhet......................... » 50

OCTAVE FEUILLET

DISCOURS DE RÉCEPTION A L'ACADÉMIE FRANÇAISE........................ 1 »

LE MARQUIS DE GABRIAC

DE L'ORIGINE DE LA GUERRE D'ITALIE. 1 »

LE COMTE A. DE GASPARIN

LA DÉCLARATION DE GUERRE. 2e *édit*... » 50
LES RÉCLAMATIONS DES FEMMES. 2e *édit.* 1 »

A. GERMAIN

MARTYROLOGE DE LA PRESSE......... 2 50

ÉMILE DE GIRARDIN

L'ABOLITION DE L'AUTORITÉ.......... 1 »
ABOLITION DE L'ESCLAVAGE MILITAIRE.. 1 »
AVANT LA CONSTITUTION............. » 50
LA CONSTITUANTE ET LA LÉGISLATIVE.. 1 »
LE DROIT DE TOUT DIRE........ .... 1 »
L'ÉQUILIBRE FINANCIER PAR L. RÉFORME ADMINISTRATIVE.......A..... 1
L'EXPROPRIATION ABOLIE PAR LA DETTE FONCIÈRE CONSOLIDÉE............. 2 »
LE GOUVERNEMENT LE PLUS SIMPLE.... 1 »
JOURNAL D'UN JOURNALISTE AU SECRET. 1 »
LA NOTE DU 14 DÉCEMBRE............ 1 »
L'ORNIÈRE DES RÉVOLUTIONS......... 1 »
LA PAIX. 2e *édition*................ 1 »
RESPECT DE LA CONSTITUTION......... 1 »
UNITÉ DE COLLÉGE.................. 1 »
LE SOCIALISME ET L'IMPOT........... 1 »
SOLUTION DE LA QUESTION D'ORIENT... » 50

GLADSTONE

DEUX LETTRES au lord Aberdeen sur les poursuites politiques exercées par le gouvernement napolitain.... 1 »

JULES GOUACHE

LES VIOLONS DE M. MARRAST......... » 50

EUGÈNE GRANGÉ

LES VERSAILLAISES, chansons......... 1 »

LE COMTE D'HAUSSONVILLE

CONSULTATION DE MM. LES BATONNIERS DE L'ORDRE DES AVOCATS........... 1 »
LETTRE AUX BATONNIERS DE L'ORDRE DES AVOCATS...................... 1 »
LETTRE AU SÉNAT................. 1 »
M. DE CAVOUR ET LA CRISE ITALIENNE. 1 »

LÉON HEUZET

CATALOGUE DE LA MISSION DE MACÉDOINE ET DE THESSALIE............ » 50

VICTOR HUGO & CRÉMIEUX

DISCOURS SUR LA PEINE DE MORT (*Procès de l'Événement*)............. 1 »

VICTOR HUGO f. c.

LA LIBÉRATION DU TERRITOIRE....... » 50

LOUIS JOURDAN

LA GUERRE A L'ANGLAIS. 2e *édition*... 1 »

LAMARTINE

DU DROIT AU TRAVAIL............... » 50

LETTRE AUX DIX DÉPARTEMENTS....... » 50

LA PRÉSIDENCE..................... » 50

DU PROJET DE CONSTITUTION......... » 50

UNE SEULE CHAMBRE................. » 50

H. DE LAPOMMERAYE

HIST. DU DÉBUT D'ALEXANDRE DUMAS FILS AU THÉATRE................ » 50

LÉONCE DE LAVERGNE

LA CONSTITUTION DE 1852 ET LE DÉCRET DU 24 NOVEMBRE.......... 1 »

ÉDOUARD LEMOINE

ABDICATION DU ROI LOUIS-PHILIPPE... » 50

JOHN LEMOINNE

AFFAIRES DE ROME.................. 1 »

A. LEYMARIE

HISTOIRE D'UNE DEMANDE EN AUTORISATION DE JOURNAL. — Simple question de propriété................. 2 »

ÉTIENNE MAURICE

DÉCENTRALISATION ET DÉCENTRALISATEURS.......................... 1 »

LE COMTE DE MONTALIVET

CONFISCATION DES BIENS DE LA FAMILLE D'ORLÉANS. — Souvenirs historiques........................ » 50

OBSERVATIONS SUR LE PROJET DE LOI RELATIF AUX CONSEILS GÉNÉRAUX... 1 »

LE ROI LOUIS-PHILIPPE ET SA LISTE CIVILE.......................... » 50

LE BARON DE NERVO

ADMINISTRATION DES FINANCES SOUS LA RESTAURATION................ 1 »

LES FINANCES DE LA FRANCE SOUS LE RÈGNE DE NAPOLÉON III.......... 1 »

D. NISARD

LES CLASSES MOYENNES EN ANGLETERRE ET LA BOURGEOISIE EN FRANCE..... 1 »

DISCOURS PRONONCÉ A L'ACADÉMIE FRANÇAISE, en réponse au discours de réception de M. Ponsard........... 1 »

UN PAYSAN CHAMPENOIS

A TIMON sur son projet de Constitution. » 50

CASIMIR PERIER

LE BUDGET DE 1863................ 1 »

LA RÉFORME FINANCIÈRE DE 1862.... 1 »

GEORGES PERROT

CATALOGUE DE LA MISSION D'ASIE-MINEURE......................... » 50

ANSELME PETETIN f. c.

DE L'ANNEXION DE LA SAVOIE. 2e *éd.*. 1 »

H. PLANAVERGNE

NOUVEAU SYSTÈME DE NAVIGATION, fondé sur le principe de l'émergence des corps roulant sur l'eau........ 1 50

A. PONROY

LE MARÉCHAL BUGEAUD.............. 1 »

F. PONSARD

DISCOURS DE RÉCEPTION A L'ACADÉMIE FRANÇAISE....................... 1 »

PRÉVOST-PARADOL

LES ÉLECTIONS DE 1863............. 1 »

DU GOUVERNEMENT PARLEMENTAIRE ET DU DÉCRET DU 24 NOVEMBRE....... 1 »

DE LA LIBERTÉ DES CULTES EN FRANCE. 1 »

DEUX LETTRES SUR LA RÉFORME DU CODE PÉNAL......................... 1 »

QUELQUES RÉFLEXIONS SUR NOTRE SITUATION INTÉRIEURE............. » 50

ESPRIT PRIVAT

LE DOIGT DE DIEU.................. 1 »

ERNEST RENAN

CATALOGUE DES OBJETS PROVENANT DE LA MISSION DE PHÉNICIE.......... » 50

LA MONARCHIE CONSTITUTIONNELLE EN FRANCE......................... 1 »

LA PART DE LA FAMILLE ET DE L'ÉTAT DANS L'ÉDUCATION............... » 50

SAINTE-BEUVE

A PROPOS DES BIBLIOTHÈQ. POPULAIRES. » 50

DE LA LIBERTÉ DE L'ENSEIGNEMENT SUPÉRIEUR........................ » 50

DE LA LOI SUR LA PRESSE............ » 50

SAINT-MARC GIRARDIN

DU DÉCRET DU 24 NOVEMBRE ou De la réforme de la Constitution de 1852.. 1 »

GEORGE SAND

LA GUERRE......................... 1 »

G. SAND ET V. BORIE

TRAVAILLEURS ET PROPRIÉTAIRES... 1 »

ED. DE SONNIER

LES DROITS POLITIQUES DANS LES ÉLECTIONS. — Manuel de l'Électeur et du Candidat.................. 1 »

***

LA LIBERTÉ RELIGIEUSE ET LA LÉGISLATION ACTUELLE................. 1 »

THIERS

DU CRÉDIT FONCIER................. » 50

LE DROIT AU TRAVAIL............... » 50

LES FIGURES DU TEMPS

NOTICES BIOGRAPHIQUES

Par LEMERCIER DE NEUVILLE, Brochures grand in-18, avec des Photographies

DE PIERRE PETIT

ROBERT HOUDIN. 1 fr. | **Mme PETIPA........ 1 fr.**

L'UNIVERS ILLUSTRÉ

JOURNAL PARAISSANT LE SAMEDI

Chaque numéro contient 16 pages format in-folio (8 de texte et 8 de gravures)

PRIX : 40 CENTIMES LE NUMÉRO

ABONNEMENT : UN AN, 22 FR. — SIX MOIS, 11 FR. 50 — TROIS MOIS, 6 FR.

— *Pour plus de détails, demander le prospectus* —

LE JOURNAL DU DIMANCHE

LITTÉRATURE — HISTOIRE — VOYAGES — MUSIQUE

32 vol. sont en vente. Chaque vol. format in-4°, orné de 104 gravures. Prix : 3 fr.

LE JOURNAL DU JEUDI

LITTÉRATURE—HISTOIRE—VOYAGES

20 vol. sont en vente. Chaque vol. format in-4°, orné de 104 gravures. Prix : 3 fr.

LES BONS ROMANS

CHEFS-D'ŒUVRE DE LA LITTÉRATURE CONTEMPORAINE

Par VICTOR HUGO, ALEXANDRE DUMAS, GEORGE SAND, LAMARTINE, ALFRED DE MUSSET, EUGÈNE SUE, FRÉDÉRIC SOULIÉ, ALPHONSE KARR, CH. DE BERNARD, ALEX. DUMAS FILS, HENRY MURGER, HENRI CONSCIENCE, PAUL FÉVAL, ÉMILE SOUVESTRE, etc., etc.

24 vol. sont en vente. Chaque volume, format in-4°, orné de 104 gravures. Prix : 3 fr.

BIBLIOTHÈQUE DE TOUT LE MONDE

COLLECTION DES MEILLEURS ROMANS DES AUTEURS CONTEMPORAINS

20 vol. in-4°, avec 2000 gravures environ. Prix : 60 fr.

DICTIONNAIRE DES NOMS PROPRES

OU ENCYCLOPÉDIE ILLUSTRÉE

DE BIOGRAPHIE, DE GÉOGRAPHIE, D'HISTOIRE ET DE MYTHOLOGIE

Par M. Dupiney de Vorepierre

L'ouvrage, imprimé sur papier de luxe et avec des caractères neufs, formera deux volumes grand in-4° publié en 120 livraisons, et sera enrichi :

DE 400 CARTES OU PLANS, DE 2,000 PORTRAITS ET DE 2,000 GRAVURES

Représentant des vues de villes, monuments ou sites remarquables, des types de races, etc.

50 centimes la livraison. — Chaque livraison se compose de deux feuilles de texte et contient presque la matière d'un volume in-8°

DICTIONNAIRE FRANÇAIS ILLUSTRÉ

ET ENCYCLOPÉDIE UNIVERSELLE

Ouvrage qui peut tenir lieu de tous les vocabulaires et de toutes les encyclopédies

ENRICHI DE 20,000 FIG. GRAVÉES SUR CUIVRE PAR LES MEILLEURS ARTISTES

Dirigé par **M. Dupiney de Vorepierre**

ET RÉDIGÉ PAR UNE COMPAGNIE DE SAVANTS ET DE GENS DE LETTRES

169 livraisons à 50 centimes. Chaque livraison est composée de deux feuilles de texte et contient la matière d'un volume in-8° ordinaire. L'ouvrage, composé en caractères entièrement neufs et imprimé sur papier de luxe, forme deux magnifiques volumes grand in-4° .... Prix, broché : 80 fr.

Demi-reliure chagrin, plats toile.................................. Prix.......... 92 fr.

Corbeil, — Crété fils, imp.

www.ingramcontent.com/pod-product-compliance
Ingram Content Group UK Ltd.
Pitfield, Milton Keynes, MK11 3LW, UK
UKHW020058200726
13856UKWH00002B/276